国家社科基金"十三五"规划教育学一般课题
《大学教师学术创业研究》（课题批准号：BIA180207）

大学教师
学术创业研究

付八军　陈霞玲　王佳桐◎著

鼓励+规范

本书通过校本学术创业政策的

顶层设计予以推进与

落实国家在高校层面的"双创"理念。

中国社会科学出版社

图书在版编目(CIP)数据

大学教师学术创业研究 / 付八军，陈霞玲，王佳桐著. —北京：中国社会科学出版社，2021.10

ISBN 978-7-5203-8386-8

Ⅰ.①大⋯　Ⅱ.①付⋯　②陈⋯　③王⋯　Ⅲ.①高等学校—教师—创业—学术研究—中国　Ⅳ.①G645.1

中国版本图书馆 CIP 数据核字（2021）第 082810 号

出 版 人	赵剑英
责任编辑	任　明　周怡冰
责任校对	王佳玉
责任印制	郝美娜

出　　　版	中国社会科学出版社
社　　　址	北京鼓楼西大街甲 158 号
邮　　　编	100720
网　　　址	http：//www.csspw.cn
发 行 部	010-84083685
门 市 部	010-84029450
经　　　销	新华书店及其他书店

印刷装订	北京君升印刷有限公司
版　　　次	2021 年 10 月第 1 版
印　　　次	2021 年 10 月第 1 次印刷

开　　　本	710×1000　1/16
印　　　张	23.5
插　　　页	2
字　　　数	389 千字
定　　　价	138.00 元

凡购买中国社会科学出版社图书，如有质量问题请与本社营销中心联系调换
电话：010-84083683

序 一

张泯贤

我与八军早就认识，但是，前段时间收到八军的短信，问我是否愿意担任他的导师时，我还是颇感意外。原来，浙江省社科联（浙江省哲学社会科学工作领导小组）设立了哲学社会科学领军人才培育专项课题，鼓励省内年青学者寻找导师合作申报，鼓励在外地工作的浙籍学者支持浙江青年一代。这是一个具有创意的专项计划，再加上宣勇书记的大力推荐，我欣然接受了这个光荣的使命。说实话，尽管八军著述颇丰，但我以前对其研究关注不多。近日收到的这部书稿，算是我正式阅读八军著述的开始。果然文如其人，就像我对八军个人"成熟持重、个性鲜明且友善诚恳"的总体印象一样，该书相应地也体现这样三个特征。

一是在外在特征上框架明朗。该书分为理论篇、实践篇与政策篇三个部分，每个部分两章，全书共六章。这样的谋篇布局合理可取，因为大学教师学术创业的所有话题，基本上集中在这样三个方面。该书在理论篇回答了何谓学术创业、大学教师学术创业的边界与类型、大学教师开展学术创业的价值与意义、大学教师如何协调学术创业与教学科研的矛盾冲突，等等。在实践篇，该书从研究型大学与教研型大学两类高校出发，梳理各自学术创业的生成逻辑、基本路径与重点领域，体现了不同发展层次高校学术创业的差异性。从政策篇看，大学教师学术创业的关键环节是个政策问题，因为大学教师的基本职责还是教学育人与科学研究，是否允许教师创业、允许或者禁止哪些创业活动、教师可以在多大程度上参与学术创业、学术创业的收益分配与税费优惠，等等，都可以决定大学教师学术创业有无与成败，这些都属于学术创业政策范畴。对此，本书都作了较好的回答。

二是在文本内容上不乏新见。作者在引言与结语中，对本书的学术创新或者学术贡献作了相应的概括，我觉得这种"贡献梳理"还是比较准确的。例如，本书提出的"学术资本三元论"，虽然以学术资本主义、学术资本转化与学术资源转化三个概念来体现，但不是那种纯粹的文字游戏，而是触及理论体系的精准表达，分别代表了大学教师学术创业的"环境维""方向维"与"行动维"，概括了大学教师学术创业的时代背景、使命追求与行运轨迹，对于打造中国特色的高校学术创业理论体系具有重要的参考价值。同时，在大学教师学术创业中出现的资源转化，并不遵循物理世界中的能量转化守恒定律，一方的增加势必导致另一方的减少，而是以其能量增殖体现学术资源双向转化的特殊性。

三是在文字阅读上自然亲切。高校肩负人才培养与科学研究的神圣使命，大学教师学术创业容易被定性为"不务正业"，从而很难得到国内高校与学者的普遍推崇，形成了学术创业政策"国家雷声大，高校雨点小"的奇特现象。但是，在阅读这部书的时候，那些对高校学术创业持反对意见者，可能不知不觉地就被说服，从而放弃自己似乎坚不可摧的观点，最后心平气和地接受其观点，顺理成章地肯定其说得颇有道理。在这部著作中，没有强加于人的观点，没有武断粗暴的语言，只有心平气和的细说，加上有理有据的证说，体现了作者较强的文字驾驭能力与学术表达技巧。

总之，这是一部有结构、出观点、显文笔的理论著作。如果全面认真研读，一定还有新的发现。当然，没有尽善尽美的著作，只有越来越好的作品。我希望八军再接再厉，保持现有旺盛的学术热情，坚守体现初心的学术信念，追求传世不朽的学术精品。

2020 年 12 月 16 日于北京师范大学

序　二

夏清华

2013年，付八军教授邀请我参加了该校举办的"全国创业型大学建设高峰论坛"。时值我刚好完成国家自然科学基金项目"学者的创业角色与大学衍生企业绩效——基于中国研究型大学的实证研究"和教育部人文社科规划项目"中国研究型大学第三使命的认证与实现机制"，也完成了论著《学术创业——中国研究型大学"第三使命"的认知与实现机制》（武汉大学出版社2013年版），于是，我便以"研究型大学第三使命与学术创业"为题在论坛上作了一个报告。后来，该报告还以讲话稿的"原生态"样式纳入付教授主编的《纵论创业型大学建设》（浙江工商大学出版社2014年版）一书中。近年来，付教授虽然变换了工作单位，但他对于创业型大学的热情并未减少。作为一位创业学教授以及教育部创新创业教育指导委员会委员，我也一直关注与研究高校学术创业工作。近日，收到付教授发过来的书稿《大学教师学术创业研究》，并请我为该书撰写一个序言，让我看到了他在学术创业研究道路上的付出与收获。利用这个机会，结合这部书稿，谈谈我的研究体会。

第一个体会是，学术创业需要教育学与管理学等学科背景的学者通力合作。正如作者在书稿中所言，"学术创业"属于全球学术话语体系中的热点词汇，如果再将其他相关概念纳入进来，学术创业毫无疑义成为20—21世纪全球学术界的重要研究主题与实践课题。我国对于学术创业的研究起步较晚，"学术圈"规模还不大，有国际影响力的研究成果不多。近几年，由于国家对"双创"活动的鼓励与支持，越来越多的教育学、管理学等学科领域的学者加入学术创业研究阵营，极大地推动了高校学术创业中国化的理论与实践进程。付教授的这部书稿，是其与两位管理学学科背景的学者合作完成的，既显示了深入浅出、睿智辩证的学理高度，也体现了实证调研、量化分析的务实态度，更得出了符合高校学术创业原则的基本观点。学术创业的时代已经来临，我国未来高校学术创业研究，需要走多学科、跨学科的融合之路。

第二个体会是，基于历史使命的视角看待高校的学术创业有助于扬其长而避其短。当初受美国学者亨利·埃兹科维茨教授文章的启发，我重点研究了中国研究型大学对"第三使命"的认知与实现机制，发现我国研究型大学践行"第三使命"主要通过大学知识或者技术转移来实现。"第三使命"体现了大学的一种创业导向，是对市场化改革的一种战略适应，但并没有将此作为创业型大学的办学追求与核心特质，尤其是研究型大学。付教授在这本书里，明确指出创业型大学不是创收型大学，不是商业化大学，而是凭借人才培养质量与科研成果效应获得包括政府在内的社会各界支持、鼓励与资助的进取性大学。确实，被亨利·埃兹科维茨与伯顿·克拉克同时誉为创业型大学典范的 MIT 与斯坦福，它们都不能被定性为创收型大学与商业化大学，而符合我提出"第三使命"所体现的创业导向，即指大学的办学理念和战略方面的一种倾向，特别注重利用大学自身创造的知识去创造经济价值，却没有弱化人才培养和科学研究的职能之意。本书论述的大学教师学术创业，同样更多的是从一种责任、使命等高度，强调大学教师需要将沉潜的知识生产力转化为现实生产力，同时也要积极将社会信息资源转化为教育教学资源，实现人才培养、科学研究与学术创业的相得益彰。显然，从这个高度与视野研究大学教师的学术创业，其基调自然是"鼓励+规范"的基本立场，在融解各方矛盾的基础上顺应学术创业的潮流与趋势。

第三个体会是，要从教师评价、产权制度而非物质奖励层面激励中国大学扭转创新能力较强而创业能力不足的局面。中国大学的创新能力较强，主要体现在我国大学很多专利处于世界领先水平。发明专利最能衡量创新质量，实用新型、外观设计次之。发明专利主要由大学创造，说明我们的创新能力很强。但是，中国大学直接运用知识的能力较弱，学术创业对区域经济增长的贡献不足，大学衍生企业没有明显的竞争优势，嵌入市场与产业合作的程度不高。创新能力较强而创业能力不足的一个重要原因，固然与我们前期创业动机调研的结论"中国学者最看重创业所能带来的成就感，最不看重创业所带来的财富收益"有关，但最关键、最核心的问题还是评价机制与产权问题。我一直强调，科技成果转化一定离不开那些成果的创造者，但要让他们投入部分时间推动成果转化，仅仅靠一次性的物质奖励解决不了问题，一定要从高校教师评价机制、职务发明专利权等角度提升高校科研工作者学术创业的积极性，逐渐推动中国大学在践行"第三使命"时从被动适应转向主动创造。特别高兴的是，在这部论著中，我以上全部观点与基本思路不仅在该书中得到体现，而且针对高校教师学术评价的"五唯"桎梏、科技成果转化的体制障碍等进行了深入论述。

第四个体会是，本书确立的"人才培养与成果转化"双元目标能否实现在很大程度上取决于高校办学自主权的落实。付教授在本书第六章最后指出，不同高校在既定创业活动类型中作出不同组合的选择，从国家的整个高等教育体系看，可能出现一批以全面的学术创业作为主导文化的创业型大学，或者一批仅关注技术转让、政策咨询等学术创业部分类型的创新型大学，甚至还有一批坚守传统使命、抑制各类学术创业的保守型大学，最终实现大学的分类发展、特色发展与自主发展。诚然，所有的这一切，取决于多种因素，产权多样，目标多元，自主办学。我曾经指出，中国大学生活在科学和市场夹缝中，作为具有国有公司性质的普通本科院校，难以摆脱对政府资源的依赖和对权力的屈从，在国家资金投入不足而不得不向产业等社会各界寻求资源之际，其学术创业导向更多地缘于生存的需要，而不是基于战略的考虑。当政府驱使大学逐步自给自足但还不能完全对大学断奶的情况下，同时又在用学术、经济和权力三重指标来考核大学时，大学在这种夹缝中生存的状况还会持续，仍然会与政府长期博弈。克拉克·克尔在比较英、德、美三国大学时曾经有这样一种概括：如果从学生的角度出发，应该尽量采用英国大学方式；如果从科学研究的角度出发，应该采用德国模式；如果是从为农业产业、经济发展做贡献这个角度来讲，应该采用美国模式。中国大学数量众多，质量各异，产权多样，目标多元。在为国家培养各种创新创业人才的共同目标驱动下，寻找差异化的自主办学模式，这个过程是艰苦漫长而又充满希望的。

最后，希望这部结构严谨、逻辑严密、理实结合、观点明晰的学术论著，助推中国高校学术创业的理论与实践迈入新阶段；希望更多的教育学学者与管理学学者携手合作，推动中国学术创业研究在国际学术舞台上展现亮丽的风姿。

2020 年 12 月 12 日于珞珈山

目　　录

第三部分　政策篇

引　言

作为一个概念，学术创业（Academic Entrepreneurship，简称 AE）诞生于 20 世纪 80 年代。作为一种活动，大学教师的学术创业早已存在，并且形式多种多样。例如，校外兼职、技术顾问、政策咨询、成果转让、创办企业等，都属于大学教师学术创业的重要形式，这些活动在二战之后甚至更早时期就已经在大学蓬勃发展了。环顾四周，许多大学教师投身不同形式的学术创业；展望未来，大学教师学术创业将成为一种常态。如此具有历史感、普遍性与生命力的活动，为何高等教育理论界关注不多？当前作为中国学界小众话题的少量成果，大多为管理学、经济学领域的学者所作。我们可以批评某些教授的学术创业，严重影响到人才培养与学术贡献，但是，我们也要看到，学术创业是延长知识生产链条、推动成果转化、直接服务社会的重要途径。在科学研究刚进入大学甚至时至今日，学界对其导致育人职责疏忽的批评从未停止。学术创业进入大学造成的价值冲突与岗位冲突，是否也与科学研究进入大学产生的矛盾冲突一样，既是共融互促的统一关系也是此消彼长的对立关系，更多地需要我们合理规约与积极引导？另外，正因为教育学科本质上不是"应用学科"，① 面对大量大学教师零散与无序的学术创业行为，是否更应该基于"鼓励+规范"的立场加以引导？特别值得我们关注的问题是，顺应全球高校学术创业新趋势，自 2014 年以来国家出台大量"双创"政策，鼓励并大力支持高校学术创业，正如恩格斯所言，"社会一旦有技术上的需要，这种需要就会比十所大学更能把科学推向前进"，但是，这么多年过去了，在高校政策层面没有出现"活力全开"局面，而

---

① 张斌贤：《教育学科本质上不是"应用学科"》，《清华大学教育研究》2019 年第 4 期。

是形成了学术创业政策"国家雷声大,高校雨点小"的奇特现象。这样一个主题就像"迷"一样吸引笔者心驰神往,迫不及待地窥探其魅力无穷却又遭遇冷眼旁观之究竟。

那么,本课题组如何研究这个主题?研究拟要达到什么样的目的?通过什么样的方法达成研究目的?大学教师学术创业既是一个理论问题,也是一个实践问题,更是一个政策问题。这就可以看到,某些国家鼓励大学教师兼职兼薪,某些国家则禁止大学教师兼职兼薪。但是,无论鼓励型还是禁止型的国家,无一例外地支持大学教师学术成果转化。这表明,学术创业不是洪水猛兽,不等于学术商品化,关键在于对其多样化的学术创业活动进行分类管理。至此,本课题确立如此研究目的:在研究述评的基础上,明晰大学教师学术创业的活动边界,提出大学教师学术创业的理论基础,构建大学教师学术创业的分类体系,最后从顶层设计角度研制具有统摄力、解释力与引领力的校本学术创业政策,推动大学教师学术创业跟随国家"鼓励"的方向与本课题"规范"的步伐不断前行。至于具体的研究方法,则根据研究内容确定,因为方法要为内容服务。例如,梳理学术创业文献、剖析典型高校现状、分析相关制度文件,均需用到文献法;对典型或者案例高校进行调研,用到访谈法与质的研究方法;梳理代表性国家或者地区宏观层面的学术创业政策,需要借用相关软件并使用社会网络分析法;借鉴国外高校学术创业政策,分析不同层次高校的学术创业活动,需要用到比较法;等等。

为了在本书中更好地体现课题组的研究目的,让读者更好地把握本课题的研究思路,本书从理论篇、实践篇与政策篇三个部分共六章开展谋篇布局。理论篇的两章,在梳理学术创业现状的基础上,理顺大学教师学术创业的内涵与外延,尤其提出了大学教师学术创业的两个理论见解;在深度访谈与质性研究的基础上,肯定了大学教师学术创业的时代价值。实践篇的两章,主要从研究型与教研型两类高校教师的学术创业进行调查研究,全面系统地梳理了国内外3所典型研究型大学以及国内1所典型地方本科院校学术创业的主要举措,观照国内高校学术创业的探索与实践,尤其推动后发赶超型的地方本科院校,敏锐捕捉国家学术政策新动向,通过应用转型、学术创业实现"洼地崛起"。政策篇的两章,从宏观层面梳理与解读欧盟、美国、韩国与中国的学术创业政策,在比较与借鉴中明确大学教师学术创业政策的基点与走向,从中观层面阐释了破解中国高校科技成果转化体制性障碍的改革历程与战略构想，从微观层面探讨了大学教师学术创业校本政策的基本特征、价值向度与落地策略。本书起始于概念辨析与理论创设，途经实践回归与经验借鉴，最后落脚于国家政策尤其是校本政策。这是因为，政府鼓励大学教师学术创业的各类政策，只有转化为某所高校的校本政策才具有可操作性。

　　本书是笔者在创业型大学研究基础上的推进之作，因为创业型大学只是部分院校的战略选择，而大学教师学术创业则是所有院校的现实考验。本书是笔者完成国家社科基金"大学教师学术创业研究"的标志性课题成果，尽管《创业型大学本土化的中国模式研究》① 一书也以该课题作为唯一基金署名，且获得浙江省第二十届哲学社会科学优秀成果一等奖，但这本书才是该课题的最终研究成果。作为课题最终研究成果，本书具有较大的学术创新或者学术贡献，在以下四个方面最有代表性。

　　第一，在对学术创业概念界定与价值明晰的基础上，提出了大学教师学术创业的两个理论见解。一是学术资本三元论。大学教师学术创业本土化理论的探索与构建，要以学术资本主义作为时代背景，以学术资本转化作为使命追求，以学术资源转化作为运行轨迹，基于"学术资本"的三个关键词，分别从环境维、方向维与行动维出发，构架大学教师学术创业的"学术资本三元论"。具体而言，学术资本主义是一个商业色彩较浓的国际概念，可以视为大学教师学术创业所处的时代背景；学术资本转化是一个体现功能与方向的本土概念，可以视为大学教师学术创业的使命追求；学术资源转化是一个强调能量增殖与双向转化的新生概念，可以视为大学教师学术创业的运行轨迹。二是学术职业属性论。根据属性论的基本观点，对象事物的属性是不以人的意志为转移的客观存在，但属性在现实层面的展现又取决于一定条件，尤其取决于主体的选择与利用。例如，教育具有商品属性，这是不以人的意志为转移的客观存在，但其商品属性的展现取决于一定条件，尤其是政府的选择与利用。这就可以看到，在计划经济条件下，教育的商品属性没有展现出来，而在市场经济条件下，教育的商品属性展现出来。我们也可以看到，某些国家存在学校企业化、教育市场化的外显特征，这正是该国政府对于教育商品属性的选择与利用。同理，如果学术创业属于大学教师的职业属性，那么大学教师学术创业实践

---

　　① 详见付八军《创业型大学本土化的中国模式研究》，中国社会科学出版社 2018 年版。

最终取决于教师主体尤其是政府或者高校对于相应属性功能的选择。从属性论视角研究大学教师学术创业，既明确学术创业是大学教师的内在追求与职业属性，避免将学术创业视为大学教师"歪门邪道"的偏颇认识，又肯定营利或者公益取向的多元化学术创业实践，取决于主体尤其是政府或者学校对于属性功能的选择与利用，避免学术创业必然导致大学教师"沦为市场奴隶"的刻板思维。

第二，在对案例高校开展纵向考察的基础上，验证了大学教师学术创业总体上属于机会型创业。所谓机会型创业，是指在有更多选择中发现或者创造了新的市场机会，其特点是创业起点较高、高利润与高风险并存。所谓生存型创业，与机会型创业相对应，是指那些没有其他更好就业选择而不得不从事的创业活动，其特点是创业起点较低、低利润与低风险并存。本课题通过梳理清华大学学术创业发展历程，尤其是高举学术创业旗帜的地方普通本科院校在创业型大学战略定位强化期与淡化期的发展脉络，进一步验证学界普遍认可的一个研究结论：大学教师的学术创业属于机会型创业，成为大学教师延展岗位职责的行动自觉。此处研究成果虽然算不上学术创新，但属于一个重要的学术贡献。其价值与意义在于：一是创业型大学战略定位对于大学教师学术创业的影响具有迟缓性与后发性，社会各界对于大学教师科技成果转化需要秉持一种"静待花开"的信心与耐心；二是只要在没有受到明确限制的前提下，创业型教师会在履行传统岗位职责的基础上，自觉延长知识生产链条，加快知识应用与转化，实现知识生产模式转换，研究型大学凭借原创性研究成果实现"顺其自然"的学术创业，正是遵循该种学术发展逻辑；三是相对研究型大学依托高水平研究成果顺其自然的学术创业与高职高专凭借校企合作资源借势而为的学术创业，教研型高校基于内生动力逆流而上的学术创业更应该值得学界关注与重视，本课题研究有利于我们从外部环境建设层面出发，推动学术创业成为教研型高校教师的行动自觉。

第三，在探讨科技成果转化体制性障碍的基础上，对大学教师学术创业校本政策进行顶层设计。本课题所指的大学教师学术创业校本政策，相当于一所高校规范全校教师各类学术创业活动的总纲。从我国学术创业政策的研究现状而言，当前尚未发现有文对此开展过相应研究，本书提出并论证大学教师学术创业校本政策的基本特征、价值向度与落地策略具有开创性。本书认为，作为高等教育领域中的新动向，学术创业应该纳入高校的整体规划，以"学术创业"之名统合诸如企业创办、技术转让、商业咨询、校外培训等多样化的学术创业活动，使得校本学术创业政策兼具稳定性、发展性与统合性。大学教师学术创业的校本政策在顶层设计上，需要采取鼓励与规范并重并行的基本方针、人才培养与成果转化的双元目标、基于"发明人主义"的利益驱动，三个方面相互支撑，合而为一，奠定校本学术创业政策文本的基本架构。推进大学教师学术创业政策的校本实践，要从分类管理、搭建平台、破除"五唯"三大策略出发，落实政策设计中的三大价值向度。

第四，在比较与借鉴的基础上，全面系统地梳理了若干国家或者地区的高校学术创业举措与政策。"比较是人的天性，是自然属性和社会属性的有机合成。"① 国内学界对于学术创业的他山之石，不乏翻译介绍与经验汲取之作，本书同样基于"人的天性"，在实践篇与政策篇对此不惜笔墨。不过，本书在比较与借鉴的基础上对于他山之石的梳理具有新意。例如，本书第三章梳理了加州大学伯克利分校、新加坡国立大学两所颇有代表性的公立研究型大学学术创业的具体举措，不仅可以全面获悉国外某所研究型大学学术创业的推进路径，而且能够整体感知境外研究型大学学术创业的价值取向，这为我国公办本科院校的学术创业提供了新视野、新思路与新方法。又如，本书第五章梳理了欧盟、美国、韩国三个国家或者地区宏观层面的学术创业政策，在浩瀚的政策文献中理顺了这些国家或者地区学术创业政策的嬗变与走向，发掘他们共同的基本特征与政策基点，这为我国政府推进学术创业事业提供了新依据，为我国高校寻找学术创业战略重点带来了新思考。

高放先生在论及人文社会科学论文写作时曾指出，学问可分四种类型、四个等级：深入浅出好学问、深入深出深学问、浅入浅出没学问、浅入深出假学问。深入浅出的文风是厚积薄发的结果，是文笔娴熟的体现，更是如指诸掌的呈现。应该说，本书离这样的境界还有相当长的距离。同时，由于资料吸收、时间投入以及作者水平的限制，本书难免存在遗漏、错廖或者失当之处，恳请期待读者批评指正。

---

① 周作宇：《比较的迷雾：未来世界的历史回音》，《比较教育研究》2020 年第 11 期。

第一部分　理论篇

第一章　大学教师学术创业的理论基础

　　大学教师学术创业是一个于 20 世纪下半叶首先在西方发达国家兴起的研究主题，于 20 世纪末传入中国之后至今处于实践丰富而理论贫瘠的偏弱型前沿。一所高校可以不高举创业型大学旗帜，甚至明确反对创业型大学的战略选择，但是，该所高校无法阻止校内教师开展不同形式的学术创业活动。然而，当我们将大学教师学术创业活动作为一个研究对象之后，发现该主题虽然在国际上有诸如瑞典林雪平大学（Linkoping University）的马格努斯·克劳夫斯滕（Magnus Klofsten）教授、英国伦敦帝国学院（Imperial College London）的迈克·莱特（Mike Wright）教授、美国罗特格斯州立大学（Rutgers State University）的安德鲁·图尔（Andrew A. Toole）教授等活跃性作者、高频率被引用论文作者或者说核心作者，但是大学教师学术创业不像创业型大学主题那样，具有明确的理论奠基者或者说理论创始人。因此，当我们在梳理以及发掘大学教师学术创业的理论基础时，主要任务便是明晰大学教师学术创业概念的内涵与外延，同时寻求可能引发大学教师学术创业活动的学理逻辑。对于大学教师学术创业的概念诠释，本书主要是比较和分析与此密切相关的若干概念、提炼大学教师学术创业的若干观点，再在此基础上对其内涵与外延作进一步阐释。对于大学教师学术创业的学理逻辑或者说理论基础，国内学界较少论及，本书在此从两个方面予以论述：一是从大学教师学术职业的创业属性出发，试分析学术职业与学术创业有无本质联系，亦即学术创业是否属于学术职业的基本属性，本书暂且称之为大学教师学术创业的学术职业属性论；二是从大学教师学术资本的多维视角出发，论述学术资本主义属于大学教师学术创业的时代背景、学术资本转化归为大学教师学术创业的历史使命、学术资源转化属于大学教师学术创业的基本路向，本书暂且称之为大学教师学术创业的学术资本三元论。因此，如果要说大学教师学术创业的理论基础，本书在此提供"学术职业属性论"与"学术资本三元论"两个理论支点。

第一节　大学教师学术创业的概念诠释

学术创业（academic entrepreneurship，简称 AE）是一个舶来语，诞生于 20 世纪 80 年代。1988 年，卡尔森（W. B. Carlson）[①]、迪尔多尼克（R. V. Dierdonck）等学者[②]率先以"academic entrepreneurship"作为主题发表学术论文。1991 年，美国学者罗伯茨（E. B. Roberts）在其经典著作《高科技企业者》（*Entrepreneurs in High Technology：Lessons from MIT and Beyond*）中，将"academic entrepreneurship"的含义确定为学术机构的研究者基于科研成果创建新公司。[③] 此后，这个概念在西方学界得到广泛应用。不过，时至今日，"学术创业"的含义不只是创办实体企业，而是成为一个内涵丰富、外延广泛的综合性概念。同时，针对学术成果转化、知识商业化、科学家创办企业等现象，学界不只是从"学术创业"的角度进行描绘与研究，其他不少概念都与"学术创业"具有相同或相近的指向。在研究学术创业之际，我们需要同时考虑这些概念。这就像高等院校、高等学校、高校、大学等概念一样，存在通用现象。梳理学术创业的相关概念，可以看出当前大学教师学术创业的多样性与丰富性，有利于"学术创业"概念本土化的厘定与诠释。

一　学术创业不同语境的学术表达

根据国际国内学术创业研究高频关键词的频次与中心性[④]，再结合文献具体内容的研读可以推断，技术转移（technology transfer）、创业型大学

---

① Carlson, W. B., "Academic Entrepreneurship and Engineering Education：Dugald C. Jackson and the MIT-GE Cooperative Course, 1907-1932", *Technology and Culture*, 1988, 29（3）.

② Dierdonck, R. V., Debackere, K., "Academic Entrepreneurship at Belgian Universities", *R&D Management*, 1988, 18（4）.

③ Roberts, E. B., Entrepreneurs in High Technology：Lessons from MIT and Beyond, New York：*Oxford University Press*, 1991：323.

④ 详见易高峰《中国高校学术创业：影响因素·实现机制·政策设计》，人民出版社 2017 年版，第 30—31 页。

（entrepreneurial university，简称 EU）、创业（entrepreneurship）、创新创业、学术资本主义（academic capitalism）、学术资本化（academic capitalization）、学术资本转化、创业教育、学术创业家（academic entrepreneur）、衍生企业（spin off）、技术科学（techno-science）、企业科学（corporate science）、后学术科学（post-academic science）、创业生态系统（entrepreneurship ecosystem）等概念，都是学术创业（academic entrepreneurship）在不同语境的学术表达。在这些概念中，创新创业、学术资本转化、创业教育体现本土化气息，成为中国研究乃至推动学术创业的重要主题；学术创业家、企业科学、后学术科学等属于较具个性化色彩的国际语境，体现西方学者倾向于从不同角度来描绘与研究学术创业现象。正因为学术创业在不同语境下采用不同的学术词汇，所以学者在研究学术创业时会将与此相关的若干概念同时作为研究主题。例如，在搜索学术创业文献时，研究者会把 AE 与 EU、USO（大学衍生企业，全称 University Spin-off）、UTT（大学技术转移，全称 University Technology Transfer）等同时作为关键词，以免遗漏；[1]在研究高校帮助教师实现学术成果转移转化时，研究者特意选择定位于创业型大学的案例高校（西班牙瓦伦西亚理工大学，UPV）[2] 作为研究对象。"学术创业"属于全球学术话语体系中的热点词汇，如果再将其他相关概念纳入进来，学术创业毫无疑义成为 21 世纪风靡全球的研究主题与实践课题。

　　正因为学术创业涉及众多的相关概念，每一个概念都可以形成一篇宏大的研究述评文章，所以我们不准备从这个角度来进行学术文献的梳理，而是从最为常见的几组概念出发进行比较与分析，在此基础上提炼学术创业的内涵与外延。事实上，在运用文献收集与分析软件工具的基础上，学界对于学术创业文献已经做过较好的梳理。例如，易高峰教授在《中国高校学术创业：影响因素·实现机制·政策设计》一书中，采取在知识图谱领域广泛使用的 Citespace 软件作为工具，对学术创业、创业型大学、技术转移、学术型创业者、学术资本主义、衍生企业、绩效、创业教育、创业生态系统等概念分别进行了简要梳理，对学术创业

---

　　① 详见姚飞、孙涛、谢觉萍《学术创业的边界、绩效与争议——基于 1990—2014 年文献的扎根分析》，《科技管理研究》2016 年第 6 期。

　　② Elies Seguí-Mas，Víctor Oltra，etc.，"Rowing Against the Wind：How do Times of Austerity Shape Academic Entrepreneurship in Unfriendly Environments?"，*International Entrepreneurship and Management Journal*，2018，14（3）.

相关概念的国家区域分布、核心作者分布、核心研究机构分布等予以图表呈现，能让读者了解学术创业的相关主题、主要机构与核心学者。① 但是，该书主要基于软件统计工具对文献进行主题、机构、作者等外显性问题的梳理，包括通过表格对高被引用文献的基本内容介绍，完成了在大数据背景下开展文献述评的上半场，尚未对学术创业的代表性相关概念进行比较分析，尚未对学术创业的内涵与外延予以深入分析，更未能得出关于大学教师学术创业的若干种主要观点。本书正是在此基础上，完成文献述评工作的下半场。

在众多与学术创业具有共同指向的相关概念中，创业型大学与技术转移是国际国内均在广泛应用的高频词汇。有文认为，创业型大学的内涵宽于学术创业，学术创业的内涵又宽于技术转移。② 从大学教师学术创业的活动内容看，这个"三环圈"式的结论正确。因为学术创业是创业型大学的必由之路与基本特征，大学教师各种各样的学术创业活动都可以容入创业型大学；同时，大学教师的技术转移属于学术创业范畴，而学术创业不只包括技术转移。如果从三个概念本身蕴含的内容与指向看，那么三者之间不能构成"三环圈"式的关系。原因在于：其一，属性不同。创业型大学属于一种组织，而包括技术转移在内的学术创业只能属于一种机制或者活动，从而不存在包含与被包含的属种关系。其二，外延不同。创业型大学的学术创业活动，仅仅针对校内师生的学术创业，而学术创业包括大学之外一切以新知识、新技术作为基础的学术创业活动，从这一点而言，学术创业的内涵反而要比创业型大学大得多。其三，功能不同。伯顿·克拉克（Burton R. Clark）与亨利·埃兹科维茨（Henry Etzkowitz）两位学者提出的创业型大学概念，用来指称那些勇于开拓创新、寻求自力更生、推动成果转化的大学。但是，当该种办学理念成为大学的基本常识、办学实践成为大学的普遍行为后，这个概念也就会因为完成大学转型的历史使命而退出历史舞台。③ 在那个时候，所有大学都在根据自身的学科特色与办学优势，自觉地强化自力更生的意识与能力，无须通过创业型大学

---

① 详见易高峰《中国高校学术创业：影响因素·实现机制·政策设计》，人民出版社 2017 年版，第 11—62 页。

② 黄扬杰、邹晓东、侯平：《学术创业研究新趋势：概念、特征和影响因素》，《自然辩证法研究》2013 年第 1 期。

③ 详见付八军《创业型大学本土化的中国模式研究》，中国社会科学出版社 2018 年版，第 250—254 页。

的办学定位来指引方向。然而，当所有大学都在寻求面向社会依法独立自主办学之际，包括技术转移在内的各种学术创业活动依然存在，其重要性、复杂性、变化性还特别需要学界不断开展研究，从而学术创业这个概念的生命力要比创业型大学更持久。依上所述，在这三个最为热门的相关概念中，学术创业要比创业型大学、技术转移更具有涵盖力，可以成为大学教师继教学育人、科学研究传统职责之外"第三使命"① 的专用术语。

二　众议之下学术创业的三种观点

中外众多学者对学术创业下过的定义数不胜数，而这些定义的主要区别或者说争议，正在于学术创业的边界问题，亦即学术创业活动的种类与范围。比较研究各种定义，归纳起来，主要存在三种观点。在提炼并分析三种观点的基础上，本书结合学术创业的主体——大学教师，进一步厘定大学教师学术创业的内涵。

第一种观点，学术创业即学术组织或者学者个人创办新企业。例如，所谓学术创业，是"为了开发学术机构的智力资本而创建一个新企业"（S. Shane，2004）②；"以在职科研成果为核心技术注入，联合社会资源成立科技型企业"③。时至今日，仍有不少学者从创办新企业的角度来理解与应用学术创业。④ 该观点承袭罗伯茨（E. B. Roberts）倡导的学术创业含义，主张打造科技园区、创建衍生企业，注重有形产出的"硬活动"，⑤可以称之为传统或者狭义的学术创业观。该观点可以适用于特定语境，例如某些组织或者个人创建科技型公司，体现一种开辟新领域、推出新科技、打造新事业的精神风貌。但是，从大学教师的主体角度而言，以此观点作为学术创业的内涵并不恰当。一方面，大学教师的学术创业不

---

① 详见夏清华《学术创业：中国研究型大学"第三使命"的认知与实现机制》，武汉大学出版社 2013 年版，第 32—41 页。

② 李华晶、王刚：《基于知识溢出视角的学术创业问题探究》，《研究与发展管理》2010 年第 1 期。

③ 陈粤、邓飞其、尹余生：《高校教师创业相关问题研究》，《中国科技成果》2011 年第 15 期。

④ Christopher S. Hayter, Andrew J. Nelson, etc., "Conceptualizing Academic Entrepreneurship Ecosystems: A Review, Analysis and Extension of the Literature", *The Journal of Technology Transfer*, 2018, 43 (4).

⑤ Kevin Philpott etc., "The Entrepreneurial University: Examining the Underlying Academic Tensions", *Technovation*, 2011, 31 (4).

只是创办新企业，该观点大大缩小了学术创业的活动边界；另一方面，创办新企业不是大学教师最佳的创业方式，该观点不符合大学教师"最适切的知识转移方式仍是软活动"① 的事实。

第二种观点，学术创业既指经济领域的知识转移也包括学术领域的创新变革。也就是说，该观点将大学战略转型、学科领域创建乃至研究范式转变等，都称之为学术创业。例如，国外有学者认为学术创业包括大学系统内部的战略更新、转型和创新；② 国内有学者认为学术创业不仅包括商业性创业活动，还包括对学术生涯的战略管理以及创建新领域或机构。③该观点大大扩展了学术创业的外延，可以称之为后现代或者广义甚至泛义的学术创业观。该观点对于非学术组织及其个人的学术创新，具有重要的指引意义。例如，某企业转换传统的经营生产模式，通过科技创新拓展新的领域，或者某企业员工在学术领域获得新的突破，开辟第二个收入通道或者第二职业。但是，从大学教师的主体角度而言，该观点将本属于传统职责与应然使命的内容都纳入进来，泛化了学术创业的外延，无法构建相应的理论体系并用来指导学术创业实践。也就是说，若按该种观点来构筑学术创业的内涵与外延，那么，学术创业将难以有确切的边界，只有在具体语境下才有可能予以研究与讨论。

第三种观点，学术创业是指学术组织或者学者个体在传统职责之外实现知识转移转化的各种活动。在该种观点看来，学术创业不只是创办新企业，还包括专利转让、技术入股、产业合同研究、顾问咨询、社会培训、校外兼课等。类似学术观点，学界较为普遍。例如，学术创业就是"在大学正式的基础教学和科研任务之外的所有商业化活动"④；"科学转向追求利润的过程"⑤；"以学术人员为主体，以自身学术产出为原料，……实

---

① Wesley M. Cohen, etc., "Links and impacts: the influence of public research on industrial R&D", *Management Science*, 2002, 48 (1).

② Michael C. Brennan, Pauric McGowan, "Academic entrepreneurship: An exploratory case study", *International Journal of Entrepreneurial Behavior and Research*, 2006, 12 (3).

③ 李华晶、邢晓东：《学术创业：国外研究现状与分析》，《中国科技论坛》2008 年第 12 期。

④ Magnus Klofsten, Dylan Jones-Evans, "Comparing academic entrepreneurship in Europe——The case of Sweden and Ireland", *Small Business Economics*, 2000, 14 (4).

⑤ Toby E. Stuart, Waverly W. Ding, "When do scientists become entrepreneurs? The social Structural antecedents of commercial activity in the academic life sciences", *American Journal of Sociology*, 2006, 112 (1).

现学术产出的资本化过程的系列活动"①。该观点以学术职业作为主体，比较吻合大学教师学术创业的基本特征，可以称之为现代或者中义的学术创业观。相较于第一种观点而言，该观点丰富了学术创业的内涵，扩充了学术创业的外延，兼顾了大学教师创办实体企业等"硬活动"以及技术转让、顾问咨询等"软活动"的学术创业事实，能够将大学教师在传统职责之外的各种兼薪兼职活动纳入进来。相较于第二种观点而言，该观点明确了学术创业的内涵，规范了学术创业的外延，将那种学术领域本身的创新、组织变革等剔除在外，从某种角度来说，有效地厘清了学术创业与学术创新、学术变革等概念的边界。

三 大学教师学术创业的内涵诠释

综上所述，所谓大学教师学术创业，是指大学教师在岗位职责之外实现知识转移转化的各种活动，从工作性质而言，相当于中国政策文本中以知识服务为基础的兼职兼薪。基于不同的分类标准，可以将大学教师学术创业分成不同类型。例如，基于时间要求，大学教师的学术创业可以分为在岗创业与离岗创业；基于产品性质，大学教师的学术创业可以分为商业性与公益性两种；基于具体内容，大学教师的学术创业可以分为如上所述的实体创办、专利转让、技术入股等多种形式。为了更好地理解何谓大学教师学术创业，本书再从以下三个方面进一步阐释。

（一）基于校本传统职责外的知识转移转化

在我国当前的文献中，较多地采用科技成果转移转化，而较少运用知识转移转化。② 本书之所以采取知识转移转化这个概念，重要原因在于该概念内涵更加丰富，更能体现人文社科知识均存在转移转化的可能性与必要性。例如，当前政府不少力推的智库建设，正是利用人文社科研究成果。同时，知识转移与知识转化是两个既有天然联系又有本质区别的概念，既具有高度重叠性又体现差异性。有文指出，"知识转化是知识资本的一种价值扩张或功能膨胀过程，……知识转移分为显性知识转移和隐性知识转移两种基本的形式，……知识转化、知识转移和知识共享均是以知

---

① 叶泉：《大学学术创业活动的风险及其治理对策》，《管理观察》2016 年第 5 期。

② 罗林波、王华、郝义国等：《高校科技成果转移转化模式思考与实践》，《中国高校科技》2019 年第 10 期。

识激变为目标"①；有文指出，"知识转化是指知识资本从一种形态向另一种形态的演变，而知识转移是指知识资本从一个主体向另一个主体的运动，这是两种性质完全不同的知识活动"②。在英语文献中，"knowledge transfer"往往没有严格区分知识转移③与知识转化④的界限。本书之所以使用知识转移与知识转化的组合词语知识转移转化，正是体现学术创业内涵的丰富性。可以说，凡是在大学教师传统职责之外的知识转移转化活动，都有可能纳入大学教师学术创业活动范畴。

学术创业自然属于知识转移转化活动，但不是所有的知识转移转化都属于学术创业活动。这是因为，无论哪一种类型与形式的学术创业，必定是以知识应用作为基础的知识转移转化活动，但是，那些依然局限于校内师生与传统职责的知识转移转化活动就不能称之为学术创业。例如，大学教师面向社会开设公益讲座，个人赚取少量的讲课报酬，这种活动属于学术创业活动；但是，如果这位教师面向校内师生开设类似讲座，甚至也收取了少量的讲课报酬，一般很难归为学术创业活动。又如，一所大学与社会某组织开展科研合作，将相应的技术指导或者入驻办公视为履行大学教职的一种责任，那么，大学的这种知识转移转化活动就不能称之为大学教师的学术创业；反之，如果学校没有这种职责与要求，而是大学教师自身的意愿与选择，那么该种行为又属于大学教师的学术创业活动了。从这里可以确证这个观点，"个体层面的知识转化是知识资本大厦的基座，是推动知识系统演化的原动力"⑤。同时，我们还必须明白，就如知识转移转化不一定都具有商业取向一样，学术创业活动同样不都具有商业取向。本书是从前文三种观点角度梳理与分类学术创业活动，也有学者从商业与非商业角度来厘定学术创业的边界。例如，有文认为，学术创业包括正式的商业活动（创建新企业、技术许可）、非正式的商业活动（开展咨询业

---

① 张同建、王华、王邦兆：《个体层面知识转化、知识转移和知识共享辨析》，《情报理论与实践》2014 年第 9 期。

② 张同健：《我国企业知识转移与知识转化的相关性解析》，《技术经济与管理研究》2010年第 4 期。

③ Soo Jeung Lee, Jisun Jung, "Work experiences and knowledge transfer among Korean academics: focusing on generational differences", *Studies in Higher Education*, 2018, 43 (11).

④ Esther Wit-de Vries, etc., "Knowledge transfer in university-industry research partnerships: a review", *The Journal of Technology Transfer*, 2019, 44 (4).

⑤ 张同建、王华、王邦兆：《个体层面知识转化、知识转移和知识共享辨析》，《情报理论与实践》2014 年第 9 期。

务、接受企事业单位的合同研究）与非商业活动（非正式的咨询业务、公开讲座）。① 从这里可以看出，将学术创业等同于商业取向的营利行为是不恰当的。这也进一步证明，在论证创业型大学的组织特性时，将学术资本转化而不是学术资本主义作为创业型大学的组织特性，② 既符合客观实际，也体现价值追求，能够为创业型大学本土化的中国实践提供正确的指引。

　　大学教师的传统职责主要针对校内学生的人才培养与基于学科岗位的科学研究，也有某些高校增加了直接服务社会的职务要求与岗位内容。对于不少大学教师而言，完成这些任务本身并不轻松，如果再要增加学术创业的工作职责，那么就会让他们感到苦不堪言，甚至导致学术文化与创业文化的激烈冲突。确实，大学教师传统上被赋予了三重角色：教师、研究者、知识分子，若要再增加知识应用者、学术创业者等角色，不仅导致其负担大大增加，而且会引发角色冲突。例如，国内外多有报道，诸如某某教授专注于创业，对工科学生教育培训不够；③ 不少人认为大学教师创业是"不务正业"的表现等。④ 还有文章指出：新老角色冲突也带来大量现实问题，如"搭便车"问题，即大学教师的学术创业大量使用了公共资产（如大学院系、公共契约、博士生和年轻的研究人员）却没有产出公共产品……"过分追求经济利益"甚至被列为造成教师职业声望下降的最主要原因。⑤ 应该说，就像当初科学研究进入大学产生争议并至今仍然存在教学与科研的矛盾一样，学术创业同样将在长期的争议背景下与大学的传统职责产生尖锐的矛盾，而且，与前一对矛盾相一致，学术创业与传统职责的矛盾同样属于岗位时间分配与评价激励机制不当的矛盾，而不是岗位性质本身所带来的不可调和的矛盾。例如，MIT与斯坦福等创业型大学既在学术创业上做出业绩，同样在人才培养与科学研究上成就辉煌，甚至后者正是在前者的推动下实现的，成为处理大学教师学术创业与传统职

　　① Abreu，M.，Grinevich，v.，"The Nature of Academic Entrepreneurship in the UK：Widening the Focus on Entrepreneurial Activities"，*Research Policy*，2013，42（2）.

　　② 付八军：《学术资本转化：创业型大学的组织特性》，《教育研究》2016年第2期。

　　③ König，Wolfgang，"Engineering professors as entrepreneurs：the case of Franz Reuleaux（1829-1905）and Alois Riedler（1850-1936）"，*History & Technology*. 2017，33（1）.

　　④ 转引自殷朝晖、李瑞君《美国研究型大学教师学术创业及其启示》，《教育科学》2018年第3期。

　　⑤ 朱书卉、睢国荣：《大学教师学术创业的角色定位与角色扮演研究》，《河北师范大学学报》（教育科学版）2018年第3期。

责的典范。正如有文指出的：仍有 1/4 的斯坦福在职教授有过至少一次创业经历，更重要的是，斯坦福也越来越倾向于选择学术创业者来担任学院院长甚至是校长的职务，学术创业的教授为青年教师和学生提供了模仿的典范，以激励更多的教师参与学术创业，在校园里形成了浓厚的创业文化。① 属于校本职责之外的大学教师学术创业之所以能够与传统职责共融互促，关键的因素在于学术创业主要基于教师个体学科专业优势而展开。这正是大学教师学术创业继学术资本转化而不是学术资本主义②之后的第二大内涵要点。

（二）基于学科专业优势开展知识转移转化

学术创业的内涵在不断发生变化，由过去的实体企业创办，到今天包括"创建衍生企业、专利许可、与校外机构开展合作研究、获得外部资金的科学研究项目、咨询、将研究成果商业化、向校外个人或者组织提供测试和实验设施、兼职从事校外教学活动"等多种形式，体现了大学教师学术创业活动类型的多样性。但是，无论哪一种学术创业活动，大学教师都是基于学科专业优势而展开。事实上，早在 20 世纪 70 年代就出现的技术创业（Technical Entrepreneurship）③，主要针对实体企业的创立，正是通过以他人难以替代的技术专长开展学术创业。这就表明，大学教师的学术创业不是经验型的一般性岗位创业，而是体现大学教师职业属性、基于个人学科特色的学术性创业。例如，一位计算机博士开办一家普通的饭馆，与社会职业人才开的饭馆没有多大区别，那么这种创业称不上学术创业，但是如果他利用网络技术在餐饮管理上有所创新，那么这样的创业又可以称之为学术创业了。又如，虽然一位计算机博士开办一家普通的餐馆称不上学术创业，但是一位工商管理、旅游管理等相关专业的博士开办这样的餐馆，则又可以称之为学术创业了。

学术创业的形式多种多样，每种不同的学术创业活动对于学科专业优势的利用与展示也不尽一样。例如，在实体企业创办上，学术创业者要在非学术性活动上付出大量时间与精力。在管理学、经济学领域中，不少学

---

① 殷朝晖、李瑞君：《美国研究型大学教师学术创业及其启示》，《教育科学》2018 年第3 期。

② 付八军：《学术资本转化：创业型大学的组织特性》，《教育研究》2016 年第 2 期。

③ Cooper, A. C., "Spin - offs and Technical Entrepreneurship", *IEEE Transactions on Engineering Management*, 1971, EM-18（1）.

者正是从实体创办角度研究学术创业。这也可以理解，因为在他们看来，"大学衍生企业是学术创业的核心，是指由大学、科研机构等学术性机构的职员或学生创建并由其管理运行的企业，是实现技术转移和知识商业化的重要途径"[①]。而且这种科技型实体企业，主要依赖学术创业者的科研优势，甚至正是基于创业者个人的科研产品而非转化他人的科研成果。例如，在一个探索性的案例研究中，对巴西南部的孵化器企业家和大学企业孵化器管理者进行了 18 次访谈。尽管在访谈中提到所有的维度对促进创业都很重要，但该研究的关键发现是，大多数学术初创企业都是基于创业者自己的技术，而不是大学的专利。[②] 这就表明，我们既无法否认实体创办在大学教师学术创业活动中的重要位置，也无法否定大学教师创办实体企业体现了其自身学科专业优势。但是，创办实体企业要比作为技术顾问、转让专利产品甚至从事校外教学服务活动投入更多的非学术性努力。也就是说，对于实体创办的学术科学家而言，他们相当比重的学术创业活动体现在非学科专业优势上。也许我们正要从这个角度来理解施一公先生的这句话："压死骆驼的最后一根稻草是什么呢？是鼓励科学家创办企业。人不可能一边做大学教授，一边做公司的管理人员，一边还要管金融。"

毫无疑问，大学教师学术创业属于机会型创业。[③] 当创造的学科研究成果有可能实现转移转化时，某种形式的学术创业活动就自然诞生了。但是，大学教师最适宜的学术创业形式，应该是基于学科专业优势的专利转让、技术顾问、决策咨询等，而不是实体企业的创办。如果一位大学教师要创办科技型实体企业，那么他应该选择离岗而不是在岗创业。这在作为创业型大学典范的 MIT、斯坦福等高校中，已经成为基本通例。正是在这种背景与前提下，"创业科学家和创业型大学正通过将知识转变为知识产权重塑美国学术景观"[④]。一方面，社会与国家鼓励大学教师基于学科专

① Rasmussen, E., "Understanding Academic Entrepreneurship: Exploring the Emergence of University Spin-off Ventures Using Process Theories", *International Small Business Journal*, 2011, 29 (5).

② Gustavo Dalmarco, Willem Hulsink, Guilherme V. Blois, "Creating entrepreneurial universities in an emerging economy: Evidence from Brazil", *Technological Forecasting & Social Change*, 2018, 135 (10).

③ 殷朝晖、李瑞君：《大学教师学术创业的角色冲突及其调适策略》，《江苏高教》2017 年第 4 期。

④ 游振声：《美国研究型大学学术创业模式研究》，重庆大学出版社 2017 年版，第 68 页。

业优势开展在岗或者离岗创业,解决创业机会识别能力不强、科技成果转化率不足、企业管理能力薄弱等问题,提高高等教育的社会贡献率;① 另一方面,根据学术创业活动类型对于学科专业优势的利用广度与深度,研制不同的学术创业鼓励政策,保证大学教师将工作时间与主要精力锁定在既定的学科专业领域,避免大学教师因在岗创办实体企业而导致的时间冲突、职责冲突甚至伦理冲突。因此,只要因势利导、因时利导、协调得当,从学科专业优势的利用与发挥而言,我们"不应该将大学教师学术创业这种新角色、新使命视为洪水猛兽,不应将学术创业角色认同过渡期出现的各种现象视为不可解决的顽固问题,也不应过多从道德、价值观等方面给予进行学术创新的大学教师过度负向角色标签"②。

（三）基于不同价值追求催生知识转移转化

从创业主体看,高校学术创业分为两种:一种是组织层面的学术创业,例如创业型大学、学科性公司等;另一种是教师个体的学术创业。这就可以理解,有些文章在界定学术创业概念时,会突出不同的创业主体。例如,有文指出,所谓学术创业,就是"指在大学里,学者或学术组织突破资源束缚创造机会、识别并利用机会,实现科技研究成果产业化和市场化的过程"③。但是,从组织层面的高校学术创业来说,主要还是针对创业型大学。若是高校里相对独立存在的学科性公司、科研型企业,是教师个体之间的合作行为,那亦可归属为大学教师个体的学术创业。"学术创业是创业型大学的重要特征。"④ 创业型大学是中国大学教师学术创业活动的开拓者、探索者与实践者。国内许多学者,正是从创业型大学角度来研究大学教师学术创业。尽管大学转型高度依存于教师转型,甚至只有教师转型才能带来大学转型,⑤ 但是国内高举创业型大学旗帜或者已经步入创业型大学轨道的高校毕竟只占极少数,而国内几乎所有高校均不可避

---

① 张英杰:《高校创业教育教师的学术创业能力评价及提升路径》,《高校教育管理》2018年第2期。

② 朱书卉、睢国荣:《大学教师学术创业的角色定位与角色扮演研究》,《河北师范大学学报》(教育科学版)2018年第3期。

③ 张英杰:《高校创业教育教师的学术创业能力评价及提升路径》,《高校教育管理》2018年第2期。

④ 易高峰:《中国高校学术创业:影响因素·实现机制·政策设计》,人民出版社2017年版,第280页。

⑤ 付八军:《论大学转型与教师转型》,《教育研究》2017年第4期。

免地存在形式不同、程度不等的教师个体学术创业。更重要的区别在于，创业型大学组织层面的学术创业与大学教师个体行为的学术创业，在价值取向与活动成效上完全不可同日而语。因此，研究大学教师的学术创业，可以选择创业型大学作为案例高校，因为在这样创业文化氛围较好的高校，教师个体的学术创业能够得到组织较多的支持，避免优秀教师在学术创业期间离开学术组织，[①] 但在制定大学教师学术创业的政策方案时需要从传统院校的事实与可能出发。

创业型大学推进学术创业的基本动力有两点：一是直接筹措办学经费，拓宽办学经费渠道；二是加快科研成果转移转化，服务社会经济发展。我国第一批高举创业型大学旗帜的普通本科院校，例如福州大学、南京工业大学、浙江农林大学、临沂大学等，普遍以第一点，即着眼于缓解地方院校办学经费的压力作为基本动力。但是，当前中国高校缺乏独立自主面向市场办学的环境与条件，以直接筹措办学经费作为基本动力的创业型大学建设路径在中国行不通，最终导致中西创业型大学建设的南橘北枳现象。从组织层面的中国创业型大学而言，要从加快科研成果转移转化角度推进学术创业，而针对具体的普通本科院校，则要从提高科学研究成果的应用性与实效性角度出发。于是，中国特色的创业型大学实践之路，与中国政府以及学界近年来力推的应用型大学建设不期而遇，[②] 以致我们认为"应用型大学是创业型大学本土化的最佳实践形式"[③]。这也从另一个角度表明，鼓励学术创业的中国大学应该从支持大学教师个体学术创业出发，走一条斯坦福、MIT 式的学术创业之路，而不是以大学组织的名义创办企业，走华威大学式的学术创业之路。例如，MIT 没有以学校名义创办企业，而是鼓励教师个体创业，正如有文所说的"放手"方式，没有实施各种自上而下的计划，有力地推动教师从传统型转向创业者。[④]

大学教师个体的学术创业，其动力来源与价值追求更是多种多样。例如，有些是基于对于学术成果的检验与完善，有些着眼于增加收入与提高

①　Nicolaou Nicos, Souitaris Vangelis, "Can Perceived Support for Entrepreneurship Keep Great Faculty in the Face of Spinouts?", *Journal of Product Innovation Management*, 2016, 33 (3).

②　付八军、宣勇：《创业型大学建设的中国道路》，《高等教育研究》2019 年第 3 期。

③　付八军、陈江：《应用型大学：创业型大学本土化的最佳实践形式——中西创业型大学南橘北枳现象探析》，《大学教育科学》2019 年第 5 期。

④　殷朝晖、李瑞君：《大学教师学术创业的角色冲突及其调适策略》，《江苏高教》2017 年第 4 期。

经济地位，有些更多地看重社会贡献与个人声誉，等等。评价大学教师学术创业的成效，不能从他们学术创业的动机出发，而是要从其社会贡献出发。依此原则，学术创业的公益取向还是商业取向，并不是评判大学教师学术创业的准绳。有些学术创业，从商业性角度推进，或许更能激发"学术企业家精神"①，产生社会效应，例如原创性科技成果的转移转化；有些学术创业，需要以公益为主，商业炒作不利于学术发展与社会进步，例如面向社会的学术讲座。因此，对于政策制定者而言，要"把商业和非商业方法结合起来"②，从有利于鼓励学术创业以及提高学术创业社会贡献率出发；对于大学教师个体而言，在履行校本岗位职责的基础上，不管以何种动因开展学术创业，只要有利于更好地服务社会，都是值得肯定与鼓励的。大学教师的基本使命，在其生成逻辑与现实需要上，应该是潜心科学研究，以按某种逻辑整合研究现状（综合的学术），然后利用所学所获培养学生（教学的学术），在此基础上，可以创造科研成果（发现的学术）乃至推动成果转化（应用的学术）。由此观之，学术创业或者说上一句话中的成果转化，既是大学教师学术研究深入的自然呈现，也属于大学教师职业发展阶段的更高追求。当前，学界往往认为，过于关注结果而不注重过程，或许会导致基础研究的薄弱、科研成果的延期发表等。应该说，这些既不是问题的主要矛盾，而且许多问题也是见仁见智。例如，麻省理工学院总医院 1994 年对 210 家生命科学公司进行的研究发现，58%的公司要求对研究成果推迟半年披露。1997 年对 2167 位大学科学家的研究显示，近 1/5 的科学家曾为保护专利信息而推迟半年披露成果。③ 然而，有些学术创业组织则认为学术成果的提前披露更有利于学术产品的顺利推出。"创业公司使用增值出版逻辑来吸引财政资源，提高内部科学家的声誉，获得对新产品开发至关重要的新技术。"④

---

①　Jorrit Gosens, etc., "The limits of academic entrepreneurship: Conflicting expectations about commercialization and innovation in China's nascent sector for advanced bio-energy technologies", *Energy Research & Social Science*, 2018, 37 (3).

②　Mike Wright, "Academic entrepreneurship: the permanent evolution?", *Management & Organizational History*, 2018, 13 (2).

③　游振声：《美国研究型大学学术创业模式研究》，重庆大学出版社 2017 年版，第 209 页。

④　Hayter Christopher, S., Link Albert, N., "Why do Knowledge-Intensive Entrepreneurial Firms Publish their Innovative Ideas?", *Academy of Management Perspectives*. 2018, 32 (1).

第二节 大学教师学术职业的创业属性

理顺大学教师学术创业的理论基础，关键的一个问题是需要明确学术创业是否属于大学教师的职业属性，亦即学术创业是大学教师职业的内在要求，还是外部强加给大学教师的派生活动，亦即学术创业是大学教师职业的外在要求。事实上，这在很大程度上取决于我们对于学术创业的内涵界定。如前所述，学术创业往往被视为学术职业工作者开辟的第二职业，亦即岗位外的学术创业。但是，如果从社会分工与职业分类来解读，学术创业只是表明其劳作对象是学术产品，职业工作者得要以此作为个人生活来源，① 不存在第一职业与第二职业的分野。这表明，学术创业也可以属于原有岗位上的创业。大学教师是一项以知识整合、知识创造与知识传承作为主业的学术职业。② 从这个意义上讲，以学术作为职业的大学教师，无论基于校内岗位职责履行第一职业，还是凭借学术产品本身拓展第二职业，都可以纳入学术创业范畴，学术创业属于大学教师的职业属性。只不过，大学教师是否可以在校内岗位职责之外从事第二职业，最终由国家或者地区的教育政策、相应高校的规章制度甚至教师个体的价值取向决定。由此观之，如果从一种新的视角来看待学术创业的内涵，大学教师在校内从事的教学科研活动都属于学术创业范畴，大学教师正是凭借其学术产品获得个人生存与发展的物质资源，至于大学教师能否通过学术产品开辟第二职业，开展岗位外的学术创业，这并不违背大学教师学术职业的创业属性，而是取决于政府、高校乃至教师个体的价值选择。这便是本书构建的大学教师学术创业的理论基础之一——"学术职业属性论"，亦即学术创业属于大学教师的职业属性，或者说大学教师学术职业具有创业属性。为了更加详尽地论证该种观点，本书从以下几点展开分析。特别说明，关于学术创业的内涵新解，仅在此处为提炼该种理论基础而作延伸思考，以论证学术创业属于大学教师的职业属性，学术创业的实践取决于主体选择。若未作此特别说明，本书主要以第三种定义即中义学术创业观作为概念界定，以便于学术创业活动边界的确定以及各级学术创业政策的制定。

---

① ［德］马克斯·韦伯：《学术与政治》，钱永祥等译，广西师范大学出版社 2010 年版，第 155 页。

② 杨超：《大学教师的学术职业分化》，科学出版社 2016 年版，第 35—43 页。

一　从学术创业的分类辨识学术职业内涵

本书在第一节中梳理出学术创业主要有三种观点，从某种角度而言亦即学术创业的三种类型。而且，本书倾向于选择第三种观点，亦即将大学教师在岗位工作之外的知识转移转化活动都称为学术创业。事实上，将在本职岗位工作之外的商业性或准商业性兼职兼薪活动均称为学术创业，类似观点在学界相当普遍。例如，有学者指出，教师学术创业是教师把新身份和资源整合到现有的组织环境中，运用大学创新创业资源，将科研成果转化为资本，进而通过市场化运行实现价值增值的过程，而教师学术创业的途径主要包括许可、转让和衍生企业。[①] 但是，将学术创业局限于岗位外的学术创业，学术职业本身的岗位工作被排斥在外，只是基于岗位职责明晰以及政策制定需要，能够较好地廓清现状与解决问题，却不一定体现学术创业的全部内涵与本真意蕴。应该说，学术创业既包括岗位职责内的学术创业，也包括岗位职责外的学术创业。界定某种创业活动是否属于学术创业，区分的核心标准便是创业者或者说从业者是否以学术产品作为劳作对象。例如，一位博士研究生毕业后在高校谋得教职，仅仅从事校内岗位职责规定的教学科研活动，通过该种工作获得个人生存与发展的物质资源，那么，该教师便属于岗位内的学术创业；如果他同时从事了校内岗位职责之外的专利转让、技术顾问等学术事务，并由此扩充了个人的经济收入或者社会影响，那么该教师同时还开展了岗位外的学术创业；如果该位博士研究生毕业后没有进入学术职业领域，也不是以学术产品作为劳作对象来谋求生活资本，那么他就不能称为学术创业者。至此，本书试从另一个角度，将学术创业分成以下三种类型。

第一种是岗位型学术创业。所谓岗位型学术创业，是指从业者基于岗位本身开展的学术工作。在这里，创业不是要在原有岗位上开拓新岗位，派生第二职业，而是将现有工作当成自己全部的事业，在现有岗位上不断取得进步。在国内创业教育研究领域，许多学者正是倡导要以培养岗位创业者为主、自主创业者为辅大力推进创业教育。[②] 确实，创业教育应该是

---

① 苏洋、赵文华：《我国研究型大学教师学术创业影响因素模型构建——基于扎根理论的探索性研究》，《中国高教研究》2017 年第 9 期。

② 黄兆信、曾尔雷、施永川等：《以岗位创业为导向：高校创业教育转型发展的战略选择》，《教育研究》2012 年第 12 期。

基于专业教育主干课程，面向全体大学生的岗位胜任力教育，包括提升其学科专业素养与创新创业能力，而不是面向少数"未来企业家"①的精英教育。同理，岗位型学术创业，也正是鼓励每一位从业者恪守本职工作，履行岗位职责，逐渐发展成为一位业务精湛、业绩突出的学术职业骨干。而且，学术职业与其他许多职业不一样，重复性劳动相对较少，创新性要求较高，能够指引学术从业者不断超越自己，在学术水准上获得更高造诣。例如，一位进入某大学工作的博士，不涉足第二职业，仅仅做好学校安排的岗位工作，那么他便属于岗位型学术创业，这是他获取生活资料的唯一途径。只要在岗位上勤奋努力并且取得业绩，他同样能够成为相应学科专业领域的佼佼者。

第二种是混合型学术创业。所谓混合型学术创业，是指从业者在坚守岗位职责的同时开展了岗位外的学术创业，相当于我们平常提及的在岗创业②。混合型学术创业较为复杂，人员最多，也是政策研究的重点与难点。当前关于学术创业的文件，大多针对混合型学术创业。一方面，无论中央政府还是地方政府均鼓励学术创业，学术从事者也想通过显性或者隐性的第二职业改善经济待遇，从而混合型学术创业成为不可抗拒的历史潮流，在学术职业中蓬勃发展。例如，美国学术职业吸引力减弱，经济地位下降，终身教职减少，大学及其教师转而开辟第二收入渠道。"美国急剧变化的经济和劳动力市场使学校难以吸引最优秀和最聪明的人从事学术职业，学术职业的黄金时代已经过去。"③自20世纪70年代中叶开始，随着教师聘任类型的多样化，高校终身教职比例大幅度缩减，学术职业离心力不断增大。④经济福利显然是一个重要的诱因，当从原有岗位获得的薪水不足以匹配他们的学术水平与能力之际，⑤这些从业者便会转而在岗位

---

① 卫胜：《论社会主义核心价值观引领大学生创业教育》，《科教导刊》（上旬刊）2017年第7期。

② 陈春林、冯雪娇、林浩：《科技人员参与"双创"的现状及问题研究——以江西省为例》，《江西科学》2018年第1期。该文对江西省25个省属独立科研院所，共2500多位科技人员开展了省内"双创"政策执行效果的跟踪调研，从离岗创业、在岗创业等不同学术创业类型进行客观描绘与深度剖析。

③ ［美］菲利普·G.阿特巴赫：《比较高等教育：知识、大学与发展》，人民教育出版社教育室译，人民教育出版社2001年版，第103页。

④ Martin Joel Finkelstein，《美国学术职业的发展历程》，《高教探索》2019年第3期。

⑤ Joris Mercelis, Gabriel Galvez-Behar, Anna Guagnini, "Commercializing science: nineteenth and twentieth-century academic scientists as consultants, patentees, and entrepreneurs", *History & Technology*. 2017, 33 (1).

之外从事各种形式的第二职业。另一方面，不少混合型学术创业对原有岗位职责造成责任冲突、利益冲突，以致学界从来不缺乏对这些学术创业活动的批评与抵制。确实，虽然同样属于知识的创造、应用或者传承，但面对不同的服务对象，"推动和利用知识的双重利益会导致利益的冲突和融合"。① 例如，一位教授要给校内学生承担课程教学任务，但同时也在校外承担大量技术咨询、培训讲座甚至企业创建等活动，势必影响他对于校内岗位职责投入的时间与精力。

第三种是自主型学术创业。所谓自主型学术创业，是指从业者不受雇于任何企业或者组织，而是自己独立或者与他人合作自主进行学术创业。这类创业者，不少是辞去现有工作岗位，放弃相对稳定的经济来源，凭借自身的学术专长自主创业，亦即我们平常提及的离岗创业。对于创办实体企业等时间与精力消耗较大的学术创业活动，我们应该允许也需要推动创业者选择离岗创业。为了鼓励学术从业者离岗创业，政府出台了许多优惠性的政策文件。例如，允许科研工作者在离岗创业若干年限以内，离岗不离职，离岗期间获得的学术创新创业成果，在重回原有单位时可以享受参与职称晋升、岗位聘任等无差别对待。但是，时至今日，该类学术创业活动在学术职业界并不活跃，更多的创业者选择混合型或者说在岗创业。至于其原因，这与离岗创业的收入风险较大、审批程序繁杂、政策扶持较少、企业负担较重等许多因素有关。② 岗位外的学术创业在中国毕竟属于一个新事物，随着学术创业活动的全面深入发展，离岗创业的政策环境不断优化，学术工作者"想创、敢创和能创"③ 的局面终将形成。

根据不同的标准，学术创业可以分为不同的类型。例如，若依据第一节中第三种观点，我们普遍将学术创业分为在岗创业与离岗创业，该种分类标准主要依据学术工作者在原有岗位工作基础上新增的学术创业有没有兼顾原有岗位工作（兼顾则为在岗创业，否则为离岗创业），以便依其制定相应的学术创业政策；若依第一节中第二种观点，学术创业就可以分为本节所谓的岗位型、混合型和自主型三种类型，该种分类标

---

① ［美］亨利·埃茨科维兹：《三螺旋创新模式》，陈劲译，清华大学出版社2016年版，第151页。

② 顾训明、徐红梅：《高校教师离岗创业的制度性困境及其超越》，《创新与创业教育》2016年第5期。

③ 张呈念、谢志远、徐丹彤等：《高校科技人员离岗创业的问题研究》，《高等工程教育研究》2015年第3期。

准主要依据学术工作者以何种形式获取生存与发展的物质资源，通过受聘于某种组织的称为岗位型，既从受聘的某种组织取薪且又通过第二职业取酬的称为混合型，不受聘于任何组织而自主创业者或者以停薪留职的形式受聘于某种组织然后再通过自主创业获取生存与发展资本的称为自主型。显然，以岗位型、混合型和自主型三分法来统合各种形式的学术创业活动，意味着创业的内涵极为丰富外延相当广泛，远远不再是在原有岗位上开辟第二职业，而是相当于一种开拓性工作、创造性努力等含义的社会活动，更加突出职业工作者"积极进取的职业态度"①。从这一点而言，职场上每个人都是创业者，创业在很大程度上类似于选择职业，以此来存活于世乃至创造丰功伟绩。只不过，不同的职业工作者依托不同的生产资料，针对不同的劳作对象，从而形成了不同类型不同形式的创业工作者。如果以学术、知识作为生产资料与劳作对象，形成学术产品，那么便属于学术创业者，例如大学教师、学术企业家、科研工作者等；如果以资金本身作为生产资料与劳作对象，那么可以称为资本创业者，例如银行工作人员、金融企业家等；如果以体能或者一般技能作为生产资料，以此换取生存与发展的资本，学术性要求并不高，那么可以称为体能创业者，例如搬运工、厨师、农民等大量职业工作者。事实上，在国际语境下，创业本身的含义亦是见仁见智。例如，西方有学者就将创业视为"改变世界的独特思考和行动体系"，而不是"创办一家企业去盈利"；② 有学者进一步指出，"社会上所有人都应该具有创业精神"③；还有学者从创业教育的角度出发，将创业视为一种方法，认为遵循事先指定的步骤就能取得成功。④ 可见，学术创业的内涵界定，取决于我们的价值选择。若从本节的三分法而言，包括学术职业在内的任何职业，本身就属于一种创业，具有创业属性。

---

① 郑少南、孙忠华、杨婷婷：《香港高校就业指导的现状及其特点》，《现代教育管理》2010 年第 9 期。

② 转引自李华晶《间接型学术创业与大学创业教育的契合研究》，《科学学与科学技术管理》2016 年第 1 期。

③ Shazia Nasrullah, Muhammad Saqib Khan, Irfanullah Khan, "The Entrepreneurship Education and Academic Performance", *Journal of Education and Practice*, 2016, 7 (1).

④ ［美］内克（Neck, H. M.）、格林（Greene, P. G.）、布拉什（Brush, C. G.）：《如何教创业：基于实践的百森教学法》，薛红志等译，机械工业出版社 2015 年版，第 9 页。

二　基于属性维度解析大学教师学术创业

依前所述，职业本身具有创业属性，学术职业便具有学术创业属性。那么，大学教师属于学术职业吗？学术职业除了大学教师，还有其他群体吗？毫无疑问，大学教师必定属于学术职业，甚至被认为属于学术职业的主体。[①] 但是，除了大学教师，其他的许多职业例如中小学教师、专职科研人员尤其是企业研究团队等，他们是否属于学术职业？对此，学界存在不同意见。普遍认为，研究机构的专职科研人员归属学术职业，中小学教师不能纳入学术职业范畴。原因在于，学术职业仅限于那些"以高深知识为基础的教学、科学研究和社会服务活动"[②]。至于企业中的研究团队，由于其属于企业的一个组成部分，以实现企业利益最大化作为第一目标，与高校、研究机构等学术组织有着不同的学术使命，从而学界较少将他们纳入学术职业范畴。由此可见，学术职业至少具备两个基本要件：一是要以高深知识作为活动内容，学术交流与科学研究是其生命特质；二是要以学术贡献作为第一目标，区别于其他社会职业以经济利益乃至民族强大作为第一目标。属性是"事物本身固有的特性、特征，包括形态、动作、关系等"[③]，具有相对稳定性、内在性与不变性。高等教育具有产业性、公益性等各种属性，这是不以人的意志为转移的，至于这些属性是否在教育实践中体现出来，既取决于相应的条件是否成熟，也取决于办学者采取什么样的教育政策。一句话，教育政策在某种层面上相当于政府对于教育属性的选择与利用。[④] 作为学术职业的大学教师，既要在活动内容上彰显高深知识而不是其他服务产品，又要在职责使命上强化学术贡献而不是经济利益，那么如何体现学术创业属于其自身固有的内在的必然的属性？本书试从以下三个方面，论述学术创业属于大学教师学术职业的基本属性。

（一）从创业内涵的丰富性看大学教师学术职业的属性

创业具有丰富的内涵，学界往往根据不同需要，赋予创业不同的特质与边界。从广义的创业内涵出发，大学教师的学术创业不只代表教师创办

---

① 王保星：《大学教师：一项学术性职业》，《大学教育科学》2007 年第 4 期。

② 杨超：《大学教师的学术职业分化》，科学出版社 2016 年版，第 39 页。

③ 高青海：《文史哲百科辞典》，吉林大学出版社 1988 年版，第 706 页。

④ 付八军：《高等教育属性——教育政策对高等教育属性选择的新视角》，江西人民出版社 2008 年版，第 38—63 页。

一个新型学术型公司，亦不只是指向教师兼职兼薪，还包括教师在个人的就业从业岗位上创造价值，亦即岗位型学术创业。例如，有文归纳出学界关于学术创业的四种定义，其中一种观点认为学术创业更多的是为了"突出学术组织或者个体的主体地位，将资源融入现有组织背景下的整合过程，催生了反映研究者从事工作的一种全新模式"①。百度百科采用了国家发改委社会发展研究所所长杨宜勇关于创业的含义，亦即"创业是有志者对自己拥有的资源或通过努力对能够拥有的资源进行优化整合，从而创造出更大经济或社会价值的过程"②。这些界定表明，学术创业的内涵相当丰富，大学教师在岗位上的创造性劳动与学术业绩表现，都可以纳入学术创业的范畴。进一步说，学术创业不是外部强加给教师的一项任务，更不是大学教师谋取岗位外收入的商业活动，而是教师岗位职责范围内的自觉行为，是大学教师履行学术使命的基本途径，属于大学教师学术职业的内在属性。

当创业既包括岗位内创业，也包括岗位外创业时，创业其实就相当于"开拓创新、建功立业"的简约称呼了。国内学者从岗位创业③的角度研究创业教育，正是利用广义的创业内涵，体现了其开拓创新与建功立业的教育旨趣。基于学术的岗位创业，那就是要求学术从业者在学术上推陈出新，做出创造性贡献。显然，这是学术职业的本职工作与自然追求。对于大学教师的学术创业而言，那就是要在教学服务、科学研究抑或知识应用等方面取得重要业绩，获得同行认可。④ 至于大学教师的学术创业是体现在教学育人的创新，还是科学研究的突破，抑或社会服务的贡献，都是大

---

① 苏洋、赵文华：《我国研究型大学教师学术创业影响因素模型构建——基于扎根理论的探索性研究》，《中国高教研究》2017 年第 9 期。该文梳理出学术创业的四种观点：不同研究者对学术创业的界定可以概括为四种：第一种从角色冲突视角界定学术创业，认为学术创业与传统大学的观念存在冲突，因此，发生在大学外部的，超越学术界对传统大学的定义的活动均被称为学术创业；第二种强调学术组织或个人在创业中的主体地位，认为学术创业是教师把资源融入现有组织背景下的整合过程，催生了反映研究者从事工作的一种全新模式；第三种侧重创办新公司，包括研究商业化、技术转移和大学衍生企业；第四种基于公司创业视角的综合观点，认为学术创业包含大学内部和外部组织创造、创新和战略的更新。实际上，此处四种观点是本书第一节三种观点的演绎与展开。

② 杨宜勇：《奋力打造"双创"新模式》，《中国国情国力》2016 年第 10 期。

③ 杨义、刘丝雨、曲小远等：《大学生村官岗位创业的培养机制研究》，《高等工程教育研究》2016 年第 6 期。黄兆信、曲小远、施永川等：《以岗位创业为导向的高校创业教育新模式——以温州大学为例》，《高等教育研究》2014 年第 8 期。

④ 朱书卉、眭国荣：《大学教师学术创业的角色定位与角色扮演研究》，《河北师范大学学报》（教育科学版）2018 年第 3 期。

学教师学术岗位工作的体现与延伸，并不违背学术创业属于大学教师职业的属性。不过，无限放大的创业内涵，虽然能够较好地体现大学教师学术创业的职业属性，明确学术创业属于大学教师的本职特征，但是不利于划清岗内创业与岗外创业的界限，难以通过学术创业概念本身来制定大学教师兼职兼薪的政策文件。正因为此，如果未作特别说明，本书在论述中将学术创业的内涵锁定在第三种定义上。

（二）从属性的选择与利用看大学教师学术职业的属性

将学术创业定位于大学教师学术职业的属性，其意义在于明确学术创业是大学教师的内在特性，从而不要将学术创业视为大学教师的"歪门邪道"，认为其价值选择必然导致大学教师"沦为市场的奴隶"[1]。当创业不等于在岗位之外另行开辟一条事业通道，而是泛指"开拓创新、建功立业"之后，学术创业也就不意味着必然成立学术性公司或者说大学创业公司（University Spin-offs，USOs）[2]，而是针对学术工作者的锐意进取并且力争做出学术贡献。从这一点来理解，将学术创业确定为大学教师的职业属性是不成问题的。但是，学术创业在许多语境下乃至政策文本中并不特指岗位型创业，而是针对兼职兼薪以及创办新企业。[3] 在这种情况下，学术创业还属于大学教师的职业属性吗？显然，从大学教师的职责与任务来看，不仅不能将之归为其职业属性，甚至造成责任冲突、文化冲突与伦理冲突。对此，要论证学术创业属于大学教师的职业属性，必须从属性的要义与功能入手。

属性是人类创设出来的一个概念，是事物本质所体现出来的特点与特性，用以说明事物本身固有的特质。可见，属性就是反映事物本质的，不存在"本质属性"的说法，"本质属性""非本质属性"的概念是不科学的。不过，在学界常常出现"本质属性"的说法，这种语义重叠只是作者强调事物的内在规定性。例如，有文将耻辱定义为人的本质属性，原因

① 马培培：《争议中的创业型大学及其出路——大学理念的视角》，《现代教育管理》2015年第 12 期。

② 游振声：《美国研究型大学学术创业模式研究》，重庆大学出版社 2017 年版，第 144—148 页。

③ ［美］亨利·埃茨科维兹：《三螺旋创新模式》，陈劲译，清华大学出版社 2016 年版，第239—250 页。

在于"耻感是人们普遍存在的一种道德情感，是人与生俱来的内在规定性"①。事物的属性，必定是本质的反映，但可以从许多角度对本质进行多方面反映，从而体现属性的多样化。人类既然创设属性概念，必定基于特定目的并且加以利用。这种利用，实际上就相当于某种选择。例如，人类从许多角度归纳出老虎的属性，然后将这些作为知识告诉大家，以便人们在适当的时候加以利用。当人类要躲避老虎时，会利用老虎的外形等特征，尽可能不要靠近如此可怕的动物；当人类要驯服老虎时，会利用老虎的习性等特性，将其规训为人类的观赏对象。可见，事物多样化的属性，其功能的发挥，取决于我们的选择与利用。例如，有文研究指出的"本体属性"与"价值属性"的关系问题，就属于属性的选择与利用问题。②学术创业作为大学教师学术职业的属性，或者说大学教师的职业属性，从属性的选择与利用角度来分析就迎刃而解了。

在此以技术转移为例，试说明岗位外的学术创业仍然属于大学教师的职业属性。作为学术职业，大学教师的职业属性可以表现为学术或者说知识的传承、生产乃至应用。然而，学术职业往往被戴上了公益的金环③，成为人类社会的正义使者与思想高地，那些商业色彩较为明显的知识传承、生产尤其应用，通常被归于市场化、功利性面向的非学术职业。于是，大学教师那些获取岗位外报酬的兼职兼薪活动，尽管同样属于人才培养、科学研究或者成果应用工作，却被排除在大学教师本职工作之外，自然不能将这些行为特征归为大学教师的职业属性。但是，岗位外兼职并没有表明学术职业工作者必定存在"牟利""追逐外部收益"④的价值倾向，也可能基于社会责任、个人情怀而做的一项公益活动。例如，作为国家创新体系重要组成部分的技术转移，⑤若获得政府资助且属于职务发明，在不少国家较多地体现公益特征，成果收益主要归于政府而不是个人，这在很大程度上就成为学术职业的岗位职责，进而体现为学术工作者

---

① 吴潜涛、杨峻岭：《论耻感的基本涵义、本质属性及其主要特征》，《哲学研究》2010 年第 8 期。

② 马志政：《论价值属性》，《哲学研究》1986 年第 1 期。

③ 杨超：《大学教师的学术职业分化》，教育科学出版社 2016 年版，第 35—43 页。

④ 易红郡：《学术资本主义：世界高等教育发展的新理念》，《教育与经济》2010 年第 3 期。

⑤ 方炜、郑立明、王莉丽：《改革开放 40 年：中国技术转移体系建设之路》，《中国科技论坛》2019 年第 4 期。

的职业属性。美国高校早期的技术转移转化，就属于这种类型。只不过，将知识产权归于生产者个人有利于提高技术转移转化的效率与效益，从而导致"大学的技术转移要走市场化之路，商品化成为技术转移转化的基本特征"①。例如，美国联邦实验室技术转让的立法重点，就是不断提高技术产品的市场性与竞争性，力争使私营部门与公共研究机构乃至整个社会均从中受益。② 可见，作为学术创业活动的技术转移是否以营利作为目的，都没有改变其活动的知识本质与运行逻辑，只是缘于主体对于技术转移等学术创业外在收益的选择与利用，并不能由此否定包括技术转移在内的学术创业属于大学教师的职业属性。更进一步说，从兼职兼薪等岗位外的学术创业而言，这些行为仍然是知识的流转与坚守，本身可以归为学术职业固有的某种属性，只不过由于主体对于学术创业属性的选择与利用，有时可以从中获取额外的经济回报而体现出营利模式，有时则较多地以社会共同利益为基础而体现出公益模式，从以更高效率与效益提高学术创业的社会贡献度出发，社会各界往往倾向于选择营利模式而不是公益模式。

（三）从职责的嬗变与拓展看大学教师学术职业的属性

学术创业属于大学教师的职业属性，至于学术创业是否带来外部收益，取决于主体尤其是政府或者学校对于属性功能的选择与利用。这是我们从前面论述中得出的一个基本结论。利用这个结论来分析大学教师学术职业的职责嬗变与拓展，同样可以验证学术创业属于大学教师的职业属性。这是因为，当前大学教师多元化的岗位职责，不是从其职业诞生之初就存在的，而是在其职业演变进程中不断增加的，③ 每个时期新增的任何一项职责都可能出现营利模式与公益模式，但这些职责体现出来的行为特征都已经固化为大学教师的本职工作，自然成为大学教师的职业属性，营利与公益只是人们对属性功能的选择与利用而已，并不影响各种普遍性的岗位职责成为大学教师的职业属性。仅从教学育人使命到科学研究职能的演进，就可以证明岗位内外的学术创业，都能够归为大学教师的职业属性。

---

① 王小绪：《大学技术转移机构建设：现状、问题与对策》，《高等教育研究》2014 年第12 期。

② Albert N. Link, John T. Scott, "The economic benefits of technology transfer from U. S. federal laboratories", *The Journal of Technology Transfer*, 2019, 44 (5).

③ 杨超：《大学教师的学术职业分化》，教育科学出版社 2016 年版，第 59—95 页。

大学的传统功能是传播知识，换言之，是通过传授知识来培养人才。① 可以说，19 世纪以前的大学，知识传承的职能是其唯一的使命。② 但是，以知识传承作为唯一使命的大学教师，在那个时候却可能呈现两种岗位选择类型。一种是岗位型学术创业，做某所高校"完整的教师"或者说"全职的教师"③；另一种则是混合型或者自主型学术创业。例如，那个时候不乏某些学术工作者自己招生独立办学，并且以此作为个人生活与事业发展的物质来源，体现自主型学术创业；那个时候不乏某些学术工作者以高校教职岗位作为兼职，或者在高校教职之外谋求第二份职业，并且由此获得双份收入，体现混合型学术创业。这种不同收益取向的知识传承类型，当然不能否定知识传承属于大学教师的职业特性，亦即不能否定从知识传承层面来称呼的学术创业属于大学教师的职业特性。进入 19 世纪以后，科学研究逐渐在大学中发展起来，时至今日已经成为大学教师的职业特性，坚不可摧地在大学阵地上凸显出来。对此，我们可以从两个方面来分析，包括知识应用在内的学术创业可以归属大学教师的职业属性。一方面，科学研究当前已经成为大学教师的职业属性，但在 19 世纪以前这个观点很难成立，这说明大学教师的职业属性在不断显现出来，随着科技的进步与时代的发展，知识应用、应用知识也有可能成为大学教师的基本职责与时代使命，从而作为大学教师的职业属性获得社会各界的认可。例如，19 世纪初期的洪堡提出，"当科学似乎多少忘记生活时，它常常才会为生活带来至善的福祉"④。但是，到了 19 世纪后半期，更具体地说是在"1865 年后的十年，美国高等教育模式的所有可见变化几乎都表现出实用型改革要求的让步"⑤。另一方面，自科学研究作为大学的第二项职能以来，其表现出来的经济功能与物质诉求在许多国家都有充分的表现。例如，在历史上曾经均面临着严重生存危机的两所世界名校——MIT 与斯坦福，在二战期间通过为政府提供科研服务而获得大量资助，最后均走出

①　叶赋桂、陈超群、吴剑平等：《大学的兴衰》，清华大学出版社 2016 年版，第 49 页。

②　冒荣、赵群：《两次学术革命与研究型大学的发展》，《高等教育研究》2003 年第 1 期。

③　李汉学、倪奥华：《美国社区学院教师分类管理制度——源自美国圣路易斯社区学院的经验》，《高教发展与评估》2019 年第 1 期。

④　转引自陈洪捷《德国古典大学观及其对中国的影响》，北京大学出版社 2007 年版，第 32 页。

⑤　[美] 劳伦斯·维赛（Laurence R. Veysey）：《美国现代大学的崛起》，栾鸾译，北京大学出版社 2015 年版，第 61 页。

经济困境并且成就高等教育发展史上的神话。战争结束后，斯坦福大学走出象牙塔的办学形象还一度招来大肆抨击，① 改革派的核心人物之一特曼教授（FrederickTerman）则继续坚持学以致用的办学定位，而且主张向MIT 学习，不仅与政府加强合作，还进一步推动大学与企业相联系的模式。② 两所世界名校应用取向的科学研究观表明，作为大学教师职业属性的科学研究可以为高校带来额外收益，也可以基于共同利益而固守学术象牙塔，这些都不能否定大学教师学术创业的职业属性。如果凭借科研职能直接获取外部资源，则体现营利取向的学术创业模式；如果其科研职能仅仅满足于谋求学术进步与社会发展，则体现公益取向的学术创业模式。

三　大学教师外向型学术创业的环境依赖

将学术创业定性为大学教师的职业属性，在理论上确认了学术创业属于大学教师学术职业的固有特性与内在功能，成为大学教师学术创业理论研究的逻辑起点，也为政府、高校以及社会各界推动大学教师学术创业提供了"法旨圣谕"；而且，属性论视角可以解释全球各国高校中那些普遍受到限制乃至抵制的学术创业活动，它们并非不属于大学教师的职业属性，而是取决于教师主体尤其是政府或者高校对于属性功能的选择。这是前文研究的基本结论以及重大意义。运用属性论的理论视角，我们还可以理解，为什么某些学术创业在一些国家得到鼓励与支持，而在另一些国家遭到反对与禁止。例如，高校学者在岗创办企业当前在我国能够获得政策的大力支持，③ 而在西方许多国家普遍是不允许的，一位学者若要创业实体企业，在那些国家普遍是要求离岗的;④ 大学教师兼职兼薪在德国、日本、韩国等基本上被限制或禁止，⑤ 但在美国、中国等则是力争在规范的基础上予以解禁甚至鼓励。同样的学术创业活动之所以在不同国家有如此

---

① ［美］丽贝卡·S. 洛温：《创建冷战大学——斯坦福大学的转型》，叶赋桂、罗燕译，清华大学出版社 2007 年版，第 82 页。

② ［美］亨利·埃兹科维茨：《麻省理工学院与创业科学的兴起》，王孙禺、袁本涛等译，清华大学出版社 2007 年版，第 151 页。

③ 佚名：《事业单位专业技术人员双创政策落地》，《中国人力资源社会保障》2017 年第 4 期。

④ 姚荣：《保障与限制之间：高校教师兼职活动的法律规制研究》，《教育学报》2018 年第 3 期。

⑤ 唐丽萍、梁丽：《美国大学教师兼职活动的规范及其启示》，《高等教育研究》2015 年第 6 期。

大相径庭的政策待遇，在很大程度上正取决于不同国家或者高校对于学术创业功能属性的不同价值定位。那么，那些在许多国家限制乃至禁止的学术创业活动为什么在另一些国家被允许存在？这实际上正是属性功能的环境依赖或者说条件分析。由于这些区别对待的学术创业活动，主要针对兼职兼薪、实体创办等混合型、自主型学术创业，而不是岗位型学术创业，故而本书将之统称为外向型学术创业。① 大学教师的外向型学术创业是指大学教师岗位职责之外凭借学术专长从事第二职业并获得报酬的学术创业活动。基于属性选择的条件论而言，外向型学术创业的诞生与发展依赖以下三个环境。

（一）认知环境：在整体上认识到学术创业有助于反哺教学科研

对象事物的属性是客观存在的，但主体可以选择与利用某种属性。只不过，该种属性的被选择与利用是有条件的。例如，改革开放以来，我国政府逐渐推动民办教育的发展，就是对于教育的商品属性的选择与利用。② 在计划经济条件下，教育的商品属性则无法呈现出来。外向型学术创业在一个国家获得政策支持并蓬勃发展，同样需要较为成熟的外部条件与环境，其中第一个容易被忽略却又最为基础的条件便是认知环境，亦即社会上包括学界、政界等在整体上要认识外向型学术创业的价值与意义，肯定其对于人才培养质量的提升以及科学研究的增长大有益处，至少利大于弊。前文相关的文献梳理已经表明，社会上不乏认可学术创业反哺教学科研的案例与观点。也有文章梳理了大量文献，从学术创业强化大学的研究功能、促进大学的教学改进、巩固大学的学术地位等方面，梳理了一批类似的观点。③但是，否定外向型学术创业的观点从未缺席。例如，在美国学者约翰·S. 布鲁贝克看来，工匠与教授的根本差别在于前者主要为

---

① 李华晶与王刚在《基于知识溢出视角的学术创业问题探究》（载《研究与发展管理》2010 年第 1 期）一文中，提出将学术创业分为内向型、外向型和中间型三种类型。内向型，相当于岗位型学术创业，关于学术领域本身的知识增进；外向型，追求岗位之外的经济收益；中间型，体现为公共利益取向的知识转移转化。本书提出的外向型学术创业，与该文不谋而合，观点大体相同。只不过，若从该种视角分类，本书从是否以外部收益作为主导目标作为基准，将学术创业分成外向型与内向型两种。因为中间型与内向型一致，虽然没有直接从外部获取收益，但在间接上存在获利的事实。

② 详见付八军《高等教育属性——教育政策对高等教育属性选择的新视角》，江西人民出版社 2008 年版，第 198—225 页。

③ 详见汪怿《学术创业：内涵、瓶颈与推进策略》，《教育发展研究》2013 年第 17 期。

得到经济收入而工作，后者却把经济收入放在第二位。① 然而，外向型学术创业，则以经济收入作为主要驱动力，总体上属于经济利益驱动型学术创业。当一个国家的各方力量均认为大学应该专注于象牙塔，那么这种外向型学术创业就难以在该国大学中涌现。

培育社会对于学术创业价值的整体认知，两个方面的因素显得不可或缺。一是某些学者的先知先觉并由此提供理论指引。从学理而言，理论本应走在实践前面，因为理论的本质是创新、突破与求异。与现状不一样的新见，理应首先出现在学界。但是，我国教育学界在总体上跟在政策与实践后面，② 发挥了政策阐释与舆论支持的重要作用，却没有起到理论引领实践的本源作用。这种奇特的现象，与我国教育管理体制密切相关。但是，从全球范围看，教育实践创新是需要理论指引的。美国高校学术创业如火如荼，在很大程度上与该国各种学术创业流派涌现密不可分。尽管美国学界同样存在抵制外向型学术创业的呼声，但较早喊出大学走出象牙塔、学术服务社会的声音发生在美国。例如，威斯康星理念的提出，被认为是大学服务社会功能正式诞生的标志，③ 该理念就是美国那个时代最具有代表性的呼声之一。二是某些高校的先行先试并由此提供案例典范。任何一种事物的变革与发展，往往从某一点开始实现突破继而逐渐实现全面突破。例如，人体健康状况的变化、历次重大战争的转机乃至安徽小岗村推动全国农村联产承包责任制的实行，无一不是遵循从点到面的运行轨迹。一个国家的大学在整体上出现外向型学术创业，同样首先需要某所高校实现突破，进而通过成功案例带动更多高校实现转型。例如，致力于外向型学术创业的创业型大学理论在美国获得了广泛支持，甚至已经成为一种常识而转为渐弱型研究前沿，在实践上更是涌现出一大批名校诸如加州理工学院、哥伦比亚大学、康奈尔大学、约翰·霍普金斯大学、宾夕法尼亚大学、华盛顿大学、杜克大学等高举学术创业旗帜④。创业型大学之所以在美国广泛设立，获得社会广泛认同，这与 MIT、斯坦福等率先确立创业型大学并取得巨大成功不无关系。⑤ 正如将 MIT 视为全球第一所创业型

① ［美］约翰·S. 布鲁贝克：《高等教育哲学》，王承绪译，浙江教育出版社 2002 年版，第 131 页。

② 彭虹斌：《教育理论、教育政策与教育实践三者关系研究》，《教育科学研究》2017 年第 3 期。

③ 刘宝存：《威斯康星理念与大学的社会服务职能》，《理工高教研究》2003 年第 5 期。

④ 详见王雁、李晓强《创业型大学的典型特征和基本标准》，《科学学研究》2011 年第 2 期。

⑤ 详见付八军《教师转型与创业型大学建设》，中国社会科学出版社 2016 年版，第 26—38 页。

大学的亨利·埃兹科维茨所言，MIT "在美国学术界发挥着独特的作用，它开创了大学与企业联合的模式并且将其推广到其他院校。……将基础研究和教学与产业创新结合在一起的 MIT 模式，正在取代哈佛模式成为学术界的榜样"[①]。

（二）政策环境：政府需要通过学术创业推进国家科技创新体系

对象事物的属性被选择与利用存在许多外在条件，其中有一种条件起着关键作用。对于社会领域的许多改革与发展而言，政策毫无疑义具有关键作用。例如，改革开放之初，各种层次的民办教育在社会上如雨后春笋不断涌现出来，但是，如果没有政策的允许乃至鼓励，许多民办教育实体无法存续下来，亦即教育的商品属性难以在原有的国家政策环境中展现出来。推动外向型学术创业的理论见解再权威再强大，也必须转化为体现国家意志的政策与文件。应该说，这在以政府控制型为主[②]的国家中体现得尤其明显。对于该种认识，政府或者高校的态度最为关键。例如，将外向型学术创业视为大学教师不务正业的观点，在中国学界同样普遍与强烈，但是，中国学术创业的推进力度在全球处在第一方阵，其原因主要还是政府对于学术创业重要性的认知。可以说，无论与其他国家的横向比较，还是与政府过往战略重点的纵向相比，中国当前鼓励学术创业的政策环境最为浓厚，"已经把'大众创业、万众创新'确立为我国社会改革的动力之源和推动经济结构调整的新引擎，使得创新创业成为国家战略和施政纲要，成为当前社会经济发展的时代潮流和价值取向"[③]。

外向型学术创业已经上升为我国的政策方针，但是要让政策落地并且开花结果，政府需要做的一项关键之关键工作便是扩大高校办学自主权。在"双创"的时代背景下，中国高校学术创业出现一个悖论：一方面，鼓励学术创业的政策雷声大，另一方面，高校应对学术创业的政策雨点

---

① ［美］亨利·埃兹科维茨：《麻省理工学院与创业科学的兴起》，王孙禺、袁本涛等译，清华大学出版社 2007 年版，第 1 页。

② 详见胡建华《大学科研资源配置的非均衡分析》，《江苏高教》2014 年第 5 期。该文指出，国外学者归纳出大学科研资源配置的三种主要类型，即政府控制型、大学（学者）控制型和市场型。当然，每个国家的大学科研资源配置不可能是完全单一型的，只不过是以某种类型为主。例如美国总体上是以市场型为主，以政府控制型与大学（学者）控制型为辅，而日本和欧洲则以政府控制型为主，其他两种类型为辅。

③ 魏红梅：《高校教师创业制度环境分析——基于制度环境三维度框架的视角》，《教育发展研究》2015 年第 17 期。

小。这种悖论产生的原因还在于高校缺乏足够的办学自主权，① 不能在政府强而有力的行政指令与强而无力的政策指向中作出选择，全国所有高校几乎都会自觉或者不自觉地转向资源驱动型的"学术锦标赛制"②，放弃鼓励高校办出特色、面向社会办学、倡导学以致用却缺乏实质性支持的国家方案。责任在于制度③，在高校缺乏面向社会与市场依法独立自主办学的背景下，政府如此的制度安排只会引领高校继续强化传统的学术业绩指标。事实上，中国高校办学自主权的不足主要体现在两个方面：一是办学资源严重依赖政府；二是政府通过各种资源捆绑为高校指明了方向。在这种情况下，那种在短期内不能为学校带来办学资源的外向型学术创业，就难以在中国公办院校真正获得校本政策的支持。可见，通过学术创业推进国家科技创新体系的政策环境在我国尚未具备，还需政府继续深化扩大高校办学自主权以打通制约外向型学术创业呈现的制度瓶颈。

（三）物质环境：大学教师能够通过学术创业弥补单一岗位收入

社会领域比自然领域的对象事物要复杂得多，往往受到多重主体的掌控或者影响，从而其属性被选择与利用的外在条件不只取决于某一个方面。例如，作为对象事物的大学教师学术创业，不只是政府或者学校的政策成为推动其发展的关键因素，而且大学教师个体的能动性最终决定其实施结果。当前中国政府大力推动高校教师开展学术创业，高校普遍在此方面虽然不鼓励却也没有明确反对，但是，大学教师在整体上并没有显现出高涨的学术创业热情，创业文化在高校依然属于边缘文化。至于其原因，既与大学教师的职业特性有关，也与学术创业的外部环境有关。例如，从大学教师职业特性而言，"追求真理、独立的人格、拥有（学术）权威、批判社会"④被认为属于大学教师学术职业的主要特征，这种职业角色群体在心理上抵制面向市场的外向型学术创业活动。"惯习是非常抵制变化的"⑤，在"双创"的时代潮流中，大学教师的心理期待还停留在过去美好的却从未存在过的象牙塔幻想中。又如，从学术创业外部环境而言，传

---

① 王建华：《重申高等教育体制改革》，《教育发展研究》2018 年第 1 期。

② 卢晓中、陈先哲：《学术锦标赛制下的制度认同与行动逻辑——基于 G 省大学青年教师的考察》，《高等教育研究》2014 年第 7 期。

③ ［德］玛丽安妮·韦伯：《马克斯·韦伯传》，简明译，中国人民大学出版社 2014 年版，第 309 页。

④ 详见张意忠《大学教授的使命与责任》，科学出版社 2015 年版，第 11—17 页。

⑤ 邓友超：《深化教育体制改革重在抓落实、见实效》，《教育研究》2018 年第 9 期。

统的学术考评体制并没有发生任何变化，"双一流"建设甚至进一步增强了高校的科研压力，高校再将传统学术业绩的考评压力传递给教师，使得大学教师根本没有时间与精力投身到外向型的学术创业上。这也表明，政府鼓励学术创业的外部政策，并没有转化为大学教师学术创业的内在动力与行动指南。无论政策在大学教师外向型学术创业上有多么关键的作用，大学教师毕竟属于学术创业活动发生的内因。寻找大学教师外向型学术创业展现的条件，最终要从大学教师自身如何实现转型着手，激发大学教师从事学术创业的热情并在此基础上不断提升其学术创业能力。

　　毫无疑问，实现大学教师从传统型转向创业型，以评价机制作为核心的政策调整依然是牵一发而动全身的关键因素。① 但是，在政府主导型的高等教育管理体制条件下，资源驱动型的传统业绩考评机制在短期内很难完全扭转过来，高涨的学术创业文化氛围只能在个别高校成功实践之后逐渐扩展到更多的高校，然后与国家宽松的学术创业政策共同助推"双创"文化在全国全面推进。那么，在某所确定的高校如何培育学术创业的文化氛围？当前，大学教师沉浸于传统学术业绩的生产依然要比投身于外向型学术创业更加安全、更有回报，这也是"创业率随研究者学术水平的提高而降低"②的最好注脚。基于利益与动机紧密相连的社会法则，在一所大学让部分教师率先实现转型，基于现实需要开展科学研究乃至知识推广，而不是面向数字考评而"炮制"所谓的科研成果，不再将"科学出版物和报告"③作为大学教师学术生涯唯一的成功因素，最根本的路径便是"让利于师"④。具体而言，那就是高校对学术创业进行分类管理，大力支持那些有利于促进科技进步与社会发展且与教师岗位职责冲突不严重的外向型学术创业，例如科学顾问、专利转让、技术入股、学术讲座等，让教师从这些学术创业活动中获得物质与精神上的双重收获。这样的教师在当前占主导地位的传统学术评价体制中虽然有所损失，但他们完全能够

① 付八军：《创业型大学教师评价的双轨制》，《高教探索》2019 年第 11 期。
② Adriana Bin, Muriel de Oliveira Gavira, Jessica Botelho Figueira, Taynan Mariano Bezerra de Carvalho, Sergio Luiz Monteiro Salles-Filho, Fernando Antonio Basile Colugnati, "Profile of academic entrepreneurship in Brazil: Evidence from the evaluation of former holders of undergraduate research, master and PhD scholarships", *Innovation & Management Review*, 2018, 15 (4).
③ Crea Filippo, "The key role of scientific publications and presentations for building an academic career: Filippo Crea discusses his presentation at the Belgrade Academic Forum for the many young cardiologists who were unable to attend", *European Heart Journal*, 2019, 40 (8).
④ 付八军：《贡献率：创业型大学教师转型的重要指针》，《大学教育科学》2016 年第 6 期。

通过该种类型的外向型学术创业弥补单一的岗位收入，在物质回报上相较于那些传统学术业绩制造者毫不逊色。双轨制的激励机制必然形成双轨道的学术文化，最后由时间来证明机会创业的学术资本主义①与过强激励的学术人文主义②哪一种文化才是大学学术的主流。

第三节　大学教师学术资本的三元理论

任何教育改革活动，若要持续健康发展，需要坚实的理论基础。对于大学教师的学术创业活动，学界更多的是从研究现状述评、相关概念辨析、影响因素分析、实践案例解说、基本路径探讨、政策方案设计等层面展开研究，较少论及其理论基础。本书第二节从属性论的视角出发，揭示学术创业属于大学教师的职业属性，亦即属于大学教师学术职业的特性，以此为规范有序地推进大学教师学术创业提供理论基础。在此，本书再从学术资本③的多维视角出发，为大学教师学术创业本土化理论体系构建奠

① 此处的学术资本主义实为学术资本转化，因为本书鼓励的外向型学术创业，是从促进科技进步与社会发展角度而言，物质回报只是属于激励的重要手段与自然产品，可以视为实用主义，不宜定性为功利主义。详见付八军《学术资本转化：创业型大学的组织特性》（载《教育研究》2016年第2期）。只是为了与后面的学术人文主义对应，在此称为学术资本主义。对此，下文会专门论述。

② 该种强激励的学术人文主义在当前已经产生了严重的负面影响，正如陈先哲在《捆绑灵魂的卓越：学术锦标赛制下大学青年教师的学术发展》（载《教育发展研究》2014年第11期）一文中所言，学术锦标赛制采取利益捆绑机制，将国家目标、大学组织目标和大学青年教师个体目标三者统一起来，产生强激励并促进学术产量繁荣；但学术锦标赛制也给大学青年教师的学术发展带来深层危机，即卓越主义捆绑了大学青年教师的灵魂，使他们部分放弃了培养人才的使命和学术责任，学术行为趋于急功近利，从而妨碍了真正的学术创新。

③ 从资源角度而言，资本可以分为学术资本与人力资本等多种类型。学界在学术资本主义框架中探讨大学教师学术创业，往往基于人力资本理论。本书认为，学术资本区别于人力资本，甚至可以视为非人力资本，亦即物质资本，其主体是知识人或者人力资本的拥有者。因此，本书不从人力资本理论视角论述大学教师学术创业。为什么本书将学术资本视为物质资本？理由多个，最关键的一点便是，把学术资本的拥有者即人当成主体来对待，是人拿着自己可以自由支配的学术资本（知识）来开展活动，从大学教师学术创业角度而言，也就是大学教师拿着自己可以自由支配的学术资本开展学术创业。人力资本的概念，主要针对雇主，例如资本家、企业家、老板等。在现代社会，劳动者应该是自身劳动能力的主人，大学教师掌控自己的知识资本。事实上，周其仁教授在《市场里的企业：一个人力资本与非人力资本的特别合约》（载《经济研究》1996年第6期）一文中论述人力资本的残缺时，为本书在此表达的观点提供了理论支持，体现了大学教师的学术资本不宜当成人力资本，而将大学教师视为学术资本的主人。例如，他在该文中提到：一块被没收的土地，可以立即转移到新主人手里而保持同样的面积和土壤肥力；但是一个被"没收"的人，即便交到奴隶主手里，他还可能不听使唤、"又懒又笨"，甚至宁死不从。

定坚实的学理基础。既然要从学术资本的维度为大学教师学术创业提供理论基础，那么此处的论述应该形成一个相对完整的体系。不知巧合还是天意，学界基于学术资本提出的三个概念——学术资本主义（academic capitalism）、学术资本转化（academic capital transformation）与学术资源转化（academic resource transformation），正好可以从大学教师学术创业的背景、使命与路向三个层面展开论述，形成基于学术资本维度的理论框架。学术资本主义是一个商业色彩较浓的国际概念，可以视为大学教师学术创业所处的时代背景；学术资本转化是一个体现功能与方向的本土概念，可以视为大学教师学术创业的使命追求；学术资源转化是一个强调能量增殖与双向转化的新生概念，可以视为大学教师学术创业的运行轨迹。大学教师学术创业本土化理论的探索与构建，要以学术资本主义作为时代背景，以学术资本转化作为使命追求，以学术资源转化作为运行轨迹。基于"学术资本"的三个关键词，分别从环境维、方向维与行动维出发，构架大学教师学术创业的"学术资本三元论"。限于篇幅，本书在此试作如下初步阐释。

一 学术资本主义：大学教师学术创业的时代背景

学术资本主义与大学教师学术创业属于什么关系，学界并没有将此作为一个课题提出来，只是在具体的学术语言陈述过程中有意或者无意提及。由于缺乏理性的比较与分析，这两个概念在学界不时被混为一谈。[①]应该说，这既不符合两者的本质联系，也不利于学术创业的健康发展。本书认为，学术资本主义是对知识商品化、市场化与产业化现状单一维度的抽象描绘，而大学教师学术创业只是知识商品化倾向背景下大学教师凭借学术资本延展岗位职责与社会使命的一种学术活动。因此，学术资本主义不能与大学教师学术创业等同视之，前者既成为后者的时代背景，也为后者提供动力。为了进一步理顺两者的关系，本书从以下三个方面展开论述。

（一）学术资本主义的精神实质在于知识商品化

学术资本主义（Academic Capitalism）作为一个概念早已有之，只不

---

① Catherine Searle Renault, "Academic Capitalism and University Incentives for Faculty Entrepreneurship", *The Journal of Technology Transfer*, 2006, 31 (2).

过其内涵、价值及应用范围有所变化。早在 20 世纪初期，德国社会学家马克斯·韦伯（Max Weber）等学者就已经使用学术资本主义概念，以此来影射"资本主义的金钱与权力对学术精神的俘获和侵蚀"①，在很大程度上带有贬义等否定意义的倾向。在韦伯等学者看来，学者要以学术为志业，② 坚持价值中立，强化核心使命，③ 关注纯粹科学的研究，以学术作为手段的商业性研究不能成为学者的价值追求。进入 20 世纪 90 年代，美国学者爱德华·哈克特（Edawrd J. Hackett）将其引入高等教育系统中，用来揭示当代学术文化走出象牙塔范式后的变革趋势，至此学术资本主义一词更多地从价值无涉的视角描绘某种客观存在，体现在高等教育领域呈现出来的学术创业主义景象。不过，真正让该概念在高等教育领域产生重大影响的是美国学者希拉·斯劳特（Sheila Slaughter）。1997 年，希拉·斯劳特与拉里·莱斯利（Larry L. Leslie）合作出版《学术资本主义：政治、政策和创业型大学》（*Academic Capitalism*：*Politics*，*Policies and the Entrepreneurial University*）一书，该书结合美国、澳大利亚、英国以及加拿大四国公立研究型大学的科学研究现状，深入全面地论述了学术资本主义的内涵、运作、影响以及未来走向。该书更多地从谋求外部资金的角度来界定学术资本主义，使得该概念成为一个凸显市场取向、商业气息浓厚的术语。④ 2004 年，希拉·斯劳特又与加里·罗德斯（Gary Rhoades）在系统研究美国高等教育机构的基础上，合作出版了《学术资本主义和新经济：市场、政府和高等教育》（*Academic Capitalism and the New Economy*：*Markets*，*State*，*and Higher Education*）。相较于前一本论著而言，该书较多地关注以经济利益为驱动的办学行为与院校学术品质抬升之间是否存在相关性，在某种程度上隐含了学术资本主义对于科学发展与社会进步的作用，使得学术资本主义越来越成为一种事实描述而不是一种

---

① 钱志刚、崔艳丽、祝延：《论学术资本主义对大学教师的影响》，《教育发展研究》2013年第 13/14 期。

② ［德］马克斯·韦伯：《学术与政治》，冯克利译，生活·读书·新知三联书店 1998 年版，第 28 页。

③ ［德］马克斯·韦伯：《韦伯论大学》，孙传钊译，江苏人民出版社 2006 年版，第 153—156 页。

④ Sheila Slaughter, Larry L. Leslie：Academic Capitalism：Politics, Policies and the Entrepreneurial University, Baltimore：*The John Hopkins University Press*, 1997：7-8.

价值判断。①

　　教育研究领域中任何一个具有生命力的概念，都会随着时代的变迁增添新的内涵与意义。但是，无论这些概念经历多少回改造与重生，只要仍在学术话语体系继续存在与使用，其基本要义或者说精神实质就不会改变。否则，这个概念就不是原生的概念，可以创造新的概念取而代之。学术资本主义概念从诞生到现在，虽然经历了领域扩展以及价值重塑，但其精神实质并没有发生变化，依然指向知识的商业化、市场化。只不过，该概念本身并不内隐"传统学术逻辑"与"现代市场逻辑"的必然对立②，亦不意味着"盈利能力和股东价值将凌驾于包括学术目标在内的所有其他目标之上"③。学术资本主义只是用来表述将知识作为资本的学术生产范式转换，客观描绘"院校及其教师为确保外部资金的市场活动或具有市场特点的活动"④。如果将学术资本主义取向的大学定位为纯粹的逐利机构，那是学界对于其概念内涵与价值的最大理论误解。美国的麻省理工学院、斯坦福大学以及英国的华威大学等一大批创业型大学，正是在此理念指导下走出象牙塔范式的新型大学，以其成功的实践验证了学术资本主义与大学的社会使命不仅没有对立，而且相辅相成相得益彰。正如有文指出的，"学术资本主义中的教师不是为个人去谋取私利，而是肩负艰巨的组织使命，通过应用学科的科技转化和传统研究的延伸拓展来满足社会的诉求，在一定程度上主动适应社会"⑤。在面对社会各界对于学术资本主义的质疑与批评之际，学术创业者坚持实用主义价值取向，以实际行动与社会反响证实经济目标、学术目标以及社会贡献的合一性，从而"对道德标准作出有利、和谐、多元的阐释"⑥。正是在这个意义上，美国创业型大学理论鼻祖之一亨利·埃兹科维茨将"学术资本主义"与洪堡"教

---

　　①　Sheila Slaughter, Gary Rhoades：Academic Capitalism and the New Economy：Markets, State, and Higher Education, Baltimore：*The Johns Hopkins University Press*, 2004：28-29.

　　②　杨超、张桂春：《"学术资本主义"与大学教师学术职业角色的转换》，《教育科学》2016 年第 5 期。

　　③　Bob Jessop, "On academic capitalism", *Critical Policy Studies*, 2018, 12（1）.

　　④　[美] 希拉·斯劳特、拉里·莱斯利：《学术资本主义——政治、政策和创业型大学》，梁骁、黎丽译，北京大学出版社 2008 年版，第 8 页。

　　⑤　钱志刚、崔艳丽、祝延：《论学术资本主义对大学教师的影响》，《教育发展研究》2013 年第 13/14 期。

　　⑥　张静宁：《英美大学教师学术身份在"学术资本主义"环境下的建构》，《外国教育研究》2014 年第 7 期。

学与科研相结合"的大学理念相提并论，称其为世界高等教育现代化进程中的"第二次学术革命"。①

(二) 大学教师学术创业并不等于学术资本主义

无论从哪个视角看待学术资本主义，学界都容易将此与大学教师学术创业等同视之。从消极角度误解两者的独立性，会将大学教师学术创业视为学术领域的泛商业化，这对于政府"双创"理念的推动以及大学科研成果的转化均会产生抑制作用。从积极角度误解两者的独立性，会窄化大学教师学术创业内涵的丰富性，甚至因为过于纠缠经济行为而忽略大学实现知识转移转化的价值性。如前所述，学术资本主义概念在高等教育领域的广泛应用，反映了知识商品化倾向的办学行为与既定现实。在学术创业支持者那里，学术资本主义不具有金钱至上的价值意蕴，不排斥学术标准与教育伦理，而是用来描绘"经济是手段，学术是目标"在高等教育领域的呈现与高涨。从以下两个方面看，学术资本主义不能与大学教师学术创业画上等号。

一方面，大学教师学术创业内涵的丰富性，远非单一的知识商业化所能揭示。本章第一节对学术创业的研究现状进行了梳理，从外延大小角度分析并概括出三种不同的观点。对于那些将学科创建、学术革新以及学术生涯的战略管理等都视为学术创业的观点而言，② 大学教师学术创业无论如何也不能被等同于知识商业化行为。再从行为特征角度出发，学术创业亦可以分为三大类：一是以营利为目的创办企业的观点，例如大学衍生企业，即由学术界创办的公司；二是将知识从学校转移到市场的各种活动，例如专利申请、技术许可、成立衍生公司等硬活动以及学术出版、合同研究、学术讲座等软活动；三是创造社会价值，且并不特意强调货币价值。③ 显然，第三类学术创业就不能与学术资本主义同日而语。事实上，

① Etzkowitz, H., "The Norms of Entrepreneurial Science: Cognitive Effects of the New University-industry Linkages", *Research Policy*, 1998, 27 (8). 该文指出：大学目前正在经历一场"第二次革命"，把经济和社会发展作为其使命的一部分。第一次学术革命使研究成为教学之外的一种学术功能，现在新兴的创业型大学把经济发展作为一种附加功能，形成了"知识资本化"的不同形式。

② 李华晶、邢晓东：《学术创业：国外研究现状与分析》，《中国科技论坛》2008 年第12 期。

③ 详见游振声《美国研究型大学学术创业模式研究》，重庆大学出版社 2017 年版，第82—84 页。

无论从哪种角度梳理学术创业的定义，大学教师实现知识转移转化有时不仅没有追求经济利益，而且在实践活动中亦体现不出商业色彩。例如，大学教师面向社会开设公益学术讲座、农林院校教师下乡开展科技服务等，都可以纳入大学教师学术创业的活动范畴，但均不体现知识商业化的学术资本主义价值取向。可见，学术创业不仅包括基于学术成果而瞄准经济价值的商业或准商业活动，也包括"利用学术成果而实现社会福利、积极的组织或社会变革等非商业活动"①。

另一方面，大学教师学术创业的价值指向，远远超越知识商业化的经济行为。依前所述，从概念边界与外延而言，大学教师学术创业要比学术资本主义更加宽泛。与此同时，从价值指向或者说功能定位而言，大学教师学术创业与学术资本主义完全不同。学术创业概念的创设，更多的是基于科研工作者岗位职责的嬗变以及科学研究机构学术使命的增设，而学术资本主义概念的问世，更多地表明知识资本化的现状与趋势。在关于大学教师学术创业的概念界定中，至少包括以下三层含义：第一，学术创业是大学教师在教学育人、科学研究传统岗位基础上的职责延伸，被视为现代大学继原有"两个中心"之后的"第三使命"②；第二，学术创业是大学教师在教学育人、科学研究两大职责的基础上延长学术生产链条，利用个人生产的学术成果而不是其他劳动资本开展的学术性创业，在理论上不但"没有疏离或者削弱学术生产力，相反与学术生产力的提高高度相关"③；第三，学术创业远不只是指向创办实体企业，还包括学术成果转化成专利、披露发明、与业界科学家合作等各种知识转移转化的学术外向型活动④，体现了知识资本家在实现路径上的丰富性与多元性。然而，学术资本主义本身所蕴含的价值远远比不上学术创业，从其概念创设的目的与作用而言，仅仅表现知识转化为商品已经成为一种现实，至于知识商品化背后的学术生产模式、教师职责定位、成果转化途径等，都不是学术资本主义概念所能涵盖与揭示的。

---

① 姚飞、孙涛、谢觉萍：《学术创业的边界、绩效与争议——基于 1990—2014 年文献的扎根分析》，《科技管理研究》2016 年第 6 期。

② 参阅夏清华《学术创业：中国研究型大学"第三使命"的认知与实现机制》，武汉大学出版社 2013 年版，第 32—41 页。

③ 汪怿：《学术创业：内涵、瓶颈与推进策略》，《教育发展研究》2013 年第 17 期。

④ ［美］艾伯特·N. 林克、唐纳德·S. 西格尔、迈克·赖特：《大学的技术转移与学术创业——芝加哥手册》，赵中建等译，上海科技教育出版社 2018 年版，第 11—13 页。

（三）学术资本主义加快推进大学教师学术创业

学术资本主义与大学教师学术创业不可等同视之，但是，这并不意味着两者没有联系。从概念形成背景而言，学术创业与学术资本主义同时诞生于知识经济初显端倪之际。较早对学术创业（academic entrepreneurship）进行明确定义并产生较大影响的美国学者罗伯茨（E. B. Roberts），于 1991年将其界定为利用学术成果创办新公司，[①] 这与 20 世纪 90 年代学术资本主义在高等教育领域的广泛应用不谋而合。从概念应用领域而言，学者术创业与学术资本主义同样主要针对科研机构尤其是高等学校。例如，学者在论述全球化时代的学术资本主义[②]或学术生态视角下的学术创业[③]之际，均自觉或不自觉地围绕科研机构尤其是高等学校而展开。特别值得关注的是，学术资本主义的持续推进能够大大加快大学教师学术创业的深入开展。对此，可从以下两个方面分析。

从理论上而言，学术资本化的办学取向为大学教师学术创业提供强大动力。毫无疑问，大学要以其人才培养声誉与科学研究成就彪炳史册。但是，"没有收入，就没有使命"[④]。许多高校之所以能够成为世界一流大学，关键原因在于这些高校凭借雄厚经济实力集聚各种优质人力与物力资源；世界一流学者之所以聚集在世界一流名校，关键原因也在于这些名校能够为他们在近期或者远期提供巨大财富。规律针对普遍性与一般性，特殊个案的存在不能否定规律。当前世界一流大学最多的美国，大学教师"在学术方向和科研项目的选择上主要也不是什么科学家个人的兴趣和科学发展的真理追求，而是看什么样的选题和项目更可能拿到联邦科研合同和各种资助"[⑤]。致力于学以致用办学理念的大学，推动大学教师开展学术创业，同样要让利于师，首先让教师从知识转移转化中看到收益，然后带动科技进步与服务社会发展。违背这条社会法则与人性基础，大学教师

---

① E. B. Roberts：Entrepreneurs in High Technology：Lessons from MIT and Beyond. New York：*Oxford University Press*，1991：323.

② Therese Hauge，"Academic capitalism in the age of globalization"，*Higher Education Research & Development*，2016，35（4）.

③ 宋媛：《"学术创业"与"学术生态"建设——基于深化我国研究型大学服务社会的视阈》，《新疆大学学报》（哲学社会科学版）2010 年第 4 期。

④ ［美］韦斯布罗德、巴卢、阿希：《使命与财富：理解大学》，洪成文、燕凌译，学苑出版社 2016 年版，第 264 页。

⑤ 叶赋桂、陈超群、吴剑平等：《大学的兴衰》，清华大学出版社 2016 年版，第 133 页。

转型与科研成果转化就难以收到实效。至于在学术资本化进程中出现学术文化与商业文化的对立、教学育人与学术创业的冲突等，都属于在推进大学教师学术创业轨道上需要处理也是可以协调的下位障碍问题。

从实践上而言，面向市场办学的高校最后成就了学术创业典范的创业型大学。在世界高等教育发展史上，大学制度设计先后经历了四种理念：以牛津大学学院制模式为代表的古典人文主义，以柏林大学"教学与科研相结合"为代表的新人文主义，以威斯康星大学服务社会为代表的功能主义，以麻省理工与斯坦福学术创业为代表的学术资本主义。[①] 无论哪个世界大学排行榜，麻省理工与斯坦福均能排进前 5 名。以世界上第一所成功的创业型大学——MIT 为例，[②] 诞生于 20 世纪 60 年代，曾是一所濒临被兼并的技术学院，在短短几十年间跃居世界名校前列，塑造出"取代哈佛模式而成为学术界榜样的 MIT 模式"[③]。MIT 模式的成功表明，学术资本主义并不必然导致大学迈入金钱至上、唯利是图的商业化轨道，只要有效协调工业价值与学术价值的潜在冲突，[④] 反而能够利用学术创业激发办学活力，提升教学服务水平与加快成果转化，更好地坚守与彰显大学核心使命。

二 学术资本转化：大学教师学术创业的使命追求

在学术资本主义的时代背景下，大学教师学术创业无法避免。[⑤] 这就像市场经济必然影响社会生产与人类生活一样，成为一种历史发展趋势。而且，不少学者对学术创业带来高等教育新图景充满信心，[⑥] 肯定其对社会发展、学术进步乃至教学提升之积极意义。然而，仍有学者对大学教师

---

① 参阅谢笑珍、赵晋国《大学的学术制度设计：从古典人文主义到学术资本主义》，《高教探索》2017 年第 5 期。

② 详见付八军《教师转型与创业型大学建设》，中国社会科学出版社 2016 年版，第 27—32 页。

③ ［美］亨利·埃兹科维茨：《麻省理工学院与创业科学的兴起》，王孙禹、袁本涛等译，清华大学出版社 2007 年版，第 1 页。

④ ［美］查尔斯·维斯特：《麻省理工学院如何追求卓越》，蓝劲松主译，北京大学出版社 2013 年版，第 72—79 页；［美］亨利·埃茨科维兹：《三螺旋创新模式》，陈劲译，清华大学出版社 2016 年版，第 151 页。

⑤ ［美］亨利·埃茨科维兹：《三螺旋创新模式》，陈劲译，清华大学出版社 2016 年版，第 162 页。

⑥ 易红郡：《学术资本主义：世界高等教育发展的新理念》，《教育与经济》2010 年第 3 期。

学术创业抱有抵触情绪甚或公开抗议。在反对者看来，学术创业模式遵从商业法则，弱化学术追求，冲击传统理念，① 甚至认为"学术"与"资本"在本质上存在冲突，② 从而将大学教师学术创业视为"不务正业"③。应该说，这种争议是必然的，也是有意义的，但却是无济于事的，因为学术创业无处不在、无法阻挡。在"大众创业、万众创新"的新时代，需要特别赋予或者重新定义大学教师学术创业的功能定位，以此来协调各种纷争，形成学术创业合力。毫无疑问，当将大学教师学术创业定位于发展经济之际，大学的学术使命与价值追求就被遮蔽了，或者将大学导向商业化、企业化的发展轨道，自然容易受到学界的批判。然而，若将大学教师学术创业定位于学术资本转化，亦即推动知识转移转化，社会各界尤其是学界对学术创业的认可与接纳就要容易得多。那么，如何在学理上确认学术资本主义与学术资本转化的概念边界、学术资本转化可否作为大学教师学术创业的功能定位、如何从学术资本转化层面推进大学教师学术创业，就成为探讨大学教师学术创业与学术资本转化内在关系的三个命题。

（一）学术资本转化与学术资本主义的概念比较

学术资本、学术资本化、学术资本主义在学界的使用频率相当高，而学术资本转化较少有学者从学理上予以阐释。尤其在希拉·斯劳特与拉里·莱斯利将学术资本主义替代"学术创业主义"应用到高等教育领域

---

① 叶泉：《大学学术创业活动的风险及其治理对策》，《管理观察》2016 年第 5 期。

② 蔡辰梅、刘刚：《论学术资本化及其边界》，《高等教育研究》2013 年第 9 期。该文虽然提到，"学术资本化自身没有善恶"，需要坚持伦理底线与边界，"不能过度泛化甚至泛滥"，甚至认识到，"'有用的知识'而不是'为知识而知识'成为知识的主要存在形态和方式"，但总体上反对学术资本主义向高等教育领域的渗透，"学术资本化既不能完全实现大学的核心使命，也无法完全实现大学的多元化使命"。在两位作者的另一篇文章中虽然提出，"并非所有的学科都能够、都适合资本化……需要为学术资本化划定学科边界……伦理的边界决定了学术资本化的性质"，但该文总体上肯定学术资本化的积极性，尤其论述直接学术资本化的价值与意义，批判基于权力寻租等形式间接学术资本化，"在一定程度上讲，有问题的不是学术资本化过程，而是我们。如果我们在主观精神世界和客观的文化制度层面都足够健全和完善，学术资本化一定是我们手中的有力工具，既能够发展学术，也能够发展学者，同时能够发展整个社会的经济和文化。"该文学理性、思想性、条理性俱佳，在理解文献的基础上自由阐发，较为深刻地揭示了学术资本主义的实质及其对高等教育的影响。详见刘刚、蔡辰梅《论学术资本化的实现途径及其影响》，《高教探索》2015 年第 6 期。

③ 殷朝晖、李瑞君：《美国研究型大学教师学术创业及其启示》，《教育科学》2018 年第 3 期。

之后①，学术资本主义已经成为一个颇具争议却又无法回避的热点词汇。在此，本书先简要梳理前三者的内涵差异，再来对学术资本主义与学术资本转化进行概念比较，因为前三者往往纠缠在一起，都影响到学术资本转化概念的理解与应用。从当前学界的概念应用来看，学术资本化与学术资本主义没有作完全区别，通常交替或者根据语境灵活应用，但学术资本则与两者有着完全不同的概念内涵与价值取向。学术资本并不局限于可以"转化经济实用价值的学术资源"②，而是包括了学术再生产等非经济实用属性的其他学术资源，在很大程度上相当于学术资本拥有者的一种学术积累与学术能力，在许多场合被视为"智力资本的一个变种"（A Transformed Instance）③。正如法国思想家布迪厄（Pierre Bourdieu）等学者所言，"资本是积累的劳动"，④内隐资本的生成性、排他性与获利性。同时，这种获利，绝非直接的经济收益，而是包括学术再生产在内的各种增殖资源。德国学者布朗（Dietma Braun）将大学资本分为学术资本、教学资本、经济资本与政治资本，并将学术资本视为大学的第一资本，是其他三种资本来源的基础与前提，充分体现学术资本并不局于经济实用取向的学术资源。⑤ 依上分析，学术资本价值中立的基本特征呈现出来，其本身并不意味着必然存在逐利、商业化等价值倾向，而学术资本化、学术资本主义则隐含知识商业化、教育市场化等价值倾向，需要通过规范与引导使其步入正常转道。因此，不能因为批判"学术资本主义"，就断然否定"学术资本"，⑥ 乃至否定学术资本转化。当明确"学术资本主义"与"学术资本

---

① ［美］希拉·斯特劳、拉里·莱斯利：《学术资本主义——政治、政策和创业大学》，梁骁、黎丽译，北京大学出版社 2008 年版，第 199 页。

② 陈武林：《创业教育中研究生学术资本转化：定位、价值及实现路径》，《研究生教育》2017 年第 4 期。该文将学术资本转化视为"一种学术资源价值增值的创造过程"，与这个表达一样，同样只局限于学术资本的经济实用价值。特别注意，"增值"与"增殖"是两个价值指向不同的概念。

③ Prejmerean, M.C., Vasilache, S., "A Three Way Analysis of the Academic Capital of a Romanian University", *Journal of Applied Quantitative Methods*, 2008, 3 (2).

④ ［法］皮埃尔·布迪厄、［美］华康德：《实践与反思——反思社会学导论》，李猛、李康译，中央编译出版社 1998 年版，第 189 页。

⑤ 孙进：《德国大学教授职业行为逻辑的社会学透视与分析》，北京大学德国研究中心《北大德国研究》（第一卷），北京大学出版社 2005 年版，第 195—197 页。

⑥ 胡钦晓：《何谓学术资本：一个多视角的分析》，《教育研究》2017 年第 3 期。该文在比较学术资本与学术资本化、学术资本主义的伦理关系时指出，学术资本的道德约束性是区别于学术资本化和学术资本主义的重要层面，缺失了道德约束性的学术资本转化，最终必然导致学术资本化和学术资本主义。

转化"两个概念共同拥有的核心词汇"学术资本"之伦理属性后，我们就能够较好地厘定这一对概念的内涵差异。

学术资本主义抽取与放大"学术资本"中能够带来经济实用性的学术资源，体现较强的商业色彩。正如有文指出，"学术资本主义"是商业资本借助高校的智力资源进行自身增值过程中产生的一种学术市场行为或学术市场化倾向。① 但是学术资本转化没有指向经济收益，只表明学术资源从一种状态转化为另一种状态。也就是说，学术资本既可以转化为经济资本，也可以转化为文化资本，甚至转化为学习者自身的个人素质。例如，科学研究成果转化为现实的生产力，则可谓学术资本向生产领域转化，某些文献中出现的"学术成果转化"②，则是学术资本转化的同义语；现代科学文化知识转化为学生的能力与素质，则可谓学术资本向个人素养转化，这也是创业型大学中国实践当前最缺乏也是最重要的前进方向之一③。正因为学术资本转化更多地体现一种使命与责任，而学术资本主义较多地体现学术寻利与商业气息，学界提出要将学术资本转化视为创业型大学的组织特性④，扭转长期以来将学术资本主义视为创业型大学组织⑤的思维惯性，以便顺利推动更多传统院校向创业型大学转型。确实，如果创业型大学仅仅追求经济利益而不能推动学术资本的多元转化，作为创业型大学理论鼻祖之一的亨利·埃兹科维茨也就不会将被视为创业型大学典范的 MIT 视为"学术界的榜样"⑥；如果创业型大学概念的诞生只是应对学术资本商业化现象的一种理论提升，被誉为创业型大学之父的伯顿·克拉克最初也就不会在以"创业型"（entrepreneurial）还是"创新型"（in-

---

① 李丽丽：《"学术资本主义"中的资本逻辑与文化逻辑》，《云南社会科学》2017 年第 6 期。该文指出，"在精神文化生活方面，则把昔日那诗人、律师、医生等精神贵族头上的光环剥离干净，让这些主体统统成为出卖智力的雇佣劳动者。马克思认为，这是泛资本逻辑对社会文化秩序的僭越。"

② 详见付八军《学术成果转化：创业型大学教师的历史使命》，《教育发展研究》2017 年第 7 期。

③ 详见付八军《创业型大学的学术资本转化》，《中国高教研究》2017 年第 8 期。

④ 详见付八军《学术资本转化：创业型大学的组织特性》，《教育研究》2016 年第 2 期。

⑤ 详见温正胞《学术资本主义：创业型大学的组织特性》，《教育发展研究》2009 年第 5 期。

⑥ ［美］亨利·埃兹科维茨：《麻省理工学院与创业科学的兴起》，王孙禺、袁本涛等译，清华大学出版社 2007 年版，第 1 页。

novative）作为组织概念[①]时一度犹豫不决。

（二）大学教师学术创业能否纳入学术资本转化

根据以上分析可知，学术资本主义是一个商业色彩较浓的常用概念，可以视为大学教师学术创业所处的时代背景，而学术资本转化则是一个较多体现使命与行动的新生概念，可以视为大学教师学术创业的功能定位。从这个意义而言，所谓学术资本转化是指将各种以知识形态存在的学术资源转化为现实生产力、社会个体内在素质或者经济收入等各种形态的增殖资源。关于学术资本转化的专门研究成果并不多见，不过在有限的现有文献中，学界主要是从这个角度使用该概念。例如，有文分析学术资本在研究生创业教育中的目标定位时，概括为知识管理、市场价值与人才成长三大目标[②]，这实际上正是提升学术资本在研究生创业教育中的三个转化方向，亦即学科成长、经济收入与素质提高。学术资本转化与能量守恒定律或者说热力学第一定律有某些相似性，即能量可以由一种形式转化为另一种形式，或者从一个物体转化到另一个物体。两者不一致的地方在于，自然界的能量转化遵循总量保持不变的基本法则，而学术资本转化为其他形式的资源之后往往会出现能量增殖情况，同时原有的学术资本不会因转化而凭空消失。例如，大学的某项科研成果转化为先进技术，提高了生产效率，学术领域中原有的科研成果并没有消失，而且大大提升了产业领域中的生产能力，亦即在没有损耗原有学术资本的前提下增加了另一种能量。这就表明，学术资本转化类似于能量守恒定律的转化形式，但不遵循能量守恒定律的总量恒定法则。无论从狭义的创办科技型企业[③]出发，还是从广义的外向型经济活动[④]来看，大学教师学术创业都可以纳入学术资本转化范畴。

大学教师利用原创性的研究成果创办科技型企业，实质上正是将个人拥有的学术资本转化为现实的生产力。在这个过程中，也许经历从知识资

---

① ［美］伯顿·克拉克：《建立创业型大学：组织上转型的途径》，王承绪译，人民教育出版社 2007 年版，第 2 页。

② 陈武林：《创业教育中研究生学术资本转化：定位、价值及实现路径》，《研究生教育》2017 年第 4 期。

③ 陈粤、邓飞其、尹余生：《高校教师创业相关问题研究》，《中国科技成果》2011 年第 15 期。

④ 李华晶、王刚：《基于知识溢出视角的学术创业问题探究》，《研究与发展管理》2010 年第 1 期。

本到技术资本、从学术资本到物质资本、从文化资本到社会资本等多重螺旋式转化，但大学教师的学术资本并没有因为生成了另一种资本而出现损耗，甚至在其不断转化过程中实现了能源的积聚与品质的升华。基于一定知识储备基础之上的"实践出真知"①"纸上得来终觉浅，绝知此事要躬行"等，都属于学术资本在向其他资源转化过程中实现增殖的经验总结。与此同时，在知识经济与信息社会背景下，学术资本向企业实体的转化，要比其他资本转向企业实体更容易获得成功。"以创始人的科学技术理念为基础而建立公司，比以传统的土地、劳动力和金融为基础而建立公司来得更快。"② 从大学教师其他各种学术创业活动来看，例如技术转让、企业顾问、校外讲座等，都可以从学术资本的转化视角予以分析。技术转让与创办科技型企业在学术资本转化方向上是一致的，都是将沉潜的学术生产力转化为现实的生产力。只不过，前者是大学教师请第三方帮助转化，而后者是大学教师自己转化。企业顾问作为大学教师学术创业的一种类型，其学术资本转化的内容载体没有发生质的变化，只是学术资本从一种场地转到另一种场地，可以视为那种"从机会寻找到知识共享再到知识应用"的知识转移③活动。对于校外讲座形式的学术创业活动，则存在学术资本从一种形式到另一种形式的实质性改变。这种改变，过去常常从经济收益角度分析，亦即学术资本向经济资本转变维度。但是，如果要从功能定位角度肯定大学教师学术创业的积极贡献，那么应该从学术资本向人力资本维度进行分析。也就是说，大学教师的校外讲座，是实现个人学术资本向听众人力资本转变的过程。在这个过程中，同样不会损耗大学教师原有的学术资本，自然界的能量转化守恒定律在此不能解释该种独特的资源转化现象。

（三）大学教师学术创业何以推进学术资本转化

从学术资本转化的角度概括大学教师学术创业的基本特征与价值追求，有利于消解人们将学术创业定位于学术创收的偏颇认识，有利于从应用性知识生产与成果转移转化视角推进大学教师转型。当从学术资本转化

---

① 王炳成、王敏、张士强：《实践出真知：商业模式创新失败的影响研究》，《研究与发展管理》2019 年第 4 期。

② ［美］亨利·埃茨科维兹：《三螺旋创新模式》，陈劲译，清华大学出版社 2016 年版，第 74 页。

③ Jun JieShao, Akram ALAriss, "Knowledge transfer between self-initiated expatriates and their organizations: Research propositions for managing SIEs", *International Business Review*, 2020, 29 (1).

视角研究大学教师学术创业能够在理论上予以确立之后，如何帮助大学教师从学术资本转化维度开展学术创业便是一个现实课题。大学教师学术创业的活动形式多种多样，每种活动形式会有不同的资本转化路径或者对象，例如举办校外有偿讲座体现学术资本向人力资本的转化，技术入股[①]体现学术资本向经济资本或者社会资本的转化，这就使得我们难以针对大学教师学术创业提炼出具有普适性的学术资本转化规律或者原则。从现实中存在的两个突出问题，即人才培养实效不足[②]、成果转化效益不佳[③]出发，不仅可以探究学术资本转化存在障碍的深层原因，而且可以揭示学术创业活动有利于提升学术资本转化业绩。

在高等教育领域，成果转化本身就蕴含着学术资本向其他资本转化的内在要求与外显特征，从学术资本转化维度研究成果转化能够赋予大学教师学术创业的合法地位乃至历史使命。在此理论前提下，质问大学教师要不要开展以成果转化作为目标的学术创业显得过时，询问大学教师如何开展以成果转化为目的的学术创业才是正道。在破除思想束缚之后，加快大学教师将"沉睡"的学术成果转化为现实的生产力，需要解决研究成果低劣的内因问题[④]与政策激励不足[⑤]的外因问题。囿于成果质量问题无法转化的关键原因，还是在于"四唯"[⑥]"五唯"[⑦]乃至"六唯"的外在评价机制没有打破，从另一角度而言，亦即加快大学教师有序开展学术创业的政策激励不足，从而导致大学教师只以推出理论成果、制造学术 GDP 作为唯一目标，甚至各种各样的学术不端、学术腐败事件频发，而这些成

---

① 游振声：《美国研究型大学学术创业模式研究》，重庆大学出版社 2017 年版，第 111—114 页。

② 朱九思：《开拓与改革》，华中科技大学出版社 2008 年版，第 212 页。陈廷柱在《警惕高等教育质量项目化》（载《大学教育科学》2019 年第 5 期）一文中指出，各种教学项目的成果并不能反映高等教育质量，甚至可能悬浮、美化乃至扭曲高等教育质量。

③ 详见夏清华《学术创业：中国研究型大学"第三使命"的认知与实现机制》，武汉大学出版社 2013 年版，第 44—45 页。该书介绍了 Audretsch 等学者提出的"两个悖论"，即"瑞典悖论"（Wedish Paradox）和"欧洲悖论"（European Paradox），前者表明 R&D 占 GDP 高但会存在研究成果商业化程度低，后者表明人力资本和研究能力高但会存在经济增长与就业状况不理想。在他们看来，打破悖论，需要传导机制，而创业就起到了传导器的作用。

④ 详见付八军《教师转型与创业型大学建设》，中国社会科学出版社 2016 年版，第 195—198 页。

⑤ 杜宝贵、张鹏举：《科技成果转化政策的多重并发因果关系与多元路径——基于上海等 22 个省市的 QCA 分析》，《科学学与科学技术管理》2019 年第 11 期。

⑥ 李志民：《科技"三评""破四唯"究竟难在哪》，《中国科学报》2019 年 11 月 6 日。

⑦ 潘宛莹：《克服"五唯"，让大学科研回归本质》，《人民论坛》2019 年第 11 期。

果是否"真学术"①、能否转化一概不关心。可见，研制并落实相关大学教师学术创业政策，激励应用性较强的学科教师走出与世隔绝的学术象牙塔，正是推动大学教师实现学术资本转化的基本途径。

大学教师学术创业如何有助于校内人才培养，亦即实现学术资本向人力资本的有效转化，在这个问题上争议较大，甚至正是学术创业备受学界质疑的主要原因所在。② 当许多学者认为学术创业与人才培养存在时间冲突、责任冲突与伦理冲突之际，也有许多学者证明了学术创业有助于人才培养。③ 事实上，学术创业与人才培养的矛盾冲突，有如科学研究与教学育人的矛盾冲突一样，在很大程序上不是本质上的对立关系，而是被时间占有与责任履行等外在因素所左右。两者协调得当，能够相得益彰。一方面，大学教师能够从一批又一批年轻的学生那里获得创新的种子，正如亨利·埃兹科维茨所言，"大学里的发明一般都是来自学生而非直接来自教授"④；另一方面，大学教师面向现实需要生产的研究成果在经历实践检验之后更能较好地变成优质课程资源，再而有效且高效地转化为学生的内在素养。只要教学态度端正、教学时间有保证，那些在相应行业领域富有实践经验的大学教师往往更受学生欢迎，对学生的专业指引作用也会更大。正如西安交通大学校长王树国教授所言，如果大学教师跟不上社会发展步伐，大学不能引领社会发展，那么学生在毕业之后也就无法适应社会的需要。⑤ 显然，在应用性较强的学科专业领域，推动学术资本向人力资本转化，提升人才培养的高效性与针对性，需要大学教师适度参与相应社会实践，在履行育人职责的前提下推进学术创业，在学术创业的基础上不

---

① 详见董云川、李保玉《仿真学术：一流大学内涵式发展的陷阱》，《江苏高教》2018 年第 8 期。该文指出："仿真学术既非一般的伪学术，亦非简单的假学术，而是那些貌似论文的论文、看似课题的课题或形似研究的研究。"

② 叶晖、吴洪涛：《论学术资本主义与大学核心使命的冲突——知识论的视角》，《高教探索》2012 年第 2 期。

③ E. Mansfield, Y. Leej, "The Modern University: Contributor to Industrial Innovation and Recipient of Industrial R&D Support", *Research Policy*, 1996, 25（7）. Blumenthal, D., Campbell E. G., Anderson, M. S. et al., "Withholding Research Results in Academic Life science", *The Journal of the American Medical Association*, 1997, 277（15）.

④ ［美］亨利·埃兹科维茨：《麻省理工学院与创业科学的兴起》，王孙禺、袁本涛等译，清华大学出版社 2007 年版，第 9 页。

⑤ 王树国：《再不主动变革，大学的存在价值就岌岌可危》，《深圳商报》2019 年 9 月 21 日。作者在报告中指出："面对第四次工业革命浪潮，大学教授们不能再满足于在鸟语花香间散步，而要勇立潮头。"

断提升课程资源，达到人才培养与学术创业协同共振。

三 学术资源转化：大学教师学术创业的基本路向

大学教师学术创业活动早已有之，但作为一个引起各方关注的突出问题浮出水面，在我国则是近年才有。分析大学教师学术创业活动发生的动因，要从整个社会文化背景予以着手，"学术资本主义"就是概括其时代背景的适切关键词。"知识的资本化取代了无私，已经成为科学规范。"[①]当一所大学决定要挣钱的时候，它就必须放弃它的精神吗?[②] 应该说，只要处理得当，两者不但不会冲突，而且能够相互促进。显然，这需要为大学教师学术创业确立前进方向，亦即功能定位，以便"为学术资本化的实现注入灵魂性的力量"[③]。"学术资本转化"强调学术资本向其他资本转化，并不指向营利与创收，属于一个价值无涉的中性词，便成为大学教师学术创业功能定位的最佳关键词。理顺大学教师学术创业活动的生成环境以及价值指向，若能进一步描绘其活动的运行轨迹或者说转化图式，那么就可以生成一个具有稳定结构的三维模型，以此确立大学教师学术创业的背景、使命与路向。"学术资源转化"能够形象准确地描绘大学教师学术创业活动的基本路向，正是构建三维模型最后欠缺且颇具对称性的匹配关键词。本书从以下几个方面，对该关键词作进一步阐述。

（一）学术资源转化区别于学术资本转化的基本特征

学术资本主义是一个风靡全球的国际概念,[④] 学术资本转化是一个内涵丰富的本土概念[⑤]，而学术资源转化则是一个有待诠释的新设概念。在论述学术资本转化的丰富内涵时，本书将此与学术资本主义进行比较；在论述学术资源转化的内涵要点时，本书将此与学术资本转化进行比较。当

---

① ［美］亨利·埃茨科维兹：《三螺旋创新模式》，陈劲译，清华大学出版社2016年版，第148页。

② ［美］大卫·科伯：《高等教育市场化的底线》，晓征译，北京大学出版社2008年版，第33页。

③ 刘刚、蔡辰梅：《论学术资本化的实现途径及其影响》，《高教探索》2015年第6期。作者总结指出："以金钱为核心追求的学术资本化需要精神的内核和制度的规范，然后才能成为一种积极的推动性力量发挥其价值。"

④ Bob Jessop, "Varieties of academic capitalism and entrepreneurial universities", *Higher Education*, 2017, 73 (6).

⑤ 付八军：《学术资本转化：创业型大学的组织特性》，《教育研究》2016年第2期。

我们将学术资本视为"一种以教育资质的形式转换而成的文化资本"①，或者以知识为载体的"资源总和"② 之际，学术资本在很大程度上相当于学术资源，从而学术资本转化与学术资源转化在内涵上难以体现明显区分。但是，学术资本转化这个概念长期以来是从高校供给侧端出发，以此说明大学的各种学术资源转向校外的其他各种资源，而学术资源转化这个概念的主体不只是针对高校本身，还包括社会其他行业机构。活动主体的不同决定了这两个概念必然有着不同的价值意蕴与运行范式。

从价值意蕴而言，学术资本转化重在强调高校的学术成果要由潜在的知识生产力转化为现实的生产力。在被定位于引领社会而不仅仅跟跑社会③之后，大学的知识生产模式④开始转型升级，不能再停留在与世隔绝的知识孤岛上孤芳自赏，需要走出知识闭环，打通高校与社会有形或者无形的围墙，推动研究成果的转移转化与社会应用，创设学术资本转化这个概念就是对大学该种功能与使命的学理表达。正如埃兹科维茨所言："传统的科学规范没有要求科学家直接参与研究成果的转化，而近年来他们不只关心学术成就被同行认可，同时努力将学术产品转变为有价产品。"⑤学术资本转化就是对这种知识生产范式的描绘与引领。学术资源转化更多的是从学术资源的生成、创新、集聚、共享等角度出发，其价值意蕴远不只是针对高校的学术资本转化为其他资源。例如，某些地方高校将该地所承载的红色文化资源转化为教育教学资源，就属于社会学术资源向高校学术资源的反向转化，这里就可以采用"学术资源转化"而不是"学术资本转化"来指称。有学者在探讨科教融合背景下将学术资源转化为教学资源之际而不经意提出的"学术资源转化"⑥，实际上亦属于高校内部的学术资源转化。

从运行范式而言，学术资本转化主要体现知识主体高校向其他主体的单向转化行为，顺应高校服务社会的功能定位而创设该概念，在论述学术

---

① 刘春花：《学术资本：促进大学生创业能力提升的要素》，《教育发展研究》2010 年第 21 期。

② 胡钦晓：《高校学术资本：特征、功用及其积累》，《教育研究》2015 年第 1 期。

③ 李思玲：《基于智能化时代背景的高校人才培养模式探析》，《中国校外教育》2019 年第 3 期。

④ 王骥：《从洪堡理想到学术资本主义——对大学知识生产模式转变的再审思》，《高教探索》2011 年第 1 期。

⑤ ［美］亨利·埃茨科维兹：《三螺旋创新模式》，陈劲译，清华大学出版社 2016 年版，第 19 页。

⑥ 王洪斌：《科教融合视角下学术资源的转化》，《湖南广播电视大学学报》2018 年第 1 期。

资本转化的三大领域或者说三种转化①时亦是基于该种运行范式。然而，学术资源转化则可以强调高校与社会学术资源的相互转化、相向转化，高校同时兼具学术资源的主客体双重身份。如果说学术资本转化相当于交通运行中的多道单向行驶，那么学术资源转化则相当于多道双向行驶。甚至可以说，学术资源转化远不只是多道双向行驶这么简单，在运行范式上相当于一个立体交叉多道双向的交通枢纽，可以无障碍、不设防却又有规则、有秩序的随意畅行。从这一点来看，学术资源转化的外延要比学术资本转化宽泛得多。确实，许多文章在未经界定下运用的学术资源转化概念，有时正是从学术资本转化的维度来论述。例如，有文提出要让科学研究成果转化为科普资源，实现学术资源科普化，② 有文提出将学科资源、学术资源转化为育人资源，③ 等等，都是在学术资本转化的内涵框架下运用学术资源转化的概念。

（二）大学教师学术创业体现出学术资源的双向转化

大学教师学术创业的活动类型多种多样，价值追求亦不尽一致，但是，无论什么样的学术创业，从学术资本转化的视角而言，都是学术资本向其他资本或者资源的转化过程。只不过，有些是学术资本的直接转化，有些属于间接转化。④ 以大学科研成果转化的主要形式——许可授权⑤为例，在致力于许可授权的学术生产模式前提下，大学教师不可能像过去一

①　详见付八军《教师转型与创业型大学建设》，中国社会科学出版社 2016 年版，第 130—132 页。学术资本要比学术成果的内涵更加丰富，从而学术资本转化比学术成果转化有着更大的涵盖性与生命力。

②　李媛：《打通学术资源科普化"最后一公里"——科研成果向科普资源转化的观察与思考》，《改革与开放》2019 年第 11 期。

③　高德毅、宗爱东：《课程思政：有效发挥课堂育人主渠道作用的必然选择》，《思想理论教育导刊》2017 年第 1 期。

④　刘刚、蔡辰梅：《论学术资本化的实现途径及其影响》，《高教探索》2015 年第 6 期。作者认为："学术资本和经济资本是学术资本化涉及的最基本、也是最重要的资本类型。经济资本是学术资本化的最终旨归，'经济资本是所有类型资本的根基'，所有的资本形态最终都化约为经济资本，这由市场经济自身的逻辑和性质所决定。学术资本化就是学术资本将自身潜在的经济价值转变为现实的经济价值，也就是转化为经济资本的过程。""直接的学术资本化是学术资本向经济资本的直接转化，是货币对学术价值的直接体现与回报。直接的学术资本化过程需要警惕过度的物质欲壑诱惑，防止资本潜在性跨疆越界的危险。……间接的学术资本化属于学术资本化的非主流形态，……作为复杂的官僚行政现实环境和社会传统文化环境影响的结果，往往潜伏着背本就末的危险。"

⑤　游振声：《美国研究型大学学术创业模式研究》，重庆大学出版社 2017 年版，第 123 页。研究表明：大学科研成果转化的主要形式还是许可授权，合营公司只是一种不得已时的补充。

样闭门造车，而是要走出书斋走出学科范式，从现实生活与生产实践中吸收养料，亦即潜在的学术资源，转化成显性的研究资源，再转化为个体的学术资本，最后将学术资本转化为科技资源，兑现相应的经济资源。在这个过程中，大学教师的学术创业活动体现出学术资源的双向转化，不能再以单一转化向度的学术资本转化来描绘其运行轨迹，而是要以学术资源转化来形容学术资源的双向转化特征。可见，学术资本转化适合用来厘定大学教师学术创业的价值追求，彰显大学教师学术创业的社会责任与历史使命，而学术资源转化则可以描绘大学教师学术创业的活动轨迹，尤其揭示大学教师的学术创业离不开从社会上有效吸取相应的学术资源。"问渠那得清如许？为有源头活水来"，是"学术资源转化"带给大学教师学术创业的新征程与新课题。美国一些高校采取"前门政策"（front‑door policies）来吸引私营企业，① 以便从市场获悉推进学术创业的学术资源，正是大学教师学术创业新征程与新课题的新举措。

事实上，大学教师学术创业所体现出来的学术资源双向转化，远非简单地从社会一次性吸收学术资源然后再生成学术资本一次性转化为其他资源，其间或许要经历数不胜数的来回往复、难以估算的场所变迁、无法穷尽的资源转换。例如，大学教师研制适切市场需求的专利产品，难以一次性获悉市场需求然后一次性研制成功，难以从一个企业或者某个产品就获得灵感然后一次就能成功转让出去，难以仅凭有限市场调研与文化积累等相应学术资源就能成功研制学术成果并转化为经济资本。学术资源双向转化在大学教师学术创业过程中所呈现出来的多样性、复杂性乃至多变性，正是大学教师不少学术创业活动具有风险的原因所在，亦使学术创业活动不可能成为大学教师"永不赔钱的研究"②。基于此但不限于此，大学教师学术创业在很大程度上属于"机会型创业"③。不过，纷繁复杂的学术

① ［美］美国商务部创新创业办公室：《创建创新创业型大学——来自美国商务部的报告》，赵中建、卓泽林译，上海科技教育出版社 2016 年版，第 41 页。

② ［美］希拉·斯劳特、拉里·莱斯利：《学术资本主义——政治、政策和创业型大学》，梁骁、黎丽译，北京大学出版社 2008 年版，第 19 页。

③ 殷朝晖、李瑞君：《大学教师学术创业的角色冲突及其调适策略》，《江苏高教》2017 年第 4 期。刘伟、雍旻、邓睿：《从生存型创业到机会型创业的跃迁——基于农民创业到农业创业的多案例研究》，《中国软科学》2018 年第 6 期。李爱国：《大学生机会型创业与生存型创业动机的同构性和差异性》，《复旦教育论坛》2014 年第 6 期。简言之，生存型创业是为了生存而开展的创业，可谓被逼上梁山的创业；机会型创业是为了寻找商业机会而开展的创业，该种创业往往体现出技术性与创造性，学术创业一般归于此类。

创业活动范式在总体上是以学术资源双向转化作为内在逻辑与外在表征，这与前文界定的"学术资源转化"在内容与形式上具有高度契合性，从而可以将学术资源转化作为大学教师学术创业的基本路向。

（三）基于学术资源双向转化推进大学教师学术创业

高校长期以来主要关注学术资本向其他资本尤其是科技产品领域的转化，忽视在人才培养领域中学术资本向人力资本的转化，同时较少关注高校外部的社会资本向高校内部的学术资本转化。以学术资源转化呈现大学教师学术创业的活动范式，意味着学术资源在不同主体之间的活性流动壁垒已经打破，各自无限次充分吸收对方资源并不断内部转化然后再次外部转化，"穿透组织边界的隔膜，实现不同主体之间相互渗透"①，从而凡是学术创业所要达成的目标均存在学术资源的双向转化，有如学术资源社会化论者所说的"资源的使用权在创新场域实现集中和自由流动"②。从大学教师学术创业所要达成的两大目标来看，当前按照学术资源双向转化原理需要重点关注如下两个问题。

一是关注社会零散的学术资源向校内集聚的学术资源转化。大学教师的学术创业不再完全遵循传统的线性创新模式，从闭环的学科体系中进行逻辑演绎，而是更多地采取从实践需要出发开展研究的逆线性创新模式③。这就要求大学教师紧跟时代前进步伐，熟悉行业发展动态。否则，大学相应的学科专业教师不仅不能通过学术创新领跑社会，而且会因为不能适应社会而无法跟跑社会。世界范围内高等学校职能演变史证明，大学教师角色的转变，归根结底是社会发展的必然结果。④ 在学术创业过程中，大学教师从社会吸收学术资源的数量与质量，在很大程度上影响科研成果生成的数量与质量，最终影响学术资本转化的效率与效益。因此，在

---

① 杨婷：《组织边界跨越视域下美国大学技术转移机制研究——以犹他大学与哥伦比亚大学为例》，《高等工程教育研究》2019 年第 1 期。

② 宁芳艳、罗泽意：《大学参与协同创新的适应性变革向路——基于创新资源社会化的视角》，《教育发展研究》2017 年第 5 期。

③ 参阅张金波《三螺旋理论视野中的科技创新——基于美国创业型大学的分析》，《高等工程教育研究》2009 年第 5 期。

④ 孙冬梅、梅红娟：《从"学者"到"创业者"——论学术资本主义背景下高校教师角色的转变》，《江苏高教》2010 年第 2 期。

学术资本主义的时代背景①下，推进学术资本转化的政策设计，不能再将大学教师的时空限制在学科专业领域中，而且要能保证他们有更多的时间参与社会活动与行业实践，尽可能加快与优化校外学术资源向校内学术资源的转化。

二是关注经济发展的学术资源向学生发展的学术资源转化。当前学界尤其管理学科领域论及大学教师学术创业，更多关注的是其推动区域经济发展的积极作用②，"通过技术转移所带来的知识产权商业化，大学将日益成为经济增长和地方/区域发展的引擎"③。从学术资源转化角度而言，也就是较多地关注能够实现经济发展的学术资源转化，而很少关注学术资源向人才培养环节的集聚与转化，实现学术创业反哺人才培养的办学宗旨。课程是人才培养的核心要件，当前高校亟待处理的关键问题便是实现各种关涉学术创业的学术资源转化为课程资源，改变大学教师双轨道、双面具履职模式，亦即一边按照传统且陈旧的理论课程授课，另一边按照现代且跟进的学术成果创业。从政策设计角度出发，需要鼓励创业型教师同步推出应用取向型课程体系，实现学术创业资源与人才培养资源的融通转化乃至创生互促。

从学术资源转化视角分析大学教师学术创业活动，以上两大问题既是资源双向转化的关键点也是薄弱点。爱因斯坦曾说："提出一个问题往往比解决一个问题更为重要，因为解决问题也许仅是一个数学上或实践上的技能而已，而提出新的问题、新的可能性、从新的角度去看旧的问题，却需要创造性和想象力，而且标志着科学的真正进步。"④ 但是，要解决好这两大问题并不容易，提出的政策方案难免成为空中楼阁。对此，在西方大学或许更多地由于缺乏政府整体规划与全面主导。例如，研究表明，在大学自治程度较高的西方大学，实现校企合作与资源共享比较困难，需要

---

① ［美］希拉·斯劳特、拉里·莱斯利：《学术资本主义：政治、政策和创业型大学》，梁骁、黎丽译，北京大学出版社 2008 年版，第 11 页。作者认为，大部分西方工业化国家的公立大学都正在走向学术资本主义。

② 任梅：《耦合视角下大学学术创业与区域经济发展关系的实证研究》，《高校教育管理》2019 年第 3 期。

③ ［美］艾伯特·N. 林克、唐纳德·S. 西格尔、迈克·赖特：《大学的技术转移与学术创业——芝加哥手册》，赵中建、周雅明、王慧慧等译，上海科技教育出版社 2018 年版，第 1 页。

④ 转引自肖绍菊《提出问题的方法·尝试》，《数学教学通讯》2002 年第 11 期。

国家层面的政策措施予以推动。① 那么，对于政府主导型的中国高等教育而言，破解困局的路径又是什么呢？这些寄望落地的大学教师学术创业政策方案，在下一章明晰其价值意蕴以及基本思路的基础上，第三部分第六章具体阐述。

总之，大学教师学术创业活动早已有之，作为突出问题浮出水面则是近年才有。分析其蓬勃发展的社会动因，"学术资本主义"是概括其时代背景的适切关键词，可以视为大学教师学术创业的"环境维"。规避学术资本主义的逐利动机，弘扬学术创业行为的时代价值，"学术资本转化"成为大学教师学术创业使命追求的最佳关键词，可以视为大学教师学术创业的"方向维"。高校长期以来主要关注学术资本向其他资本尤其是科技产品领域的转化，忽视在人才培养领域中学术资本向人力资本的转化，较少关注高校外部的社会资本向高校内部的学术资本转化。从而，大学教师学术创业需要重视学术资本的双向转化与能量增殖，"学术资源转化"正是呈现其运行图式的匹配关键词，可以视为大学教师学术创业的"行动维"。基于"学术资本"的三个相关关键词，构建学术创业的"学术资本三元论"，成为大学教师学术创业本土化研究与实践的理论基石。

---

① David A. Kirby, Hala H. El Hadidi, "University technology transfer efficiency in a factor driven economy: the need for a coherent policy in Egypt", *The Journal of Technology Transfer*, 2019, 44 (5).

第二章 大学教师学术创业的价值辨识

如同大学长期被定义为公益组织一样，大学教师亦被认定为人类精神文明的使者，凡是与商业经济发生直接联系，便被视为离经叛道，容易遭到社会各界尤其是传统型学者的抵制。30 岁出任美国芝加哥大学校长的永恒主义教育流派代表人物赫钦斯（robert maynard hutchins, 1899—1977）曾把金钱，即大学愿意承担外部社会机构付钱的任何任务看作是学术界弊端的根源。在他看来，包括政府和企业在内的任何外部资助，必定在不同程度上影响大学追求永恒真理。① 20 世纪后半期，随着麻省理工学院、斯坦福大学、华威大学等一大批创业型大学的崛起，人才培养、科学研究与学术创业之间相互促进而不必然相互冲突的关系逐渐获得越来越多人士的共识。尤其在"新管理主义"② 成为不少西方发达国家协调大学与政府关系的一种管理理念、"经费多元化、使用者付费、企业精神、管理主义、质量与绩效等概念在许多国家成为最高指导原则"③ 之后，政府不断削减公共事业的经费开支，高校需要以企业家精神拓宽经费渠道并且不断提高管理绩效，使得学术资本主义越来越成为高等教育变革与发展的重要走向。传统力量具有强大惯性与磁场，现代转型亦有诸多困惑与问题，从而无论是大学组织层面还是教师个体层面的学术创业，都处在一个褒扬与贬抑的激烈争议中。这种争议虽然无法阻挡学术创业的时代步伐，

---

① 参阅［美］约翰·S. 布鲁贝克《高等教育哲学》，王承绪等译，浙江教育出版社 2002年版，第 20 页。

② 张丽英：《"全球化"所引发的"新管理主义"、"学术资本化"和"大学企业化"思潮》，《高等师范教育研究》2003 年第 2 期。

③ 戴晓霞、莫家豪、谢安邦：《高等教育市场化》，北京大学出版社 2005 年版，第 26 页。

但在实践上延缓了"向企业转移创新能力"① 等知识应用取向的前进步伐。为了明晰大学教师学术创业的价值与意义，理顺大学教师学术创业的向度与基准，本章首先以某所定位于创业型大学的高校教师作为研究对象，采取访谈调研等质性研究方法，获悉创业型大学教师对待学术创业的态度与认识，然后从正反双方阐述各自最突出的三大理论支点，以便明晰大学教师学术创业的价值意蕴，尤其从大学教师学术创业对接经济体制、推动学术成果转化以及与教学科研的矛盾冲突等方面看其必然性、必要性以及可调和性，最后从破除"五唯"的大学教师评价机制出发，理性梳理本书对于大学教师学术创业的基本立场。通过本章的论述能够得知：大学教师学术创业无法阻止，且亦有推动知识应用的积极一面，从而我们需要助推国家"鼓励"政策的落地；同时，大学必须坚守与弘扬天然的学术责任，避免学术创业对于核心使命的过度冲击，从而不同高校需要根据定位与实际研制"规范"方案。基于大学教师学术创业的学理研究，本章仅为"鼓励+规范"提供原则性的框架，具体举措将在最后一章展开论述。只要充分理解"鼓励+规范"的政策向度，大学教师学术创业的价值分歧就会迎刃而解。

第一节　创业型大学教师访谈质性研究

学术创业的价值取向在学界讨论相对较多②，针对参与者教师自身体验的研究相对较少。事实上，大学教师个体对于学术创业的感受，可以反映学术创业在学术职业中的欢迎程度、实施状态乃至发展前景。学术创业是创业型大学的基本特征，创业型大学是学术创业的最佳场所。③ 本书选择国内高举创业型大学旗帜的普通本科院校作为考察对象，调研这些高校教师对于创业型大学战略目标定位实施以来的真切体会。创业型大学教师对于学术创业的价值认同，理应要比传统院校教师具有更高的认可度，在推进学术创业过程中碰到的困惑也更具代表性。因此，针对创业型大学教

①　何建坤、孟浩、周立等：《研究型大学技术转移及其对策》，《教育研究》2007 年第 8 期。

②　详见付八军《创业型大学本土化的中国模式研究》，中国社会科学出版社 2018 年版，第 208—222 页。

③　详见付八军《教师转型与创业型大学建设》，中国社会科学出版社 2016 年版，第 125—131 页。

师开展访谈质性研究，是理顺大学教师学术创业价值分歧、明晰大学教师学术创业价值向度的重要途径。基于该项质性调查研究的完整性，本节试从以下几个方面展开论述。

一 问题提出

作为一个概念，"创业型大学"（entrepreneurial university）于 20 世纪 90 年代末传入中国，并引发国内一批高等院校走上创业型大学道路。例如，2008 年，福州大学提出要"确立创业型大学理念，走区域特色创业型强校之路"[①]，成为国内第一所明确高举创业旗帜的全日制普通本科院校。随后，南京工业大学、浙江农林大学、临沂大学[②]等本科院校先后以创业型大学作为学校的发展战略目标定位。十余年时间过去了，我们需要分析与总结创业型大学在中国的实践经验，以期更好地服务于高等教育多元化办学模式的探索，培育大学教师学术创业的政策环境与文化环境。然而，无论在理论上还是实践上，我国对于创业型大学建设均存在明显分歧。一方面，许多学者坚持这样的观点，"建设创新型国家，需要创业型大学"[③]。复旦大学原校长杨玉良院士甚至提出"创业型大学将是大学未来发展的一个重要阶段"[④]。同时，不断有高校加入创业型大学行列，"发挥自身特色，对接国家战略，打造创业型大学"[⑤]。另一方面，对创业型大学的质疑声音不绝于耳，不少学者认为"创业型大学的学术活动受利益驱动，不是好奇心驱动，而且学术与创业是对立的，各自需要不同的能力，两者难以兼容"[⑥]。甚至有学者根据学科特性区别对待学术创业的价值问题，"市场需要的是技术专利，而人类的心灵需要的却是诗歌。专利只有在利润的驱动下，才能实现更大的推广，产生更广泛的经济社会效

---

① 陈笃彬、吴敏生：《创建创业型大学 服务海峡西岸经济区》，《福建日报》（求是版）2008 年 4 月 1 日。

② 2015 年 4 月 24 日，临沂大学党委会研究通过了"全国知识、区域特色鲜明的创新创业型大学"的办学定位。9 月 11 日，正式向社会各界发布《关于全面推进创新创业型大学建设的实施意见》。

③ 王军胜：《建设创新型国家需要创业型大学》，《光明日报》2013 年 3 月 31 日。

④ 陈统奎：《复旦：又一次华丽转身》，2005 年 9 月 21 日，http://news.sohu.com/20050921/n227021310.shtml，2019 年 12 月 24 日。

⑤ 张力玮、郭伟、李鹏：《发挥自身特色 对接国家战略 打造创业型大学》，《世界教育信息》2017 年第 5 期。

⑥ 参阅温正胞《大学创业与创业型大学的兴起》，浙江大学出版社 2011 年版，第 170—171 页。

益，而诗歌只有远离金钱的诱惑，远离市场的喧嚣，保持心灵的沉静和孤寂时，才有可能形成其滋养情感，涤荡心灵的魅力"。① 对于建设创业型大学的热情给予沉重打击的是，在欧阳平凯校长退休离任之后，曾经定位于创业创新型大学的南京工业大学，于 2013 年将办学定位正式更改为"综合性、研究型、全球化"高水平大学。② 于是，尽管处在"大众创业，万众创新""鼓励办出特色，实行分类管理"的有利政策背景下，我国那些准备尝试迈入创业型大学道路的高校仍然徘徊在十字路口，亟须高等教育理论研究者作出明确的答案。基于"教师转型与大学转型具有天然关系，只有教师的转型才能带来大学的转型"这个理论视角，③ 本节试从那些实施创业型大学战略的高校教师访谈入手，了解他们在创业型大学的文化氛围中是一种什么样的体验与感受，以期为我们从实践的角度提供相应的答案，获悉大学教师对学术创业价值的认可程度。

二 研究设计

(一) 访谈样本

本课题主要通过教师座谈会、结构式访谈，以及非结构式访谈三种方式获得相关信息。样本覆盖了创业型高校的专任教师和管理者群体，有理工科教师，也有人文社科教师；有已经实践学术创业的教师，也有未实践学术创业的教师。在结构式和非结构式访谈中，样本的选择采取滚雪球取样模式，保证了样本信息含量的丰富性。具体情况如下。

教师座谈会：笔者曾在某创业型高校工作期间，该校高举创业型大学的旗帜，不仅在全校进行了广泛的宣传，而且出台了一系列文件，以推动全校师生学术创业，促进学校科研成果转移转化，鼓励各位创业型教师浮出水面。为了推进该项工作，同时了解自学校确定创业型大学战略目标几年以来，教师们有何困惑与期望，该校组织学校中层干部赴各个二级学院调研。笔者所在的调研小组，前后去了三个二级学院，参加座谈的专任教师总数 90 人左右，理工科类教师 60 人左右。在座谈会

① 蔡辰梅、刘刚：《论学术资本化及其边界》，《高等教育研究》2013 年第 9 期。
② 在欧阳老校长当年的副手乔旭于 2017 年出掌校政之后，南京工业大学再度拨正航向，确认建设"创新创业型大学"的发展方向。详见付八军、龚放《创业型大学本土化的实践误区》，《江苏高教》2019 年第 1 期。
③ 付八军：《论大学转型与教师转型》，《教育研究》2017 年第 2 期。

上，笔者就教师对创业型大学的态度、对学校创业型大学建设政策的看法，以及就大学教师该不该进行学术创业等问题进行了交流，获得了相对丰富的一手资料。

结构式访谈：深入进行结构式访谈的教师有两位：教师 N 与教师 F。他们均为双肩挑教师，对学校的政策以及教师的状态较为了解。他们与笔者均不在同一所大学，也不在同一座城市。在访谈前，笔者与他们有过多次电话以及网络联系，在彼此较为熟悉的基础上，预设访谈要点，约定见面时间，笔者直接去对方所在高校，与他们有针对性地进行交流。在建立信任的基础上，从他们那里获知创业型大学发展现状以及教师转型情况，要比从专任教师那里全面得多。

非结构式访谈：笔者曾工作于某创业型大学，熟悉其他若干所创业型大学，容易接触到不同岗位不同学科背景的创业型大学教师，并且围绕学校的战略定位、教师自身的工作体会，在不设防的情况下，与他们轻松自由交流。这种非结构式访谈，较具代表的专任教师有 6 位，分别来自 A、B、C 三所创业型大学（见表 2-1）。

表 2-1   参与访谈的代表性样本特征

访谈类型	样本编码	性别	年龄	职称（职务）	学科	是否有创业经历
结构式访谈	教师 N	男	42	主任	工商管理	否
	教师 F	男	48	处长	高等教育	否
非结构式访谈	教师 A1	男	36	副教授	机械工程	否
	教师 A2	女	40	副教授	比较文学	否
	教师 B1	男	42	副教授	环境科学	有
	教师 B2	男	38	副教授	电子信息	有
	教师 C1	男	45	教授	广告学	否
	教师 C2	男	56	教授	药学	有

（二）数据采集与整理

遵循访谈伦理与要求，在征得受访者的同意后，就"如何看待创业型大学建设"等问题对受访对象进行深度访谈，得到受访者对创业型大学建设、教师创业、创业与教学及研究取得平衡等问题的深度看法，以 word 文本的形式逐句转录形成访谈文本。将访谈文本导入 Nvivo 11 软件，遵从扎根理论的研究范式，对访谈文本进行编码分析。

首先，对高信息含量的 8 位受访者的访谈文本逐句进行自由编码，初步得到 53 个参考点。主要涉及的主题内容有：创业型大学宣传、对创业型大学建设的态度、创业与否、创业成效、成败归因等。其次，进行轴心编码，建立树状节点的层级体系，通过整合与归类相关节点，得到 42 个参考点，形成新的类属：创业型大学宣传成效、对创业型大学建设的态度、教师创业的影响因素等。最后，结合自由编码和轴心编码的相关结果，提炼和整合各类属的节点，同时核查各类属节点是否存在交叉和重复编码的问题并改正之，最终得到 37 个参考点（见表 2-2）。

表 2-2　　　　　　　受访者对创业型大学建设访谈内容的编码

类别	参考点	占比	参考点实例
政策了解	3	8.1%	"学校宣传""主动了解""不了解"
支持与否	2	5.4%	"反对""支持"
是否创业	3	8.1%	"创业""未创业""准备创业"
创业成效	2	5.4%	"效果好""不如预期"
建设预期	3	8.1%	"乐观""不确定""悲观"
归因：自身因素	3	8.1%	"性格保守""家庭不支持""精力不够"
归因：学生培养	6	16.2%	"提供实践机会""缓解经济压力""提高学习兴趣""分散学生注意力""廉价劳动力""开拓学生视野"
归因：教研与创业兼顾	7	18.9%	"创业教学难以兼顾""创业有利于教学""科研促进创业""创业促进科研""创业影响科研精力投入""市场实现科研价值""科研内容与市场难以对接"
归因：高校评价标准	4	10.8%	"科研奖励政策""职称评审制度""教学业绩要求""其他评价标准"
归因：高校支持	4	10.8%	"仅口头支持""政策倾斜支持""激励措施不够""学校盘剥"

三　质性分析

作为高校的核心影响因素，教师对创业型大学建设的支持与否是取得成功的关键变量。结合 Nvivo 11 质性分析软件的编码结果，从教师"支持"或"反对"创业型大学建设的归因来看，"教研与创业兼顾""学生培养""高校评价标准""高校支持"，以及"自身因素"是重要的几类考虑因素。围绕教师对创业型大学建设持"支持态度"和"反对态度"两个维度，笔者进行了进一步的分析。

（一）对创业型大学建设态度的"一热一冷"

从笔者的调研情况看，在被定位为或正在争创创业型大学的高校中，高校教师对创业型大学建设的态度呈现出明显的"一热一冷"特征，并且，目前并未表现出能够有效调和的迹象。这种态度上的分化，表现出鲜明的群体性特征。具体而言，高校中的管理者群体（包括中高层领导）对创业型大学建设总体秉持支持态度，并且在构建创业型大学的宣传上充满热情。但与之相反的是，普通教师的态度总体则要消极得多，与管理者对创业型大学建设的侃侃而谈不同，普通教师甚至在学校已经推行创业型大学建设多年后，依然对相关的政策一脸茫然或知之甚少。在参加笔者调研座谈会的90多位教师中，没有一位教师主动提及自身压力来源于学校的创业政策。教师们更多谈论的，主要是学校其他方面的政策调整导致的收入变化、工作任务增加以及教学条件改善等。当笔者主动询问某些教师，自学校走上创业型大学道路之后，他们有何感受与压力时，基本上都没有体现出对创业型大学的关注，更谈不上有多大的压力。其中某位教师的观点或许具有代表性："当前，教师的压力就够大了。每周要承担这么多课程，每年都要有这么多科研分值，忙都忙不过来的，根本没有时间去准备学术创业……"高校管理者与普通教师在创业型大学建设上的态度分化，说明高校的创业型大学建设政策与普通教师的需求未能形成有效的契合与共振，从而形成了"各说各话"的尴尬局面。

而在普通教师群体中，对创业型大学建设的态度也存在"一冷一热"的分化，表现出一定的专业性特征。具体而言，所研究专业与市场需求契合度高的教师（主要是理工科教师）对学术创业表现出一定的热情，但基础研究和人文社科类教师对学术创业的态度总体表现消极。如在笔者结构式访谈的样本中，教师B1（环境科学）、教师C2（药学）均支持学术创业，但其他的教师则持反对或保留态度。这说明，高校中专业类别的复杂性，应该成为创业型大学建设中需要充分考虑的维度，忽视这种内部差异的创业型大学建设政策设计，必然会面临诸多的反对。

（二）高校教师对创业型大学建设的争论

在支持者的眼中，创业型大学的创建可成为大学发展的模板和榜样，因为其鼓励教师走出书斋，面向市场，实现了知识的市场价值，同时也激发了高校教师的活力和创造力。但在反对者的眼中，创业型大学的创建更像是功利性价值导向所催生的怪胎，市场化导向损害了高校作为知识生产场所的纯粹性和神圣性，而评价制度与创业型大学建设的适切性问题导致教师的热情不高。借助访谈资料，笔者拟就高校教师对创业型大学建设所争论的问题展开进一步的剖析。

1. 学术研究应该坚持市场导向还是理想导向？

学术研究应该坚持市场导向还是理想导向，其实质是关于"什么知识是有价值的"，以及学术研究成果应该由谁去实现其社会价值的问题。当然，关于"什么知识是有价值的"，是一个深奥复杂的哲学问题①，此处不做讨论。高校教师对创业型大学建设中学术研究导向的分歧，主要表现在由谁去实现学术研究成果的社会价值方面。创业型大学建设的一项重要内容是，鼓励高校教师将学术研究与学术创业结合起来，以面向市场的学术创业来实现学术研究的最大价值，是典型的市场取向的价值指引。此价值指引所隐含的意思可理解为，高校教师的学术研究是否具有价值，是否具有市场价值是检验的重要标准。在笔者的调研中，支持创业型大学建设的教师对此价值指引深表认同，如教师 B1 所言："从我的经历来看，大学教师确实应该转型。因为我身边的不少同事，就在争那几个课题，发那几篇文章，我实在看不出有多大社会价值。可以说，当他们还在研究的时候，其创新性的思想早就在我的产品中体现出来了。"

但在反对者的眼中，高校教师的学术研究应该更纯粹一些，应该是理想主义的，为了寻求真理而不断努力，而不应该以是否具有市场价值为指引。这里有两个方面的意涵：一是高校教师应该是知识的生产者，而不是销售者。教师 A2 的观点具有代表性："大学教师的主要职责，除了教学育人，应该是生产知识，从事科学研究，创造学术成果，至于这种成果是否要转化，是否为社会所采纳，则是企业家的事情。社会本来就存在分工的，大学就做大学应该做且能够做好的事情，否则，社会也就不需要这么多机构了，干脆都用一个组织名称，因为这个组织什么事情都能做。"二是高校教师的知识生产应该是高于现实的，要起到引领作用。教师 C1 的观点具有代表性："大学教师最大的追求，应该是自己的思想王国，在那里找到自己的精神世界。有了这种世界，可以培育优秀的学子，可以造福

---

① 吕致远：《对"什么知识最有价值"问题的反思与回答》，《内蒙古师范大学学报》（教育科学版）2004 年第 10 期。

人类，可以颐养天年。那些做企业的人，应该从这里找到思想养料，然后再来推动自己的发展。这种养料，当然不是直接的营养，而是结合实践进行加工的养料，最后变成自己的工作智慧。我认为，大学教师应该高于实践工作者，并与实践保持一定的距离，以保证自己的思想基于现实而又超然于现实。"

2. 高校应该选择怎样的模式来支持教师的学术创业？

创业型大学是舶来品，在西方发达国家已经有相对成型和成功的模式，比如英国的华威大学模式、美国的斯坦福大学模式以及 MIT 模式等。但我国的创业型大学建设目前尚处于探索阶段，还未形成比较成功和有影响力的模式。[①] 在高校如何支持教师学术创业的模式选择中，有两方面内容显得尤为重要。一是学校如何管理学术创业的教师，这一问题关涉到高校教师队伍建设。在笔者的访谈中，教师的争论在于：高校一方面鼓励教师进行学术创业，面向市场推广并销售其学术成果，这必然会占用教师大量的时间和精力；而另一方面，高校对教师的教学和科研业绩考核，依然采用传统评价模式，要求其完成与其他非学术创业教师一致的教学与科研成绩。这种模式是否合理？如果不如此管理，那应该采取何种管理模式？

二是教师学术创业的收益如何分配。在华威大学模式中，更多的是将学校作为整体来运作[②]，学校是教师学术创业的依托机构，获得市场收益后，学校与教师按照一定比例分配收益，其中教师获得更高比例。而在斯坦福大学模式中，学校鼓励教师进行学术创业，较少从中直接获取经济利益。[③] 对于学术创业的收益分配，高校教师的争论在于应该借鉴哪种模式？从教师访谈可以发现，教师认为高校在自己学术创业过程中普遍未能提供多少帮助，但当获得收益后，高校则按比例抽成，或者以"管理费"的方式"横切一刀"，对此表现出不满。教师 C2 的话具有代表性："就学校那点创业业绩奖励，根本吸引不了我，说不定最后还要从我这里提取管理费，可是他们能够给我什么帮助呢？"

---

① 付八军、宣勇：《创业型大学建设的中国道路》，《高等教育研究》2019 年第 3 期。

② ［美］伯顿·克拉克：《建立创业型大学：组织上转型的途径》，王承绪译，人民教育出版社 2007 年版，第 11—25 页；［美］伯顿·克拉克：《大学的持续变革：创业型大学新案例和新概念》，王承绪译，人民教育出版社 2008 年版，第 2—19 页。

③ ［美］丽贝卡·S. 洛温：《创建冷战大学——斯坦福大学的转型》，叶赋桂、罗燕译，清华大学出版社 2007 年版，第 280—297 页；殷朝晖、李瑞君：《美国研究型大学教师学术创业及其启示》，《教育科学》2018 年第 3 期。

　　3. 市场规则与高校评价制度的矛盾如何调和？

　　高校一方面高举创业型大学建设的旗帜来鼓励教师进行学术创业，但另一方面，在教师的评职晋级、科研要求等评价方面，却并没有做出能够顺应学术创业的足够的改变。正如教师 F 所言："教师难以转型的主要原因在于原有的评价体系仍在发挥作用，而且是最不可动摇的指挥棒……现在学校做不到让'转化效益'代替'学术论文'，学术创业最多只是教师的一项副产业……学校的科研奖励政策、职称评聘制度、其他高校的教师评价标准，都吸引着教师坚持走原路，坚决不冒险。"以及教师 B2 所言："学校在职称评聘与人才选拔上，真的不应该过分看重那些 SCI、EI 等，这种导向使得教师只顾发表，不关心也不敢再往前走，从而很难验证这些成果，到底能否转化，到底是否有意义。"这里所体现出的，是学校和市场在评价导向上的矛盾：高校教师的学术创业是面向市场的，创业是否成功及成功到何种程度，盈利能力——或者教师学术的"转化效益"是其主要衡量标准，转化效益越高，可认为教师的学术创业越成功。但在高校内部，评价教师学术是否成功的标准却并不是市场化的，而是遵循着制度化的逻辑。[1] 教师要在这种制度化中获得前进的机会（如获取更高的职称、更多的科研奖励），则需要遵循制度化的规则——更多数量和更高质量的科研产出，而这些科研产出究竟能不能有市场"转化效益"，则不是考虑的重要因素。[2] 即便教师在学术创业中获得高的"转化效益"，也不能足够有效地为其在学校制度化的评价中增加优势，而如果教师的学术创业失败，他们不仅要承担失败所带来的市场风险，同时，因为前期学术创业中大量的时间和精力投入，相较于专心学术研究的同行，他们的学术产出往往更少，在学校的评价制度中也会处于劣势地位。正如学界主流观点所坚持的，"'第三使命'可能给教学和科研带来危害"[3]。因而，高校在鼓励教师进行学术创业的同时，并没有在学校评价制度上有效调和与市场面向的学术创业评价标准的矛盾，是阻碍教师学术创业热情的重要因素。

---

　　① 谌红桃：《高校克服"五唯"顽瘴痼疾的理论依据与实践路径》，《中国高等教育》2018年第 24 期。

　　② 李宝斌：《解开高校教师评价中的艾耶尔"魔咒"》，《湖南师范大学教育科学学报》2015 年第 5 期。

　　③ 转引自游振声《美国研究型大学学术创业模式研究》，重庆大学出版社 2017 年版，第36 页。

4. 高校教师的学术创业对学生的影响是积极还是消极？

教与学是教育的一体两面，教师与学生也是相互成长、相互促进的关系。[①] 那么，当高校教师进行学术创业时，其对学生会产生何种影响呢？据笔者的调查，高校教师在此问题上表现出完全相反的观点，各有其理，争执不下。觉得学术创业对学生会有积极影响的教师认为，学术创业能够促进学生的成长，能为学生"提供实践机会""开阔学生视野""提升实践能力""提高学习兴趣"。教师 B1 的观点具有一定代表性："那些从书本到书本的课堂教学，学生听之都索然无味，哪还谈得上教学质量呢？对于大学生来说，书上许多内容，他们都可以自学了。大学教师所起的主要作用，还是把学生引入五彩缤纷的知识宝殿，让他们感受到这里的丰富与奥秘，在适当引领与辅导的情况下，让他们自我探索，自我教育。"同时，学术创业也能够为学生提供一定的经济补助，缓解他们的经济压力，让他们有更多的时间和精力用于学习之上。如教师 C2 所言："让一些学生进入我的研究与销售……如果公司运营良好，我还会给他们支付更多的报酬，大大缓解了他们的经济压力。"

而觉得学术创业对学生会有消极影响的教师则认为，学术创业分散了学生的学习注意力，对学生的深入学习会产生不良影响，并且，教师在学术创业中带入学生，有将学生作为"廉价劳动力"的倾向，是对学生的变相剥夺。如美国纽约州立大学布法罗分校卡明斯（W. K. Cummings）所言："研究生在进行质量不高的教学，而全职教授却在远离校园的地方忙于个人的项目。"[②] 教师 A2 激愤地讲道："在我们学校，一些教师还没有站稳讲台，就准备在岗创业，拉着一帮学生，做他们的廉价劳动力，美其名曰锻炼学生，实际上是祸害学生。连基本功都没打好，就想着搏击市场经济浪潮，造成学生急功近利的思想倾向，这种腐蚀学生灵魂的行为，其危害比耽误他们的学业还要严重。"诚然，教师 A2 的言辞较为激烈，但也不得不引起我们思考。作为高校教育工作的核心影响因素，高校在鼓励教师进行学术创业时，是否充分考虑和评估了学术创业对作为受教育者的学生的影响呢？

---

① 柴楠：《他者的澄明与主体的涅槃——教学交往范式的伦理转向》，博士学位论文，湖南师范大学，2013 年。

② Cummings, W. K., "The service university in comparative perspective", *Higher Education*, 1998, 35（1）.

5. 高校教师能否有时间和精力进行学术创业?

人的精力是有限的,高校教师也不例外。那么,高校教师如果同时兼顾教学科研工作和学术创业,是否有足够的时间和精力?如果没有,高校鼓励教师进行学术创业,是否会造成高校教师更大的负担?对此问题,笔者访谈的样本教师有截然相反的看法。一些教师认为,教学科研和学术创业是完全可以兼顾的,并且二者之间可以起到很好的相互促进作用,科研成果可以用于学术创业,学术创业过程中的新想法、创新点又能汇聚成科研成果。如已进行学术创业的教师 B1 讲道:"当他们还在研究的时候,其创新性的思想早就在我的产品中体现出来了。"但一些教师认为,在当前环境下,高校教师依然背负着沉重的教学、科研压力,还有来自家庭的生活压力等,难以有时间和精力开展学术创业。教师 A1 的观点具有代表性:"我的心分成了三份:一份要交给学生,教学育人的任务不轻,现在评职称,对教学工作都有量与质的要求;一份交给科学研究,每年都要出成果,否则无法完成当年工作量,这也是评职称最重要的一杆秤;还有一份交给家庭,要照顾孩子、关心父母、体贴妻子、承担家务,作为一个平凡的职业人,这里的任务一点都少不了。在这种情况下,我既挤不出更多的时间从事创业活动,也没有太多精力去与各方面打交道,获得创业信息与资源。"从笔者的角度言,高校教师能否兼顾好学术创业与家庭、教学、科研的关系,尤其是在沉重的科研压力下进行学术创业,都是需要思考的问题。

四　研究结论

教师是大学转型的最终决定因素①,检验创业型大学本土化建设成效,获悉大学教师对于学术创业的价值认可,最可靠的路径便是获悉这些院校教师的真实感受。② 从教师座谈会、结构式访谈、非结构式访谈等多种途径对不同群体的创业型大学教师开展访谈调查发现:创业型大学本土化建设尚未真正启动,最多处在宣传发动阶段,远未对教师产生实际影响;创业型大学在具体实践中具有多种模式,我国那些迈上创业型大学道路的高校,往往根据某种需要选择某种模式,并不一定符合中国的实际情

---

① 付八军:《论大学转型与教师转型》,《教育研究》2017 年第 2 期。
② 详见付八军《从教师转型看创业型大学建设的三个命题》,《教育发展研究》2015 年第 9 期。

况；创业型大学教师的各种创业行为，更多的属于教师个体行为，推进创业型大学建设，有利于加快学术成果转化，但绝不是解决办学经费短缺、实现跨越式发展的战略选择。可见，创业型大学在我国称不上一个怪胎，也还谈不上成为一个榜样，在高等教育办学模式多元化的探索实践中，中国创业型大学本土化的建设仍在行进中。从致力于学术创业的高校战略定位以及大学教师学术创业的价值选择而言，本书归纳出以下三点研究结论。

其一，创业型大学本土化建设尚处在宣传发动阶段，从而无法由此判断创业型大学到底是"榜样"抑或"反大学"的怪胎，[①] 无法在实践上直接断定学术创业必然导致大学教师学术使命的彰显或者隐退。创业型大学在中国这么多年的实践，至今没有产生积极影响，容易让人觉得这种办学模式不适合中国。确实，西方那种注重市场运营的创业型大学也许不适合中国土壤，[②] 但是，我们不能从创业型大学本土化建设的疲软推导出中国创业型大学是一个怪胎。从教师座谈会可以看出，一所确定创业型大学战略发展目标数年之久的大学，教师居然感受不到创业型大学办学定位给他们带来的压力或者动力，这足以表明创业型大学尚未对教师产生任何实质性影响。更重要的问题是，学校领导大张旗鼓地宣传创业型大学，而不少教师对此毫不知情。这就表明，这些高校虽然高高举起创业型大学大旗，实际上还没有向创业型大学迈出实质性步伐，至多称为宣传发动阶段。中国尚未真正启动创业型大学建设，我们能由此证明中国创业型大学建设失败吗？能否由此证明创业型大学在中国就是一个怪胎吗？连创业型大学都处于学术创业的初级阶段，我们能够根据实践轻易否定学术创业的价值吗？或许我们会反问，这么多年仍处在发动阶段，而且有些高校已经更改办学定位了，不正表明创业型大学在中国失败了？或者说不正表明学术创业在中国行不通吗？应该说，这是两个性质不同的事情。一所曾经实施创业型大学办学定位的高校，突然不再提这种办学定位，而是提出新的办学定位，也许与其他原因有关，不能由这种尚未真正启动的创业型大学实践来承担责任。我国某些高校提出了创业型大学的战略目标，但一直没有推动学校从传统型到创业型的真正转向，必定有其无法回避的深层次原

① 参阅王建华《学科的境况与大学的遭遇》，教育科学出版社 2014 年版，第 276—281 页。
② 详见［美］美国商务部创新创业办公室《创建创新创业型大学：来自美国商务部的报告》，赵中建、卓泽林译，上海科技教育出版社 2016 年版，第 56—144 页。

因，这个原因同样特别值得另行研究，但不能由此断定创业型大学就是一个怪胎。例如，应用性大学建设在学术界获得一致推崇，许多高校若干年以前就高举应用型大学旗帜，但我国至今也没有几所地方院校真正实现其由传统学术型转向应用型，[①] 难道由此否定应用型大学建设、学以致用的知识观[②]等在中国没有存在的价值吗？

其二，创业型大学在具体实践中具有多种模式，我国某些高校主要领导按照自己的期望迈上创业型大学道路，不能因其失败或者受阻就断定创业型大学就是一个怪胎，亦即不能断定学术创业必然导致人才培养与科学研究功能的弱化。20世纪90年代中期，美国学者伯顿·克拉克（Burton R. Clark）根据欧洲一些教学型院校寻找组织变革并实现学校快速发展的现状，提出了创业型大学这个概念，其典型的案例高校便是华威大学。正如前面教师N指出，华威模式采取学校整体运营的策略，直接目标是获取经济利益，以便支撑学校办学。与此同时，美国的另一位学者亨利·埃兹科维茨（Henry Etzkowitz）根据美国某些研究型大学寻求科技成果转移转化并由此实现学校快速发展的现状，同样提出了创业型大学的概念，其典型的案例高校是MIT与斯坦福。MIT模式着眼于学术成果转化，以此服务社会，在这个过程中，学校并没有从中获取直接的物质利益，反而要为教师转移转化科技成果提供各种服务。埃兹科维茨认为，MIT模式"即将取代哈佛模式而成为学术界榜样"[③]。可见，在两位创业型大学理论鼻祖这里，创业型大学的基本内涵与实践模式就不一致，更别说在具体实践中创设出来的其他模式。[④] 这表明，创业型大学具有多种实践模式。我国那些勇于创新的高校领导，往往根据学校面临的主要矛盾，选择某种创业型大学模式，尤其为缓解办学经费压力而选择了华威模式，寄望通过创业型大学突破经费瓶颈然后寻求学术提升。然而，我国公办高校的办学自主权有限[⑤]，市场主体地位并未确立，很难按照市场规律将学校整体纳入运营

① 详见付八军《论应用型大学师资队伍建设的内生模式》，《浙江社会科学》2017年第6期。

② 详见付八军《学以致用：应用型大学的灵魂》，《教育发展研究》2016年第19期。

③ ［美］亨利·埃兹科维茨：《麻省理工学院与创业科学的兴起》，王孙禺、袁本涛等译，清华大学出版社2007年版，第1页。

④ 详见陈霞玲《创业型大学组织变革路径研究》，北京理工大学出版社2015年版，第128—136页。

⑤ 孙卫华、许庆豫：《差异与比较：我国高校办学自主权的思考》，《浙江社会科学》2017年第4期。

轨道，甚至学校以及教师都得接受与其他高校一样的外部评价，从而经营模式很难有效推行。显而易见，即使我们认定华威模式在中国无法推行，也不能由此认定其他创业型大学模式不能在中国运行，不能认定创业型大学就是一个怪胎，更不能对形式多种多样的大学教师学术创业活动全盘否定。

其三，各种形式的学术创业更多的属于教师个体行为，对于国内许多大学尤其是综合性地方院校而言，寄希望于通过创业型大学战略定位来实现跨越式发展是不现实的。如前所述，创业型大学既不是一个怪胎，也不能将之上升为一个榜样，由于其实践模式多种多样，中国创业型大学本土化建设还有一个很长的过程。但是，对于我国公办普通本科院校而言，注重整体经营的华威模式不适合我国高校对于创业型大学道路的选择，创造各种环境帮助教师实现成果转化的 MIT 模式才是我国创业型大学本土化建设的前进方向。不过，从前面的访谈可以看出，许多教师对学校鼓动学术创业的行为极为反感，他们认为人才培养属于教师的本职工作，至于是否开展学术创业，则是个人选择的问题。同时，对于开展了学术创业的教师，不管成功与失败，他们的行为均与学校关系不大。可以说，许多教师的学术创业行为，并不是在学校的鼓励与激励政策之下诞生的。正如教师 C2 指出的，学校那些有限的奖励根本吸引不了卓越的研究者推进学术创业，只会造成管理成本的攀升。这样看来，学术创业更多的是大学教师的自然呈现，当他们拥有了相应的科研成果，在适宜的条件下就会迈上学术创业的道路。对于高校而言，是否要冠之为创业型大学并不重要，无论什么层次与类型的高校，都应该支持高校的科研成果转化。而且，科研成果转化的目的是服务社会经济的发展①，其收益应该归于研究者个人，而不应成为学校筹措的办学经费。这就表明，创业型大学本土化的实践只是为了给教师提供更多的服务，以便加快学术成果的转化，这与我国广义的应用型大学②建设在学以致用的学术追求上是一致的。如果我们将创业型大学模式作为快速增加学校办学经费、实现学校跨越发展的战略路径选择，那么，这不仅是错误的，而且是危险的。对于大学教师的学术创业而言，

---

① ［美］亨利·埃茨科维兹：《三螺旋创新模式》，陈劲译，清华大学出版社 2016 年版，第 19 页。

② 付八军：《学以致用：应用型大学的灵魂》，《教育发展研究》2016 年第 19 期。

从基于推动成果转化、服务社会经济发展①、集聚并转化学术资源角度而言，其正面价值毫无疑问是当前现代大学必不可少的职能体现。

第二节　大学教师学术创业的价值意蕴

从传统大学到创业型大学，大学最初使命的"内在逻辑"已经从知识的传承（教育）拓宽到知识的传承、知识的创造（科研）以及所创造的新知识的商业应用（创业）。② 服务于地方经济发展的学术创业活动，已经成为创业型大学继人才培养、科学研究之后的"第三使命"。因而，学术创业的价值与意义理应得到创业型大学教师的充分认可。但是，从前面创业型大学教师的质性访谈研究来看，仍有不少教师对学术创业持冷观甚至反对态度。除了从致力于组织整体转型的创业型大学层面获悉大学教师学术创业的基本情况外，本书再从大学教师学术创业的反对方与支持方两大阵营出发，梳理并概括各自最突出的三大理论支点，最后明晰大学教师学术创业的价值意蕴。

一　大学教师学术创业的三大冲突

尽管越来越多的国家将学业创业视为推动经济发展的重要引擎，越来越多的大学将学术创业视为其服务社会的新增使命，③ 但是社会各界对于大学教师学术创业的抵制就没有停止过。在论及创业型大学普遍性的价值冲突之际，笔者曾从学术文化与商业文化、知识传承与知识应用、传统学科与创业学科三个角度进行论证。④ 在此，本书基于访谈调研，结合学界研究现状，从大学教师学术创业带来的时间冲突、责任冲突与伦理冲突三个方面展开分析。

---

① 参阅［美］美国商务部创新创业办公室《创建创新创业型大学：来自美国商务部的报告》，赵中建、卓泽林译，上海科技教育出版社 2016 年版，第 83—85 页。

② 夏清华：《学术创业：中国研究型大学"第三使命"的认知与实现机制》，武汉大学出版社 2013 年版，第 100 页。

③ ［美］亨利·埃茨科维兹：《三螺旋创新模式》，陈劲译，清华大学出版社 2016 年版，第 34—36 页。

④ 详见付八军《创业型大学本土化的中国模式研究》，中国社会科学出版社 2018 年版，第 210—223 页。

（一）大学教师学术创业带来时间冲突

所谓时间冲突，即在某件事情上投入时间，势必减少主体对其他事件的时间占有，从而新增工作事项势必与原有岗位工作产生时间冲突。大学教师的传统职责是教学育人与科学研究，若要在传统职责之外增加学术创业，自然给教师带来新的工作任务。可以说，不管哪种形式的学术创业，相较于传统职责而言都是新增的工作内容。例如，大学教师在校外兼课，虽然只是传统教学育人工作的场域转移，作业方式乃至学术品性没有发生本质变化，但确实属于新的工作任务，在既定的时间内势必减少教师传统职责的履行。至于推动学术成果转移转化、创办科技型企业等学术创业活动，大学教师被挤占的工作时间就更多。事实上，不只是教学科研与学术创业存在时间冲突，大学教师传统的两大职责同样存在时间冲突。早在19 世纪，英国著名高等教育思想家纽曼（John Henry Newman）就曾经指出："发现和教学是两种迥异的职能，也是迥异的才能，并且同一个人兼备这两种才能的情形并不多见。"[①] 在教学与研究上均有极高造诣的鲁迅先生亦说过："教书和写东西是势不两立的，或者死心塌地地教书，或者发狂变死地写东西，一个人走不了方向不同的两条路。"[②] 许多学者在批判创业型大学或者学术创业之际，认识到学术创业在一定程度有利于人才培养与科学研究，其抵制立场正是基于学术创业与教学科研传统职责的时间冲突。例如，南京工业大学于 2013 年将创业创新型大学的战略定位，更改为"综合性、研究型、全球化"高水平大学，主要缘于新任领导认为创业型大学的战略定位使得该校教师制造了厚此薄彼的不良倾向。[③] 确实，一个人的时间与精力总是有限的，在某个方面投入较多，在其他方面投入必定减少。"有所不为，才能有所作为"，这是对于该种情形的精准解读。接受访谈调研的创业型大学教师，不乏学术创业与教学科研兼顾的教师，但亦存在因为学术创业影响教学科研的教师，还有部分教师则是因为担心两者的时间冲突而不敢迈出学术创业的步伐。

---

① ［英］纽曼：《大学的理想》，徐辉、顾建新、何曙荣译，浙江教育出版社 2003 年版，第4—5 页。

② 转引自商友敬《坚守讲台》，华东师范大学出版社 2005 年版，第 84 页。

③ 详见付八军《教师转型与创业型大学建设》，中国社会科学出版社 2016 年版，第 152—153 页。

（二）大学教师学术创业带来责任冲突

所谓责任冲突，一般来说是指一个人由于被迫同时履行数个互不相容的义务而造成的进退两难情形①，或者说责任主体在进行责任选择的时候所遇到的矛盾状态。② 责任冲突产生的根源还是在于角色的多元性导致职责多重性，在某些情况下多重职责难以兼顾而引发责任冲突，例如在特定环境下"忠孝不能两全"所折射出来的矛盾状态或两难境地。有文研究指出高校辅导员在履行维护学校利益责任与保障学生权益责任时面临的矛盾冲突，同样属于责任冲突。③ 大学教师学术创业带来的责任冲突，主要体现大学教师被赋予教学育人与科学研究的传统角色，亦即学术发展的角色，但自履行学术创业的职责或者使命之后，大学教师便从学术发展转向学术发展、经济发展与社会发展并重。④ 正如学术资本主义的重要理论贡献者希拉·斯特劳等学者所言："教学科研人员对学术团体的义务在减少，而对经济要素的忠诚（即忠于资助人和外部雇主）则越来越多。"⑤事实上，在抵制学术创业的学者中，学科教师更多地从时间冲突自由畅谈，而教育研究者较多地从责任冲突予以论述。"大学的核心使命在于创造知识与传承知识并引领社会发展，大学的科学研究应该受探索真理的兴趣驱使……如何在学术资本化的过程中始终坚守大学的核心使命和学术品味，在注重应用研究的同时保护基础研究和人文社会科学研究的应有地位，在资本化和产业化的大潮中不掉进功利化的陷阱中，在顺应环境变革的同时延续大学发展的内部逻辑"⑥，这些都是在推进大学教师学术创业时需要应对的责任冲突问题。在这些学者看来，大学是培养人才的场所，是科学探究的场所，"是心智的训练，而与职业性、实用性教育相对立"⑦，直接服务社会经济的发展不是大学教师的本职工作。德国著名教

---

① 王宏飞：《基于责任冲突的传媒责任缺失》，《东岳论丛》2013 年第 3 期。

② 谢军、王艳：《责任冲突：含义、实质及意义》，《道德与文明》2007 年第 2 期。

③ 胡敏：《高校辅导员责任冲突与选择》，《学校党建与思想教育》2012 年第 7 期。

④ 胡长春、贾怡：《学者的学术使命与大学的社会责任》，《国家教育行政学院学报》2011 年第 11 期。

⑤ ［美］希拉·斯特劳、拉里·莱斯利：《学术资本主义——政治、政策和创业型大学》，梁骁、黎丽译，北京大学出版社 2008 年版，第 214 页。

⑥ 王正青、徐辉：《论学术资本主义的生成逻辑与价值冲突》，《高等教育研究》2009 年第 8 期。

⑦ 陈洪捷：《德国古典大学观及其对中国的影响》（修订版），北京大学出版社 2006 年版，第 28—32 页。

育改革者洪堡指出："国家应为大学的自由与宁静创造条件，而不是让大学直接服从于国家的短暂眼前需要。国家决不能要求大学直接的和完全的为国家服务；而应该确信，只要大学达到了自己的最终目的，同时也就实现了，而且是在最高层次上实现了国家的目标，由此而带来的收效之大和影响之广，远非国家之力所及。"① 大学教师学术创业带来的责任冲突，就如当初科学研究带来的责任冲突一样，总认为新生的职责会削减原有的使命。"科研是源，教学是流"②，"科研是花，教学是果"③，教学与科研相统一的观点已经形成共识，但是，时至今日，教学育人与科学研究的责任冲突，无论在学术争鸣还是实践运作上从来没有停止过。相对于 19 世纪诞生的科学研究职能，大学教师学术创业带来的责任冲突更加突出、普遍与持久。

（三）大学教师学术创业带来伦理冲突

所谓伦理冲突，是指人们因为个人、他人或集体利益，在道德领域的各种伦理规范面前所遇到的难以逾越的矛盾与冲突，主要表现为个人利益与社会整体规范之间的冲突，以及在面对各种不同的社会规范时所产生的困惑与两难抉择。④ 在科技突飞猛进的今天，伦理冲突日益显现出来。例如，克隆人、机器人妻子等，都面临巨大的伦理挑战。有人曾经针对智能驾驶设想了这样一个场景：一辆载满乘客的无人驾驶汽车正在高速行驶，突遇一位行动不便的孕妇横穿马路。这时，如果紧急刹车，可能造成翻车而伤及乘客；但如果不紧急刹车，则可能撞倒孕妇。无人驾驶汽车应该怎么做呢？⑤ 这些"道德两难"问题，正是伦理冲突问题。大学教师学术创业所带来的伦理冲突，主要体现在义利关系等中国传统道德规训上。"君子重义，小人重利"成为儒家学说处理义利关系的基本准则，之后中国学界长期奉行学术的公益取向，将追求经济的各种学术活动视为歪门邪道。在中国政府的政策文本中，教育被纳入民生工程，视为社会福利性质的公益事业。大学教师学术创业，是在原有岗位之外开辟第二职业通道，

① 转引自刘琅、桂苓《大学的精神》，中国友谊出版公司 2004 年版，前言。
② 朱九思：《开拓与改革》，华中科技大学出版社 2008 年版，第 54 页。
③ 付八军：《科学研究是花，教学育人是果》，《绍兴文理学院报》2019 年 11 月 25 日。
④ 胡小英：《中小学教师教学伦理冲突的困境与抉择》，《教学与管理》2016 年第 1 期。
⑤ 转引自孙伟平《人工智能导致的伦理冲突与伦理规制》，《教学与研究》2018 年第 8 期。

普遍体现经济利益的追求，从而在不少学者那里引发"求是"与"求利"① 的伦理冲突。相较于责任冲突而言，伦理冲突属于一种更深层的观念问题。秉持该种观念的学者，坚持资本逻辑性与文化逻辑水火不容、公共理性与市场效益针锋相对，致利性与公益性天然异质，② 将美国社会学家默顿（Robert King Merton）强调科学工作者应该具的"无私利性气质"③ 发挥到了极致。例如，有学者指出："大学教授应该有为学问而学问的旨趣，以学问本身作为目的，以探索真理为使命，而不是以学术作为工具，依附于权利与金钱，或者是以此获取名利，或者是以讲究实用为目的。"④ 在这样的理念指导下，无论创建科技公司的正式商业活动，还是与企事业单位开展合同研究的非正式商业活动，乃至校外兼课、社会讲座等其他各种学术创业活动，都被他们视为不符合教师职业伦理要求。

二　大学教师学术创业的时代价值

大学教师学术创业能否得到政策的支持，取决于政府、高校乃至社会各界对其作出的价值判断。如果说上述三大价值冲突左右大学教师学术创业的政策向度，那么一个国家或者某所高校就会限制大学教师的学术创业活动。反之，如果我们能够找到更充分的理由推进大学教师学术创业，那么该种活动就会成为国家或者高校的价值选择。事实上，无论学术化生存还是市场化生存，"不管愿意与否，学术资本主义正在成为越来越多的高等教育机构的行为取向。很难想象还有哪所大学可以宣称自己不在市场之中，可以宣称自己的学术活动与市场行为没有一丝关系"⑤。在鼓励大学教师学术创业的理论支点中，以下"缺一不可、合而为一"的三点具有强大解释力。

（一）从对接经济体制改革看其历史必然

明晰大学教师学术创业的价值，首先需要认识其历史必然性。从实践

---

①　刘爱生：《"求是"还是"求利"：学术资本主义语境下中国大学的学术研究》，《现代教育管理》2012 年第 1 期。

②　参阅李丽丽《"学术资本主义"中的资本逻辑与文化逻辑》，《云南社会科学》2017 年第 6 期。

③　［美］R. K. 默顿：《科学社会学：理论与经验研究》，鲁旭东、林聚任译，商务印书馆 2003 年版，前言第 8 页。

④　张意忠：《崇尚科学、追求真理：大学教授的学术使命》，《江西师范大学学报》（哲学社会科学版）2012 年第 6 期。

⑤　温正胞：《学术资本主义与高等教育系统变革》，《教育研究与实验》2011 年第 2 期。

层面而言，当大学教师学术创业成为无法避免的社会现象之后，规范有序地推动这项活动就属于顺应历史潮流。例如，大学教师在企业担任技术顾问、兼任政府部门智库成员、推动科技成果转移转化、面向市场撰写专业读物甚至在校外从事有偿学术讲座等，已经成为不可逆转的学术动向，①在这种情况下若依然对大学教师学术创业予以盲目抵制甚或批驳，则不仅不合时宜而且不利于大学服务社会功能的发挥。如果不从实践层面而是从学理角度论证中国大学教师学术创业的必然性，那么经济体制改革的价值基础与发展走向就是一个精准的分析视角。毫无疑问，经济体制与教育体制归属不同范畴，②有着不同的运行规律与基本要求，不能完全将两者对应起来。例如，时至今日，古今中外没有任何一个繁荣昌盛的国家像买卖消费性商品一样将教育服务产品彻底推向市场，也不会完全依据消费者的经济实力决定谁可以接受教育谁不可以接受教育。但是，经济基础决定上层建筑，一个国家的教育体制必定且"必须"③与其经济体制相适应。例如，在计划经济体制下，中国实行单一主体的办学体制以及"统包统分""包当干部"的大学生就业体制；在市场经济体制下，实行并逐渐完善多元主体投资的办学体制、"双向选择"、"自主择业"、"创新创业"的大学生就业体制。经济体制改革属于社会各个领域改革的"牛鼻子"，具有牵一发而动全身的功效。"以经济体制改革为牵引，带动其他领域改革协同推进，这是中国40年改革开放实践活动所展现出来的、符合历史唯物主义基本原理的基本规律。"④因此，经济体制与教育体制的辩证关系，虽然不是简单的决定与被决定关系，却在总体上遵循经济体制的先导与牵引作用，亦即教育体制必须与经济体制改革相适应。⑤中国经济体制改革的基本走向是使市场在资源配置中从没有作用到起基础性作用再到起决定性作用，自党的十四大以来，市场在国民经济发展的地位越来越高、范围越来越广、作用越来越大。例如，党的十四大、十五大提出"使市场在国

　　①　[美]亨利·埃茨科维兹：《三螺旋创新模式》，陈劲译，清华大学出版社2016年版，第23—28页。

　　②　黄崴、严全治：《市场经济体制与教育体制改革》，《教育与经济》1995年第4期。

　　③　马超山：《试论教育体制与经济体制的适应性》，《教育科学》1991年第3期。

　　④　王宏波：《改革开放40年经济体制改革的牵引作用》，《中国社会科学报》2018年12月3日。

　　⑤　李进才、娄延常：《试论教育体制与经济体制改革的关系》，《武汉大学学报》（人文社会科学版）1985年第1期。

家宏观调控下对资源配置起基础性作用"，党的十六大提出"在更大程度上发挥市场在资源配置中的基础性作用"，党的十七大提出"从制度上更好发挥市场在资源配置中的基础性作用"，党的十八大提出"更大程度更广范围发挥市场在资源配置中的基础性作用"，党的十八届三中全会将"基础性作用"更改为"决定性作用"。这表明中国经济体制改革将越来越依赖与利用市场这只看不见的手，只有在弥补市场失灵时需要发挥政府这只看得见的手。① 大学教师学术创业要与市场经济体制改革相适应，一方面需要充分发挥市场机制的作用，调动大学教师学术创业的积极性，尤其是推动科研成果的转移转化，满足行业、企业乃至个体等社会市场日益增长的文化、科技需求；另一方面则要坚守大学教师教学育人的独特使命，充分利用政府这只看得见的手来规避市场的逐利本性，尽可能减少学术创业对人才培养的冲击，从而实现创业文化与学术文化的共融互促相得益彰。可见，中国经济体制改革的价值取向与发展走向，决定大学教师的学术创业只能疏而不能堵，扬其长而避其短。

（二）从推动学术成果转化看其新增使命

明晰大学教师学术创业的价值，关键在于认识到其新增使命。高举学术创业旗帜的现代大学，不再局限于人才培养与科学研究的传统职能，而是在履行传统职能的基础上推动学术成果转化，视学术创业为大学的新增使命，即"第三使命"②"三螺旋使命"③。作为学术创业重要内涵之一的学术成果转化，其对于大学的意义与社会的价值不言而喻。从大学角度而言，大量研究成果束之高阁，美其名曰"睡美人"的"迟滞承认"④ 现象，实则为学术资源的严重浪费，不仅迟滞大学直接服务社会经济发展的步伐，而且不利于大学凭借予以证实的学术声誉获得社会资源。麻省理工学院、斯坦福大学等一批成功的创业型大学，之所以赢得如此高的学术地位以及社会声誉，在很大程度上正是注重成果转化的办学定位与突出业

---

① 孙蚌珠：《中国经济体制改革核心问题的演变》，《求索》2018 年第 4 期。

② 夏清华：《学术创业：中国研究型大学"第三使命"的认知与实现机制》，武汉大学出版社 2013 年版，第 32—41 页。

③ Karantarat Nakwal, Girma Zawdie, "The 'third mission' and 'triple helix mission' of universities as evolutionary processes in the development of the network of knowledge production: Reflections on SME experiences in Thailand", *Science and Public Policy*, 2016, 43 (5).

④ 张丽华、张志强：《科学研究中的迟滞承认现象研究进展》，《情报杂志》2014 年第 7 期。

绩，获得了包括政府、企业在内的社会各界支持与资助以及校友的大量捐赠，再而以雄厚的办学资金反哺学术生产、以人类需要的科技成果牵引基础研究、以全新的办学理念引领大学变革。麻省理工学院的科学家、工程师、管理者认为，仅仅发明一个产品、理念、技术等不足以称为成功，成功的衡量标准在于创新成果的全球性商业化及全球性认可。^① 从社会的角度而言，各行各业均需要大学提供具有针对性、实用性、创造性的学术成果，如果大学不能有效快速推动这些学术成果转化为现实的生产力，那么学术成果从生产到应用这根链条就会被无限延长，从而让社会失却有着"发动机"之谓的大学的有力支持。科学技术日新月异，长期"沉睡"的科研成果越垒越高，若干年之后或许没有人有精力与能力穷尽相应领域的学术文献，最后导致科学研究重走"回头路"或者陷入"翻烧饼"。在推动学术成果转化过程中，大学教师起着至关重要的作用。作为学术产品的创造者，大学教师最清楚成果应用的范围、短板与优势，没有他们的参与或者指导，无论大学内部设置"技术许可办公室"（Office of Technology Licensing，简称 OTL）还是成立包括企业、其他科技工作者在内的第三方成果转化机构，在实现学术成果向现实生产力转化方面均会受到不同程度或者不同方面的影响。因此，在基础研究的转移转化过程中，大学教师的深度参与不可或缺，从专利生产、技术顾问到企业创建、产品商业化一系列活动，均可以看到学术产品生产者的身影，体现大学教师是现代大学履行学术创业"第三使命"的责任主体。例如，在 2000—2015 年获得诺贝尔自然科学奖且已经实现商业化的 15 项成果中，有 12 项成果均在对应的获奖科学家深度参与下实现成果的商业化。^②

（三）从提升教学科研质量看其文化冲突

明晰大学教师学术创业的价值，最后需要认识其带来的文化冲突可以调和。依上所述，大学教师学术创业兼具必然性与必要性，然而学界对其质疑乃至抵制从未缺席。^③ 为延缓学术资本主义和创业主义，有学者甚至在强调学术创业的"黑暗面"^④。究其原因，主要在于学术创业容易被定

---

① 游振声：《美国研究型大学学术创业模式研究》，重庆大学出版社 2017 年版，第 240 页。
② 张庆芝、李慧聪、雷家骕：《科学家参与学术创业的程度及对成果商业化的影响》，《技术经济与管理研究》2018 年第 3 期。
③ 王英杰：《大学文化传统的失落：学术资本主义与大学行政化的叠加作用》，《比较教育研究》2012 年第 1 期。
④ Bob Jessop, "On academic capitalism", *Critical Policy Studies*, 2018, 12 (1).

性为经济行为，"为知识经济开发人力资源被视为一门生意"①，遵从商业法则，与大学传统的学术目标存在冲突与对立，导致学术追求弱化，公共知识遭遇瓦解，人才培养地位旁落。确实，基于个人时间与精力的有限性，一位大学教师在学术创业上投入较多，势必在人才培养与科学研究上减少投入。但是，大学教师的学术创业区别于非学术人员的创业或者非学术性创业，而是以学术成果作为资本的创业，在本质上只是学术生产链条的延升；同时，创业型教师在拥有经历实践检验的知识之后，更能保证知识传承的有效性、针对性与高效性，从而提高单位时间内教学育人的质量。事实上，在科学研究进入大学之初，学界同样认为教学与科研属于迥异的才能，不能在大学共存共融。时至今日，人们普遍认识到"科研是源，教学是流"，两者相得益彰。但是，科学研究对教学育人的冲击已经遭到学界的痛斥，两者再度相互对立。显然，这并不表明科学研究无益于教学育人，也不表明科学研究必然导致人才培养的消解。教学与科研的天平严重失衡，原因在于科研一端的砝码过重，吸纳教师过多的时间与精力。大学教师学术创业对人才培养与科学研究的冲击，同样在于外在评价机制无法保证三者的协调平衡并进，而不是学术创业本身与大学两大传统职能之间存在无法调和的文化冲突。大量研究证明，大学教师参与公司的产品研发、接受产业的资助研究、从事科技咨询与社会服务，只要协调得当，不仅没有导致基础研究的削弱，反而实现与应用研究同步发展，进而为教学育人提供活水源泉。② 因此，学术创业与大学传统职能之间的关系，犹如科学研究与教学育人的关系一样，虽然从时间与精力分配角度而言存在冲突对立，但这种冲突对立并不是不可调和的，只要协调得当反而能够实现融合共赢，从反方立场进一步肯定大学教师学术创业的时代价值。

三　大学教师学术创业的价值选择

当前，中国对国际学术热点的介绍并不落伍，自学术创业（AE）概

---

① ［美］埃里克·古尔德：《公司文化中的大学——大学如何应对市场化的压力》，吕博、张鹿译，北京大学出版社 2015 年版，第 20 页。

② 夏清华：《学术创业：中国研究型大学"第三使命"的认知与实现机制》，武汉大学出版社 2013 年版，第 52 页；［美］亨利·埃茨科威兹：《三螺旋创新模式》，陈劲译，清华大学出版社 2016 年版，第 153 页；陈霞玲：《创业型大学组织变革路径研究》，北京理工大学出版社 2015 年版，第 25 页；游振声：《美国研究型大学学术创业模式研究》，重庆大学出版社 2017 年版，第 208 页。

念一经问世便传入国内。但是，对这个概念研究的规模、广度与深度远不及国外。从队伍看，主要是管理学的少量学者开展研究；从内容看，还处在文献介绍、概念辨析阶段，远未对接国内如火如荼的学术创业实践。可见，学术创业研究在中国还处在第一个发展阶段。在这个阶段，上文采用中国话语体系研究学术创业的历史必然、新增使命与文化冲突等价值问题，有比沿用西方理论模型来研究中国大学教师学术创业的影响因素、绩效证明等显得更为必要与紧要。根据以上正反两种观点的讨论与比较，关于大学教师学术创业的价值选择不难作出判断。大学教师学术创业带来的时间冲突与责任冲突可以调和，而伦理冲突更多的属于一种思想观念问题。正方提出的三大理论支点，足以消解学术创业的顾虑。事实上，消解学术创业对教学科研的冲突，学界许多学者都在为此提供理论见解。例如，有文指出："教师把教学、科研和社会服务融为一体会给自身和社会的发展都带来生机和活力。"① 包括伯顿·克拉克在内的支持者认为，大学日益增多的创业活动与传统的学术文化并不对立，大学需要维持其基础研究和学术文化的核心，同时也需要适应外部环境的变革。② 某次针对材料工程专业的研究人员的调查显示，学者们认为学术资本主义对学术文化整体上并没有产生很大的影响，传统的学术性目标并没有减弱，获得学术共同体的认可仍然是科研人员的首要追求，同产业部门的合作有利于研究人员了解最新的信息和技术变革，进而开展更具前沿性的研究。③ 因此，在学术资本主义的背景下，我们需要重新审视大学教师的学术使命④，既要坚守大学的核心使命，也要鼓励大学的多元发展，在不断探索与实践中检验什么样的大学可以成为学术界的榜样。从推进大学教师学术创业的价值向度出发，以下三点成为行动的方向与成败的关键。

（一）合理利用学术资本主义的积极因素

市场导向是学术资本主义的核心理念，学术创业是学术资本主义的现

---

① 马万华：《新世纪大学教师的职责与任务》，《教学研究》2001 年第 3 期。

② ［美］伯顿·克拉克：《建立创业型大学：组织上转型的途径》，王承绪译，人民教育出版社 2007 年版，第 5 页。

③ Pilar Mendoza, Joseph OSEPH Berger, "Academic capitalism and academic culture: a case study", *Education Policy Analysis Archive*, 2008, 16（23）.

④ Richard Balon, John Coverdale, Laura Weiss Roberts, "Academic Mission Revisited: Emerging Priority of Faculty Development", *Academic Psychiatry*, 2013, 37（2）.

实反应。学术领域虽然尚未受到商品化、金融化等全面侵袭，① 但学术资本主义"以不可阻挡之势迫使全球范围内的大学掀起了一场颇具声势的学术创业革命"②。无论遇到什么样的反对与阻挠，类似"如果科学要繁荣，就不应当有实用的目的"③"大学不应屈从于一时的国家需求，它必须走自己的路"④"教师不再能够追寻自己的好奇心……不受控的学术资本主义和行政化可能会成为脱缰的野马，……把大学拖入市场组织或官本位组织的泥淖"⑤……都无法改变学术资本主义的进程。当前，知识成为"资本"以及拥有知识的大学教师成为"资本家"的时代已经来临，学术资本主义成为世界高等教育发展的新理念，预示着高等教育变革的新图景。⑥ 在这种背景下，高等教育必须充分利用学术资本主义的合理因素，助推大学核心使命与新增使命的实现。对此，许多学者作出了精辟的回答。例如，有文指出：在西方的教育和学术界，执着于传统的学术身份理论的学者看到在"学术资本主义"环境下学术身份的变化而充满浓厚的怀旧、伤感的情绪；而受建构主义影响的学者却强调身份建构过程的动态性和开放性。他们认为学术身份的内容，如职责、权利、道德等在"学术资本主义"条件下获得了全新的意义和鲜活的内涵，对未来充满信心和希望。⑦"大学可以作为孤立的象牙塔延续下来，为人类的进步提供基本知识的这种观点早已一去不复返了。现在的观点是，大学应该作为知识经济的重要支柱，生成基础概念并同时为创造有用的产品和服务作贡献。"⑧ 如果丢弃了学术资本，大学也就失去了与外界讨价还价的基本筹

---

① Bob Jessop, "On academic capitalism", *Critical Policy Studies*, 2018, 12（1）.

② 刘叶：《建立学术导向的创业型大学——兼论洪堡理想与学术资本主义融合的途径》，《高等工程教育研究》2011 年第 1 期。

③ 张意忠：《崇尚科学、追求真理：大学教授的学术使命》，《江西师范大学学报》（哲学社会科学版）2012 年第 6 期。

④ 叶晖、吴洪涛：《论学术资本主义与大学核心使命的冲突——知识论的视角》，《高教探索》2012 年第 2 期。

⑤ 王英杰：《大学文化传统的失落：学术资本主义与大学行政化的叠加作用》，《比较教育研究》2012 年第 1 期。

⑥ 易红郡：《学术资本主义：世界高等教育发展的新理念》，《教育与经济》2010 年第 3 期。

⑦ 张静宁：《英美大学教师学术身份在"学术资本主义"环境下的建构》，《外国教育研究》2014 年第 7 期。

⑧ ［美］艾伯特·N. 林克、唐纳德·S. 西格尔、迈克·赖特：《大学的技术转移与学术创业——芝加哥手册》，赵中建、周雅明、王慧慧等译，上海科技教育出版社 2018 年版，第 101 页。

码。只有不断积累自身的学术资本，大学才能够从外部换取更多生存必要的经济资本、政治资本等；只有依靠学术资本转化，大学才能够争取更多的学术自由和大学自治。没有任何一个国家和社会，会花费大量的物力、财力去支持一所无用的大学。17 世纪后半期，在德国流行的取消大学建制的呼声；18 世纪末期，以巴黎大学为代表的传统大学被强行关闭，都为学术资本的重要性提供了鲜明例证。① 事实上，大学要在市场中生存与发展，就如百年老店、知名企业一样，同样注重自身的品牌与声誉，做到"有些事大学绝不能做，不管给多少线"②。最后，只要大学真正被社会与政府认可，被学生与企业认可，就像创业型大学典范 MIT、斯坦福那样，"人们也并不在乎大学是象牙塔还是高等教育有限责任公司"。③

（二）加快创业型大学本土化的中国实践

利用学术资本主义的积极因素推进大学教师学术创业，特别需要富有进取精神的高校从组织层面转变知识生产模式，转向创业型大学的发展战略轨道。作为一个概念，创业型大学在 20 世纪末才出现；作为一种办学理念，则在 20 世纪中期就已经在美国高校实践了。④ 麻省理工学院与斯坦福大学，就是创业型大学的成功典范。但是，时至今日，对于何谓创业型大学，学界仍然没有一个公认的权威定义。⑤ 作为创业型大学理论的重要奠基人之一，美国学者伯顿·克拉克被誉为"创业型大学之父"。他在描述欧洲那些迅速崛起的大学时，最初还试图冠之为"创新性大学"。⑥ 可见，我们对创业型大学的诠释，不能仅仅从经典的著述中找命题，更要从高等教育实践这部大书中找答案。最早的大学，都以"教学"作为唯一职能。19 世纪，"研究"开始成为大学的第二项职能。但是，在整个 19 世纪，科学研究进入大学困难重重，受到广泛质疑。如今，与"教学"一样，"研究"成为大学的第二个中心，得到普遍认同。这个过程，对我

---

① 胡钦晓：《何谓学术资本：一个多视角的分析》，《教育研究》2017 年第 3 期。

② Burton Clark, "Delineating the Character of the Entrepreneurial University", *Higher Education Policy*, 2004, 17（4）.

③ 温正胞：《学术资本主义与高等教育系统变革》，《教育研究与实验》2011 年第 2 期。

④ 付八军、龚放：《创业型大学本土化的实践误区》，《江苏高教》2019 年第 1 期。

⑤ 付八军：《创业型大学本土化的理论误解——兼议创业型大学的学术资本转化》，《江苏高教》2018 年第 11 期。

⑥ ［美］伯顿·克拉克：《建立创业型大学：组织上转型的途径》，王承绪译，人民教育出版社 2007 年版，第 2 页。

们理解"创业"成为大学的第三个中心，极具启发性。只不过，"创业"比"研究"成为大学的一个中心，其过程要艰难得多、漫长得多。但是，无论如何，"创业"将成为大学的第三个中心，创业型大学是未来高等教育变革的重要走向。① 在许多人看来，"创业"成为大学的第三个中心，其驱动力不只在于缓解大学办学经费紧张，"大学内的创业精神不应看做与商业化的同义"②。尽管世界上不少成功的创业型大学，当初是迫于生存压力而走上了创业之道，但是，他们成功的真正原因在于抓住了高等教育变革的逻辑。也就是说，如同"研究"成为大学的第二个中心一样，"创业"成为大学的第三个中心，其真正的内驱力是高等教育改革与发展的需要。③ 只有从这个层面来认识，我们才能理解创业型大学代表未来高等教育的发展趋势。教学是传承知识的活动，研究是创造知识的活动，大学的创业是学术创业，这是一种应用知识的活动。从工作逻辑来说，大学应该先有包括知识选择、整理在内的知识创造活动，然后才是知识传承活动，同时开展知识应用活动。这才是知识产品的一个完整过程，这个过程也只有在创业型大学才能更好地实现。④ 一位医学教授不会当临床医生，一位法学教授不会当辩护律师，从知识的源与流关系角度而言是荒谬的。一位从事基础研究的学者，将研究成果转化为生产力，只是将知识向前推进了一步。而且，"这一步"只有研究者本人走得最准，所花时间最短，因为研究者自己最熟悉。以知识应用、成果转化为导向的学术创业，是检验真学术与假学术的重要标准，是履行大学使命、彰显大学活力、服务经济转型的最佳途径。在转换知识生产模式、淡化教师量化评估的学术生态环境中，创业型大学同样能够走出牛顿、莎士比亚式的理论大师。

（三）解开禁锢高校学术创业的体制束缚

创业型大学确实为大学教师学术创业提供了得天独厚的运行平台，但

---

① ［美］亨利·埃兹科维茨：《麻省理工学院与创业科学的兴起》，王孙禺、袁本涛等译，清华大学出版社 2007 年版，第 1 页。

② ［美］伯顿·克拉克：《大学的持续变革：创业型大学新案例和新概念》，王承绪译，人民教育出版社 2008 年版，第 233 页。

③ 付八军：《创业型大学本土化的内涵诠释》，《教育研究》2019 年第 8 期。

④ ［美］亨利·埃茨科维兹：《三螺旋创新模式》，陈劲译，清华大学出版社 2016 年版，第 253 页。

是，创业型大学本土化实践十多年来并未取得实质性进展。① 与此同时，大学教师学术创业也在国家轰轰烈烈的鼓励声中艰难跋涉，不仅高校对教师学术创业的热情普遍不高，而且大学教师对国家的鼓励政策亦采取冷观态度。出现这种"二律背反"的奇特现象，根本原因还在于禁锢高校学术创业的机制体制依然存在。若从一个点上而言，则正是高校缺乏依法独立面向社会办学的自主权，中国大学一切围着政府转的局面并没有从根本上解决。政府或者代替政府监管的社会机构，以项目、奖项、论文等数字业绩评价与管理高校，高校自然要以这些业绩来评价与管理教师，这种高等教育管理体制既不可能让不同的高校选择不同的办学模式，走出一条特色化、个性化的发展道路，也不利于大学教师沉潜学术或者致力于科技成果的转移转化。这就可以看到，世界高等教育在学术资本主义背景下呈现多样化发展模式②，而中国高等教育依然是千校一面，大学教师评价机制僵化单一。例如，密歇根大学教务长鼓励将创新和创业纳入教师终身职位和升迁的考量范围，他重点强调的创新创业成就包括：通过学校技术转移办公室申请专利或获得认证、创造发明、建立新公司以及鼓励或者指导学生的创业活动；③ 维也纳经济大学前任校长 Christoph Badelt 于 2002 年 3 月 15 日在就职演说中强调大学必须企业化，但是企业化绝非商业化，而且提出实行"组织架构发展方案"，简称 ALFA，亦即大学现代化经营管理原则，该原则就是在大学被赋予更大的自主决策空间但同时又向政府部门直接负责的背景下提出来的。④ 然而，无论过去的计划经济体制，还是当前倡导的市场经济体制，中国高等教育都表现出一种"被动选择"的倾向，至今尚未体现出自身的成熟度和主体性。⑤ 毫无疑问，"大学之用"离不开"训练良好的公民道德，提出对社会的批判以及支持没有早期金

---

① 付八军：《国内创业型大学建设的路径比较与成效分析》，《高等工程教育研究》2016 年第 6 期。

② Tobias Schulze-Cleven, Jennifer R. Olson, "Worlds of higher education transformed: toward varieties of academic capitalism", *Higher Education*, 2017, 73 (6).

③ ［美］美国商务部创新创业办公室：《创建创新创业型大学：来自美国商务部的报告》，赵中建、卓泽林译，上海科技教育出版社 2016 年版，第 98 页。

④ 张丽英：《"全球化"所引发的"新管理主义""学术资本化"和"大学企业化"思潮》，《高等师范教育研究》2003 年第 2 期。

⑤ 邬大光：《走出计划经济与市场经济的双重藩篱——我国高等教育 70 年发展的反思》，《苏州大学学报》（教育科学版）2019 年第 3 期。

钱回报的学术成就"。① 但在外在主导、整齐划一、量化考核的高等教育管理体制中，培养公民、发展科学亦都只能建立在外显的数字业绩上，而不能真正体现出消费者的需要与满意。真正的一流大学，一定是让服务对象需要且满意的大学，而不是建立在数字指标上的大学。只有在法律框架里赋予高校面向社会办学的自主权，才能引导高校围着市场需求与社会进步转，最终办出真正的世界一流大学，这应该是包括中国在内的世界高等教育变革与进步的法宝或者说常识。在那个时候，如同创业型大学与固守学术象牙塔大学并驾齐驱一样，既有一些教师埋头知识海洋探索自然奥秘与人类智慧，也有一些大学教师走向学术创业，力争"把文章写在大地上"②。至于如何从体制机制、政策方案上破解，本书下一节试基于理念层面予以分析。

第三节　大学教师学术创业的基本立场

大学教师在岗位工作之外通过个人学识获取收益的学术创业活动，自大学教师成为一项专门职业就已经出现，从 1862 年美国《莫里尔法案》（Morrill ACT）颁布以来逐渐呈现普遍化、多元化、职业化特征。当前，中国政府对于大学教师学术创业的推动与鼓励，已经达到中外历史上前所未有的高度。例如，2016 年出台《关于实行以增加知识价值为导向分配政策的若干意见》，允许教师适度兼职兼薪；2017 年出台《关于支持和鼓励事业单位专业技术人员创新创业的指导意见》，进一步提出事业单位专业技术人员可以兼职或者在职创办企业。即使在学术创业盛行与兼职兼薪合法的美国，大学教师在岗创办企业一般也属于被禁止的兼职活动。③ 但是，在市场拉力与政府推力的双重作用下，中国大学教师学术创业仍然备受质疑乃至抵制，成为一个学术伦理问题被推上舆论的风口浪尖；同时，高校普遍没有像对待政府"双一流"建设政策那样宣传、鼓励乃至规范教师创业，形成中国大学教师学术创业"国家雷声大，高校雨点小"的奇特现象。结合本书前文的分析，我们不难得出中国大学教师学术创业的

---

① 克拉克·克尔：《大学之用》，高铦、高戈译，北京大学出版社 2008 年版，第 145 页。

② 谈琳：《统筹创新资源，打造协同创新升级版》，《科技日报》2017 年 9 月 27 日。

③ 唐丽萍、梁丽：《美国大学教师兼职活动的规范及其启示》，《高等教育研究》2015 年第 6 期。

政策取向或者说基本立场——"鼓励+规范"。但是，踩准国家"双创"的政策步伐，顺应学术创业的时代潮流，化解中国大学教师学术创业的奇特现象，首先需要扭转大学教师的学术评价机制。可以说，有什么样的教师评价机制，就有什么样的教师专业成长路径。评价机制，为大学教师专业成长提供了动力牵引与方向指引，是一种具有较高效率的教师发展激励机制，在高校教师专业发展路径中居于核心地位。[1] 大学教师学术创业在中国之所以"国家雷声大，高校雨点小"，关键原因还是在于牵引教师专业成长的评价机制没有从根本上改变，大学教师依然只能瞄准论文、课题、获奖、专利等学术业绩，亦即国家近年提出并力求破除的"四唯"[2]"五唯"[3] 学术评价。因此，本节从捍卫大学教师学术创业"鼓励+规范"的基本立场出发，从破除"五唯"的大学教师评价机制出发，构建"多维"的大学教师学术评价机制，最后确定推进大学教师学术创业的基本路径。

一 剖析"五唯"的大学教师学术评价

科学有效的学术评价制度，既是客观评判大学教师学术贡献的重要工具，也是持续推动大学教师积极进取的激励机制，还是全面培育良性学术生态环境的基本保证。当前中国大学面临的诸多问题，都与学术评价制度直接相关。[4] 为了扭转不合理的学术评价制度，国家近年不断推出治理方略。例如，2016 年 3 月，中共中央出台《关于深化人才发展体制机制改革的意见》（中发〔2016〕9 号），主张"坚持德才兼备，注重凭能力、实绩和贡献评价人才，克服唯学历、唯职称、唯论文等倾向"。随后，教育部于 2016 年 8 月印发《关于深化高校教师考核评价制度改革的指导意

---

① 付八军：《评价机制：高校教师专业化的最佳路径》，《现代教育科学·高教研究》2009 年第 6 期。

② 王战军、刘静、乔刚：《清理"四唯"呼唤"双一流"建设评价创新》，《中国高等教育》2019 年第 1 期。

③ 李鹏：《评价改革是解决教育问题的"钥匙"吗？——从教育评价的"指挥棒"效应看如何反对"五唯"》，《教育科学》2019 年第 3 期。该文认为：教育评价制度正经历着严重的"价值悖论"与"身份危机"。在当代中国，由于教育评价的价值判断属性和高利害关系的社会属性，教育评价指挥棒的作用愈演愈烈，引发了"社会达尔文主义"的恶性竞争和各种各样的教育问题。虽然教育评价的"指挥棒"效应引发了诸多的教育问题，但是教育问题诞生的深层原因是人们对教育评价"指挥棒"的不当使用，以及更深层次的社会因素。

④ 周志成：《高校学术评价制度改革困境及学术效用动态均衡模型演绎》，《复旦教育论坛》2019 年第 3 期。

见》（教师［2016］7号），中共中央办公厅、国务院办公厅于2016年11月印发《关于深化职称制度改革的意见》（中办发［2016］77号），进一步强调"克服唯学历、唯职称、唯论文等倾向"。但是，"三唯"痼疾反而愈演愈烈。"当下的中国大学，在扩招、升级、评鉴、排名等一系列指挥棒引领下，像'文革'中打了鸡血一样地亢奋。"① 2018年5月28日，习近平总书记在两院院士大会上指出"唯论文、唯职称、唯学历的现象仍然严重，人才管理制度不符合科技创新规律"。接下来，针对学术评价制度改革的政策文件，逐渐从指导性意见发展到行动纲领。2018年7月，国家出台的《关于深化项目评审、人才评价、机构评估改革的意见》（中办发［2018］37号）提出克服唯论文、唯职称、唯学历、唯奖项倾向，在增加"唯奖项"之后发展到"四唯"，随后国家出台的《关于优化科研管理提升科研绩效若干措施的通知》（国发［2018］25号），明确提出开展"唯论文、唯职称、唯学历"的集中清理行动。尤其在2018年10月23日，科技部、教育部、人力资源社会保障部、中科院、工程院联合发布关于开展清理"唯论文、唯职称、唯学历、唯奖项"（简称"四唯"）专项行动的通知（国科发政［2018］210号），要求这些部门以及自然科学基金委、中国科协、行业主管部门、地方相关部门在人才项目评审、科研项目管理、机构评估、职称评聘、绩效考核等各项相关活动中对涉及"四唯"的做法予以清理。2018年11月13日，教育部针对高等学校专门发布关于清理"唯论文、唯帽子、唯职称、唯学历、唯奖项"专项行动的通知（教技厅函［2018］110号），再而在增加"唯帽子"的情况下发展到"五唯"。自此，清理"五唯"专项行动在学界尤其是高等教育领域产生重大反响。② 毫无疑义，破除"五唯"的指导思想不仅科学正确，而且显得尤为紧迫。③ 作为科学研究主阵地之一的高校，大学教师的学术追求已经不再是"铁肩担道义"，而是数字化的学术业绩观及其背后的名利双赢。这种外在学术生产逻辑只能带来中国学术泡沫化的表面繁荣，扼杀科研工作者的本源性学术兴趣与创新活力，④ 尤其进一步营造了浮躁的功利化的学术环境，不仅不利于大学教师学术创业的有序推进，而且严重影

---

① 陈平原：《大学新语》，北京大学出版社2016年版，第127页。
② 范军：《"四唯""五唯"如果只破不立则危害更大》，《社会科学动态》2019年第7期。
③ 何军忠：《坚决克服"五唯"痼疾》，《学习时报》2018年9月19日。
④ 潘宛莹：《克服"五唯"，让大学科研回归本质》，《人民论坛》2019年第11期。

响到新时代"四有"新人的培育与成长。"五唯"专项整治行动要从根本上解决问题，需要我们认清"五维"的实质与成因，明晰大学教师学术创业的制度瓶颈所在。

（一）大学教师"五唯"学术评价的实质

本书所谓的"五唯"，是指教育部专项整治的"唯论文、唯帽子、唯职称、唯学历、唯奖项"，主要针对高等学校。习近平总书记于 2018 年 9 月 10 日在全国教育大会上亦提出"坚决克服唯分数、唯升学、唯文凭、唯论文、唯帽子的顽瘴痼疾，从根本上解决教育评价指挥棒问题"，这里针对包括基础教育在内的整个教育领域。清理高校中的"五唯"，绝非只针对论文、帽子、职称、学历与奖项五个方面，而是包括大学教师学术水平的各种外在因素，例如课题/项目、专著、专利、学术团体任职、出国访学经历等。例如，有文指出，项目不等于成果，"人文学科项目至上的'唯课题'政策，这是全世界最恶劣的学术管理"[1]。从工作环节说，这些外在因素也经历相应的学术评价，是教师个体学术水平的外显业绩。只不过，当我们从这些外在因素来评价教师的学术水平之际，实质上正是在利用某种凭证或者工具来开展的外部评价，即有文指出的"引文分析法"[2]或者"量化评价"[3]，而非对学术水平本身进行内在评价，亦即同行评议或者同行评价[4]。因此，高校"五唯"的实质，是一种外部评价[5]，更确切地说是单一化、绝对性的"唯外部评价"。在"唯外部评价"的条件下，学术水平的评价就变成一个学科专业领域之外的人都可以进行的简单的数字运算工作，或者按照人才称号的等级、大小、有无将评价对象直接从第一名排到最后一名。我国政府清理"四唯""五唯"的专项活动，不是要否定外部评价，而是要否定"唯外部评价"。在当前中国的学术生态环境下，"唯外部评价"是不科学的，是有害的。

其一，不同类型学术业绩的分值及其之间的换算缺乏科学依据。当前

---

①　范军：《比"四唯"危害更大的是"唯项目"》，《社会科学动态》2018 年第 12 期。

②　吴凡洁、张海娜：《国外学术评价体系浅析及启示》，《科技传播》2018 年第 16 期。

③　刘燕红、杨晓苏：《高校教师学术评价制度的异化研究》，《改革与开放》2018 年第 7 期。

④　夏东荣：《作为学术共同体的同行评价——学会学术评价的探索思考》，《中国社会科学评价》2018 年第 4 期。

⑤　卢立珏、薛伟：《地方高校科研：外部评价体系重构与内部激励机制改革》，《中国高校科技》2019 年第 4 期。

的学术评价，是将评价对象的论文、著作、课题、获奖、专利等按照一定的标准折换成分数，不同类型学术业绩的总和就是评价对象的业绩总量。在不少高校的人才项目推荐、学术岗位聘任等学术评价活动中，包括不同学科在内的所有教师都可以放在一个数字序列中进行排名与较量。这种貌似客观与公正的外部评价，掩盖着事实上的非科学与不公平。① 例如，高校在赋予省级期刊论文 0 分、北大核心期刊论文 2 分、南大核心期刊论文 6 分、一级期刊论文 12 分、权威期刊论文 20 分、SCI Ⅰ 区论文 40 分等之际，均找不到可验证或者可解释的理论依据，以致不同高校存在不同的分值或者同一所高校在不同时期存在不同的分值。又如，高校在赋予南大核心期刊论文 6 分、省部级课题 20 分、国家课题 100 分、省部级一等奖 300 分等之际，已经体现了不同学术业绩之间的重要性，但是没有一位领导或者专家能够理顺清楚，一个省部级一等奖为何能够抵得上 50 篇南大核心期刊论文、15 个省部级课题或者 3 个国家课题。正如有学者指出的，"某项可以计量吗，能给多少分，为什么给这个分数，这个分数与另一项目的分数含金量是否一样，可否等值，这些没人去深入研究，完全是一种主观判断"②。

　　其二，不少外显学术业绩难以准确体现内在学术水平。③ 在人文社科研究领域，论文、专著、课题与获奖是学术业绩的四大件。其中，论文与专著是基础性成果，课题与获奖则是扩展性成果。这是因为，课题的立项与结项一般以论文、专著作为基础，获奖则更是论文、专著的延伸。为了突出一所高校的标志性成果，也为了便于区分学者的业绩贡献度，国内高校普遍对国家级课题尤其是省部级、国家级奖项赋予更高的分值。在不少情况下我们可以看到，许多在重大课题与奖项上得分较高的优胜者，其论文专著等基础性成果并没有在量与质上比其他学者更胜一筹。事实上，每一种类型的数字学术业绩，都难以与学术水平画上等号。以基础性成果"论文"为例来说，无论当前广泛应用的"以刊评文"，还是被学界推崇

---

　　① 邬大光：《走出"工分制"管理模式下的质量保障》，《大学教育科学》2019 年第 2 期。

　　② 张曙光：《学术评价乱象：表征、诱因与治理》，《湖南师范大学社会科学学报》2016 年第 3 期。

　　③ 阎光才：《学术影响力评价的是非争议》，《教育研究》2019 年第 6 期。该文认为，影响力的科学计量分析是顺应大科学时代学术分工细化的产物，但它仍然存在诸多缺陷，以其作为政策工具存在众多争议。

的"以被引用率评文",都是外在评价失真的重要体现。[1] 2018 年,加拿大滑铁卢大学女教授特里克兰(Donna Strickland)获得诺贝尔物理学奖,其凭借的代表性成果正是作者早年攻读博士学位期间发表在一个二等期刊上的文章。20 世纪初期,爱因斯坦提出的相对论在很长一段时间不受学界关注,除波尔等少数几位物理学家有所感知外,其他众多学者都未能理解,类似的研究成果在今天不仅难以发表,即使予以公开发表也不可能有较高的被引用率。另外,"唯 SCI"的论文评价标准不利于中文期刊的发展,也不利于中国学术和科技文化的繁荣。[2]

其三,学术 GDP 数字业绩崇拜进一步加剧学术的功利化。当前,中国高校及其教师教学育人与科学研究的天平明显偏向后者。从"科研是源,教学是流"的关系而言,这种表面的"失衡"尚可理解,但是,我们的科学研究已经不在乎研究什么、有什么社会价值、坚守的学术立场与职业道德、学术贡献在哪里等学术本身,而是仅仅关注文章所载的刊物、课题的级别与经费、奖项的层次与等级等,只有这样的业绩成果才能获得更高的分值与回报。于是,高校教师不由自主地卷入为数字业绩而奋斗的功利旋涡中。从理论上说,高级别的刊物、课题与奖项,更能激发大家做出高水平的成果。然而,这些高层次的成果载体无法保证其成果对象都是高水平,许多高水平成果尤其人文社科研究成果也存在"睡美人"的现象,即"迟滞承认"现象[3]。与此同时,中国又是一个"熟人社会"[4],"行政权力至上"[5],人的逐利本性使得各种关系满天飞,进一步加剧学术的不端、失序乃至学术腐败,"学术生态亟待重构"[6]。2018 年 10 月 24 日,南京大学社会学院教授、青年长江学者梁莹被曝多篇论文存在抄袭、一稿多投等学术不端行为,就是被这个功利旋涡甩出来的个案之一。

---

①　张应强:《人文社会科学学术评价及其治理——基于对"唯论文"及其治理的思考》,《西北工业大学学报》(社会科学版)2019 年第 4 期。阎光才、岳英在《高校学术评价过程中的认可机制及其合理性——以经济学领域为个案的实证研究》(载《教育研究》2012 年第 10 期)一文中研究指出:同行内部定性评价水平与学者发表数量间不存在相关性,与国内发表引用间存在显著相关。

②　刘新文、万有、李平风等:《科学博士学位授予中不唯 SCI 的评价体系》,《学位与研究生教育》2014 年第 7 期。

③　叶继元、袁曦临:《中国学术评价的反思与展望》,《中国社会科学评价》2015 年第 1 期。

④　杜鹏:《熟人社会的阶层分化:动力机制与阶层秩序》,《社会学评论》2019 年第 1 期。

⑤　详见张楚廷《校长·大学·哲学》,西南师范大学出版社 2016 年版,第 114 页。

⑥　王春梅:《学术生态亟待重构》,《高教发展与评估》2019 年第 1 期。

（二）大学教师"五唯"学术评价的成因

高校"五唯"正是"唯外部评价"的集中体现，已被证明极其错误及有害。扭转学术评价的"五唯"现象，方向之一便是强化内在评价，实现外部评价与内在评价有机结合。事实上，在理论预设以及实践工作上，当前中国的各种学术评价基本上综合了两种评价方式，赋予同行专家的主观能动性。可是，学术评价的最终结果往往走向"五唯"倾向的"唯外部评价"。例如，各级各类人才工程入选都有专家进行学术评价，体现外部评价与内在评价的结合，但梁莹事件的出现说明学术共同体的作用在某些时候仍然"形同虚设"。因此，在寻找治理"五唯"的路径之前，我们不得不思考，外部评价与内在评价相结合的学术评价制度，在实际运作过程中为何一步一步滑入"五唯"倾向的"唯外部评价"。

一方面，内在评价成本较高，加上专家的学术公信力缺乏，最后在"行政化评价"[①]之下选择数字业绩面前人人平等。学术评价最初也属于内在评价或者说同行评价，在人才推荐等方面产生了较大作用。例如，蔡元培主政北京大学时，聘任没有大学文凭的陈独秀出任文科学长、聘任"清末怪杰"保守派人物辜鸿铭担任教授、聘任只有中学文凭的梁漱溟以及当时名气不大的胡适担任教授、招录数学成绩考试为零分的罗家伦进入北大读书，等等，就属于纯粹以才识本身作为尺度的内在评价。随着研究队伍的不断壮大、学术评价的广泛应用，要让同行专家对相应领域的评价对象从学术水平、科研态度、社会贡献等方面直接考量，在许多情况下是不太现实的。从而，在各种人才工程、项目评比、职称评聘等学术评价活动中，尽可能利用可量化、可比较的外部评价，甚至无法体现学科之间的"差异性"[②]。例如，每年一度的长江学者评审，要让评审专家在短时间内再次鉴定申报者成果本身的学术水平及其学术品性，不仅在时间上不允许，而且在学术观点上亦见仁见智，从而需要重点参考刊物、出版社、课题、奖项等成果外显的级别及其数量。尽管可能会出现某位专家对某位申报者的学术水平表示怀疑，但是，学术评价的内在标准缺乏可操作性，在那种环境下专家们一般拿不出确切的证据。如果还有其他专家在帮助这位申报者说话，那么专家们的学术争议达不成任何共识。最后，评审结论只

---

① 陈尧：《行政化评价：我国哲学社会科学学术评价的误区》，《中国社会科学评价》2019年第4期。

② 钱革：《在学术评价中突出人文社会科学的差异性》，《社会科学报》2016年6月2日。

能依据成果外在的业绩表现，使得学术评价活动演变成数字叠加与比较的"唯外部评价"。

另一方面，评价与激励体制导致高校及其教师的数字业绩崇拜，非学术性欲求不断膨胀，专业的学术评价成为一种"游戏规则"[1]，出现"行政力量的主导和学术力量的屈从"[2]，这是"五唯"得以滋生并且扩展开来的深层次原因。在政府管理的视域下，中国高校的办学业绩，体现在各种各样的学术平台提升、计划项目入选、专项经费增加等方面，而其中不少方面无论在申报环节还是验收环节，都需要高层次的奖项、课题、论著、人才项目等来支撑。教师是高校建设与发展的主体，高校的各项任务最终要由教师来完成。[3] 为了在激烈的竞争中脱颖而出，高校不仅通过职称评聘、教师考评等环节强化外部评价，而且在业绩奖励、教师薪酬、荣誉称号等许多方面进一步刺激广大教师追求数字业绩。例如，国内许多高校出台针对科研业绩的奖励文件，所有的学术业绩都能外化为一个数字，并且明码标价，从而使得大学教师在为数字而奋斗。在立竿见影的短期效益面前，教学育人中心地位的旁落就不难理解，甚至高校对数字业绩"功勋教师"疏于管理也就不足为奇。这正如有文指出的，"五唯"问题产生的根源，在于审计文化下的数字崇拜。[4]

二　构建"多维"的大学教师学术评价

清理"五唯"的专项行动，并不意味着我们在学术评价活动中不再关注论文、职称、学历、奖项、帽子等内容，而是不要把这些内容作为唯一乃至最后的决定因素，尤其不宜将这些内容折换成分值来进行排名与较量，步入"唯外部评价"的泥潭。但是，在理顺"五唯"出现的原因后，我们会发现，"五唯"专项整治是一个系统工程，除了要在各部门各单位的评价指标、文件方案中清理外，更需要从以下方面出发以实现标本兼治，实现大学教师学术评价从"五唯"到"五维"乃至"多维"，为大学教师学术创业营造良好的学术环境。

---

① 陈平原：《大学新语》，北京大学出版社 2016 年版，第 73 页。

② 沈红、林桢栋：《大学教师评价的主客体关系及其平衡》，《中国高教研究》2019 年第 6 期。

③ 详见付八军《创业型大学教师评价的双轨制》，《高教探索》2019 年第 5 期。

④ 操太圣：《"五唯"问题：高校教师评价的后果、根源及解困路向》，《大学教育科学》2019 年第 1 期。

（一）在增强高校法人实体地位的基础上推动学术生产模式的转换

当前，学界将"以学术论文论英雄"[1]、崇尚学以致知、理论至上的传统知识生产模式称为知识生产模式Ⅰ，而将"以转化实绩论英雄"[2]、崇尚学以致用、服务至上的现代知识生产模式称为知识生产模式Ⅱ。从世界高等教育变革的趋势看，现代大学的知识生产观已经实现从模式Ⅰ到模式Ⅱ的转变，麻省理工学院、斯坦福大学等就是这场学术革命的成功典范。我国近年启动的"双一流"建设，如果仍然遵循知识生产模式Ⅰ，势必加剧高校"五唯"的数字业绩崇拜。只有推动知识生产模式转换，鼓励一批具有行业特色的研究型大学，注重学术成果转化，强调知识服务社会，在此方向下推进基础研究，才能让"双一流"建设走出"五唯"的窠臼，迎来高等教育改革与发展的春天。事实上，无论国家层面还是高校层面，均有类似的政策文件。例如，2018年7月出台的《关于深化项目评审、人才评价、机构评估改革的意见》，从基础前沿、社会公益、应用技术开发和成果转化等角度提出分类评价的指导思想。又如，近年湖北省的教师职称评定方案、广东省《关于进一步改革科技人员职称评价的若干意见》等都在降低论文在职称评定中的分量，强化教学育人、成果转化和社会服务等实际贡献。[3] 但是，推动知识生产模式的转换，让高校能够面向社会面向市场依法自主办学，形成"管理自主化、办学风格多样化及经费筹措市场化"[4]，需要高校具备真正的法人实体地位。这就意味着，我们要在《高等教育法》等法律法规以及相应政策文件的指引下继续扩大高校办学自主权[5]，逐渐推动高校在办学定位的自我选择中实现知识生产模式的转换。

（二）在做好"放管服"的基础上减少政府层面短期学术行为诱导

政府管理高校的模式随着社会的变革而与时俱进，当前已经从行政指

---

①　邢志忠：《发表还是发臭——大科学家投稿的尴尬》，《自然杂志》2012年第4期。

②　夏宝龙：《立德树人要成为高校立身之本》，《浙江日报》2017年2月22日。

③　李广海：《理性的平衡：高校学术评价制度变革的逻辑及操作指向》，《教育研究》2017年第8期。

④　马陆亭：《高等学校的分层与管理》，广东教育出版社2004年版，第149页。

⑤　杨德广：《从农民儿子到大学校长：我的教育人生》，上海交通大学出版社2009年版，第276页。

令转向"以资源竞争为主导"①的调控阶段。例如,"双一流"建设、各种人才工程、项目竞争、基地申报等,均体现以资源竞争作为主导的调控模式。由于中国高等教育条块分割的管理体制未能从根本上改变,使得这种以获取资源为主的高校竞争异常激烈,甚至成为国内不少高校办学的行动指南。为了引领高校选准定位,办出特色,强化人才培养使命,增强社会服务能力,我们不仅要做好清理"五唯"的专项行动,还要优化与统合各种工程、计划、项目等的申报,弱化高校对于短期学术行为的功利性追求。日本能够在基础研究、应用研究均做出重大贡献,源于该国的学术评价体系为其提供了保障与支持。例如,日本的学术评价体系不断完善,近年明确提出"禁止短期学术行为的诱导",通过推进元评价引导大学和研究机构培养和支援研究者,鼓励其从事挑战性研究。② 中国高等教育的变革与发展,需要借助"放管服"改革的东风,减少政府层面短期学术行为的诱导。例如,李醒民教授在课题管理改革问题上提出,采取"事先收购制"和"诚信资助制",替代现行的事先申请制,③ 不失为减少政府短期学术行为诱导的有效举措之一。事实上,只有政府赋予高校更多更大的自由空间④,高校才能够在学术评价与师资管理中,确立"为中材制定规则,为天才预留空间"的原则。

(三) 在不断提升教师待遇的基础上淡化高校层面额外的学术奖励

大学教师追求数字化的学术业绩,每年一度的学术奖励起了推波助澜的作用。大学教师的科学研究活动,是教师晋升职称、完成项目、获得学界认同乃至申报高层次人才项目的基本途径,间接体现物质回报。如果再次通过重奖刺激大学教师开展科学研究,势必导致科学研究的数字化、功利化乃至腐化变质。但是,我国高校教师收入的主要差距,不是现在职称的层级上,而是体现在科研的额外收入与社会活动上。为了解决这个矛盾,大学教师的薪酬要由"暗补"转为"明补"⑤,淡化高校层面额外的

① 刘耀明、翁伟斌:《结构二重性理论视野下超大型城市义务教育发展逻辑——以上海为例》,《当代教育科学》2018年第1期。该文认为,义务教育阶段的发展逻辑,要以资源竞争为主转向以分享为主、以竞争为辅。

② 范玉梅:《日本学术评价体系质的转变》,《北京科技大学学报》(社会科学版) 2017年第2期。

③ 李醒民:《破除"四唯主义"刻不容缓》,《自然辩证法通讯》2017年第1期。

④ 熊庆年:《对落实高校办学自主权的再认识》,《复旦教育论坛》2004年第1期。

⑤ 陈平原:《大学新语》,北京大学出版社2016年版,第50页。

学术奖励,从基本保障与激励提升两个层面不断提升教师的待遇。一方面,提高不同职称层级教师的岗位津贴,尽可能让更多的大学教师不再为基本的物质生活而发愁;另一方面,对于那些科研能力卓越或者深受学生喜欢的教授,可以采用年薪制或者聘为学校的终身教授,在享受较高的稳定收入基础上安心从事教学育人与科学研究。这种改革可以减少大量非学术性①或者伪学术性②的人际交往与社会活动,增加大学教师真正自由开展学术探讨与交流的时间,让教师安心做他们认为最值得做的科研,而不再为了提高数字业绩以获得更高的收益。民国时期大学教师的收入虽然会因不同阶段不同高校不同层级有较大差异,但是,在社会处于相对安定状态时,其收入在社会各种职业中相对较高且规范。③ 当前国富民强的新中国已经进入世界第二大经济体,比民国政府更有条件逐渐提高教师的基础性待遇。

(四) 在坚持创造性与价值性的基础上倡导学术成果的多元化标准

学术专著在早期是衡量研究人员科研业绩的重要指标,后来论文替代专著成为学术业绩的基础性成果,进一步演化为"唯论文"的学术评价倾向。事实上,仅仅采用"唯论文"④ 或者"论文重数量不重质量"的说法,都不能准确描绘当前高校学术评价的现状。在不少高校将刊物分为至少五个层次的背景下,最为准确的说法应该是"唯刊物层次",省级期刊乃至一般核心期刊的论文都不纳入学术业绩奖励范围。刊物的过度分级以及天壤之别的区别对待,都是外部评价的制度产物,也进一步强化了外部评价,而且造成触目惊心的学术腐败⑤,例如 2017 年查处的《求索》杂志乌东峰案。从外部评价转向内在评价,我们就应该淡化刊物的过度分

---

① 陈丽伶、张秀梅:《远程教育非学术性学习支持服务现状个案研究》,《现代教育技术》2007 年第 2 期。该文指出:学习支持服务包括学术性和非学术性两个方面,学术性学习支持服务注重认知、智力、知识等方面的支持,非学术性学习支持服务偏重于情感和管理方面的支持。在学术交流活动中,同样存在学术性和非学术性两个方面。

② 有些交流与研讨,例如学术会议,虽然可以纳入学术性活动,但不少学术会议华而不实、流于形式,可以称之为伪学术性或者说仿真学术式的人际交往与社会活动。详见董云川、李保玉《仿真学术:一流大学内涵式发展的陷阱》,《江苏高教》2018 年第 8 期。

③ 夏兰:《民国时期现代大学制度演变研究》,博士学位论文,复旦大学,2012 年。

④ 刘立:《破除"唯论文"痼疾的现实路径》,《中国科学报》2018 年 10 月 29 日。

⑤ 葛剑雄:《学术腐败、学术失范与学风不正:探究与思考》,2010 年第 2 期。该文指出,"近年来,学术腐败日益严重,已经发展到令人触目惊心的地步。而学术失范与学风不正也泛滥成灾,范围之广前所未有"。这是十年以前的评价,可见学术不正之风已经积重难返,需要从评价体制等根本制度上予以解决。

级，同时坚持学术成果的多元化标准。例如，在业绩类型上，教师可以选择论文、专著等基础性成果，不一定非得拥有纵向课题等扩展性成果才能晋升职称等；在论文评价上，不应先入为主地将文章质量按其所载等级区别对待，而是根据论文本身的质量与价值来衡量，甚至正如教育部科技发展中心主任李志民所言："鼓励中国科研人员将研究成果第一时间在网上发表，改变目前唯期刊高大上的导向。"① 为探索与鼓励人文社科研究成果呈现方式的多元化，浙江大学甚至允许优秀网络文化成果、小说等大众作品等同传统的高层次期刊论文。

（五）在社会实践验证的基础上确认大学教师不同类型的荣誉称号

"五唯"倾向的外部评价在高层次人才项目②竞争中体现得最为明显，矛盾也最为突出。例如，那些不愿意在学生身上花时间的大学教师居然因为外显的学术业绩突出而被推荐为省级、国家级优秀教师，这些都是"五唯"导向下的歪果。设置人才"帽子"③，不仅必要而且重要。这不仅是对功勋科研工作者实至名归的一种奖励，也是对广大科研工作者积极正向的一种激励。但是，当抢"帽子"变成科研工作者最终的奋斗目标之际，当科研工作者对照数字业绩目标就有可能抢到"帽子"之际，我们的"帽子"工程就偏离最初的设计轨道。人才"帽子"应该更多属于荣誉称号，而且由于科学研究成果验证的滞后性，"试玉要烧三日满，辨材须待七年期"，我们应该尽量像诺贝尔奖的评选一样，"明确评价本身的价值与目的"④，让更多的重大奖项、人才称号在更长时间内经历千锤百炼并被社会实践验证，然后在同行、单位或者区域等推荐下，再来根据外部评价与内在评价相结合等方式以及相应程序予以确认。当前信息技术发达，科研成果随时随地可查，并不需要教师反复填表到处求人。当大学教师能够安心于教学与科研本职工作，做出重大贡献还能获得意外惊喜时，"四唯""五唯"等不科学不合理的现象就会自然淡出，"唯外部评价"就会真正转化为"外部评价"与"内在评价"相结合。

---

① 李志民：《学术评价出了问题》，《博览群书》2017 年第 10 期。

② 中国学术评价与人才评价陷入项目化的泥潭，导致项目已经由手段上升为目的。详见陈廷柱《警惕高等教育质量项目化》，《大学教育科学》2019 年第 5 期。

③ 刘益东：《代表作、学术招牌与前沿学者：精简人才"帽子"的利器》，《中国社会科学报》2019 年 3 月 19 日。

④ 叶赋桂：《教育评价的浮华与贫困》，《清华大学教育研究》2019 年第 1 期。

三 推进大学教师学术创业的基本路径

只有破除大学教师"五唯"学术评价机制，那些勇于创新的传统院校才有可能真正选择并迈入创业型大学轨道，大学教师才有可能响应国家号召延长学术生产链条从而走上学术创业的道路。但是，正如前文分析指出，学术资本主义是一把双刃剑，利用得当可以加快教学科研的发展，利用不当则严重影响高等教育质量与声誉。① 因此，中国大学教师学术创业的文化塑造要由"鼓励"走向"鼓励+规范"。同时，该种价值向度的推进路径远非大学及其教师所能如愿，需要包括政府在内的多方主体协同攻关。不同主体所处层面不同，攻关内容不同，发挥作用不同。基于中国国情，政府在其中起先导作用。② 政府大力推行的学术创业政策在高校组织层面之所以显得"冷淡甚至暗地遭到抵制"，原因正在于政府评估与管理高校的体制、标准乃至手段没有发生根本变化。要让学术创业的"鼓励"政策落在实处，需要从政府深化教育体制改革入手，首先解开高校受制政府单一业绩观、质量观与办学观的栅锁，以便迎来高校勇于探索与创新、追求多元与特色发展的新格局。此后，高校在其中起关键作用，"高等院校是国家研发产出最重要的源头之一"③。例如，国家鼓励学术创业并不意味着每所高校必须无条件地发动本校教师开展学术创业，从而出现某些高校仍以传统的人才培养与科学研究作为学术志趣，而某些高校则以学术创业作为新增使命与办学定位，甚至走上与斯坦福、麻省理工等类似的创业型大学道路的局面；同时，根据学术创业的不同类型制定不同的学术创业政策，塑造国家期望、社会需要与学术繁荣的"鼓励+规范"创业文化，体现不同高校学术创业的深浅程度、重点领域与远景规划，需要且只能由高校组织自己做主。最后，作为学术创业的履行者与责任人，大学教师在其中起决定作用。④ 无论高校在学术创业政策上采取什么样的激励机

---

① 易红郡：《学术资本主义：世界高等教育发展的新理念》，《教育与经济》2010 年第 3 期。

② 魏红梅：《高校教师创业制度环境分析——基于制度环境三维度框架的视角》，《教育发展研究》2015 年第 17 期。

③ 美国商务部创新创业办公室：《创建创新创业型大学：来自美国商务部的报告》，赵中建、卓泽林译，上海科技教育出版社 2016 年版，第 33 页。该书介绍了美国阿肯色浸礼会学院、亚拉巴马州立大学、南加利福尼亚大学等 11 所高校的创业、创新和研究商业化，充分体现学术创业已经成为美国高校的战略选择之一。

④ 付八军：《论大学转型与教师转型》，《教育研究》2017 年第 4 期。

制与扶持措施，如果该所高校的教师缺乏创业热情或者创业能力，那么学术创业在该高校也难以真正启动或者达不到反哺学术发展、推动社会进步的作用。可见，中国高校"鼓励+规范"的学术创业文化，其推进路径是一个系统工程，从供给侧端①而言，需要以下三个层面、三大主体、三个步骤协同攻关。

（一）在宏观层面上，深化教育体制改革，加快高等学校的特色发展

国家在高等教育领域鼓励学术创业，就如同在基础教育领域倡导"减负"一样，政策文件不断推出，但教育实践依然如故，甚至与政府预期背道而驰。②究其原因，在于中国教育改革进入"深水区"③与"瓶颈期"，若不在教育体制改革方面有所突破，则凡是与教育体制相冲突或者受其制约的各种改革都将无法顺利实现。例如，当前国家一方面鼓励大学教师积极推动学术成果转化、参与社会服务活动，提高高等教育的社会贡献率，但另一方面，现有高等教育管理体制不仅规约高校以传统的学术业绩作为办学追求，而且不利于高校在办学定位、运行机制等超越理念层面的教育实践上进行实质性的探索与创新，从而使得大学教师学术创业的"国家呼声"难以落实到高校既定的发展轨道或者说管理体制中。中国特色的现代大学制度可以解释中国教育体制改革的现状、成绩乃至困惑，也可以指引中国教育体制改革朝着国际标准与中国特色的交汇点迈进，但是绝对不能以"中国特色"遮蔽或者回避教育体制改革的核心问题，④那就是高校办学的自主性、能动性与积极性。"管得过多、统得过死"的传统教育体制只能导致全国高校整齐划一、千篇一律，表面上呈现出来的多元化高等教育系统实际上只是高校的不同发展层次而不是办学类型，更不可能出现大部分高校坚守"学以致知"的传统理念而少数高校特立独行地弘扬与推行"学以致用"的教育宗旨。事实上，自20世纪80年代以来，中国一直在进行高等教育管理体制改革，并且取得一定成绩，但是尚未实

---

① 吴敬琏、厉以宁、郑永年等：《读懂供给侧改革》，中信出版社2016年版，第37—42页。

② 顾明远：《中国教育路在何方》，人民教育出版社2016年版2017年重印，第96页。

③ 胡建华：《步入深水区：高等教育改革的两难问题》，《江苏高教》2015年第2期。

④ 王冀生：《建立有中国特色的现代大学制度——攻坚阶段我国高等教育体制改革的重点》，《高教探索》2000年第1期。

现根本性突破或者方向性转变。① "深化教育体制改革，千难万难也得攻坚克难"②，这是大学教师学术创业政策顺利推进的必由之路。只有通过深化教育体制改革，破除"唯论文、唯职称、唯学历、唯奖项、唯帽子"等"五唯""六唯"乃至"七唯"等"唯外部评价"的生存土壤，在法治框架里赋予高校充分的办学自主权，鼓励并在资源配置上保证高校可以选择不同的发展道路，实现大学治理与学术评价从"多唯（唯一）"到"多维（维度）"的转变，才可能让部分高校在履行人才培养、科学研究等传统学术职责的基础上，延长学术生产链条，肩负学术创业、服务经济社会发展的历史使命。

（二）在中观层面上，以高等学校为主体，推进学术创业的分类管理

在打开自主办学、特色发展的大门之后，某些高校若要顺应国家的学术创业政策，必须出台"鼓励+规范"的具体实施方案，以保证"商业模式与教育任务的优先事项相一致"③。由于学术创业的类型多种多样，其对于人才培养、科学研究的反哺作用不尽一致，对于大学教师时间与精力的挤占程度不尽一致，甚至对于社会经济发展的贡献力度亦不尽一致，从而高校需要针对不同类型的学术创业推行不同的"鼓励+规范"方案。从"鼓励"的角度而言，不同高校可以依据自身的发展现状与办学定位采取不同的"鼓励"政策。例如，南京理工大学规定教师的创业经历可以用来评职称；④ 浙江农林大学定位于创业型大学，教师的学术创业业绩不仅可以用来评职称，还能像科研成果一样获得奖励。⑤ 从"规范"的角度而言，这是当前中国高校学术创业理论与实践的薄弱点、关键点乃至紧迫任务。规范大学教师学术创业，主要是推进学术创业的分类管理。⑥ 首先，大学教师的学术创业可以分为在岗创业与离岗创业。政府允许大学教师在

---

① 别敦荣：《必须进一步扩大高校办学自主权——我国高等教育发展 70 年的经验》，《教育发展研究》2019 年第 13/14 期。

② 邓友超：《深化教育体制改革重在抓落实、见实效》，《教育研究》2018 年第 9 期。

③ Stewart E. Sutin, "Reforming higher education from within: Lessons learned from other mature sectors of the economy", *International Journal of Educational Development*, 2018, 58 (1).

④ 韦铭、葛玲玲：《南京理工大学：教师创业经历可用来评职称》，《人才资源开发》2012 年第 1 期。

⑤ 刘志坤：《学术创业的探索与实践》，载付八军《纵论创业型大学建设》，浙江工商大学出版社 2014 年版，第 81—87 页。

⑥ 唐丽萍、梁丽：《美国大学教师兼职活动的规范及其启示》，《高等教育研究》2015 年第 6 期。

岗创办企业，并不意味所有大学教师都可以在岗创办实体，而只是为某些高校鼓励相应教师在岗创业提供政策依据，至于具体适用情况则应该交由高校自己决定。从原则上而言，对于活动时间与精力要求非常高的实体创办，应该在保障教师相应权益的基础上鼓励教师选择离岗创业。[①] 其次，大学教师的在岗创业可以分为鼓励型、限制型与禁止型三类。但是，这三种类型各自包括哪些形式的学术创业，鼓励、限制或者禁止到何种程度，则由各个高校依据办学定位与实际情况来确定。从原则上讲，专利转让、产业合同研究、公益性讲座等学术创业活动可以纳入鼓励型，只要在保证教学育人岗位职责优先履行的前提下，这些创业活动对大学教师教学与科研行为带来的利益冲突、责任冲突相对较少，协调得当反而相得益彰；技术入股、顾问咨询、商业性讲座等学术创业活动可以纳入限制型而非禁止型，这些创业活动需要教师投入较多的非学术性或者重复性劳作，容易与既定的教学科研任务形成利益冲突、责任冲突；校外长期兼课、与其他单位签订聘用合同、举办各种营利性的教育培训班等学术创业活动可以纳入禁止型，这些创业活动无益于大学教师岗位职责的履行，亦无益于社会经济文化活动的健康发展，高校应该鼓励类似教师选择离岗甚至离职创业。最后，大学教师受到限制的在岗创业可以分为报备型与报批型两类。从原则上讲，对于那些商业色彩不明显或者所耗时间较短且可测量，同时与教师岗位职责不存在明显冲突的限制性在岗创业可以纳入报备型，只需要二级学院登记以备查，例如不承担经营与管理角色的技术入股、在政府部门担任顾问、一次性且不占用学校资源的商业性讲座等；对于那些商业色彩明显或者所耗时间较长且不可测量，同时与教师岗位职责存在明显冲突的限制型在岗创业可以纳入报批型，需要学校层面予以审批，例如承担经营与管理角色的技术入股、在非政府部门担任顾问、长期或者占用学校资源的商业性讲座等。

（三）在微观层面上，完善教师评价机制，强化大学教师的学术贡献

教师是高校人才培养、科学研究与学术创业等各项任务的具体履行者，高等教育的改革与发展最终落脚在大学教师身上。[②] 无论国家层面的

---

① 顾训明：《网民对高校教师离岗创业的政策认知和态度倾向——基于 424 条网络帖子的内容分析》，《宁夏大学学报》（人文社会科学版）2016 年第 5 期。

② 参阅眭依凡《大学校长的教育理念与治校》，人民教育出版社 2006 年版，第 232—246 页。

高等教育体制改革，还是高校层面的学术创业分类管理，都要着眼于大学教师的培养、转型与发展。达此目标的最佳路径乃至唯一路径，便是科学有效的大学教师评价机制。① 当前国内高校教师普遍对学术创业热情不高，并非教师不关心国家相关鼓励政策，而是现有评价机制不利于教师迈出学术创业的步伐。例如，作为学术创业探索者与先行者的国内一批自我定位的创业型大学，由于继续坚持甚至强化传统的学术评价机制，校本学术文化整体上仍然停留在过去的"唯论文、唯奖项、唯课题"等传统学术业绩中，从而使得学术创业政策无法转化为教师的行动指南。吸取国内创业型大学学术创业失败的教训，在突破传统教育体制的藩篱，进而制定"鼓励+规范"的分类管理方案之后，选择以学术创业作为办学特色的国内高校需要完善学术评价机制，改变以传统学术业绩论英雄且采用一套标准评价一切教师的原有做法，确立大学教师的分类评价以及针对应用研究类教师强调"以转化实绩论英雄"的评价机制，强化大学教师的学术贡献而不是学术业绩。② 与此同时，为推动该种评价机制以及价值预期的实现，高校要从激励与调动大学教师的积极性出发，让利于师，将学术创业的收益更多地直接归于教师而不是高校。对此，国内创业型大学同样有过失败的教训。例如，国内不少选择创业型大学道路的地方公办普通本科院校，不顾国情与校情将学术创业作为学校快速解决办学经费短缺的战略举措，使得过于功利导向的教师评价机制不仅没有为学校拓宽经费渠道，而且未能有效指引大学教师的学术创业。③ 国家与高校鼓励的学术创业，应该是将处于沉潜状态的学术成果转化为现实的生产力，推动人类社会进步与科技经济发展，这是"中国大学服务国家战略、加快自身发展的有效手段"④。之所以要实现知识生产与知识应用由过去的隔离状态转变成融合状态，让大学教师在教育者、研究者与知识分子三重传统角色中增加知识推广与应用者的角色，重要原因之一在于离开学术成果生产者的配合乃至主动推进，学术成果转化的难度往往无限增大周期无限延长。因此，从评价机制角度推进大学教师学术创业，不仅要把教师从传统的学术评价体

---

① 参阅刘尧《教育困境是教育评价惹的祸吗》，学苑出版社 2017 年版，第 142—168 页。

② 付八军：《贡献度：创业型大学教师转型的重要指针》，《大学教育科学》2016 年第 4 期。

③ 详见付八军、龚放《创业型大学本土化的实践误区》，《江苏高教》2019 年第 1 期。

④ 殷朝晖、李瑞君：《大学教师学术创业的角色冲突及其调适策略》，《江苏高教》2017 第 4 期。

系中解救出来，[①] 而且要站在教师立场实现教师利益最大化。例如，麻省理工学院与斯坦福大学在本校教师学术创业方面，较多地站在指导者、帮助者与协调者的立场进行，其学术创业收益主要由学术成果生产者享有，高校并没有以此作为直接的重要收入渠道。放眼未来，中国大学教师学术创业之路漫长，但 MIT、斯坦福式的大学范式必定是中国高等教育变革的重要走向之一。

　　总之，大学教师学术创业兼具必然性与必要性，同时其带来的文化冲突并非无法调和，是服务社会经济发展、增强高校办学活力的时代选择。依循"鼓励+规范"的价值取向推动中国大学教师学术创业，需要包括政府在内的多方主体协同攻关。从供给侧端而言，政府的管理体制改革是突破口，高校的学术创业分类管理是关键点，大学教师的学术贡献而非学术业绩追求是落脚点。至于大学教师学术创业的实践状况以及具体的学术创业政策研制，有待后续两部分内容深入具体地阐述。

---

① 叶赋桂：《教育评价的浮华与贫困》，《清华大学教育研究》2019 年第 1 期。

第二部分　实践篇

第三章 研究型大学教师学术创业的探索与实践

学术创业是基于科学研究与学术成果的创业，所以研究型大学要比教学型院校更容易推进学术创业。这就可以理解，国内一批学者认为创业型大学是研究型大学的更高发展阶段，只有研究型大学才能转型为创业型大学。[①] 暂且不论这个观点是否正确，至少从总体上而言，研究型大学确实具有更高深的学术积累，更前沿的科技成果，更有利于延长知识生产链，从而实现成果转移转化。从学界研究现状来看，探讨高校学术创业亦主要针对研究型大学。鉴于此，本章基于国内外研究型大学学术创业的实践现状，梳理研究型大学教师学术创业的主要方式、推进路径以及基本特征，同时开展研究型大学产学研合作专题研究，为更加深入的理论研究与更加适切的政策研制提供更加翔实的实践素材。

第一节 清华大学教师学术创业的案例研究

学术创业日益成为技术发展和经济增长的重要引擎，学界在大学到产业的知识转移（U-I）研究也取得了丰硕成果，但是，在学术创业生态系统中，产业到大学（I-U）的反向知识流动却被忽视了。[②] 清华大学等国内若干所研究型大学在这个方面走在全国前列，较好地形成了大学与企业的知识共创互促局面。因此，本书在此主要从狭义的学术创业内涵出发，

[①] 详见付八军《创业型大学研究述评》，《黑龙江高教研究》2012 年第 7 期。

[②] Donghui Meng, Xianjun Li, Ke Rong: Industry-to-university knowledge transfer in ecosystem-based academic entrepreneurship: Case study of automotive dynamics & control group in Tsinghua University, *Technological Forecasting and Social Change*, 2019, 141 (4).

即从大学创办基于其科技成果的新公司出发，在狭义层面呈现国内研究型大学学术创业现状与特征。

一 清华大学学科型公司的主要方式

大学创办基于其科技成果的新公司，学术创业主体不尽相同：一种是以学校为主体创办企业；另一种是以教师为主体创办企业。二者之差异不仅体现在出资来源，还体现在创建公司的方式，以及由此带来的对教师的激励。总体而言，以清华大学为代表的我国研究型大学，其学术创业的发展路径是从以大学为主体创办公司向以教师为主体创办公司转变，主要经历了以下四个阶段。

（一）学校出资创办企业

20 世纪八九十年代，我国一些大学主要是研究型大学，主要以学校全额出资的方式，创办基于学校科技成果转移转化的企业。由于学校是企业唯一的出资主体，也是主要管理者和经营者，这些企业就成为学校创办的企业，简称"校办企业"。清华大学的同方和紫光集团，还有其他研究型大学创办的校办企业，比如北京大学的方正集团、青鸟集团等，都是校办企业中的典型代表。

校办企业是我国高校创办企业的一种特殊方式，对在特殊时期转化科技成果起到了重要的作用。但是，校办企业在发展过程中也逐渐暴露出许多管理上的问题，严重影响了校办企业的发展。随后，在国家政策要求下，我国高校对校办企业进行了改革，最主要的是实现校办企业经营权与所有权相分离。各大学纷纷对校办企业进行合并改制，退出校办产业的经营，改由占股控制。比如，2003 年 12 月，清华大学将清华大学企业集团、清华科技园发展中心和清华紫光集团总公司等企业的资产整合、吸收、合并和改制，设立清华控股有限公司（简称清控）[1]。2006 年 3 月清华控股有限公司顺利完成同方股份、紫光股份、诚志股份三家上市公司股权分置改革工作。

（二）学校投资创办企业

在校办企业改革之后，我国大学主要通过投资的方式创办企业。这种

---

[1] 详见清华控股有限公司简介（https：//www.thholding.com.cn/）。该公司定位于深度参与创新驱动发展战略实施，促进高校科技成果研发转化，同时特别提到，要促进清华大学学科发展，确保国有资产保值增值。

方式的具体做法是，大学主要通过出资入股来创办企业，不再直接负责学术创业公司的经营与管理。前期校办企业创建与改制为学校投资创办企业提供了大量的原始资本和组织平台。一方面，大学通过校办企业积累了大量的资金；另一方面，通过校办企业改制，大学成立了独立的资产经营管理公司或产业投资公司，为投资创办企业奠定了基础。

例如，清华大学通过下属控股公司——清华控股有限公司对基于校内科技成果的创业公司进行投资，主要有两种：一种可以称之为衍生企业，这些企业承担了大学无法通过行政职能来承担的部分职责，比如，山西清创华源清洁能源有限公司（2015），由清华控股100%投资，在管理上，清华大学将其看作是清华大学依托能动系建立的派出院，但在产权上归清华控股公司所有；另一种是直接对教师的成果进行投资，比如，2015年清华控股投资成立了北京华控创为信息技术有限公司；2005年投资成立北京辰安科技股份有限公司，等等。

（三）学校持股创办企业

随着市场的发展，大学学术创业公司的投资主体不断扩展，除了学校投资创办外，逐渐出现由企业、社会投资机构、自然人等投资的主体，甚至对于高校新创立的某些学科性公司，学校已经不再投资或出资，这也是被各大学逐渐接受的原则，尤其是那些没有创建校办企业或者校办企业没有发展起来的大学，基本上已经不再出资或者投资教师的学科性公司。但是，学校依然在学术创业中起到主导作用，主要表现在学校对知识产权作价入股股份的控制上。也就是说，教师创办企业，不管投资主体是谁，都必须经过学校才能创立，而学校知识产权作价的股份由学校统一持股，然后学校内部再进行投资收益分配。例如某大学电气工程学院电机学科团队，学校与一家生产电机的企业合作成立一个新公司，双方达成协议，学校占股25%。学校股份由资产经营公司来运作，代表学校参加公司会；收益分割根据学校政策25%的股份在学校、院系和教师之间分配。

一般而言，学校设有专门的部门或者成立专门的公司代表学校进行持股，同时代表学校监督创业公司的运行与履约。国内研究型大学较多地通过资产经营公司进行持股，清华大学通过清华控股进行持股。清华大学将知识产权作价所获股权全部划转华控技术转移有限公司持有，取得投资收益后按学校政策在学校、院系和教师团队之间进行分配。对于大学投资或者大学持股创办的企业，在我国一些大学中直接称为"学科性公司"。例如，2009 年北京理工大学利用校内教师毛二可院士团队的科研成果，由学校和教师团队共同出资，建立北京理工雷科电子信息技术有限公司（简称理工雷科）；2010 年，利用孙逢春院士团队的科技成果创建北京理工华创电动车技术有限公司（简称理工华创）。这类学术创业公司，均可称为学科性公司或者学科性企业。

（四）教师自己创办企业

在大学积极创办企业的同时，一些教师也通过个人的方式去创办公司以进一步转化自己的科技成果。2015 年之前，教师在岗或者离岗创办企业可谓凤毛麟角。在 2015 年"大众创业，万众创新"的号召发出之后，国家各部委颁发了一系列促进科技成果转化和创新创业的文件，将"创新创业"作为推进科技成果转化的重要方式，"支持和鼓励事业单位专业技术人员兼职创新或者在职创办企业、离岗创新创业"①。在国家政策的肯定和提倡下，越来越多的教师个体创办公司。

教师自己创办企业，主要是采用知识产权作价入股的方式。根据知识产权评估作价，按照出资额占有创业企业的一部分股权。在这种创业方式中，教师直接根据学校政策，占有相应的股份。例如，清华大学规定，"科技成果作价投资所获股权，学校享有 15%，原则上成果完成人所在院系和对完成、转化该项科技成果做出重要贡献的人员分别享有 15% 和70%，其中学校和院系享有的股权由学校统一委托股权管理公司经营管理"②，教师所获得的 70% 股权，直接在教师团队中分配，教师直接进行股份分红，不再需要经过学校委托的股权管理公司管理。2014 年 3 月，清华大学通过清华控股成立了全资子公司——华控技术转移有限公司（简称华控），作为清华大学科技成果转化的平台性公司，代为持有清华大学所占新创公司的股份。

二　清华大学教师学术创业推进路径

无论以高校作为主体的组织创业，还是以教师作为主体的个人创业，

---

① 人力资源社会保障部：《关于支持和鼓励事业单位专业技术人员创新创业的指导意见》，2017 年 3 月 10 日，http://www.mohrss.gov.cn/gkml/zcfg/gfxwj/201703/t20170318_ 268143. html，2019 年 5 月 20 日。

② 清华大学成果与知识产权管理办公室：《清华大学科技成果评估处置和利益分配管理办法》，2016 年 11 月 3 日，http://www.otl.tsinghua.edu.cn/info/mxqy_ cgfb/1138，2019 年 5 月 20 日。

拥有核心技术的大学教师都是学术创业的核心人物。因此，当前包括清华大学在内的国内研究型大学，普遍关注如何鼓励与支持大学教师开展科技成果转移转化。对于这些研究型大学而言，大学教师学术创业的推进路径主要有如下几条。

（一）设立技术转移机构

20世纪80年代末90年代初，各高校纷纷成立技术成果转化机构，积极探索合理有效的运行机制。在过去很长一段时间，支持教师学术创业并不是这些机构的主要职责，因为在20世纪八九十年代，我国高校以知识产权方式转化科技成果的情况非常少，这些机构的主要职能是促进校企校地科技合作（即产学研合作）、进行知识产权申请与保护等。随着我国科技成果转化实践的不断发展，这些机构的存在形式和职能范围也在不断变化。我国研究型大学的技术转移机构由负责科技成果转化的管理职能部门，演变为目前的职能部门模式、公司模式和研究院模式三种基本类型。①职能部门模式是大学建立科技成果转化机构的传统方式，一般是代表学校行使行政权力；公司模式是由学校出资成立技术转移有限公司，名称多为技术有限公司、科技开发总公司、科技园发展有限公司、资产经营有限公司、技术成果转移有限责任公司等，属于经营实体；研究院模式的名称常见为工业技术研究院、工程技术研究院等，其可能是职能部门，也可能是公司，或者是二者的合体。

以清华大学为例，成立于1983年的科技开发部是负责全校科技成果转化的职能部门；1995年成立清华大学与企业合作委员会（简称企合委），作为学校与企业合作的平台窗口纽带，秘书处设在科技开发部；2001年，清华大学成立国际技术转移中心，主要开展国际技术转移、组织和管理国外技术资源与国内产业界对接等业务，挂靠在科技开发部统一管理。2014年科技开发部划入科研院，从处级职能部门变成了科研院的一个部门，负责全校的产学研合作工作。2015年，学校设立了知识产权管理领导小组，统一领导知识产权和科技成果转化工作，同时借鉴国外技术转移办公室（Office of Technology Licensing, OTL）模式，设立了成果与知识产权管理办公室，作为知识产权管理领导小组的执行机构，专门负

---

①　张娟、刘威：《高校技术转移机构的演变过程及发展趋势》，《科技进步与对策》2012年第6期。

责学校科技成果转化工作。[①] 成立的成果与知识产权办公室的英文名称也为 OTL，包括科技奖励、专利管理、技术转移和综合法务四个方面的职能。

清华大学还于 2014 年成立专门负责促进学校科技成果转化及技术转移的技术转移研究院，明确规定技术转移研究院"通过创办企业和技术入股，实现科技成果转化和技术转移"[②]。在 2019 年的综合改革中，清华大学将成果知识产权办公室的知识产权和技术转移职能，以及科研院科技开发部的技术转让合同管理职能，划入技术转移研究院。成果与知识产权管理办公室保留其科技成果管理与知识产权保护职能，划归到科研院下，并更名为科技成果与奖励办公室。清华大学技术转移研究院与大学传统的产学研合作部门分开，在业务内容上，专门进行知识产权许可转让，通过设立战略性投资基金、建设重点领域创新中心、提供知识产权、法律等专业服务，建立专业的成果转化与技术转移服务体系；在业务性质上，不是进行传统校级职能部门的行政管理，而是从事知识产权和学术创业相关的运营工作。

与清华大学不同，我国其他某些高校的技术转移机构更加呈现市场运营的特征，甚至在积极探索公司化的运行模式。例如，北京理工大学成立了大学技术转移公司，通过市场化的手段转移转化科技成果。北京理工大学在 2016 年初成立技术转移中心，同时注册了北京理工技术转移有限公司作为其市场化运行平台。中心和公司"一套人马、两块牌子"，由技术转移中心副主任兼公司总经理。[③] 中心是学校科技成果转移转化的归口管理部门（独立建制的二级部门），主要履行科技成果转让、许可和作价入股审批和报批等职能，技术转移公司作为学校的全资公司，是技术转移中心的市场化运营平台，重点负责搭建市场化的技术转移体系机构（如负责技术转移分中心的运营等），组织学校创新资源与市场进行有效对接，搭建各种转化平台，如引进社会资本、设立转化基金等。"在运行机制上，将成果转化收益的 10% 作为部门经费，包括人员工资在内，均不再

---

① 王玉柱、张友生、王燕：《清华大学科技成果转化和知识产权管理实践》，《北京教育》2018 年第 5 期。

② 清华大学技术转移研究院网站，http：//ott. tsinghua. edu. cn/index. htm，2019 年 6 月 20 日。

③ 北京理工大学：《北京理工大学技术转移中心简介》，2017 年 5 月 25 日，http：//ttc. bit. edu. cn/zxgk/zxjj/101470. htm，2020 年 5 月 10 日。

单独拨付其他经费。"①

（二）建设大学科技园

20 世纪 90 年代，我国大学相继成立了大学科技园。大学科技园曾经在我国高校的学术创业中发挥了重要作用，尤其在校办企业时期。可以说，我国大学科技园和校办企业是同步发展起来的，甚至可以说，正是校办企业的发展直接促成了大学科技园的建设——随着校办企业的扩张及数量增多，大学科技园的建设直接来自解决校办企业办公场所的需求，同时，科技园为校办企业提供一系列服务，包括直接的经营和管理。科技园成为大学学术创业的孵化器，为学术创业提供场所、资金、服务和资源等。

1994 年清华大学启动科技园建设，并成立清华科技园发展中心负责管理和运营。2000 年 7 月启迪控股股份有限公司（简称启迪控股）成立，清华科技园（TusPark）划归启迪控股管理，即启迪控股成为清华科技园开发建设与运营管理单位。"启迪控股是一家依托清华大学设立的聚焦科技服务领域的科技投资控股集团，旗下业务板块除了清华科技园之外，还有启迪孵化器、启迪科技园、启迪科技城等"②。启迪控股已经演变成以清华科技园为本部，辐射全国的科技孵化和投资集团。

虽然诸多大学科技园以独立法人运行，根据国家相关要求，一些高校的校办企业也逐渐从学校剥离，成立独立法人的国有资产公司，但是，大学科技园的发展对大学学术创业还是起到积极作用。这些积极作用，主要表现在以下几个方面：第一，在特殊的历史时期，直接促进了校办企业创立和发展；第二，大学科技园发展而来的创业投资和产业孵化功能，在一定程度上促进与帮助了大学教师的学术创业；第三，大学科技园集聚了大量的科技公司、孵化器、金融投资、科技中介公司等形成的产业集聚群，为转化大学科技成果、促进教师学术创业起到了重要作用。

（三）设立创业投资基金

随着高校学术创业的纵深推进，国内不少研究型大学还成立了创业投资基金或公司来投资教师的科技成果，这些投资基金也慢慢从以学校出资

---

① 付丽丽：《专业机构：让技术转移事半功倍——科技成果转化一线调查（三）》，《科技日报》2018 年 5 月 18 日。

② 详见启迪控股（http：//www.tusholdings.com/）。启迪控股是一家依托清华大学设立的聚焦科技服务领域的科技投资控股集团，是清华科技园开发建设与运营管理单位，是首批国家现代服务业示范单位。

为主转向与社会机构合作建立。当前，清华大学的创业投资基金可以分为两类：一是清华控股下设的各类投资基金，比如，清华控股下的启迪控股有限公司（设有启迪孵化器）、荷塘创业投资管理（北京）有限公司（简称荷塘创投，原名"启迪创投"）、清控创业投资有限公司等下属公司发起的各种投资基金，投资于科技创业公司。虽然这些基金面向全社会进行投资，但是清华大学的技术成果是其重要的投资对象；二是学校与外部机构合作发起的投资基金，比如，清华大学技术转移研究院和清华控股合作，发起设立了5亿元的"荷塘探索基金"和25亿元的"荷塘创新基金"，专门用于投资清华大学校内的科技成果。

（四）设立地方产业技术研究院

1996年底清华大学与深圳市政府共建的深圳清华大学研究院是我国最早的新型研发机构。由于其在文化、内容、目标和机制等方面与传统研究机构不同，即"四不像"，所以也被称为新型研发机构。借鉴清华大学深圳研究院的模式，我国一大批高校也与地方政府合作建立这种整合高校资源、面向地方产业发展服务、实行自收自支、以企业化方式运作的事业单位。新型研发机构集多种功能为一体，至少有以下5种功能：（1）研发功能，主要面向地方产业需求，开展应用研究；（2）项目对接或引进，搭建大学基础研究成果与产业需求之间的桥梁，引进大学的科研成果到当地投产；（3）创业投资，成立创投基金，对基于科技成果建立起来的新创公司进行投资；（4）企业孵化，普遍设有孵化器，为新创公司提供办公场地以及各种服务；（5）资源对接，为新创公司提供连接外部资源、利用和争取地方政府政策支持等方面的支持和帮助。高校主导建设新型研发机构的主要运作业务包括创新载体建设、研究中心及团队建设、行业关键技术研发及转化、企业孵化与服务、智库建设和人才培养这六个方面。[1] 这种新型研发机构很好地整合了学校的优势和地方政府的需求：一方面，帮助高校科研跨越了从基础研究到商业化的"死亡之谷"，转化了高校的科技成果；另一方面，通过解决地方产业技术问题、创建高科技公司等方式，服务并促进了地方经济社会的发展，成为备受提倡的一种产学研合作方式，同时也是高校教师进行学术创业的有效平台。

---

① 赵剑冬、戴青云：《高校主导建设的新型研发机构运作管理模式》，《中国高校科技》2017年第12期。

从 1996 年开始，清华大学在京津冀、长三角、珠三角等经济活跃地区，相继建立 7 个地方性产业研究院，清华大学校内称之为"地方研究院"，简称地方院，这些研究院由清华大学和地方政府共同举办，属于设在地方的事业单位独立法人，虽然在业务上与清华大学存在联系，但是主要依托地方政府进行管理，在与校内紧密联系、转化成果等方面存在一定问题。从 2011 年开始，清华大学开始依托所属院系等二级实体机构，与地方政府合作成立新型产业研究院。和地方院相比，虽然这些新型研发机构也是与地方政府合作、设在地方的独立事业法人，但是这些机构是清华大学自己在地方创办的，不论在业务指导还是运营管理上，清华大学都具有主导权。清华大学校内认为这是清华大学的校外派出机构，所以清华大学也将这类机构称为"派出性研究院"，简称派出院。其成立的目的，除了要促进科技成果转化并带动产业发展外，还要支持依托单位及相关领域的学科建设和人才培养。目前，清华大学已经建立清华大学天津高端装备研究院、清华大学天津电子信息研究院、清华青岛艺术与科学创新研究院、清华大学合肥公共安全研究院、清华大学无锡应用技术研究院、清华大学苏州汽车研究院、清华苏州环境创新研究院、清华山西清洁能源研究院和清华四川能源互联网研究院等 9 个派出院。

和地方院相比，派出院更加注重对校内科技成果主要是对其所依托院系研究成果的二次开发与转化，从而对教师成果在地方的产业化（学术创业）起到了很大的促进作用。派出院通过以下 3 种方式，推动大学教师的学术创业：（1）组建工程团队，和校内教师一起对科技成果进行二次开发；（2）提供实验基地、中试平台等，为技术转化产品提供条件支撑；（3）通过科技成果转化平台与项目服务团队，为教师创办企业提供孵化和投资。例如，清华大学天津电子信息研究院（简称天津电子院），依托电子工程系负责运营管理，由管理团队、支撑公共实验平台的工程技术团队、若干个负责成果转化的项目团队组成，业务范围包括电子信息领域技术和产品研发、科技成果转化、高科技企业孵化、技术和检测服务等四个方面。① 清华大学的天津高端装备研究院（简称天津高端院）依托于清华大学机械工程系，是集协同创新、产业孵化、投融资服务为一体的综合性科技转化和产业孵化平台。如图 3-1 所示，除了科研部（研发平台）

---

① 天津电子院：《清华大学天津电子信息研究院》，2019 年 5 月 15 日，http：//www.tsinghua-ieit. com/company？1，2020 年 10 月 12 日。

和院务部之外，还设有投融资部和产业部，分别为投资和产业孵化平台，对基于研究院研发技术建立的新创公司提供投资和孵化服务与管理。

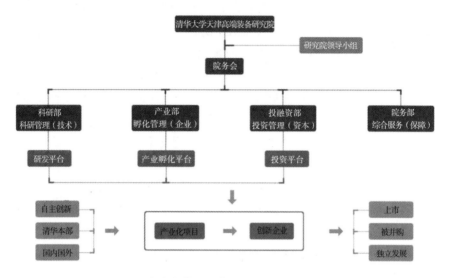

图 3-1   清华大学天津高端装备研究院组织架构

资料来源：天津高端院：《清华大学天津高端装备研究院组织架构》，2019 年 5 月 15 日，http：//www.tsinghua-tj.org/intro/4.html，2020 年 10 月 12 日。

（五）超强物质激励大学教师学术创业

2015 年《促进科技成果转化法》加大了对科技人员的奖励力度，规定"将对科技人员成果收益奖励的比例提高到 50% 以上"。事实上，在实际操作过程中，包括清华大学在内的国内几乎所有公办普通本科院校，教师获得的收益比例远远超过 50%。例如，北京市 2019 年 12 月 27 日通过决议、2020 年 1 月 1 日正式实施的《北京市促进科技成果转化条例》规定，"将职务科技成果转让、许可给他人实施的，可以从该项科技成果转让净收入或者许可净收入中提取不低于 70% 的比例；利用职务科技成果作价投资的，从该项科技成果形成的股份或者出资比例中提取不低于 70% 的比例；将职务科技成果自行实施转化或者与他人合作实施转化的，在实施转化成功投产后，从开始盈利的年度起连续五年内，每年从实施转化该项科技成果的营业利润中提取不低于 5% 的比例"。目前，北京市高校教师获得科技成果转化的收益比例普遍在 70% 以上。在全国范围内，有些大学教师获得的比例甚至更高。可以说，教师基本上获得了科技成果转化的大部分收益。比如，南京理工大学新规中规定："科技创业创新人员以技术成果作价入股创办公司，学校（含学院、系）所获股份和学校股份分红所得，可视为其当年或次年进校科研经费，作为其业绩考核。教师创办公司，还可拿承接的企事业单位产学研项目横向科研经费结余入股，最高比例达 70%。"[1]

三　研究型大学学术创业的特征分析

当前，以清华大学作为典型案例高校的研究型大学，其学术创业模式已经从以学校为主体创办企业向教师个体开展创业转变，但是，高校促进学术创业的举措仍然表现出强行政主导的特征，主要表现在：（1）学校直接通过行政手段创立学术公司，这些公司是学校相关职能部门的主要服务对象；（2）学校对其参与创立的学术创业公司进行强资源投入，学校资源投入使得创业公司能够迅速发展起来；（3）对于教师个体或团队自行创办企业行为缺少有效的支持和服务。虽然对教师强物质激励在一定程度上提高了教师学术创业的积极性，但是，学校的支持和服务没有跟上，使得教师为学术创业努力付出的成本超过了转化带来的收益，即教师努力的制度成本过高，从而导致教师不会采取创业行动。一方面，教师学术创业的内在动力和潜力没有得到充分激发；另一方面，少数想要创办企业的老师得不到组织支持，造成学术创业的少数行为。缺少组织支持，学校可能会"冒出"几个成功的学术创业案例，但是，很难"涌现"出大批学术创业公司。学术创业难从"个别"向"普遍"转变，大学也就很难形成学术创业的文化氛围。

我国高校长期高度重视科技成果转化，主要集中在产学研合作和专利转让方面，即使建立了技术转移机构，这些机构也大多以专利申请和许可作为主要业务，主动提供服务的较少。我国大学没有明确提出反对教师创办公司，但是也不提倡，更不会对教师创办公司进行支持和帮助。实际上，我国大多数高校内部对教师学术创业的态度并不明确，学校对教师学术创业的政策不明晰，对于教师从事学术创业过程中的各种角色和工作矛盾，没有很好地协调解决，对教师个体创办公司一直采取"暧昧"的态度，对教师个体私底下创办公司的行为，在行动上则"睁一只眼闭一只眼"，造成的后果就是对教师学术创业的激励和支持严重不足。一方面，

---

[1] 韦铭、葛玲玲：《南京理工大学：教师创业经历可用来评职称》，《人才资源开发》2012年第 1 期。

教师创业意识和意愿没有被激发；另一方面，使少数想创办企业的教师得不到组织有效支持。

大学对教师自己创办企业的模糊态度，在一定历史时期有其特殊的形成原因，主要是由于国家关于学术创业的政策不够明朗，相关配套措施不完善。即使在 2015 年国家大力提倡科研人员可以创办公司，但是，对于国有资产管理、科技成果转化的收益权所有权，以及科研经费管理、科研人员创业时间分配等相关规定没有改变。教师个体创办企业存在国有资产流失、评估作价不合理等风险，通过学校创办企业，学校能够对学术创业企业进行管控，从而减少风险，但在效率效益方面常被遭遇质疑。其次，我国科研经费管理和评价制度也在一定程度上影响高校支持教师创办企业的积极性，学校并不希望且不愿意让教师单独去成立公司，因为一旦成立公司，可能造成科研项目经费的体外循环——横向科研经费就直接进入教师个体的公司，造成学校横向科研经费减少。同时，学校也不能反对教师自己创办公司，否则就有悖于国家鼓励科技人员自己创办企业的政策。

当前，我国大学学术创业的外部环境得到极大改善，市场经济高度活跃，投资金融等中介机构不断涌现，国家也在不断完善学术创业的政策环境。国家不仅"支持和鼓励事业单位专业技术人员兼职创新或者在职创办企业、离岗创新创业"[1]，还不断完善学术创业的相关政策和配套措施。例如，下放科技成果包括所有权在内的各项权利；简化转化程序，"可以自主决定转让、许可或者作价投资，不用审批和备案"[2]；放宽转化办法，"科技成果可以通过协议定价的方式进行交易"[3]；等等。这些举措有力消除了制约教师学术创业的制度障碍，大大降低了教师进行学术创业的法律风险。同时，也向高校转化科技成果提出了更严格的规定和更高的要求：一方面提出"未经单位允许，任何人不得利用职务科技成果从事创办企业等行为"；另一方面，高校要"加强技术转移与知识产权运营机

①   人力资源社会保障部：《人力资源社会保障部关于支持和鼓励事业单位专业技术人员创新创业的指导意见》，2017 年 3 月 10 日，http://www.mohrss.gov.cn/gkml/zcfg/gfxwj/201703/t20170318_ 268143.html，2019 年 5 月 23 日。

②   科技部：《中华人民共和国促进科技成果转化法》（2015 年修订），2015 年 8 月 31 日，http://www.most.gov.cn/fggw/fl/201512/t20151203_ 122619.htm，2019 年 5 月 23 日。

③   财政部：《关于进一步加大授权力度促进科技成果转化的通知》，2015 年 9 月 23 日，http://www.mof.gov.cn/gp/xxgkml/zcgls/201910/t20191011_ 3399759.html，2020 年 2 月 10 日。

构建设"①。在此新形势下，我国大学应该着力提高支持和服务教师学术创业的水平和能力。

四　推动大学教师学术创业走向自觉

教师学术创业不同于大学其他业务，在很大程度上依赖教师的创业能力与创业意愿。基于清华大学等国内研究型大学学术创业的历史梳理与现状分析可以发现，大学不仅要对教师学术创业进行行政监管，更要提供支持与服务，让教师学术创业自然而然地发生。

（一）做好学术创业宣传

一要表明态度。虽然我国大学高度重视科技成果转化，但是在很长一段时间里对教师学术创业的态度模糊，既不反对也不提倡，至今很多大学依然秉持这种态度，教师处于"外热内冷"的矛盾之中。新时期，大学应该旗帜鲜明地鼓励教师学术创业，在加强规范与分类管理的前提下，把教师学术创业上升到"与人才培养相结合""服务/促进社会发展的责任"的高度。对产生重大社会影响和贡献的学术创业，学校应该给以宣传和高度评价，树立学术创业的正面导向，营造学术创业的文化氛围。

二要明确创业政策。政府政策一般概括性强，即使当前我国政府颁布了多项有利于教师学术创业的政策，但是，大学在具体执行方面还具有相当大的"自由裁量权"，大学要在国家政策范围内，明确大学教师学术创业的政策底线，例如教师开展学术创业的程序、教师创业与教学科研的关系、时间精力分配等，要尽量减少"教师在向创业者转变过程中的角色间和角色外冲突"②，让教师能够公开地安心创业。

三要加强规范管理。教师进行学术创业必然会带来角色的多样化，学校应该对学术创业行为进行规定，以保证教师的学术创业行为不会对其本职工作和学校产生不良的影响，例如，在知识产权的使用上，对教师未经学校同意的创业行为实行零容忍；在创业企业的角色上，不能实质参与创业公司的经营管理；在学校资源的使用上，不可私用于学术创业；等等。

---

① 教育部、国家知识产权局、科技部：《关于提升高等学校专利质量 促进转化运用若干意见》，2020 年 2 月 19 日，http://www.moe.gov.cn/srcsite/A16/s7062/202002/t20200221_422861.html，2020 年 5 月 20 日。

② 殷朝晖、李瑞君：《大学教师学术创业的角色冲突及其调适策略》，《江苏高教》2017 年第 4 期。

（二）分阶段支持和服务教师学术创业

教师学术创业的各个阶段，都需要大学的支持和服务，但是不同阶段需要的支持和服务不同，大学应该分阶段有针对性地为教师学术创业提供支持和服务。总体而言，学术创业可以分为"技术—产品"和"产品—商品"，即创新和创业两个阶段。在"技术—产品"阶段，主要是通过立项或提供种子资金支持教师进行产品技术研发；利用实验设备支持产品原型制作。在"产品—商品"阶段，主要是提供资金支持教师进行市场验证；构建各种网络帮助产品匹配市场；提供创业辅导培训；帮助创业公司成立；提供天使投资等。我国研究型大学在"技术—产品"阶段基本上没有作为，在"产品—商品"阶段主要是提供投资资金，正在积极建设技术转移与知识产权运营机构。鉴于此，我国研究型大学在支持和服务教师学术创业方面可以往以下方向努力。

一要加大学术创业前端扶持，尤其要加强对学术创业公司成立之前的支持，因为大学教师主要是依靠技术进行创业，需要将技术转化为产品原型，大学要加强前端产品培育；同时，教师还需要根据市场反馈，不断完善产品原型，然后通过创立公司进行市场销售。所以，在学术创业公司成立之前，大学就应该有意识地进行扶持。

二要提高教师学术创业知识。当前，我国高校的创业课程和培训主要针对学生，高校许多学科教师缺乏这个方面的知识，对创业的流程和做法不了解。在这种情况下，即使学科教师拥有可以转化的技术，他们也不知道如何创业。所以，高校可以设置一些专门针对教师尤其是科学家的创新创业的课程或培训项目，帮助教师了解创业知识，既有利于培养教师创业的意识，也可帮助有创业意愿的教师开展创业。美国 NSF 在研究型大学设立 I-Corps 项目，专门针对教师尤其是科学家进行创业知识培训。借鉴美国 I-Corps 做法，新加坡国立大学也设置了"精益发射台"项目面向教师提供创业培训。

三要关注当前科学技术前沿。随着新一轮科技变革和产业革命不断蓄势，世界进入以创新为主题、以创新为引领、以创新为重点的新时代，全球范围内的科技创新格局加速调整与重构，新一轮科技革命和产业革命正孕育兴起，重大科技创新正在引领社会产生新变革。① 大学在新时代要有所作为，需利用自己人才优势与研究优势，鼓励教师延长知识生产链条，创造高新科技成果，服务社会经济发展，尤其要对信息技术和生物医学等当前产业发展前沿技术领域创业进行重点扶持。

（三）　支持教师与学生合作创业

高校学术创业离不开年轻的学生，他们往往更有奇思妙想。正如亨利·埃兹科维茨所言，"大学里的发明一般都是来自学生而非直接来自教授。作为教师，教授们提供指导和资源，但实际的工作和想法通常来自学生。"② 因此，高校首先应该鼓励师生合作开展学术创业。很多教师掌握高精尖技术，但是又不希望全职去做企业，那么就需要和别人合作，学生就是最好的合作伙伴。学生有一定的技术基础，与教师建立良好的信任关系，师生共创是学术创业的良好方式，同时也有利于人才培养。与此同时，大学应该打破教师和学生学术创业的支持和服务边界，尤其在研究型大学，教师与学生创业具有同质性，即都是依托技术进行创业，从而两者在创业过程中需要的支持和服务有诸多共同之处。目前，我国大学对学生的创新创业教育体系比较完善，可以在此基础上适当拓展和整合，例如拓展一些适合教师学术创业的孵化项目，同时在一些举措上打通使用，不要刻意划分对象。

（四）　创新支持与服务机制

完全依靠行政手段无法为教师学术创业提供高质量的支持和服务，因为对教师学术创业支持与服务，本质上是一项经营性活动。教师科技成果运营活动需要优秀的专业人员才能胜任，大学要么加大成本投入，要么进行制度创新。大学采用市场化机制提供支持和服务的主要目的，是招聘优秀的专业人才并给以足够的激励，以便提供更高质量的支持和服务，把科技成果推向市场，产生收益。市场化运行机构从收益中收取一定比例的费用，以支付大学行政体系无法提供的薪酬激励和运营成本。

我国大学应该创新学术创业的支持和服务机制，本章第三节将要介绍的三所大学提供了不同样板：伯克利分校行政职能部门和创业活跃院系联

---

① 张志强、陈云伟：《建设适应经济社会发展趋势的科技创新体系》，《中国科学院院刊》2020 年第 5 期。

② ［美］亨利·埃兹科维茨：《麻省理工学院与创业科学的兴起》，王孙禹、袁本涛等译，清华大学出版社 2007 年版，第 9 页。

合成立创业孵化器来提供服务；香港理工大学在行政职能部门下成立独立的服务公司；新加坡国立大学行政职能部门采用企业运行方式。我国大学可以借鉴，甚至可以将学术创业支持和服务业务外包给外部中介公司。无论何种方式，在大学不增加财政投入的情况下，关键是要建立技术运营、学术创业支持和服务的价格机制，使得高质量的学术创业支持和服务能够良性循环。基于国内外研究型大学的学术创业实践，从技术成果转化收益中抽取一定的比例以支付技术转移部门的成本非常必要。

第二节　研究型大学产学研合作的专题研究

产学研合作是我国高校科技成果转化的重要方式，对其他方式的科技成果转化也有着重要的促进作用。一方面，产学研合作提供了市场需求和产业发展前沿信息，拉近了科技成果与市场的距离（紧密衔接）；另一方面，为进一步开展应用开发研究提供了支持，提高了教师科技成果的应用性与成熟度。王江哲等（2018）① 对 2008—2016 年我国高等院校层面和省区层面的高校科技统计数据、知识产权保护等数据的研究结果表明：产学研合作对高校科研成果转化具有显著正向影响。所以，有必要对我国高校产学研合作的组织方式进行深入探讨。已有研究对产学研合作的定义有广义和狭义之分，广义的定义将产学研合作界定为"高校、科研院所与企业在教育、科技与生产活动等方面所进行的合作与交流"②，狭义的定义认为产学研合作是"高校、科研院所与企业开展的科技创新活动"③。本书在此从狭义的角度讨论高校产学研合作，主要指高校尤其是研究型大学与企业的科技合作。

一　国内研究型大学推动产学研合作缘起

校企科技合作由来已久，国内外早有实践，但是"产学研合作"却是 20 世纪 80 年代在我国产生的特有词汇。在我国语境下，产学研合作特指行政力量推动高校、科研院所与企业进行科技合作的组织方式与制度安

① 王江哲、刘益、陈晓菲：《产学研合作与高校科研成果转化：基于知识产权保护视角》，《科技管理研究》2018 年第 17 期。

② 李志恒：《高校产学研合作模式探析》，《兰州交通大学学报》（社会科学版）2006 年第 2 期。

③ 贺哲：《对我国高校产学研合作体系的再认识》，《中国高校科技与产业化》2009 年第 8 期。

排。由于我国高校科技成果转化工作起步较晚，成果转化不顺畅，我国高校行政力量推动校企科技合作初衷主要是为了转化高校科技成果。

教师从事科学研究，产生科研成果，然后以技术许可或转让的方式进行成果转化，这种基于知识产权的直接交易，是高校科技成果转化的理想方式。但是，在现实中，教师产生的科研成果可能无法直接转化给企业，除了科研成果的水平或质量这一技术自身的影响因素之外，可能的原因还有：（1）技术信息不对称，教师的科技成果没有找到有技术需求的对口企业；（2）技术供给不对称，教师的技术不是企业所需要的技术，或教师的技术不能满足社会和企业的需求，即科学研究与市场需求脱节；（3）技术不够成熟，教师技术符合企业的需求，但是这个技术还很不成熟，离企业能够应用或者产业化很遥远，而企业缺乏进行进一步研发的意愿或能力，从而导致技术无法转化到企业。

与科技成果转化不畅相对应，国内研究型大学化解这个障碍的途径主要有：（1）促进科技信息供需对称。开展科技信息交流活动，组织校企需求对接，这是最简单也是最有效的途径；（2）提高教师技术供给的匹配性。通过强化科研选题和前期培育，让教师在研究方向选择上更加考虑到企业的需求，引导教师开展以应用为导向的基础研究；（3）直接针对企业需求开展应用性研究。在教师研究阶段就让企业参与，让教师根据企业需求有针对性地进行研发；（4）对教师原创技术进行二次开发。学校引导教师对原创技术进行二次研发，或者是另外组织力量与教师合作，进行技术二次研发；（5）增加技术转移的路径，例如支持教师学术创业——建立基于科技成果的新公司（见表3-1）。

表3-1　　国内研究型大学科技成果转化不畅的原因与对策

原因	途径	
信息不对称	促进科技信息供需对称	加强信息管理，开展信息交流，组织供需对接
技术供需不对称	提高教师技术供给的匹配性	引导教师开展以应用导向的基础研究或前瞻性研究
	直接针对企业需求开展应用性研究	开展应用性研究
原创技术不成熟	对教师原创技术进行二次开发	与企业合作/委托进行二次开发
	增加技术转移的路径	学校组织团队对技术进行二次开发
		支持教师学术创业，提供创业孵化与投资

为了以上途径的有效落实，推动科技成果顺畅转化，我国研究型大学普遍成立了专门负责产学研合作或科技成果转化的职能部门和研发机构，采用行政力量积极推动高校与企业的校企科技合作。相较于国外，我国校企科技合作有其特殊性，表现在：（1）科学研究与技术开发不分；（2）技术开发和技术转化同时进行，技术开发就是技术转化的过程。在国外的研究型大学，科学研究、技术开发和技术转化往往分开进行，大学专注于基础性科学研究，产生科研成果（前端技术），然后将技术许可给企业，由企业对技术做进一步研发，一些企业还将研发中心设在大学附近以便和大学里的教师进行合作。在中国，企业缺乏技术产业化开发的意愿和能力，大学承担起了技术开发的工作，将技术开发和科学研究相结合。我国研究型大学至少同时存在四种类型的研究：纯基础研发、应用导向的基础研究、原创技术二次研发以及直接面向问题解决的应用研究。这样，我国研究型大学建构了一个从基础研究到应用研究和开发研究的科研体系，产学研合作工作已经融入高校整个科技创新工作当中。

二　清华大学产学研合作的五种组织方式

高校产学研合作组织方式指的是高校推动校企科技合作所采取的举措与行为。高校产学研合作组织方式是对合作模式的推动，同时也是在合作模式的影响下进行。针对不同的产学研合作模式，国内研究型大学产学研合作的组织方式也不同。总体而言，我国高校产学研合作有项目式、会员制、平台式合作三种模式。无论何种合作模式，最终都以签订"四技"合同的方式进行。项目式合作以企业直接委托教师项目的"一对一"合作为主。高校产学研合作工作主要为教师和企业进行需求对接、与企业建立合作联系。项目式合作具有合作周期短、经费额度小、实用性强等特点，这种零散型合作不利于发挥教师科研优势，学校也不能对产学研合作进行整体规划，难以产生重大科研成果。随着产学研合作的深入，推动教师与企业的个体项目合作已经不是学校层面的关注焦点，研究型大学越来越寻求与企业建立稳定长期的合作关系，关注校企"大额度""大领域"的科技合作，产学研合作模式以会员制和平台式合作为主。高校以与企业或地方政府签订战略性合作协议为基础，建立各种合作机制和平台，进一步密切合作关系，深化校企科技合作。清华大学是我国最早开展产学研合作的研究型大学之一，三十多年来，清华大学在不断创新产学研合作组织方式，推动产学研合作工作深入开展，取得了一系列成效。2018 年，清华大学企事业单位委托的科技经费突破 20 亿元，位居全国高校之首。鉴于此，本书在此主要结合清华大学产学研合作实践进行全面梳理与深入分析。

（一）进行合作供需对接

进行合作供需对接是高校开展产学研合作的基本组织方式，在收集和发布技术供需信息的基础上，主要做法有：（1）组织技术供需对接活动，分为高校自主举办的项目推介会和高校与企业或政府合作举办定向的项目对接会两种；（2）建立定期联络机制，一些高校寻求与企业建立较为稳定的定期联络机制。例如，清华大学与地方政府合作共同建立产学研合作办公室，定向对接当地企业与清华大学的科技合作需求。"产学研合作办公室由学校和地方政府共同设立，是一种促进校地产学研合作的平台性质的服务机构，由地方科技局和学校科技开发部共同管理，主要负责科技项目对接、企业需求调研、企业现场诊断、国际科技交流、人才进修培训、毕业学生照片、学业学生挂职和设立实践基地等 8 项工作。"①。自 2003 年开始，清华大学已经与 13 个地区设立产学研合作办公室；（3）聘请技术对接专门人员，一些高校还实行技术经纪人制度，聘请专门人员主动对接企业需求，例如浙江理工大学建设了一支 100 余人组成的专兼职科技经纪人队伍，科技经纪人深入企业了解需求，搭建企业与学校之间的沟通桥梁。

（二）建立战略性合作关系

签订战略合作协议是高校与企业或政府建立长期、稳定合作关系的重要方式。但是，战略合作协议的签署并不意味着校企双方的实质性合作，而是表示双方已经建立合作友好关系，表明双方有进一步合作的意愿。在战略性合作关系的基础上，高校通过建立平台式机制的方式加强联系以进一步探讨合作方式与内容，主要做法有：（1）会员制，如清华大学于1995 年就成立了"清华大学与企业合作委员会"（简称企合委），将与学校签订战略合作协议的单位纳为会员，通过采用企合委会员制度，加强与相关企业的联系和交流，为开展实质性合作奠定基础；（2）联盟制，比

---

① 金勤献：《创新合作模式 推进产学研合作——清华大学与地方共建产学研合作办公室的合作新模式探索》，《中国高校科技与产业化》2006 年第 10 期。

如，浙江省一些高校牵头成立浙江省高校产学研联盟分中心，通过加入地方政府搭建的平台，迅速与企业建立合作关系。

（三）建立合作中试基地

对于一些科技成果，在进行产业化之前，需要进行投产试验，这种试验往往需要真实的产业环境。高校在产业相对密集的地区建立中试基地，为科研成果进一步投产试验提供基本条件。中试基地的建立，一方面，高校很好地利用了地方产业集聚的优势；另一方面，对于中试基地成功的项目，往往优先在地方投产。由于资源精力等有限，清华大学主要是为一些技术比较成熟的重点科研成果建立中试基地。例如，2016年，清华大学联合多家国内优势科研单位及各行业龙头企业，在江苏盐城先后成立烟气多污染物控制技术与装备国家工程实验室和"清华大学盐城环境工程技术研发中心"；在常州科教城建立了节能和新能源汽车中试基地。

（四）设立校企科技合作专项基金

地方政府是促进校企科技合作的重要力量。高校充分利用地方政府资源，不断深化与地方政府开展科技合作的组织方式。清华大学与地方政府洽谈，支持地方政府属地企业与清华大学进行科技合作设立专项：（1）设立校企科技合作基金，即地方政府专门设立面向清华大学的校企科技合作基金；（2）校企"科技成果转化基金+基地"双重模式。在设立校企科技合作基金的基础上，清华大学进一步与政府讨论设立"科技成果转化基金"，并在地方设立"成果转化基地"。教师受"科技成果转化基金"资助的研究所产生的科技成果要优先在该地产业化，地方政府对"落地项目"提供政策、资金等方面的支持和优惠。"科技成果转化基地可以为清华大学项目的产业化提供诸多优惠条件，实施该项目产业化的企业能够得到诸多政策、资金或者其他方面的优惠，从而能够牵引企业加强与清华大学的产学研合作。"[1]

（五）成立联合研发机构

校企联合研发机构是产学研合作的重要平台，也是落实校企战略合作协议的重要方式之一。联合研发机构往往聚焦某一个或类研究领域，全面统筹学校与该企业的合作。清华大学与企业或地方政府建立的虚体性联合

---

① 万荣、金勤献、刘嘉：《清华大学产学研合作基金新模式》，《中国高校科技与产业化》2016年第11期。

研究院或中心，面向院系或全校教师发布技术需求，采用项目申请加重点邀请的方式进行。清华大学与地方政府共建虚体联合研究院，可以看成是校地科技合作基金和产学研合作办公室的合体升级版，主要有企业需求信息与对接、产学研专项资金管理、项目挖掘与管理等职能。联合研发机构分为挂靠院系和挂靠科研管理部门管理两种。如果合作领域较为集中，就挂靠在相关院系管理，如果合作领域较为宽泛，需要多院系参与，就挂靠在科研管理部门下。目前，清华大学共有 6 个联合研发机构依托校级科研管理部门进行管理。

通过校企联合研发机构，学校能够将教师与企业的零散性合作，与学校重点发展领域、行业产业发展趋势领域进行整合，开展有组织化的产学研合作。主要有两种整合方式：一是通过建立联合研发机构增强合作力度，即学校主动与地方政府或企业开展战略合作，通过成立产业领域的联合研发机构增强学校与企业的合作力度；二是在合作的基础上建立联合研发机构，即通过建立研发平台将原来教师与企业的零散性项目合作整合成学校与企业的整体性合作。在这一过程中，学校职能部门对产学研合作项目进行实时跟踪和统计，对于和教师合作密切并达到一定规模的企业，职能部门主动介入，与企业深入对接，将合作项目整合成立联合研发机构。

清华大学与企业建立联合研发机构，基于双方长期战略合作协议，一般约定 3—5 年的合作周期。联合研发机构采用双方高层领导参加的管理委员会工作机制，共同设定产学研合作方向和主题，通过发布科研项目指南，教师申请与重点邀请相结合的方式立项，组织学校教师与企业进行合作。这种项目组织方式，一方面，有利于发挥教师的学术特长，教师自主申请合作项目，有效保障教师研究兴趣与研究主题的一致性，避免教师为寻求合作而被迫转变研究兴趣；另一方面，有利于保障教师的研究投入，教师不必自己去寻找企业合作伙伴，避免教师在事务性工作上花费大量时间和精力。

三　清华大学产学研合作组织方式的变革

在不同时期，国内研究型大学推动产学研合作的方式有所不同。当然，新的组织方式，并不意味原有组织方式的废止，在很大程度上是在原有组织方式的基础上不断优化，探索与推行更适合新时期产学研合作的新方式。

（一）在合作组织的范围上，从全面战略合作向重点领域区域合作转变

高校对外建立产学研合作关系的范围从"面"向"点"转变。高校与企业签订战略合作协议是促进产学研合作的重要方式，这种方式覆盖面广，能够在较短的时间内与尽可能多的合作对象建立联系，但是合作实效性较差。新时期，高校不再追求与企业建立"面上"的合作，而是更加重视实质性合作，这也表明我国研究型大学产学研合作从规模化发展进入内涵式发展阶段。比如，清华大学与企业签订战略合作框架协议的同时，往往"要求"附带 X 个具体合作项目，简称"1+X"模式，将产学研合作"做实"。

高校推动产学研合作工作从与各企业、各省市政府签订全面战略合作协议的"到处开花"策略向与重点区域和领域进行深入合作转变。例如，清华大学在与地方政府合作上，不断收缩"战线"，对已经到期的战略合作协议，如果没有具体的深入合作，就不再与对方进行续签，而是重点开发与苏州、无锡、昆山、佛山等经济活跃、技术需求旺盛地区的重点合作。

（二）在合作组织的目的上，从促进科技成果转化向促进学校学术发展转变

由于我国研究型大学科技成果转化工作起步较晚，成果转化渠道不顺畅，高校普遍将产学研合作当作科技成果转化的重要途径。随着研究型大学科研水平的提高和产学研合作的大量开展，高校推动产学研合作的工作越来越考虑如何促进学校学术发展。例如，清华大学积极开展有组织的产学研合作，与企业建立联合研发机构。双方事先商定合作主题与金额，清华大学整合全校学术资源与企业开展合作，主要举措有：（1）通过发布科研项目指南，教师申请与重点邀请相结合，尽量使产学研合作匹配教师研究兴趣，保证产学研合作与教师研究特长和学术兴趣的一致性；（2）开展双方共同感兴趣、面向未来的研究。通过校企双方领导参与联合研发机构管理委员会（简称管委会）工作机制，双方对产学研合作的主题进行统一规划与布局，除了设置解决企业具体问题的应用性课题之外，还设置一些面向未来发展的探索性、基础性研究课题；（3）促进跨学科交叉合作。清华大学还探索在校级层面建立一些大型研发机构，由学校科研管理部门进行管理和推进，以推动不同学科的交叉合作。

（三）在合作组织的领域上，以校企科技合作带动其他领域的全面合作

产学研合作领域不断拓展，以校企科技合作为核心，带动学校与企业在干部交流挂职、教师冠名讲席资助、学生实习实践、就业、创新创业、企业人员培训、产业合作等其他领域的全面合作。学校与企业的整体性战略合作使得高校科技合作带动人才培养、师资建设等其他领域的合作成为可能，学校作为整体与企业、政府在合作谈判过程中，能够更加发挥引导和推荐性作用，为企业提供除科技以外更多的服务。

（四）在合作组织的内容上，从科技合作向构建创新生态链转变

以校企/校地科技合作为基础，我国高校着力构建一个集"科学研究—技术开发—创业孵化—创业投资"等为一体的创新生态链。一方面，产学研合作连接基础研究和应用研究，有利于提高技术的成熟度；另一方面，产学研合作连接技术开发与技术应用和产业化，有利于促进科技成果的转移转化。在产学研合作组织上，不仅要解决企业的问题、区域经济发展的关键技术，而且要通过产学研合作提高教师学术水平，促进学校科研发展与学科建设，同时，还要对科技成果进行孵化，促进科技成果在地方产业化。

（五）在合作组织的成果上，创办基于科技成果的新公司成为产学研合作的新产出

创办基于科技成果的新公司是高校科技成果转化的重要途径，同时也成为高校产学研合作的新产出，可能这并非高校组织产学研合作的本意，但是在客观上却促成了新公司的创立，主要体现在校地科技合作方面。目前，校地科技合作的主要方式有成立中试基地、校地科技合作资金、校地联合研发机构和地方产业研究院四种类型。中试基地和地方产业研究院的这种合作形式，科技成果在地方的产业化就是双方合作期待的成果之一。中试基地不仅是高校的测试或试验基地，也是科技成果的孵化基地，成熟的科技成果直接在地方产业化。创办新公司是地方产业研究院转化成果的主要方式，是校地科技合作的最终产出形式。对新创科技公司的投资和孵化是产业研究院的重要职能，也是其产生收益的重要来源。

创建新公司，日渐成为高校与地方政府设立科技合作资金、联合研发机构这两种合作形式的新产出。政府从其资助的科技合作项目中，重点挑选高潜力项目进行孵化，最终引进孵化项目在地方产业化。例如清华大学

与佛山市合作成立的佛山先进制造研究院，其战略定位不仅是佛山市与清华大学全面合作的运营平台，也是先进制造领域科技创新成果的育成基地。研究院下设"佛山—清华产学研合作协同创新专项资金"，通过设立多种类型的合作项目，在支持校企科技合作、解决区域发展关键技术之外，还通过支持教师相关技术的进一步研发，希望培育孵化出一批能够在佛山进行落地的项目。佛山市对于这些项目在当地产业化（一般是以成立高科技公司的方式）给予大力支持。①

（六）在产学研合作的职能部门角色上，从合作"供需对接""技术营销"向"资源供应""资源整合"转变

科技信息服务和供需对接是高校产学研合作部门的初始职能，在此基础上，产学研合作职能部门根据学科优势和规划重点，有针对性地开拓一些与重点企业和地区的科技合作，成为高校技术的营销者。平台式合作中，职能部门作为产学研合作组织者的角色进一步升级，独立于教师直接与企业洽谈，达成合作协议。高校产学研合作部门在寻求与企业合作中越来越注重为教师寻找合作资源，成为产学研合作的资源供应者和整合者。依托职能部门，清华大学作为一个整体与企业开展合作谈判，事先约定合作领域、方式和金额等，然后再整合校内资源，组织教师与企业开展合作。同时，通过地方产业技术研究院等产学研合作平台，高校还进一步整合地方政府、金融机构和企业等外部资源，共同参与产学研合作。

产学研合作组织方式从"帮助教师找合作资源"向"学校找合作资源、教师使用合作资源"转变，教师在产学研合作中的角色也发生变化，越来越聚焦教师学术研究的主业上来。在"供需对接"举措中，教师即是产学研合作的执行者，同时还是独立组织者——教师需要自己联系企业，与企业进行合作洽谈。在"技术营销"举措中，教师参与产学研合作组织，从产学研合作事务中部分脱离。在"资源供应与整合"举措中，教师完全从产学研合作的事务中脱离，不参与合作组织事务，成为产学研合作的执行者。

四　产学研合作组织方式的中国特色分析

和国外相比，我国研究型大学产学研合作组织方式具有独特性，主要

---

① 佛山市对于新高科技公司有一系列的优惠政策。

表现在：（1）地方政府是高校积极争取的合作对象；（2）不仅要转化科技成果，还要组织和整合科学研究与技术开发活动；（3）孵化和投资新创公司是产学研合作的重要内容。主要成因有如下几方面。

（一）地方政府是产学研合作的重要力量

近年来，我国地方政府财政科技拨款额度逐年增加，甚至于 2017 年超过了中央政府。多数地方政府设有专门支持高校与本地企业合作的科技经费预算，一些地方政府还设立了专门的科技计划或基金，地方政府成为校企科技合作的重要出资方和组织方，是高校推动产学研合作积极开拓和争取的对象。

高校在推进产学研合作组织方式上：（1）技术合作供需对接工作显得特别重要。校企双方通过地方政府支持开展合作，高校需要与地方政府共同开展技术供需对接工作，以寻找到最需要、最适合技术合作的企业。（2）主要开展战略性平台式合作，地方政府支持的校企科技合作具有合作额度大、面向产业共性技术研究合作等特点，高校与地方政府的合作一般都是以平台式合作为主，或在学校内建立联合研发机构，或在地方设立产业技术研究院。（3）需要组织大量项目孵化工作。地方政府支持产学研合作的最终目的是促进地方经济发展，除了促进现有产业的转型升级外，培育新的产业、吸引高科技公司落地也是地方政府与学校合作的重要目的。

（二）企业缺乏技术产业化开发的能力和意愿

我国高校产学研合作不仅要专注于未来发展研究，同时还要解决企业的当下问题，这是我国高校产学研合作不同于国外的显著特点之一。长期以来，我国企业的技术研发能力比较弱，也没有意愿对高校基于基础研究的科研成果进行二次开发，而是希望高校能够直接为企业问题提供解决方案，教师的科研成果无法直接转化到企业。企业是技术创新的主体，"从理论上，产学研合作的主体应该是企业"①。在实际中，高校在产学研合作中承担起了部分企业技术开发的工作。一方面，将技术开发和科学研究相结合；另一方面，技术开发和技术转化同时进行，技术开发就是技术转化的过程。

---

① 李志强、李凌己：《国内产学研结合发展的新趋势》，《清华大学教育研究》2005 年第 4 期。

（三）科技创新部分要素缺失

创新是一个生态链。高校开展基础研究，产生的技术成熟度很低，需要市场金融的介入以驱动技术的进一步研发（提高技术成熟度），然后企业将技术进行产业化，产生税收，政府获得收入再投入基础研究，以此形成良性循环。科技创新需要长周期的巨额资金支持，而且技术是否能进行产业化，充满不确定性，这需要"发挥风险投资和投资基金作为产学研联合催化剂的作用"①。但是，我国"产学研结合缺乏系统稳定的金融支持，多数的产学研结合项目具有高风险、缺乏抵质押物等特点，无法满足金融机构风险防范的需要，致使产学研结合项目从基础性研究、中试到产业化各个环节都存在金融支持不足的问题"②。高校在推动产学研合作过程中，倾向于整合地方政府、企业等相关资源，依托产学研合作平台成立科技中介和金融中介机构，通过在内部建立新创公司孵化和投资的市场机制，来推动科技创新的良性循环。

第三节　世界一流大学学术创业的路径研究

研究型大学拥有丰硕的科研成果，是学术创业的积极实践者和开拓者，在支持和服务教师学术创业方面积累了丰富的经验。本书在此选取国外两所公立研究型大学的实践进行梳理，主要从具体举措角度归纳和分析各自支持与服务本校教师学术创业的基本路径，最后总结其经验特征，为我国高校促进教师学术创业提供借鉴。从狭义的学术创业定义出发，根据学科型公司创建的基本过程，本章节将教师学术创业分为创业技术培育、新产品研发、产品—市场匹配与验证、创业启动和创业公司发展等五个阶段，并以此作为案例高校的分析框架。根据这个分析框架，本章节对两所案例高校进行梳理与分析。

一　伯克利大学支持教师学术创业的具体举措

伯克利大学，亦即加利福尼亚大学伯克利分校，较为普遍地被称为伯

---

① 王玉等：《有效利用产学研联合 提高中国企业的竞争力》，《上海财经大学学报》2005年第1期。

② 李新男：《当前产学研结合发展的趋势、问题与对策》，《中国科技产业》2008年第7期。

克利分校，是世界顶尖的公立研究型大学之一。伯克利分校对教师学术创业的支持和服务并不是由一个机构来统一提供，而是由多主体组成，包括伯克利分校、加州大学总校和联邦政府三个层面（见表3-2）。

表3-2　　　　　　　　伯克利分校教师学术创业支持举措

创业阶段	伯克利分校		
	伯克利分校	加州大学总校	联邦政府
1. 创业技术培育	校级跨学科研究中心	CITRIS 种子基金	
2. 新产品研发支持	巴卡尔研究员项目	CITRIS 发明实验室	SBIR 计划
3. 产品—市场匹配	伯克利创业集群		I-Corps
4. 创业启动支持	"天花板"孵化器、"天花板"基金、伯克利催化基金	校级研究中心下设的专业孵化器，比如 CITRIS 铸造中心、QB3 孵化器等	STTR 计划
5. 创业公司管理	"未来空间"、OTL、"初创企业法律免费服务"		

　　伯克利分校层面，直接负责教师学术成果转化的职能部门是技术许可办公室（简称 OTL），技术许可办公室隶属于知识产权与产业研究联盟办公室（Office of Intellectual Property and Industry Research Alliances，简称 IPIRA）。[①] IPIRA 下还有一个部门是产业联盟办公室（Industry Alliances Office，简称 IAO）负责大学与产业研究关系的建立，并负责所有校企研究合作的合同谈判与管理。加州大学总校层面主要是设在伯克利分校的大型跨校区、跨学科研究中心，对一些特殊领域的学术创业提供支持，其中最为有名的是成立于 2001 年前后的惠民信息技术研究中心（Center for Information Technology Research in the Interest of Society，简称 CITRIS、惠民中心）和伯克利定量生命科学研究所（California Institute for Quantitative Biosciences at Berkeley，简称 QB3）。[②] 此外，联邦政府层面也有一些支持教师学术创业的政策依托伯克利分校实施。

---

　　① 该办公室是伯克利分校校企科技合作和技术转移的管理部门，下设两个办公室，一个是技术许可办公室，另一个是产业联盟办公室，负责大学与企业的科技合作。

　　② 2001 年前后，加州大学在总校层面成立了四个旨在促进加州未来工业与产业发展的跨学科科学与创新研究中心。其中，有两个落在加州大学伯克利分校内，其中一个是惠民中心（CITRIS），另外一个就是加州大学伯克利定量生命科学研究所（QB3），这两个中心也被伯克利分校列为校级研究中心（ORU），归主管研究副校长办公室管理。惠明中心主要开展信息技术领域的应用和开发研究，为社会最具紧迫的挑战创造信息技术解决方案。QB3 主要从事生命科学领域的创新研究。

（一）创业技术培育

伯克利分校在校级层面建了多种类型的跨学科研究组织，其中，有一部分研究中心特别面向实际应用或问题解决，开展以应用和开发研究为主的研究，比如，成立于 2010 年加州大学伯克利分校"合成生物研究所"（Synthetic Biology Institute，简称 SBI）、伯克利数据科学研究所（BIDS Berkeley Institute of Data Science）等机构在培育师生产生学术创业技术方面发挥了重要的作用。

加州大学研究中心也设有一些种子科研项目支持教师进行创业技术培育，如 CITRIS 下面设有两个种子资金项目（CITRIS Seed Funding Program）：一是 Core Seed Funding program，每年为教师提供 4 万—6 万美元的创业种子资金；要求每个申请提案要有 2 名首席研究员（PIs），成员必须来自 CITRIS 合作大学；二是 CITRIS & Tecnológico de Monterrey（ITESM）[①] Seed Funding，每年为每位教师提供 2.5 万的种子资金支持[②]，总数是 10 万美金（支持 4 个人）。也要求每份提案至少有 2 名首席研究员（PIs），成员至少一名来自 ITESM，一名来自 CITRIS 合作大学。这两个种子资金都规定了具体的资助领域，主要是支持教师开展相关领域的研究。

（二）创业产品研发与原型制作

伯克利分校设立一些项目支持教师将技术转化为产品，例如，巴卡尔研究员项目（Bakar Fellows Program）主要是培养"STEM+"领域的教师进行创业，这些领域包括工程、计算机科学、化学、生物科学、物理科学和建筑。教师通过竞争获得，入选该项目的教师能够获得一定的研究支持，以进一步成熟化他们现有的发现和创新，并转化成商业方案。该项目从 2012 年开始，每年支持几位教师，例如 2019—2020 学年共资助了 7 位教师。[③]

此外，该项目还设立了一个巴卡尔创新同伴项目（Bakar Innovation Fellows），支持获得巴卡尔研究员项目资助的教师、具有创造性和创业精

---

　　① 蒙特利技术中心（ITESM）是一个独立于政治和宗教派别的私人非营利机构，于 1943 年由尤金尼奥·加尔扎·萨达（Eugenio Garza Sada）和一群想要建立顶尖教育机构的墨西哥企业家创建。ITESM 致力于培养具有企业家精神、人文观和国际竞争力的领导者。CITRIS 通过设立种子基金，鼓励 CITRIS 相关高校研究人员与 ITESM 的研究人员合作，以促进双方共同的研究兴趣，加强校园之间的联系，并促进能够导致外部资助的早期研究。

　　② 资料来自 https：//citris-uc. org/core-seed-funding/，2020 年 5 月 17 日。

　　③ 资料来自 https：//vcresearch. berkeley. edu/bakarfellows/about，2020 年 3 月 15 日。

神的研究生或者博士后，把他们的实验室发现和创新成果转化为商业领域，帮助他们从学术研究员过渡到创业创始人。

惠民中心设有发明实验室（Invention lab）、社会应用软件实验室（Social Apps Lab）、移动应用软件实验室（Mobile App）、多校园测试设施设备（Multi-campus testbed facilities and capabilities）等教师进行产品原型设计和生产的"创客空间"。CITRIS Invention Lab 发明实验室是一个现场的快速成型和包装实验室，拥有一系列传统的成型设备（prototyping equipment），范围从基本的手工工具到（机器）加工和电子仪器，为创建功能性产品原型（creating functional prototypes）提供一整套工具、技术支持和制造服务。实验室对全校学生、教师和工作人员开放，也有一些关于产品设计和原型的课程在这里开设。

美国联邦政府的小企业创新研究计划（Small Business Innovation Research，SBIR）为教师进行创业产品研发提供资金支持。该项目在伯克利分校由技术许可办公室进行管理，教师可以申请。

（三）产品—市场匹配

伯克利分校通过建构包含投资者、导师、校友等在内的社会网络来促进教师进行学术创业更加符合市场的需求。例如，加州大学伯克利分校和加州市的政府部门、协会、商会等合作建立了伯克利创业集群（The Berkeley Startup Cluster），目的是帮助高科技初创企业的启动，尤其是为想要在当地落户的伯克利分校新创科技公司提供帮助。

美国国家科学基金会（NSF）于2011年7月启动了一项名为"创新合作计划"（"Innovation Corps"，简称I-Corps）创业教育项目，为科学家提供创业培训课程，也主要是帮助教师将技术转化为市场需要的产品。"I-Corps 的课程是建立在斯坦福大学精益启动板（Lean LaunchPad）课程的一个特殊的加速版本上，同时，增加了一些专门为 I-Corps 培训对象设计的元素。"[1] 也就是说，I-Corps 的培训课程围绕精益创业的内容进行培训。"精益创业"（Lean Startup）有两个关键词：一是最小化可行产品（Minimum Viable Product）；二是转轴（Pivoting），不断地收集、反馈信息，转换跑道。首先，创业者要根据市场细分，设计出解决某一特定领域

---

① 资料来自 https：//www. nsf. gov/news/special_ reports/i-corps/index. jsp，2020 年 6 月 10 日。

问题的产品，即最小化可行产品。其次，创业者要通过设计实验来快速检验产品或方向是否可行，客户的反馈和产品调整是这一创业模式的关键。客户发现—可行性产品—客户反馈—调整—市场营销—扩大规模，这个过程就是初创企业发展成为规模化公司的过程，也是精益创业教育培训的主要内容。

　　I-Corps 是一种体验式培训，是一种真实的、动手的、身临其境的学习。培训主要内容就是组织创业团队围绕他们的技术，进行产业发展调研、市场调查、产品设计等，学习如何将技术成功地转化为产品的过程。在这个过程中，I-Corps 利用客户和行业发现的经验学习，结合对工业过程的第一手调查，快速评估发明的转化潜力。教师必须组成创业团队参加培训项目，团队主要人员包括技术领导、创业领导和 I-Corps 导师三人，这三人必须全程参与。"NSF I-Corps 计划对每个申请项目的资助周期为 3年，每年资助经费为 35 万—125 万美元，具体额度视申请项目的研究机构多少来定。"① 从 2012 年到 2018 年，该项目已经培训了来自 271 所大学、研究所和学院的 3745 名研究人员，直接促成了 644 家创业公司的创立。②

　　与此同时，美国能源部也启动了一个能源领域的 I-Corps，主要就是培训国家实验室里的科学家。基于 NSF 的 I-Corps™，能源部的能源 I-Corps 模型是一个沉浸式培训（immersive training）体验项目，为国家实验室研究团队提供工具和培训，帮助将技术转化为有利于社会和国民经济的产品。培训必须以团队的方式进行，团队必须是来自国家实验室的人员。项目会给团队提供 75000 美元，以补偿他们的工作付出。

　　（四）创业启动

　　1. 孵化器

　　建立孵化器是帮助教师进行创业启动的有效方式。伯克利分校校内的孵化器有两种，一种是综合孵化器，另一种是依托研究机构建立的专业孵化器。综合孵化器指的是设在知识产权与产业研究联盟办公室下的"天花板"（SkyDeck）孵化器，该孵化器由伯克利的商学院、工程学院和研

---

　　① 田学科：《美评估创新合作计划实施成效：公共投资作用显著》，2012 年 7 月 21 日，http：//news. cntv. cn/20120721/100781. shtml，2020 年 7 月 20 日。

　　② 资料来自 https：//www. nsf. gov/news/special_ reports/i-corps/resources. jsp，2020 年 7 月 20 日。

究副校长办公室一起合作组成，共设有三种类型的孵化项目①：一是群组项目（Cohort Program），参加者还没有成立公司，是有意向成立公司的个人，他们通过报名参加 Cohort Program，SkyDeck 对他们进行产品策略、团队建设、客户介绍等三个方面的培训和辅导。这是一个加速器项目，时间一般为 6 个月，一年分为上半年和下半年两次申请。截至 2019 年底，SkyDeck 已经推出/启动了超过 300 家公司；②二是全球创新合作伙伴项目（Global Innovation Partner Program），主要针对业务面向国际市场的创业团队，这也是一个加速项目，加速时间为三个月；三是服务台项目（HotDesk Program），这是一个孵化项目，主要针对的是早期阶段的初创公司，SkyDeck 会为这些公司提供工作场所，它们可以参加 SkyDeck 的所有研讨会和活动，能够使用 SkyDeck 的顾问、资源等。

　　SkyDeck 还专门针对生命医学和芯片的创业公司设立了支持项目，分别名为"Bio-Track"和"Chip Track"。"Bio-Track"③支持在生物技术、医学技术或生命科学领域从事颠覆性想法的初创公司；"Chip Track"支持芯片的创业公司。每半年，SkyDeck 分别从这两个领域挑选两家公司，入选的初创公司能获得伯克利天空甲板基金 10 万美元的股权投资。SkyDeck 还提供一系列其他方面的支持，例如，接受进入生物轨道"Bio-Track"的初创公司，还能获得：（1）入驻伯克利 SkyDeck 办公场地 12 个月，并使用 SkyDeck 加速器提供的所有资源；（2）如果有需要的话，可以使用伯克利校院资源，包括各种实验室 12 个月；（3）获得在生物科学领域具有创业经验的科学家和投资者的定期支持；（4）每两个月与具有生命科学领域专业知识的顾问/导师共进晚餐；（5）重点介绍生命科学领域的投资者和合作伙伴。入选"Chip Track"的初创公司，还能够获得：（1）入驻伯克利 SkyDeck 办公场地 6 个月；（2）获得关键行业合作伙伴；（3）使用伯克利校院资源，包括纳米实验室（Marvell NanoLab）、分子铸造（Molecular Foundry）等；（4）行业顶级科学家、企业家、投资者的顾问和咨询；（5）使用芯片专业领域的各种资源。

　　专业孵化器主要是依托校级研究中心设立，比如，惠明中心下设的铸造中心（The CITRIS Foundry）。2013 年 CITRIS 成立 Foundry，旨在帮助创

---

① 资料来自 https：//skydeck. berkeley. edu/program/，2020 年 3 月 10 日。

② 资料来自 https：//skydeck. berkeley. edu/portfolio/#sky-comp，2020 年 3 月 11 日。

③ 该项目和加州大学的 QB3 合作。

业者建立对世界产生重大影响的公司。他们认为当前"经济正在硬件、软件和服务的交叉点上发展",而 CITRIS 从 2001 年建立开始,一直都在致力于信息技术领域的应用和开发研究,从而建立 CITRIS Foundry,为教师创办公司、将技术转化为生产力提供帮助和支持。截至 2019 年底,惠民中心共产生了超过 70 家的高科技新创公司。惠民中心铸造中心(The CITRIS Foundry)提供设计、制造和商业开发工具,以及企业家和专家社区,将创业团队转变为企业创始人。下设一个帮助教师和学生将创新带向社会、实现商业价值的技术创新孵化器(CITRIS Foundry Innovation Incubator),这个孵化器主要为加州大学师生提供以下三个服务[①]:创业网络与办公场所;团队和个人辅导,分三个阶段提供为期 6 个月一对一的教练式辅导;提供一些实验室、制造空间(工具箱)和商务资源。Foundry 的项目实行申请制,被选上的项目可以获得 5000—10000 美元的种子资金,并可以使用 Foundry 的基础设施和服务。[②] 教师必须以团队的方式进行申请,而且要求这个团队已经对世界产生重大影响。团队必须包括一名学生、一个教师(faculty)、一个工作人员(staff)或毕业 5 年之内的校友;其中有一个成员必须归属于 CITRIS。

2. 创业资金

创业启动阶段主要是提供天使投资,比如,伯克利"天花板"基金(Berkeley SkyDeck Fund)是专门用于支持教师科技创业的种子资金。从"天花板"孵化器项目孵化出来的初创公司,将获得伯克利天花板基金 10 万美元的股权投资。该基金通常每年投资 40 多笔,每半年选 20 家初创公司。SkyDeck 基金的资金由红杉资本(Sequoia Capital)、Sierra Ventures 和 Canvas Ventures 等机构以及其他风投公司、个人和大公司提供,但是基金投资获益的一半利润要交给学校。

伯克利分校还有两个专门为初创企业提供投资的机构,一个是伯克利催化基金(Berkeley Catalyst Fund),是伯克利分校基金会(University of California Berkeley Foundation)与企业和社会组织合伙设立的资金,对加州大学伯克利分校的研究成果进行投资,以进一步促进商业化。另一个是"伯克利天使投资网络"(The Berkeley Angel Network),由伯克利分校的

---

① 资料来自 https://citrisfoundry.org/incubator/,2020 年 4 月 2 日。

② 资料来自 https://citris-uc.org/foundry/project/apply-for-the-citris-foundry-startup-accelerator-by-september-25th/,2020 年 5 月 16 日。

校友、教员和前教员组成，目的就是在伯克利分校的校友和教员中建立一个天使投资者社区，并通过与天使投资相关的活动提高这个天使投资者社区的集体技能和知识。

此外，美国联邦政府的小企业技术转移计划（Small Business Technology Transfer，STTR），为教师向小企业转化科研成果提供资金支持。该项目在伯克利分校由技术许可办公室进行管理，教师可以申请。

（五）创业公司管理

对于已经成立的初创公司，伯克利分校还提供专门的资金、场地与法律等服务。在场地支持方面，伯克利有一个名为"未来空间"（NextSpace Berkeley）的公共创业空间，为初创公司提供基本的办公基础设施和社区连接，同时面向师生开放。伯克利分校还有一个"为初创企业提供免费法律服务"（Complimentary Legal Services for Startups）的机构。技术转让办公室也为教师创业提供法律服务。

二　新加坡国大支持教师学术创业的具体举措

与伯克利分校相比，新加坡国大即新加坡国立大学（简称 NUS），在促进教师学术创业方面更加活跃和市场化（见表3-3）。新加坡国立大学的发展定位是成为"全球性知识企业"（Global Knowledge Enterprise）。为推动其战略目标的实现，一方面，该校明确选择了创业型大学的发展策略，积极鼓励和推动师生创业，将大学知识商业化；另一方面，鼓励和支持师生进行海外创业，把科研成果向海外转移转化。新加坡国立大学负责将大学研究成果和技术进行转移和商业化的部门是成立于2001年的新加坡国立大学企业部（NUS Enterprise）[①]，主要任务是促进创新和创业，"将新加坡国立大学的技术和人才转化为可投资、可扩展的高技术初创企业"。

NUS 企业部下设有产业联盟办公室（Industry liaison office，简称 ILO）和创业中心（NUS Entrepreneurship Centre，NEC），该办公室的职能包括美国大学的技术转移办公室，但是内容更加广泛，还包括促进大学与产业的研究合作、知识产权许可和学术创业支持等。产业联络办公室负责联系并推动大学研究与企业合作、大学与外部各方合作合同的起草与管理、知识产权保护与管理、为教师提供精益创业课程培训等，工作内容从实施保

---

① 资料来自 https：//enterprise. nus. edu. sg/，2020 年 7 月 20 日。

密协议到研究合作协议，从专利保护到创业支持等各项研究活动的支持和服务。新加坡国立大学主要依托产业联盟办公室来支持教师学术创业。创业中心主要是面向学生开展创业教育，但是也有一些创业培训辅导项目专门针对教师。NUS 企业部是新加坡国立大学的一个职能部门，更是一个商业性运作的"企业"，"为了激励这个部门，校方每年拨给该部门经费低于新加坡国立大学总经费支出的 1%，这种资助策略迫使新部门像企业一样积极增加收益和吸引外部资金来支持自己的研发活动"①。NUS 企业部积极通过企业化的经营方面，主动将研究成果推向市场。

表 3-3   新加坡国立大学教师学术创业支持举措

创业阶段		新加坡国立大学
1. 创业技术培育		企业部：与企业进行合作研究
2. 新产品研发支持		最小可行性工作室
3. 产品—市场匹配		新加坡精益发射台创业验证计划
4. 创业启动支持		医学领域创业启动："大学联合医学技术项目"；创业孵化器：
5. 创业公司管理与成长	管理服务	"创业跑道"
	成长加速	大学科技园

（一）创业技术培育

新加坡国立大学主要通过 NUS 企业部与企业合作联系的机会，与一些知名企业合作设立专门针对新创企业业务发展的项目，这些项目主要有两种类型。

1. 支持某一特定领域的创新企业发展

例如，新加坡国立大学的 CE71、NUS Enterprise 和新电投资（Singtel Innov8）在 Block71 合作成立了一个网络安全创业中心（cybersecurity entrepreneur hub）——创新网络安全生态系统（Innovation Cybersecurity Ecosystem at Block71，简称 ICE71）。该项目在新加坡网络安全局（CSA）和信息通信媒体发展局（IMDA）的支持下，开展了一系列旨在支持网络安全相关的个人和初创企业的计划，这个计划涵盖从创意开发到网络安

① 卓泽林、王志强：《构建全球化知识企业：新加坡国立大学创新创业策略研究及启示》，《比较教育研究》2016 年第 1 期。

全初创企业的创建、加速和扩张（规模化）。该计划分为三个部分：
（1）ICE71 Inspire 是一个为期一周的项目，供个人测试他们的理论和想法，鉴定可行性和商业可行性（commercial viability），并和其他创业者一起开发他们的商业技能；（2）ICE71 Accelerate 是一项针对早期网络安全初创公司的为期三个月的加速器计划，旨在帮助初创公司打开产品市场；（3）ICE71 Scale 旨在帮助国际和本地初创企业在新加坡和亚太地区发展业务。其中 ICE71 Inspire 和 ICE71 Accelerate 是由欧洲一个网络安全加速器和早期网络安全初创企业的投资公司赛隆（CyLon）来运营。赛隆公司拥有全球网络安全网络和专业知识，结合 ICE71 的区域知识和生态系统，为创业者和初创企业提供在该地区成功开展网络安全业务所需的支持和进入市场的机会。

2019 年，NUS 与腾讯联合推出一个名为"腾讯云创业项目"（NUS-Tencent Cloud Start-up programme），通过腾讯云服务来帮助和支持 NUS 附属初创企业。被选中的初创企业能够使用腾讯的云信用、技术支持、解决方案、腾讯云产品和服务相关的线上和线下培训、营销支持等。

2. 支持新创团队为特定领域问题提供解决方案

例如，新加坡航空加速器（Singapore Airlines Accelerator）项目。NUS 企业部与新加坡航空一起合作了名为 Singapore Airlines Accelerator 的项目，支持创业公司去开发航空和旅行技术（aviation and travel tech）。实行申请制，入选团队将与新加坡航空公司业务部门导师合作，在 10 周内去开发一个概念证明（共同为航空公司开发解决方案），并获得高达 15 万新元的拨款支持。最后会有一个成果展示，航空公司会从中挑选一些创业公司的成果。[①]

NUS 与爱立信合作一个名为"爱立信亚洲挑战"（Ericsson ONE Asia Challenge）[②] 的项目。这项挑战旨在与亚太地区的早期初创企业和小企业合作，共同开发新的商业解决方案，以满足市场需求。在连接供应链（Connected supply chain）、自动驾驶（Autonomous vehicles）、智能制造等领域提供解决方案的企业，能够与爱立信合作，以促进其业务的进一步

---

① 资料来自 https：//accelerator. singaporeair. com/en/challenges/spring - 2020，2020 年 7 月 28 日。

② 资料来自 https：//enterprise. nus. edu. sg/partnering - corporates/corporate - partnerships/，2020 年 7 月 28 日。

增长。

NUS 还和支付宝、华为等公司合作，提供特定领域的解决方案，例如，NUS 和支付宝合作的"支付宝-NUS 企业社会创新挑战"（The Alipay-NUS Enterprise Social Innovation Challenge），旨在寻找最具创新性的社会影响企业，这个企业要以数字技术领域为重点建设一个包容性社会。顶级创新将得到进一步支持，以扩大其对社会的积极影响，获胜者能够获得 14 万新元现金奖励。

（二）创业产品研发与原型制作

新加坡国立大学有一个最小可行性产品工作室（The Minimum Viable Product，MVP）Studio），旨在打造专注于商业化的 NUS 技术原型。在最小可行性产品工作室，有基于学徒制的工程团队，这些工程师具有多年的丰富行业经验，研究人员或教师把想法告诉他们，他们能够高效快速地制做出产品原型，这使得 NUS 的技术能够被展示到特殊的应用中。大师级的工程师和学徒将他们的各种技能、创造力和诀窍应用到原型上，以便研究人员和初创企业能够更有效地从市场寻求反馈，并快速迭代他们的产品。

（三）产品—市场匹配

2013 年 6 月，新加坡国立大学企业部（NUS Enterprise）启动了一项名为"新加坡精益发射台"（Lean LaunchPad Singapore）的培训项目，旨在帮助研究科学家和工程师将他们的创新技术转化为商业上可行的产品和可行的商业公司。该项目以美国 NSF I-Corps 项目，以及这个项目在斯坦福大学、伯克利分校和哥伦比亚大学的授课为模型，根据实际情况进行调整，旨在为高技术（deep technologies）的商业化提供一个基于证据的创新平台。与传统的讲座和案例研究结构不同，新加坡 Lean LaunchPad 的教学法通过探索和发现过程促进体验式学习，培养创业思维。主要学习的内容包括客户发现（Customer discovery）、商业模式开发（Business model development）、敏捷工程（Agile engineering）三个方面。每一个参与者团队都围绕一项专有技术参与，为期 10 周。

创业验证计划（Start-up validation programme）是一个帮助创业团队去验证创业想法可行性的项目。这个项目是一个为期两天的研讨会，参加团队与行业专家密切合作，从他们那里获得个性化的反馈并对其进行修改，同时，参与者还会学到一些开发项目的有用工具。

（四）创业启动

1. 医学创业启动

新加坡国立大学主要针对医学领域设立专门的创业启动项目——名为"大学联合医学技术项目"（Joint University Medtech Programme，简称JUMPstart），由 2016 年新加坡国立大学与南洋理工大学、新加坡理工大学一起合作创立。该项目通过为生物医学团队提供"指导和培训、项目管理和技术支持、产品开发、商务计划制定"等一系列活动，实现生物医学创新商业化。自成立以来，JUMPstart 共支持了 14 支生物医学团队，其中两家初创公司已经在 2019 年实现了商业销售。①

2. 孵化器

新加坡国立大学有三个孵化器，针对不同阶段的创业进行孵化，其中，支持创业启动的是名为"飞机库"（Hangar）和 BLOCK71 的孵化器。Hangar 主要是对早期创业公司进行孵化，BLOCK71 是对成长期的公司进行孵化，

（1）飞机库（Hangar）

成立于 2016 年，NUS 校内有一个名为"飞机库"（Hangar）的地方，为早期（early stage）创业的公司和创业者提供办公场所和服务。Hangar还不能算是一个严格意义上的孵化器，而更像是一个创业者一起办公和交流想法的地方（co-working space），提供的支持主要有：（1）工作空间，包括办公桌、办公空间、讨论室和会议室；（2）其他便利设施和服务，如专家指导、创意验证和试验设施（test-bedding capabilities）；（3）不断举办各种活动，吸引风险资本家、企业合作伙伴、政府机构等人员参加，为创业者提供社会网络（networking）和学习机会。

（2）BLOCK71 全球孵化器

NUS 还有一个叫"BLOCK71"的孵化器（BLOCK71 Global Incubation），主要针对成长期（growth stage）的创业公司。"BLOCK71"是在 20 世纪 70年代初建立的一座破的工业区基础上改造而成的，"BLOCK71"是其诞生地所在的那栋大楼的名称。由 NUS Enterprise 与新电投资（Singtel Innov8），以及新加坡媒体发展局（Media Development Authority）一起合作创立。作

---

① 资料来自 http://www.nus.edu.sg/ilo/initiatives-programmes/jumpstart，2020 年 7 月28 日。

为一个孵化器，BLOCK71 不仅向新创企业提供工作场地，还提供接触技术、资金、人才、市场、社区的机会。BLOCK71 为正在成长的初创企业进入新市场提供了一个物理场所，通过 BLOCK71，新创企业还可以享受 NUS Enterprise 提供的全面支持服务，例如专门的指导支持、资金支持、社会网络以及帮助他们无缝融入当地生态系统。面向全球进行创业是 NUS 科技成果转化的一大特色，除了海外学院之外，"BLOCK71" 也在美国旧金山、印度尼西亚雅加达、中国苏州等 6 个海外地方建立孵化器。NUS 企业部利用这些全球资源和联系网络，为有意开拓海外市场的初创企业提供帮助。

（五）创业公司管理与成长

1. 创业公司管理

新加坡国立大学有一个叫创业跑道（The NUS Start-up Runway）的项目，专门为 NUS 企业部孵化企业提供一系列服务。这些服务包括①：（1）为初创企业招聘优秀人才；（2）指导咨询（mentor consultation）。新加坡国立大学企业孵化的创业公司，可以通过预约，与新加坡国立大学企业的创业导师进行咨询。这些导师会提供一般的商业建议、市场策略、业务增长策略、行业知识等；（3）公司专业事务服务（professional services）。为孵化企业提供一年在公司法律与秘书事务（Legal & Corporate Secretarial）、会计记账（Accounting & Book-keeping）、营销传播（Marketing communications）三个方面的专业性免费服务；（4）社交网络。NUS Enterprise 举办了很多活动，邀请行业专家、天使投资人、风险资本家和导师来参加，孵化企业能够以此建立良好的商业网络。同时，受孵化的创业者们也可以相互交流和学习经验。

2. 创业公司成长

新加坡科技园（Singapore Science Park）是亚洲最负盛名的研发与科技园。新加坡国立大学企业部和星桥腾飞集团（Ascendas Singbridge）② 合作，在新加坡科技园区内设立新加坡国立大学企业@新加坡科技园（NUS Enterprise@ Singapore Science Park）。大学科技园旨在转化和商业化 NUS 的高技术（deep technology），主要为 NUS 师生和校友创业与成果转化提

---

①　资料来自 https：//enterprise. nus. edu. sg/supporting - entrepreneurs/nus - start - up - runway/growth-stage/support-services/，2020 年 7 月 22 日。

②　星桥腾飞集团（Ascendas Singbridge）是新加坡科技园的开发商。

供创业空间。它通过把高技术新创公司、高科技公司、企业合作伙伴和加速器，以及大学的研究人员和学术界集聚在一起，组成一个社区，为推进创新提供关键支持。

三　国外研究型大学支持教师学术创业的特征

（一）多举措支持学术创业各个阶段

从以上两所大学的实践可以看出，国外大学采用多举措支持教师学术创业，大学对教师学术创业支持涵盖了从技术产品开发到将技术推向市场的全过程。在支持举措上，主要有设备、资金、场地、培训辅导、社会网络、孵化器和创业服务七个方面，不同阶段的举措有所侧重，如表3-4所示。

表3-4　　　　　　　　两所大学促进教师学术创业的举措

序号	学术创业阶段	举措		
1	创业技术培育	跨学科研究中心、校企合作	科研资助	
2	新产品研发与制作	设施设备		
3	产品—市场匹配与验证	社会网络、精益创业培训	孵化器	种子基金、天使投资
4	创业启动	创业培训催化		
5	创业公司管理与成长	场地、法律、招聘等服务	科技园	

1. 创业技术培育。技术是学术创业的源头，伯克利分校和新加坡国立大学都在培育教师学术创业的技术方面采取了举措。伯克利分校通过校级研究中心培育学术创业技术，新加坡国立大学通过与知名企业合作，促进师生开展创业技术研发。

2. 产品研发与制作。在产品研发方面，伯克利分校设立专门的项目支持教师进行创业产品开发；新加坡国立大学为师生提供与企业合作机会，联合开发创业产品。在产品制作上，伯克利分校的发明实验室、新加坡国立大学的最小可行性产品工作室为创业产品原型制作提供场地。

3. 产品—市场匹配与验证。技术是学术创业的开始，但是在将技术转化为商品的过程中需要与市场进行不断磨合、反馈与修改。几所公立研究型大学都采用了精益创业的思维，一方面，帮助教师与市场建立联系；另一方面，帮助教师收集市场反馈，不断验证产品并进行修改。例如，伯克利分校创建各种创业网络，为创业提供资源；新加坡国立大学的创业验证计划，帮助教师对其产品进行优化和修改。

4. 创业启动。创业启动并不是一个严格定义的范围，主要指将创业想法付诸实践的过程，孵化器/项目在这一过程中发挥了重要的作用。几所研究型大学都提供了不同的孵化项目，伯克利分校除了"天花板"孵化器，还在校级研究中心建立针对特殊专业领域的孵化器。新加坡国立大学的"飞机库""区块71"和大学科技园针对不同阶段的创业进行孵化。

5. 创业公司管理与成长。集中在创业公司的管理与成长方面，各大学主要提供诸如场地、资金、法律、公司财务等方面的服务。

（二）重点支持生物医学和信息技术领域的创业

伯克利分校和新加坡国立大学都在生物医学和信息技术领域设有专门的创业支持项目，这两个领域是当前技术更新最频繁、创业最活跃，也是最容易产生重大社会影响的领域。伯克利分校主要依托专业研究机构来做，新加坡国立大学与其他大学联合设立项目支持医学领域创业启动。

（三）支持教师与学生学术创业举措合一

从国外研究型大学支持学术创业的举措看，教师和学生所获得的政策支持没有多大区别。在此，可以对此作进一步分析。

1. 创业项目同时面向教师和学生开放。研究型大学的学生尤其是研究生参与科研程度比较深，研究水平相对较高，与教师创业类似，都主要依靠技术创业。各大学支持举措针对教师和学生创业的界限很模糊，虽然分别设有专门针对二者的创业项目[①]，但是有更多项目是同时面向教师和学生开放，没有严格区分服务对象。例如，伯克利分校的"天花板"和"铸造中心"孵化项目、NUS三个孵化器以及港科大的孵化项目，对所有本科生和研究生、员工、校友、研究人员、访问学者和教师开放。

2. 对教师和学生的创业培训部门重叠。负责教师创业和学生创业的部门没有分开，而是同一个部门——负责学生创业的部门设在学校科研管理部门下面。新加坡国立大学的精益发射台项目和创业中心都设在 NUS 企业部下；香港科技大学的创业中心设在技术转移中心下。

---

① 本章所介绍的举措并不包括专门/主要针对学生的创业项目，本书将这些归为学生创新创业教育的内容。

3. 一些项目支持明确要求教师/研究人员和学生合作。例如，伯克利分校 Foundry 孵化器的项目必须以团队的方式进行申请，团队必须包括一名学生、一名教师、一名行政人员或毕业 5 年之内的校友，其中有一个成员还必须在惠民中心有相关工作。[①] 伯克利的巴卡尔创新同伴项目资助研究生和教师合作开发产品。

（四）充分采用市场价格机制提供创业服务

境外大学在为教师学术创业服务的过程中，充分采用了市场化的机制。（1）在外部市场上，通过设立企业化运营部门/公司，代表大学对外推广科技成果，主动拓展大学知识转移的机会和市场，例如香港科技大学的研究与发展公司、新加坡国立大学的企业部；（2）在内部市场上，企业化运营公司对教师学术创业活动提供有偿服务，主要集中在将产品转化为商品的阶段，诸如新技术/产品营销、创业投资、新创公司管理事务等方面。

无论是外部市场还是内部市场，境外大学都是采用市场的价格机制[②]提供服务。大学在内部市场上为教师或创业公司提供有偿服务，普遍采用价格机制；在外部市场上，虽然大学以企业化运行公司的方式向外提供技术，但是各大学运营部门并不从技术交易中赚取差价，而是从中抽取一定比例的服务费用，其实质也是采用价格机制——向教师收取技术服务费。只不过二者收取服务费用的方式不一样，内部市场是采用"按需购买、即时付费"，外部市场是采用"滞后性的一揽子付费"的方式。表面上各大学技术转移办公室或其下属公司没有直接向教师收取费用，但是，当技术交易成功之后，这些部门要收取一定的比例作为"回报"。例如，美国大学技术转移收入的 15% 首先要作为技术转移中心的成本，归入技术转移中心，用以支付商业化技术过程中产生的费用，余下的收入（称为净收入）以各 1/3 的比例在学校、院系和教师之间进行分配。

---

① 资料来自 https：//citris-uc. org/foundry/project/apply-for-the-citris-foundry-startup-accel-erator-by-september-25th/，2020 年 7 月 28 日。

② 市场机制包括供求机制、价格机制、竞争机制和风险机制。

第四章　教研型高校教师学术
创业的探索与实践

在当前乃至未来的高等教育层次结构中，教研型高校要比研究型大学在学校总数与在校生数上都要多得多。例如，2019 年，全国共有高等学校 2956 所。其中，普通高等学校 2688 所（含独立学院 257 所），成人高校 268 所。在 2688 所高校中，普通本科院校 1245 所，高职（专科）院校 1423 所。[①] 毫无疑问，对于 1245 所普通本科院校而言，研究型大学所占比例不超过 1/10，占主体的依然且将长期属于教研型或者研教型高校。虽然学术创业被视为研究型大学的"第三使命"，[②] 成为研究型大学更高发展阶段的自然呈现，但是，在中国 3000 所左右的高等学校中，教研并重型高校最为积极也较有条件推进大学教师学术创业。仅从新建本科院校来说，正如前期研究指出的，占据普通本科院校"半壁江山"的新建本科院校，在推进创业型大学本土化实践上，总体上比高职高专具有较好的学术积累，比研究型大学具有更加迫切的愿望，属于学术应用类创业型大学中国实践的主体。[③] 毫无疑问，如果将高等学校分成研究型、教研型与教学型三大类[④]，新建本科院校基本上可以归入教研并重的教研型。在事实上，国内任何一所本科院校都将科研作为学校转型升级的核心竞争力，

---

① 教育部：《中国教育概况——2019 年全国教育事业发展情况》，2020 年 8 月 31 日，http：//www.moe.gov.cn/jyb_ sjzl/s5990/202008/t20200831_ 483697.html，2020 年 11 月 14 日。

② 详见夏清华《学术创业：中国研究型大学"第三使命"的认知与实现机制》，武汉大学出版社 2013 年版，第 32—40 页。

③ 详见付八军《创业型大学本土化的中国模式研究》，中国社会科学出版社 2018 年版，第 88—104 页。

④ 从教学与研究关系维度，有学者将高校分为研究型、研教型、教研型、教学型四类。本书认为，研教型与教研型的边界模糊，而且国内大学都在努力实现层级的递升，从而采取三分法而不是四分法。

成为与教学育人同等重要甚至更为重视的办学抓手。如果再将那些目前尚未进入研究型大学行列且又不属于新建本科院校的其他本科院校纳入进来，教研型高校成为中国大学学术创业的主体就显得更加具有说服力。因此，在上一章梳理研究型大学教师学术创业的基础上，本章进一步开展教研型高校教师学术创业的探索与实践研究。

第一节　浙江农林大学教师学术创业的案例研究

在本书第一章研究指出，学术创业的形式多种多样。针对现实中的大学教师学术创业活动，学界往往较多地关注研究型大学的科技成果转化，或者在研究高职高专教师双师型技能培养的基础上关注该类教师的市场化生存能力，而对教研型高校教师的学术创业活动重视不够。事实上，相对研究型大学依托高水平研究成果顺其自然的学术创业与高职高专凭借校企合作资源借势而为的学术创业，教研型高校基于内生动力逆流而上的学术创业更应该值得学界关注与重视。尤其一批率先高举学术创业旗帜的普通地方本科院校，其勇于创新、开拓进取的办学精神在很大程度上代表了未来中国高等教育的新动向。浙江农林大学正是这样的一所教研型普通地方本科院校，自 2010 年确立创业型大学战略定位至今的十年，其成败得失值得学界思考、梳理与分析，以便寻找推进大学教师学术创业、践行国家"双创"方针的有效举措。

一　创业型大学是推进大学教师学术创业的最佳实践平台

20 世纪末，美国学者伯顿·克拉克与亨利·埃兹科维茨几乎不约而同地提出创业型大学概念，在全球尤其西方高等教育学界产生了广泛而又深远的影响。两位理论鼻祖对于创业型大学的研究视角并不相同，克拉克较多地从组织转型视角出发[①]，而埃兹科维茨更多地从科技成果转化视角而言[②]。而且，两者的理论基础亦不尽一致。克拉克选择大学转型的"五大要素"作为理论基础，而埃兹科维茨以"三螺旋"创新模式作为理论

[①]　[美] 伯顿·克拉克：《建立创业型大学：组织上转型的途径》，王承绪译，人民教育出版社 2007 年版，第 2—8 页。

[②]　Henry Etzkowitz, "Entrepreneurial science in the academy: a case of the transformation of norms", *Social Problems*, 1989, 36 (1).

基础。① 但是，克拉克要比埃兹科维茨对创业型大学的研究更为持久与更具针对性，在后期的研究中突破了欧洲教学型院校的局限性，融合了埃兹科维茨以美国研究型大学作为观测对象的案例高校②，这正是学界将伯顿·克拉克誉为"创业型大学之父"的原因所在。③ 创业型大学理论一经诞生便迅速传入国内，并引发诸如福州大学、南京工业大学、浙江农林大学、临沂大学等一批普通本科院校先后举起创业型大学旗帜。由于国际学界对于何谓创业型大学尚未给出统一的答案，国内选择创业型大学战略定位的本科院校普遍依据自己的理解推进创业型大学建设。由于高校缺乏相应的办学自主权、主要领导的稳定性不足以及教师转型的激励机制不足等多方面原因，创业型大学中国实践尚未取得预期效果，出现了中西创业型大学建设的"南橘北枳"现象。④ 但是，相较传统院校而言，创业型大学依然是推进大学教师学术创业的最佳实践平台。

在理论上，创业型大学没有否定传统院校的基本职责，而是在此基础上延长学术生产链条、增进知识应用的"多功能机构"⑤。无论创业型大学基于外源经济压力还是内源知识创新而诞生，无论克拉克与埃兹科维茨在创业型大学的理解上有什么样的分歧，无论创业型大学研究者从哪个角度诠释创业型大学本土化内涵，对于这个基本观点能够达成共识。这就意味着，如果传统院校以学以致知作为学术伦理，那么创业型大学则以学以致用作为使命追求，两类不同院校有着不同的学术生产模式。进一步说，创业型大学是在传统院校知识生产、知识传承的基础上倡导知识应用的新型院校，同时强调要以"学以致用"引领"学以致知"作为办学理念与双重使命。在实用主义而非功利主义的学术生态环境下，市场化生存将成为创业型大学的生存方式⑥，"商业工作是学术界教学和研究活动不可或

---

① 付八军：《创业型大学本土化的内涵诠释》，《教育研究》2019 年第 8 期。
② 详见［美］伯顿·克拉克《大学的持续变革：创业型大学新案例和新概念》，王承绪译，人民教育出版社 2008 年版，第 173—225 页。
③ 荣军、李岩：《澳大利亚创业型大学的建立及对我国的启示》，《现代教育管理》2011 年第 5 期。
④ 付八军：《国内创业型大学建设的路径比较与成效分析》，《高等工程教育研究》2016 年第 6 期。
⑤ 详见［美］亨利·埃兹科维茨《麻省理工学院与创业科学的兴起》，王孙禺、袁本涛等译，清华大学出版社 2007 年版，第 13 页。
⑥ 温正胞：《大学创业与创业型大学的兴起》，浙江大学出版社 2011 年，第 69—83 页。

缺的一部分"①，凭借独特的学术资本优势直接服务社会、加快知识转移转化将成为创业型大学区别于传统院校的显著特征。正如学术资本主义概念的重要阐释者希拉·斯劳特与拉里·莱斯利所言："对于贴近市场的高技术领域的教学科研人员而言，知识的商业潜能及产生资源的能力被看得同知识对于发现的意义一样重要。"② 工作于该种学术氛围的创业型大学教师，要比传统院校教师更多地感受到学术创业的牵引乃至冲击，也更容易理解与接受在传统职责之外的知识转移转化活动。

在实践上，从世界范围看，被誉为创业型大学典范的 MIT、斯坦福与华威大学，其学术创业要比传统院校活跃得多，在很大程度上能够激发大学教师学术创业的热情。例如，在斯坦福大学，大约 1/4 的在职教授有过至少一次创业经历，每位教师平均创办 0.67 家公司，该校还倾向于选择那些具有学术创业经历的学者担任二级学院院长乃至校长职务，浓厚的学术创业氛围奠定了学术创业型教师在全校的地位与影响。③ 在学以致用的实用主义价值导向下，大学教师推动某项学术成果的市场转化、产品有效应用，要比在重要学术期刊上发表某篇学术论文、实现理论创新更有吸引力与成就感。显然，这在传统院校是难以实现的。因为传统的科学规范并没有要求科学家们直接参与将其研究成果转化为有经济价值的实物的过程，以致视那些实现自己科研成果市场化的学术型科学家为大学教师的异类。④ 从国内情形看，那些明确提出创业型大学战略目标定位的普通本科院校，要比传统院校在许多方面有利于激励大学教师开展学术创业。例如，福州大学在传统院校科研管理机构的基础上于 2003 年另外成立科学技术开发部，对外开展产学研合作、科技成果转移转化等管理与服务工作，2009 年被国家科技部授予"国家技术转移示范机构"，2019 年入选教育部"首批高等学校科技成果转化和技术转移基地"，先后获得"全国技术市场金桥奖""中国产学研合作促进奖""中国产学研合作创新奖"

①　Joris Mercelis, Gabriel Galvez-Behar, Anna Guagnini, "Commercializing science: nineteenth and twentieth - century academic scientists as consultants, patentees, and entrepreneurs", *History & Technology*, 2017, 33 (1).

②　[美] 希拉·斯劳特、拉里·莱斯利：《学术资本主义——政治、政策和创业型大学》，梁骁、黎丽译，北京大学出版社 2008 年版，第 19 页。

③　殷朝晖、李瑞君：《美国研究型大学教师学术创业及其启示》，《教育科学》2018 年第 3 期。

④　[美] 亨利·埃茨科维兹：《三螺旋创新模式》，陈劲译，清华大学出版社 2016 年版，第 19 页。

"中国产学研合作创新成果奖""项目成果转化优秀组织奖",等等。"十三五"以来,对外签订技术合作合同近 2000 项,社会服务总收入超过 9.27 亿元。[①] 2014 年,福州大学初步形成科技园"一园三区"的战略格局,不只是像其他院校的科技园区那样仅仅承担公司管理职责,而且成立实体部门科技与产业发展中心,将科研开发、管理、转化与服务融为一体,形成完整的"科研开发—成果孵化—成果产业化"的技术创新服务链条。该校国家大学科技园先后获批福建省科技企业孵化器、福建省众创空间、福建省互联网孵化器,成为福建省唯一一家同时获得三项荣誉的高校,也是福建省省属高校唯一一家获国家科技部、教育部联合授牌的科技园。[②] 相比于福州大学,浙江农林大学在学术创业上的推进步伐更加强劲。除了同样在机构设置、宣传发动、政策研制、园区建设[③]等方面作出努力外,浙江农林大学还是国内第一所提出创业型大学阶段目标分期的普通本科院校,要比其他创业型大学更为明确地对战略目标进行全面系统深刻地解读,成为在学术创业上给予经费奖励、职称认可、考评加分等更大激励举措的创业型高校。[④] 在如此强劲的学术创业文化环境下,创业型学院[⑤]、创业型团队[⑥]、创业型教师[⑦]不断涌现出来。显然,相对于国内传统

---

① 福州大学:《福州大学科技开发部部门介绍》,2019 年 3 月 7 日,http://kjkf.fzu.edu.cn/html/bmgk/bmjs/2017/09/27/f78024d5-4a43-4c22-a519-dae6d9ca8fcd.html, 2020 年 2 月 21 日。

② 段金柱、张存金、陈建鋆:《闽侯在福大国家大学科技园设立人才服务中心》,《福建日报》2019 年 10 月 14 日。

③ 详见洪俊《农业科技园区农业技术推广机制研究——以浙江农林大学(德清)农业科技园区为例》,硕士学位论文,浙江农林大学,2016 年。

④ 详见付八军《教师转型与创业型大学建设》,中国社会科学出版社 2016 年版,第 7—26 页。

⑤ 田传信、张娜、宋厚辉:《乡村振兴战略下创业型学院生成路径研究——以浙江农林大学动物科技学院为例》,《河北农业大学学报》(社会科学版)2019 年第 1 期。

⑥ 详见蒋之炜、宋明冬、王旭烽《创业型大学建设理念下的高校学术创业实证研究——以浙江农林大学文化学院笨鸟文创团队为例》,《艺术研究:哈尔滨师范大学艺术学院学报》2019 年第 3 期。2015 年 5 月,该校文化学院发起组建学术创业团队——笨鸟文创,初衷是通过整合学院各学科学术资源,以商业经营创造经济效益并反哺学院教学与科研活动,改善学院办学条件。作为由学院发起以教师群体为主的组织层面上的学术创业,其既不同于教师个人创业,也不同于学生创业或社团创业,其创业实践无疑已超出了最初单纯的利益诉求,而是对学校建设创业型大学的战略思想的一种生动实践和有益探索,具有重要的示范意义和引领作用。2015 年暑假期间,由院长王旭烽教授领衔,笨鸟文创团队全程负责的《茶空间管理精英实训项目》成功举办,这是国内茶文化培训的一次原创,是"笨鸟"起飞的标志,是浙江农林大学茶文化学院为社会服务走向产业化迈出的一大步。

⑦ 金春德:《绿色引领木材行业变革——访浙江农林大学教授金春德》,《科技导报》2016 年第 19 期。

型的地方普通本科院校而言，该类创业型大学更有利于大学教师开展学术创业活动。

二　创业型大学战略定位淡化前后大学教师学术创业实践

国内地方高校在学术创业做出创造性改革的高校甚多，例如早在2010年提出创新创业型大学战略定位的南京工业大学，那个时候开始倡导"老师在岗创业，成果在园转化，人才在校成长"的办学理念，在2014年之际，该校控股、参股的学科型公司已达100多家，其中4家已经上市，校内参与学科型公司创立的教师50多位，占全校专任教师比例的3%。① 不过，本书还是以浙江农林大学作为教研型院校推进大学教师学术创业的案例高校开展研究。原因在于：其一，该校同样较早于2010年提出生态性创业型大学的战略构想，并且属于浙江省人民政府关于开展创业型大学建设试点的省级教育体制改革项目中7所试点高校之首，由此可以观测创业型大学中国实践要突破其依赖的政策环境在哪且有多难；其二，创业型大学战略目标的倡导者与改革者校党委书记宣勇在2016年离开浙江农林大学之后，该校对于创业型大学的宣传与推动少了许多热情，正如笔者在近来访谈的多位中层干部与行政管理人员所言，无论学校方案制度还是工作研讨，学校尽量避免提及创业型大学战略定位；其三，笔者曾于2011—2014年在该校担任教育发展研究中心主任（正处），兼任发展战略管理处副处长，对该校在推进创业型大学建设初期的动因、举措与问题等知悉甚多甚深，并且以一位局内人管理者身份②以及局外人研究者身份③开展过相应的研究工作。鉴于此，本书从创业型大学战略目标淡化前后两个阶段对浙江农林大学推进大学教师学术创业进行案例研究。

（一）创业型大学战略定位强化期大学教师学术创业实践

自2010年7月浙江农林大学第一次党代会提出"到2020年把学校初步建设成为国内知名的生态性创业型大学"至2016年7月宣勇书记离开浙江农林大学，可以称为创业型大学战略定位的强化期。在这个阶段，学校为加快推进创业型大学建设，在许多方面进行了艰苦卓绝的探索与实

---

① 李向光：《南京工业大学的"斯坦福之路"》，《中国人才》2014年第23期。
② 详见付八军《纵论创业型大学建设》，浙江工商大学出版社2014年版，第169—183页。
③ 详见付八军《教师转型与创业型大学建设》，中国社会科学出版社2016年版，第21—26页。

践。例如，在原有教育（发展）研究中心的基础上增设了全国第一家也是唯一一家引领学校改革与评价各个部门的战略管理处，在新设社会合作处的基础上增设了全国第一家也是唯一一家师生学术创业管理与服务机构创业管理处。又如，在全国确立了第一个最能强化学校办学特色、对接发展主题的"1030"战略，亦即全校学科专业建设主要围绕十大重点领域，每个领域优选三个关键主题，为加快研究成果聚焦在这些领域与主题，甚至主张"1030"战略之外的学术成果不予承认与奖励；等等。由于在笔者前期的研究成果中已有相关论述，本书在此不再过多地阐述创业型大学建设初期的举措、经验与亮点。针对大学教师学术创业活动的开展状态，本章主要从以下两个方面予以论述。

一方面，大学教师学术创业的激励与评价，要比传统院校更有力度与温度。为了鼓励学术创业型教师以及团队浮出水面，该校创业管理处出台了一系列管理措施与文件办法。例如，学校先后制定了《浙江农林大学"十二五"创业发展规划》《浙江农林大学关于鼓励和扶持创业的若干意见（试行）》（浙农林大［2012］89 号，简称"创业 15 条"）与《浙江农林大学鼓励推广应用创新券的指导性意见》（浙农林大［2016］8号）等。为了贯彻与落实"创业 15 条"，再次制定了许多相关的配套政策，例如《浙江农林大学学术创业业绩评价与计算办法》《浙江农林大学知识产权作价入股开展创业的实施办法》《浙江农林大学院校两级创业团队组建及认定方案》《浙江农林大学创业孵化园管理办法（讨论稿）》等。[1] 尤其在国家"双创"战略提出与学术创业政策批量发布之前形成的"创业 15 条"，有许多改革举措具有前瞻性、开创性与鼓舞性；同时，当初为推动大学整体的组织转型，"创业 15 条"特别重视学术创业团队建设。例如，该文件第一条首先明确学术创业的边界，即"指利用科技成果、技术发明、设计创意和知识技能等学术资本创造价值的活动，主要包括技术专利许可转让、技术设计咨询服务及创办创业工作室或经济实体等形式"，随后第二条提出："鼓励学校在编教职工和在籍学生作为创业主体，以团队形式开展创业"，不仅鼓励在岗创业，而且鼓励三年内离岗不离职的学术创业。又如，该文件第七条提出："科技成果及专利许可转让的，净收益85%奖励给团队。学校所获许可转让收益的三分之一奖励学

---

① 详见刘志坤《学术创业的探索与实践》，载付八军《纵论创业型大学建设》，浙江工商大学出版社 2014 年版，第81—87 页。

院（部）。""以科技成果作价投资的，作价投资股份或出资比例的70%—90%奖励给团队，学校和学院所得部分采取'三免两减半'予以让利，即学校和学院所得部分，前三年全部经济收益归创业团队，后两年全部经济收益的50%归创业团队。"在第十条还进一步指出："创业业绩等效于教学科研业绩，计入学院及个人岗位工作量考核，作为教师职称晋升、岗位聘任及学生创新学分认定的依据。"依其激励强度与力度，在学校不断宣传与强化创业型大学战略定位的前提下，该校教师理应在熟悉自身学校办学定位的基础上关心学术创业甚至投入知识转移转化热潮中。

　　另一方面，大学教师学术创业的意愿与热情，与传统院校相比没有明显变化。当学校满怀希望一批创业型教师与创业团队涌现出来之际，大学教师对此的不冷不热甚至漠不关心让作为中层管理干部与高等教育研究者双重身份的笔者惊诧不已。对此，笔者曾在多处提及一个典型事例。2013年10月，本人曾在该所创业型大学多个二级学院进行调研，听取教师们对学校改革与发展的意见、困惑与希望。原以为教师们会对学校如此宏伟与热烈的战略蓝图各抒己见、讨论热切，没想到，在前后30位以上的专任教师中，不但没有一位教师提及创业型大学以及相应的各种政策，而且当我们主动问及此事时，大部分教师都认为他们的主要工作还是教书育人、申报课题、发表论著、争取奖项、申报专利等，并没有去考虑学术创业的事情，甚至还有少数教师认为他们根本不知道也不想去知道什么是创业型大学。可见，尽管学校在宣传策动以及政策文本上已经做了大量工作，但在全校师生员工中并没有产生巨大反响，专任教师根本没有什么变化，甚至无动于衷，过去怎样，他们现在还是怎样。[①] 为什么轰轰烈烈的创业型大学建设以及实实在在的学术创业激励政策都不能让大学教师从传统型转向创业型？尤其连关注学术创业的态度与意愿都未曾发生实质性改变。其实，最直接也是最关键的因素在于该校激励与评价大学教师业绩的指标体系没有从根本上改变，依然是传统的学术业绩考评方案与教师评价机制。例如，在这个阶段同时完善的大学教师科研激励新政与传统院校的学术评价体系并无根本区别，虽然增加学术创业业绩认可的新内容，在总体上依然是论文、著作、课题、获奖与专利等传统学术业绩，只不过对"获奖"等方面加大力度而对"低层次"的论文等减少甚至放弃奖励，与

当前传统院校一样依旧是通过"金元重赏"打造科研勇夫的政策思路。①
这就不难理解，无论学术职业的升迁还是岗位收入的增加，"把文章写在
纸张上"②远远要比"把文章写在大地上"②更有确定性收获与荣誉。

但是，尽管大学教师没有跟随学校战略步伐迅速转入应用学术、学术
应用的学术创业轨道，该校还是有一些教师及其团队结合学科专业特色开
展了学术创业活动。例如，在这个时期有宋厚辉博士建立浙江农林大学动
物健康检测中心，取得了中国计量认证资质，面向社会开展动物健康和食
品安全相关的第三方检测服务。通过学术创业，宋博士带领团队注册成立
浙江国顺检测有限公司（注册资金：2750 万元，担任法人）和浙江国科
动物诊疗有限公司（注册资金：1000 万元，担任法人），获得浙江省青山
湖科技城一类创业资助（600 万元）。宋博士还研发了动物（野生动物）
结核、禽和野鸟流感（H3、H5、H7、H9、N9）、犬细小病毒、犬瘟热病
毒、猪瘟病毒、猪流行性腹泻病毒、猪蓝耳病病毒等抗原、抗体和核酸检
测试剂十余种。其团队的学术创业活动先后得到了《浙江日报》《科技金
融时报》《青年时报》《浙江教育报》等新闻媒体的关注。2016 年，宋厚
辉博士被评为学校创业之星（创新创业先进个人）。③ 又如，该校历史最
悠久、最具林业特色、师资力量最强、培养人才最多的林业与生物技术学
院，在 2016 年被评为创新创业先进集体。该学院充分发挥学科专业和师
资优势，以创新拼搏的精神，为地方经济发展、山上浙江建设和新农村建
设服务。5 年来，先后与 20 余个县市签订科技合作协议，与 80 余家企业
签订产学研合作协议；选派 47 人（次）担任科技特派员派驻各县市开展
科技服务工作，产生直接经济效益 40 多亿元，带动 20 多万人脱贫致富。
2016 年，该院科技团队的"南方特色干果良种选育与高效培育关键技术"
获国家科技进步二等奖。④ 这些学术创业的优秀案例说明什么，笔者将此
放在本节第三部分论述。

---

① 详见张得才、龙春阳《浙江农林大学科研激励新政的现状、问题与完善策略》，《科学
管理研究》2014 年第 3 期。

② 包晓凤、郭华：《把文章写在大地上——访水资源专家中国工程院士王浩》，《科学新
闻》2014 年第 14 期。

③ 资料来源：浙江农林大学创业管理处提供。

④ 国家林业和草原局、国家公园管理局：《"南方特色干果良种选育与高效培育关键技术"
项目获国家科学技术进步奖二等奖》，2016 年 1 月 11 日，http://www.forestry.gov.cn/lykj/1712/
content-834910.html，2020 年 2 月 21 日。

（二）创业型大学战略定位淡化后大学教师学术创业实践

随着高校某位主要领导的离任，原有战略目标定位发生偏移的现象在我国普遍存在。例如，欧阳平凯校长在主政南京工业大学期间，于2010年正式提出"创新创业大学"的战略构想，在2011年进一步提出"创业创新型大学"办学定位，突出学以致用、学术创业的价值取向。作为南京工业大学首任校长且在该岗位连任11年之久的欧阳平凯于2012年退休，2013年，"有特色、高水平的创业创新型大学"战略定位被"综合性、研究型、全球化"高水平大学所取代，新的办学定位在学校官网[①]、文件方案以及各种讲话中被广泛传播。[②] 当然，特别值得一提的是，自2017年欧阳校长原副手乔旭接任校长之后，办学定位重新回到"建成国内一流国际知名创业型大学"[③] 轨道。但是，与南京工业大学不同之处在于，浙江农林大学战略定位偏离显得较为隐蔽。在更新截至2019年10月的浙江农林大学官网上，"2020年初步建成国内知名的生态性创业型大学"战略目标依然历历在目。然而，自2016年7月宣勇书记离开浙江农林大学至今，推进创业型大学建设的步伐逐渐放缓声音明显减弱，各级行政领导干部在工作研讨以及文件起草中尽力避免涉及"创业型大学"，这意味着除了对外宣传的学校官网以及在目前无法更改的章程条款上偶尔看到"创业型大学"字眼外，在全校现有的规章制度与办学文化中体现不出创业型大学的战略目标定位。学校近两年主抓的特色工作，主要还是校办（教育技术中心）牵头在做的"一库一表"。正因为此，本书将自宣勇书记离任以来至今的时期称为创业型大学战略定位淡化期。针对该校大学教师学术创业活动的开展状态，本章同样主要从以下两个方面予以论述。

一方面，创业型大学战略定位在全国热火朝天的学术锦标赛中静悄悄地消退。如果说创业型大学战略定位的更改在南京工业大学是从明确提出新的战略定位开始，以一种"快刀斩乱麻"的改革者姿态改弦易辙，那么浙江农林大学则是从消解创业型大学办学文化开始，以一种"温水煮青蛙"的改良者姿态改弦更张。两者在事实上的战略调整与价值否定是

---

① 南京工业大学：《南京工业大学简介》，《江苏高教》2016年第5期。

② 张艾情：《世界一流有多远——对话中国科学院院士、南京工业大学校长黄维》，《群众》2017年第9期。

③ 南京工业大学：《南京工业大学简介》，2019年11月，http：//www.njtech.edu.cn/xxgk/xxjj.htm，2020年2月22日。

一致的，只不过前者表现得较为激进，后者表现得较为温和。缓慢渐进地去创业型大学变革，正因为是从一种平稳的文化氛围消解着手，从而了解该种办学定位的更替同样主要基于该校营造出来的另一种文化氛围。但是，除了前文提及的行政文化认同之外，该校在某些具体举措上同样体现学校去创业型大学办学定位的价值取向。在此，试从以下三个方面予以分析。其一，推进创业型大学建设的牵头部门裁撤。创业管理处与战略管理处是最能体现该校迈入创业型大学建设轨道的两个标志性机构，也是加快传统院校向创业型大学转型的两个核心机构，于 2018 年四年一次的岗位聘任和机构调整之际，在保留社会合作处的基础上撤销创业管理处，在将教育发展研究中心更改为高等教育研究中心的同时将战略管理处更改为发展规划处。由此可以得知，如果南京工业大学当初是从学校高层断然阻隔创业型大学建设文化，那么浙江农林大学则是从学校中层逐渐消解创业型大学建设文化；其二，推进创业型大学建设的考评指标消解。在创业型大学战略定位强化期，每年一度的二级学院考评都会有由创业管理处牵头赋分的创业考核项目，但是，现阶段二级学院考评方案《浙江农林大学学院（部）、机关单位年度工作考核办法（修订）》（浙农林大〔2019〕121 号）不再设有明确的创业指标（见表 4-1），与传统院校的二级学院考评已无任何区别；其三，学校内部规章制度显现传统院校办学定位。虽然在对外宣传的学校官网等少数地方尚未变更创业型大学战略定位，但校内流通的各种规章制度已经找不到创业型大学战略定位的字眼，在某些文件上甚至以高水平大学等有意识地进行模糊化处理。以牵引各个部门尤其是二级学院发展的考评文件（浙农林大〔2019〕121 号）为例，在开篇之处对于学校发展战略定位仅仅提出"加快推进特色鲜明的高水平大学建设"。在教师职称评聘的基本条件上，学术创业不再纳入岗位聘任的业绩范围。① 学校之所以淡化创业型大学战略定位，根本原因在于中国公办院校均接受政府统一评估，依然遵循传统学术业绩考评标准，缺乏依法独立自主面向社会与市场办学的自主权，同时国家也没有为创业型大学设置独立的评价指标体系，寄望特色强校、分类发展且办学资源严重依赖政府的创业型大学势必越来越边缘化。

---

① 详见《浙江农林大学 2019 年度专业技术职务评聘的实施意见》（人事处〔2019〕14 号）。

表 4-1 　　　　　　　　学院（部）事业发展分项考评

考核分项	比重	考评牵头部门
党建与思政工作	10%	组织部、宣传部
本科教育与生源质量	20%	教务处、学生处
学科建设与研究生教育	18%	学科办、研究生院
师资建设和信息化建设	18%	人事处、校办
科学研究	18%	科技处
国际合作与交流	8%	国际处
社会合作与校友工作	8%	合作处、校友办

资料来源：详见 2019 年浙江农林大学第十四次党委会审议通过的《浙江农林大学学院（部）、机关单位年度工作考核办法（修订）》（浙农林大［2019］121 号）。

另一方面，科技成果转化的激励机制作为办学文化基因依然推动大学教师开展学术创业。尽管创业型大学战略定位在该校已经发生事实上的变更，但是学术创业文化在学科教师群体中并未因此烟消云散，不少教师依然一如既往地对接社会实践努力推动科技成果转化。在前一个阶段评选出来的创业之星，在这个阶段同样保持良好的创业热情并且取得创业佳绩。在此结合农林院校学科特色援引该校由 20 多位教师组成的"干果团队"案例，说明大学教师学术创业不会因为学校战略目标更改而受到较大影响。与全球"三山六水一分田"地形状况不同，浙江是一个"七山二水一分田"的多山省份。从而，带动山林经济在很大程度上可以助推浙江经济，落实"绿水青山就是金山银山"的发展思路。浙江农林大学"干果团队"20 年来一直以山核桃、香榧等浙江特色干果作为研究对象，在良种选育、无性繁殖、高效培育等理论和技术方面取得重大突破。例如，山核桃树从树苗到结果约需 10 年，树高 10 米以上，且生长在陡峭山坡处，不易采摘等，该团队经过多年努力，实现规模化种植，树高 3—5 米，薄壳山核桃 3 年始果等，被果农称为山里人的财神爷。又如，自唐朝以来就被列为朝廷贡品的"三代果""千年树"香榧同样好吃树难栽，长在深山丛林中，素有"深山闺秀"之称，树种成活率低、生长慢、结实迟，经该团队 20 余年的努力，浙江香榧栽培面积从 2000 年不到 4 万亩上升到目前 70 多万亩，产量从 2000 年不到 800 吨到目前近 4000 吨，累计带动香榧产区的农民增收达到 18.7 亿元。① 事实上，作为农林院校，该校还有大量的科技特派员长期对接全省各地的竹林、铁皮石斛等产业的技术服务。②同时，在这个阶段虽然淡化创业型大学战略目标，但是学校依然遵照 2017 年正式出台的《浙江农林大学促进科技成果转化管理办法》（浙农林大〔2017〕85 号）对职务科技成果转化予以奖励，净收益的 80% 奖励给成果完成人③、10%归相应学院、10%留存学校；个人所得奖励，计入学校当年工资总额，不受当年学校绩效工资总额限制，不纳入学校工资总额基数。在此，试将从该校网页转载的"科技成果转化奖励信息公示"④ 完整转述如下：

科技成果转化奖励信息公示

奖励公示〔2019〕4 号

为落实科技部、财政部、税务总局《关于科技人员取得职务科技成果转化现金奖励有关个人所得税政策的通知》（财税〔2018〕58 号）及《关于科技人员取得职务科技成果转化现金奖励信息公示办法的通知》（国科发政〔2018〕103 号）、《浙江农林大学促进科技成果转化管理办法》（浙农林大〔2017〕85 号）的要求，规范科技人员取得职务科技成果转化现金奖励有关个人所得税缴纳，确保现金奖励相关信息公开、透明，现对我校"汽车空调活塞智能制造生产线关键技术及产业化"职务科技成果转化奖励相关信息公示如下。

三、成果转化信息

成果名称：活塞智能制造生产线关键技术及产业化

成果包含：1. 基于大数据的制造业供应链业务决策集成系统

---

① 详见马爱平《"他们的的确确是我们山里人的财神爷"——记浙江农林大学干果产业科技特派团》，《中国农村科技》2019 年 1 月。香榧经济寿命逾千年，大树单株年产值高达 4 万元/年，被人们称为山区农民的摇钱树，企业家投资的淘金树，政府关注的致富树。更为神奇的是，香榧素有"三代果"之称，一棵树上，往往一年果、两年果同时存在。

② 陈胜伟：《浙江农林大学科技特派员十五年接力争做"农民博士"》，《中国农村科技》2019 年第 5 期。

③ 财政部、税务总局、科技部于 2018 年 5 月 29 日出台的《关于科技人员取得职务科技成果转化现金奖励有关个人所得税政策的通知》（财税〔2018〕58 号），规定科技人员的现金奖励比例为纯利润的 50%，并且依法缴纳个人所得税。显然，案例高校在该文件一年以前制定的奖励政策力度大得多。

④ 社会合作处：《科技成果转化奖励信息公示》，2019 年 5 月 17 日，https://www.zafu.edu.cn/info/1018/83720.htm，2020 年 2 月 22 日。

V1.0（2014SR064062）

2. 供应链异构系统互操作平台 V1.0（2016SR023526）

3. 本体映射集成工具软件 V1.0（2016SR023518）

转化方式：排他许可

转化收入：￥500000 元

取得时间：2019 年 4 月

四、现金奖励信息

序号	人员	岗位职务	贡献情况	现金奖励 金额（元）	现金奖励拟 发放时间
1	倪×华	教师	软件系统开发、实施	40000	2019 年 6 月
2	倪×进	教师	生产线设计、实施	129880	2019 年 6 月
3	吕×	教师	项目协调、实施	230000	2019 年 6 月
现金奖励总额				399880	—

五、技术合同登记信息

技术合同登记机构：杭州市生产力促进中心

技术合同编号：2018330101003194

公示自 2019 年 5 月 14 日起至 2019 年 5 月 28 日。如有异议，请于公示期内以书面形式实名向纪委办（行政楼×××）、合作处（行政楼×××）反映。

联系电话：0571-6374××××（纪委办）

0571-6386××××（合作处）

社会合作处

2019 年 5 月 14 日

三　实现学术创业成为大学教师的行动自觉需要创造条件

创业型大学并非那种瞄准赚钱的创收型大学，而是瞄准学术成果转化、实现大学与社会市场对接的大学。[①] 未来的大学要在激烈的教育市场

---

① 付八军、宣勇：《创业型大学建设的中国道路》，《高等教育研究》2019 年第 3 期。

竞争中胜出，必须走出象牙塔走向社会，真正为社会做出贡献。在体现大学不可替代的使命与价值之后，利润回报与社会捐赠就是自然的事情。因此，创业型大学本土化内涵最精简的表达便是能够培养社会所需要的有用人才、能够生产社会所需要的有用成果之大学。这种类型的大学依靠市场力量取胜，而不是凭借学术共同体内部自我封闭的理论成果取胜，更不是凭借生源质量取胜。浙江农林大学作为国内较早高举创业型大学旗帜的地方本科院校，其强劲的改革势能最终遭遇战略目标定位的"滑铁卢"说明创业型大学中国实践的外部环境尚未具备。但是，通过对案例高校实施创业型大学战略定位以来的客观梳理与理性分析，我们能够发现大学教师并不会因为学校启动创业型大学战略而迅速涌入学术创业的轨道，同时，放弃创业型大学战略地位而追求传统学术目标的大学同样可以鼓励教师对接社会实践需求推动科技成果转化。进一步说，学术创业虽然是对接国家战略[①]、加快大学发展[②]、实现教师价值的有效手段，但却是大学教师延展岗位职责的自觉行为。从某个角度而言，大学教师的学术创业属于机会型创业，需要社会各界以一种"静待花开"的耐心与信心，积极完善外部环境推动教师主动选择从传统理论型转向学术创业型。正如有研究所指出的，创业者决定创业有两个主要原因：机遇和必要。机会驱动型创业预期将比必要驱动型创业产生更强的长期积极影响。[③] 响应国家"大众创业、万众创新"战略，基于这个研究结论再结合案例分析，需要我们从以下三个方面实现学术创业成为大学教师的行动自觉。

首先，树立创业型科学家典范以激励更多教师突破传统学术范式。在创业型大学战略定位强化期，案例高校铺天盖地的宣传活动与让利于师的激励机制，都没有将大学教师从传统学术范式的沉醉中在行动乃至意识上扭转过来，全校教师整体上依然与往常一样只关注论文、课题、奖项、专利等传统学术业绩。这表明，在外在学术环境以及校内评价机制没有根本

---

①　Natalia Budyldina, "Entrepreneurial universities and regional contribution", *International Entrepreneurship and Management Journal*, 2018, 14 (2).

②　详见殷朝晖、李瑞君《大学教师学术创业的角色冲突及其调适策略》,《江苏高教》2017 年第 4 期。

③　R. Cervelló‐Royo, I. Moya‐Clemente, M. R. Perelló‐Marín, G. Ribes‐Giner, "Sustainable development, economic and financial factors, that influence the opportunity‐driven entrepreneurship. An fsQCA approach", *Journal of Business Research*, 2019 年 10 月 31 日。https://doi.org/10.1016/j.jbusres.2019.10.031。

改变的前提下，若干所传统院校不可能通过高举创业型大学旗帜在短期内撬动根深蒂固的知识生产模式Ⅰ①。但是，案例高校在这个阶段也有少数教师走上学术创业的道路并且正面积极地做出了重要表率。我们无法论证这些"创业之星"正是在案例高校强化创业型大学战略目标之下诞生，但可以说明在全校专任教师整体上对该战略目标毫不在乎且可以毫不关心的背景下闪亮登场的几位"创业之星"正是他们学术创业自觉、主观能动发挥的结果。从推动更多教师转型而言，发挥先进典型示范激励作用②要比一时缺乏引领效应的战略目标定位更有价值。因此，不管是否以创业型大学作为战略目标，若要贯彻国家破除"五唯"痼疾③的指导思想，推动科学研究走出单一传统学术范式的桎梏，实现知识生产模式Ⅰ向知识生产模式Ⅱ转变④，需要采取长效机制与实效举措树立一批创业型科学家典范。事实上，案例高校在创业型大学战略定位强化期，对此进行过规划制订、先进评选等方面的探索与努力。例如，该校创业管理处曾研制"创业发展规划"，据此发布统计表（见表4-2)⑤以考评各个二级学院的创业发展情况。

表4-2　　　　　　　　　　校"十二五"规划实施情况统计

指标项	规划目标	完成情况	说明
1. 创新创业体系	构建创新创业激励政策、组织管理和绩效评价体系		
2. 创业教职工	>10%（占全校教职工总数）		
3. 创业教育高水平的教师	>100人		
4. 学生创业人数	>3%（占毕业生总数）		
5. 创新创业能力突出的教师典型	>10人		
6. 创业团队（含个人）	>60个		
7. 具有学校特色的经济实体	4—5家		

①　殷朝晖、黄子芹：《知识生产模式转型背景下的一流学科建设研究》，《大学教育科学》2019年第6期。

②　余康康：《发挥先进典型示范激励作用》，《解放军报》2020年2月19日。

③　于文娟：《高校清"五唯"行动贯彻落实与高校去行政化密不可分》，《教书育人》（高教论坛）2020年第3期。

④　龚放：《知识生产模式Ⅱ方兴未艾：建设一流大学切勿错失良机》，《江苏高教》2018年第9期。

⑤　资料来源：浙江农林大学创业管理处提供。

续表

指标项	规划目标	完成情况	说明
8. 创业总产值	>2 亿元（累计值）		
9. 创新创业实训示范基地	>50 个		
10. 浙江农林大学科技园吸引入驻农林高科技企业	15—20 家		
11. 创新创业孵化基地	初具规模		

其次，改革现有学术奖励方式以加快大学教师职务科技成果转化。在创业型大学战略定位淡化期，案例高校的学术创业氛围与国内其他兄弟院校没有区别，对于大学教师创办实体企业、学术创业业绩认同等方面明显淡化，但是该校仍然有一批教师及团队在学术创业上斩获佳绩。这或许与该校创业型大学战略定位的文化基因不无关系，但主要还是在于这些学科教师的学术觉醒意识与学术创业自觉。同时，案例高校唯独对于职称科研成果转化寄予厚望，科技成果发明人可以获得纯利润 80% 的现金奖励，比国家指导性意见〔详见科技部、财政部、税务总局《关于科技人员取得职务科技成果转化现金奖励有关个人所得税政策的通知》（财税〔2018〕58 号）〕50% 与斯坦福大学 28.30%（见表 4-3）[1] 要高出一大截。确实，在当前科技成果转化效率与效益不高、大学教师深陷于传统学术业绩的背景下，赋予高校及其学科教师"更大自主权"[2]，加大职务科技成果转化奖励力度，有利于调转大学教师学术生产的指针，最后实现大学教师学术创业由外在激励走向内在自觉。而且，职务性科技成果属于大学教师履行岗位职责的基本要求，高校在强化大学教师对其转化义务[3]的阻力相对较少，在弱化传统学术业绩奖励而提高成果转化奖励的政策环境下，追求"论文写在祖国大地上"[4] 将成为广大教师的牵引动力乃至历史使命。可见，禁锢大学教师学术创业的评价机制一旦打破，在教学育人的基础上延长学术生产链条，致力于学术成果转化为现实生产力，能够成为

---

① 张冀、王书蓓：《美国斯坦福大学职务科技成果转化处置权和收益权配置研究》，《科学管理研究》2018 年第 6 期。

② 详见翟晓舟《职务科技成果转化收益配置中的权责规范化研究》，《科技进步与对策》2019 年第 20 期。

③ 详见周海源《职务科技成果转化中的高校义务及其履行研究》，《中国科技论坛》2019 年第 4 期。

④ 详见鲍南《把最华彩的论文写在祖国大地上》，《北京日报》2019 年 12 月 6 日。

大学教师的行动自觉与价值追求。当然，国内高校要像美国高校一样广泛设立技术转移办公室（OTL），让科研人员专心做自己最擅长也最感兴趣的事情，推动更多的公办本科院校"成为技术市场上集研发与营销为一体的独立主体"。[①]

表 4-3　　　　　　　　美国斯坦福大学固定比例收益分配方式

大学	分配对象		分配比例	占净收入比例
斯坦福大学	管理费（OTL 提前扣除）		15%	15.00%
	剩余部分（85%）	发明人及团队	1/3	28.30%
		学院	1/3	28.30%
		学校	1/3	28.30%

　　最后，推进创业型大学中国实践以培育大学教师的学术创业氛围。大学教师学术创业在任何类型的高校都可能存在，但以学术创业作为基本特征的创业型大学更有利于大学教师学术创业。包括案例高校在内的国内多所创业型大学最后因为领导变更而发生战略目标转移，并不能否定创业型大学中国实践的必要性、时代性与价值性，只能说明高校自下而上由点及面在中国推进创业型大学建设的环境尚不成熟，若要在这种环境中实现"局部突破""洼地崛起"以带来示范效应，更需要试点院校的坚持、社会各界尤其是高教理论的支持以及政府相关政策的扶持。创业型大学在西方国家相当于素质教育在我国对于人才培养的本来要求一样成为一种常识，除 MIT、斯坦福等创业型大学典范高校外已有大批高校走上创业型大学道路，[②] 只不过该概念移植到我国后需要对其进行本土化理论改造与诠释，以便应对中国国情、中国需要与中国实践。无论从哪种角度改造与诠释，创业型大学都将视科学研究为手段，人才培养与成果应用作为目的，致力于培养创造性人才与推动学术成果转化。[③] 可见，创业型大学的办学理念与国家近年密集的政策文件完全一致。例如，在出台鼓励学术创业的系列文件基础上，为落实破除"五唯"顽瘴痼疾的专项治理（教技厅函

---

　　① 张冀、王书蓓：《美国斯坦福大学职务科技成果转化处置权和收益权配置研究》，《科学管理研究》2018 年第 6 期。

　　② 详见［美］美国商务部创新创业办公室《创建创新创业型大学——来自美国商务部的报告》，赵中建、卓泽林译，上海科技教育出版社 2016 年版，第 55—129 页。

　　③ 付八军：《创业型大学本土化的内涵诠释》，《教育研究》2019 年第 8 期。

［2018］110 号），教育部、国家知识产权局、科技部联合发布 2020 年第
1 号文件《关于提升高等学校专利质量促进转化运用的若干意见》（教科
技［2020］1 号），明确提出"高校要以优化专利质量和促进科技成果转
移转化为导向，停止对专利申请的资助奖励，大幅减少并逐步取消对专利
授权的奖励，可通过提高转化收益比例等'后补助'方式对发明人或团
队予以奖励"。随后，在科技部印发《关于破除科技评价中"唯论文"不
良导向的若干措施（试行）》的通知（国科发监［2020］37 号）基础
上，教育部、科技部联合发布 2020 年第 2 号文件《关于规范高等学校
SCI 论文相关指标使用树立正确评价导向的若干意见》（教科技［2020］
2 号），明确提出，"对于服务国防的科研工作和科技成果转化工作，一般
不把论文作为评价指标……取消直接依据 SCI 论文相关指标对个人和院系
的奖励……不把 SCI 论文相关指标作为科研人员、学科和大学评价的标
签"。这些切中"科研转向"① 要害的重磅政策文件不仅有利于推动大批
传统教师转向创业型教师，同时也有利于推动大批传统院校转向创业型大
学。当越来越多的创业型大学能够在我国成为一种办学类型，势必固化学
以致用、"以转化实绩论英雄"的学术创业氛围。在那个时候，"大学对
于某一个教授当选为科学院士所感受的惊喜还不如某个教授从医药公司得
到了一百万美元所产生的惊喜"②，"将大学当作企业家——一个在一些学
者眼中略带贬义的想法——正在逐步成为一种正面的学术特征"③，致力
于研究成果转化、科研服务社会的学术创业活动将成为大学教师延展岗位
职责的自觉追求。

第二节　本科院校与高职院校教师转型比较研究

高等学校的分层与管理是一个永恒的理论问题，其中分层是理论前提
与核心部分，管理则是在分层基础之上的管理。探讨我国高校的分层问
题，自然既要了解中国的传统，还要借鉴西方的经验，更要进行学理的阐
释，其中包括学界的各种观点。马陆亭教授在对这些问题进行全面梳理之

---

① 解德渤：《科研观转变：应用技术大学发展的关键》，《高校教育管理》2014 年第 6 期。
② 转引自温正胞《大学创业与创业型大学的兴起》，浙江大学出版社 2011 年版，第
214 页。
③ ［美］亨利·埃兹科维茨：《麻省理工学院与创业科学的兴起》，王孙禺、袁本涛等译，
清华大学出版社 2007 年版，第 26 页。

后，选择博士学位授予数和科技经费获取数两项指标作为模型分析的主变量，硕士学位授予数和国外及全国性刊物发表学术论文数两项指标为辅变量，通过对模型变量集中度的计算和分析，划分出我国目前高等学校合理的层次结构为：20—30 所研究型大学、60—80 所教学科研型大学、500—600 所教学型本科院校、1000 所以上的高等职业学校和社区学院。[1] 应该说，这是从学术水平角度而言。如果从其他角度而言，同样的学者还会得出不同的结论。例如，马陆亭教授从组织模式角度把我国的大学分为自治大学、社会公共部门大学、创业型大学、服务型大学、商业模式大学。[2] 可见，高等学校的分类问题，绝对是个视角问题。本书将大学分为研究型、教研型与教学型三大类，依然基于学术水平视角。教学型高校在学术水平提升之后，亦有可能跃进到教研型，甚至研究型。例如，有些高校的目标定位之一就是追求办学层次的跃进。"定位，对于一所学校来说，是一个方向性的问题、根本性的问题，也就是说定位关系到学校的'标'怎么立和'路'怎么走。我们十多年之所以快速发展，就是因为判断不同的形势，确立了不同的定位。从教学型到教学科研型，从研究教学型到研究型，提出建设具有地方示范作用的研究型大学。"[3] 当前，民办院校、高职高专、独立学院乃至少部分新建本科院校等，都可以纳入教学型范畴。由于这些院校存在层级跃进问题，而且与教研型院校的边界并不是那么泾渭分明，从而本书将比较一下教研型与教学型两类院校在推动教师学术创业、实现教师转型上有何区别。本书在此依然从传统型院校向创业型大学的转型角度出发，选择高举学术创业的地方普通本科院校以及高等职业技术学院作为案例高校，以教师转型与大学转型的内在联系作为理论支点论述教师转型问题，因为学术创业的问题在这类大学显得较为突出。

一　大学教师是实现高校转型的基本力量

教师是学校各项事业的建设主体，是大学使命与组织目标的具体承担者。有什么层次的大学教师，就有什么水平的高校；有什么类型的大学教师，就有什么类型的高校。一句话，有什么样的教师，就有什么样的学

---

[1]　马陆亭：《高等学校的分层与管理》，广东教育出版社 2004 年版，第 123—140 页。

[2]　马陆亭：《大学变迁与组织模式应对》，《教育发展研究》2010 年第 9 期。

[3]　贾锁堂：《全面提升综合实力建设区域特色鲜明的高水平研究型大学》，《山西大学学报》（哲学社会科学版）2013 年第 1 期。

校。① 办大学的第一法则，就在于激活教师。② 从而，要办出什么样的大学，就要引导教师往既定的方向转型。教师没有转型，大学就不可能转型；教师转型了，大学也就自然转型了。③ 在我国，推动传统高校转向创业型大学，就必须着眼于教师的转型，着眼于"高校教师发展的主体回归"④。评价一所大学是否建成创业型大学，重要标准之一就是看该校教师是否成功实现转型。正如有文所言："大学的转型和发展的基础是教师，教师是创业型大学转型的核心力量，只有大学教师的转型才能有效促进大学的转型。"⑤

传统大学转型为创业型大学，关键在于实现教师的转型。同时，只有明确创业型大学的内涵与外延，理顺创业型大学的建设目标，才能把握创业型大学教师转型的方向。然而，不同的学者对创业型大学的理解不尽一致，甚至连创业型大学的两位理论鼻祖伯顿·克拉克与亨利·埃兹科维茨都是从各自观测到的现象来命名创业型大学。应该说，无论创业型大学有多少种定义，从其实践与使命来看，创业型大学建设的着力点主要有两个：一个是内部着力点，培养创造性人才⑥；另一个是外部着力点，实现学术成果转化⑦。从教师转型的方向来看，也就要从有利于培养创造人才与实现学术成果转化两个角度来推进教师转型。前者，更多地关注学生创业，而不是教师直接创业；后者，更多地体现以学校整体带动的师生共同创业。前一种模式，在欧洲国家的创业型大学中较为常见；后一种模式，在美国的创业型大学中较为常见。正如有文研究指出的，"如果说美国创业型大学理念的提出主要侧重于科研成果转化的话，欧洲创业型大学的实践更加注重创新型人才的培养"⑧。对于我国创业型大学的实践来说，既应该关注创新创业人才的培养，也要注重科研成果的转化。"大学以及越

---

① 贺敬雯：《教师愿景与教师发展的关系研究》，博士学位论文，东北师范大学，2014 年。

② 陈燕：《创新机制激活教师成长内驱力》，《中国教育学刊》2020 年第 1 期。

③ 付八军：《论大学转型与教师转型》，《教育研究》2017 年第 4 期。

④ 常杉杉：《高校教师发展及其主体回归》，《江苏高教》2019 年第 12 期。

⑤ 李志峰、龚春芳：《创业型大学教师发展：目标选择与实现途径》，《黑龙江高教研究》2008 年第 11 期。

⑥ 详见付八军《创业型大学的内部着力点在于培养创造性人才》，《中国教育报》2012 年 3 月 6 日。

⑦ 详见付八军《创业型大学的外部着力点在于实现成果转化》，《中国教育报》2012 年 4 月 30 日。

⑧ 吴伟、邹晓东、陈汉聪：《德国创业型大学人才培养模式探析——以慕尼黑工业大学为例》，《高教探索》2011 年第 1 期。

来越多的大学教师已经学会了如何从事基础研究和知识的资本化"①，只有这样，才能实现大学与社会的有效对接，提高高等教育的社会贡献率，推动区域与地方经济发展。② 事实上，只要在体制机制上理顺了关系，培养创新创业人才与实现科研成果转化，两者不会此消彼长、相互对立，而是相辅相成、相互促进。因此，推动我国传统高校转型为创业型大学，必须从培养创新创业人才与实现科研成果转化两个目标出发，并以此来引领与评价创业型大学教师的转型，实现教师从传统学术型转向学术创业型。

二 不同类型院校教师创业转型差异分析

2011 年，浙江省人民政府办公厅第 54 号文件（浙政办发〔2011〕54号），提出了关于创业型大学建设试点的省级教育体制改革试点项目，并确定省内七所高校作为试点院校。这七所高校依次为浙江农林大学、浙江万里学院、杭州师范大学、绍兴文理学院、义乌工商职业技术学院、浙江工贸职业技术学院、浙江大学城市学院。在这七所高校中，既有教研型的地方普通本科院校，也有教学型的高等职业技术学院。在探索与实践过程中，不同类型的院校结合实际，演绎出不同的创业型大学模式③，体现出不同的建设路径。当然，对于不同模式的归纳与界定，学界亦有不同的观点。例如，有文认为浙江农林大学属于学术创业模式，浙江万里学院、义乌工商职业技术学院、浙江工贸职业技术学院等属于创业教育模式，甚至还包括以福州大学为代表的服务区域经济社会发展模式、以齐齐哈尔工程学院为代表的专业创业模式等。④ 如果要将创业型大学发展模式作一番梳理，估计其不同的模式的陈述与比较就可以写出一部厚厚的研究综述。⑤同时，建设创业型大学，推动教师转型，要从培养创新创业人才与实现成果转化两个方向出发。由于不同类型与层次的高校，对这两个方向有不同的侧重，从而形成了不同的途径与举措。例如，在本书第三章关于研究型

---

① ［美］亨利·埃茨科维兹:《三螺旋创新模式》，陈劲译，清华大学出版社 2016 年版，第185 页。

② ［美］美国商务部创新创业办公室:《创建创新创业型大学——来自美国商务部的报告》，赵中建、卓泽林译，上海科技教育出版社 2016 年版，第 47—52 页。

③ 刘媛媛:《创业型大学发展模式的国际比较研究》，硕士学位论文，天津工业大学，2017 年。

④ 详见陈霞玲《创业型大学组织变革路径研究》，北京理工大学出版社 2015 年版，第128—136 页。

⑤ 付八军:《创业型大学分类体系的探讨与构建》，《高校教育管理》2018 年第 6 期。

大学教师的学术创业，乃至实现研究型大学向创业型大学转型的路径依赖，在侧重点上同样有别于教研型院校的学术创业。① 本书仅从浙江省七所创业型大学试点院校出发，分析其地方普通本科院校与高等职业技术院校呈现出来的不同学术创业路径，体现各自在激励大学教师从传统型转向创业型有何区别。在此，可以选择作为省级试点创业型大学建设的两所不同类型院校，即普通本科院校 A（简称"普 A"）与高职院校 B（简称"职 B"），从教师转型的视角来分析大学转型的举措，亦即学术创业推进策略的路径差异。

（一）在转型方向上，"普 A"更多地强调教师转化科研成果，"职 B"更多地强调教师培养创业型人才

确实，在凸显由传统普通本科院校转型而来的创业型大学有何组织特性上，仅从培养人才的角度来看，在短期内是不明显的。这就可以理解，国内学者在对创业型大学进行界定时，普遍从成果转化、经济发展等角度出发，很少论及创业型大学独特的人才培养模式。② 事实上，包括两位创业型大学理论鼻祖在内的国际学者，也较少论及创业型大学的人才培养特色。例如，当前国内任何普通本科院校都在强调培养创新创业人才，③ 而且，这种人才的培养，并不意味着学生们要在就读期间或者毕业之后马上开展创业工作，更多的是培养他们的创业意识、创业技能以及创业精神，④ 从而，创业型大学与当前国内传统的普通本科院校在培养创新创业人才方面，很难显现自己的独特性。另外，推动学术成果转化，通过自己的学术优势来争取办学资源，解决发展经费短缺的难题，成为传统高校转型为创业型大学的动力源泉之一。例如，浙江农林大学提出创业型大学战略目标定位，固然与农林学科更适合学术创业等内在因素不无关系，⑤ 但同时与需要化解新校区建设的贷款压力、解决办学经费不足的瓶颈问题有

---

① 详见游振声《美国研究型大学学术创业模式研究》，重庆大学出版社 2017 年版，第 114—132 页。

② 杨兴林：《关于创业型大学的四个基本问题》，《高等教育研究》2012 年第 12 期。

③ 刘雪平：《国内外高校创新创业人才培养模式比较》，《文教资料》2019 年第 14 期。

④ 详见宁德鹏《创业教育对创业行为的影响机理研究》，博士学位论文，吉林大学，2017 年。

⑤ 张庆祝：《创业型大学发展模式暨农林本科院校转型发展研究》，博士学位论文，大连理工大学，2018 年。

关。① 因此，作为创业型大学的"普 A"，特别注重学术成果转化，推动教师往这一方向转型。

创业型大学的学术成果转化，属于学术创业，并非普通劳动产品的生产与销售。因此，如果没有一定的学术积累②，缺乏创新性的可应用的独特学术成果，很难开展学术创业。我国的高等职业技术院校，办学历史普遍较短，科学研究气氛不浓，学术成果积累缺乏，也就难以推动学术创业。在这种情况下，他们面向市场办学，只得注重培养适应市场需要的人才，同时特别注重创业型人才的培养，实现由就业向创业的转变。事实上，关注学生就业，培养创业人才，这既是这些院校的生存策略，更是这些院校实现跨越式发展的重要途径。③ 通过培养创业型人才，面向未来造就一批有影响力度的校友，说不定若干年以后，这些优秀的校友就成为学校的宝贵资源与亮丽名片。在创业型大学省级试点院校经验交流会上，高职院校相关工作人员在汇报时指出，高职类创业型大学的建设目标可归结为三个：第一，以学生创新创业能力培养为基础，建立强有力的创业教育体系。在推进学生创业的同时，能够迅速提高教师的研究和社会服务能力，并反馈到教学效果上；第二，以学生创业带动学院创业，实现组织变革，形成创业型教师和学生成长的良好环境；第三，以社会服务能力提升为必然的结果，形成强大的社会服务能力和吸纳创造资源的能力。从这里亦可以看出，高职类创业型大学是以培养创业型人才作为基本目标，区别于普通本科院校的学术成果转化导向，从而在教师学术创业上亦注重其履行创业型人才培养所需要的社会体验、新型专利乃至兼职兼薪。

（二）在转型策略上，"普 A"更多地通过绩效奖励来推动教师转型，"职 B"更多地通过培养或者引进双师型人才来实现教师转型

尽管"寻求政府、高校和大学教师之间合作的利益共同点，实现大学教师发展制度创新从'单主体推动'向'三元主体协作'的转变"④意味着大学与教师属于两个相对独立的主体，在事实上亦存在利益冲突的

---

① 付八军：《教师转型与创业型大学建设》，中国社会科学出版社 2016 年版，第 21 页。
② 宣勇、张鹏：《激活学术心脏地带——创业型大学学术系统的运行与管理》，高等教育出版社 2013 年版，第 5 页。
③ 石瑞丽、赵连明：《高职院校创新创业人才协同培养机制》，《教育与职业》2020 年第 1 期。
④ 姜超：《大学教师发展制度创新研究——基于新制度主义的视角》，博士学位论文，华东师范大学，2018 年。

一面，但从大学最终的依靠力量乃至主体力量来看，教师都是大学一切具体任务与伟大使命的履行者。简言之，大学的各种改革与发展，最终都要依靠教师来实现。正如雅克·德洛尔（Jacques Delors）在《教育——财富蕴藏其中》①的序言"教育：必要的乌托邦"中断言："没有教师的协助及其积极参与，任何改革都不能成功。"推动传统大学转型为创业型大学，最关键的是要找到推动教师转型的方向与策略。如前所述，在转型方向上，"普 A"更多地强调教师转化科研成果。为此，在转型策略上，普通本科院校倾向于从业绩奖励出发，通过激励机制来提高教师生产并转化应用性成果的积极性。例如，为了鼓励和扶持师生创业，"普 A"出台了"学术创业业绩评价与计算办法""知识产权作价入股开展创业的实施办法""校院两级创业团队组建及认定方案"等一系列配套政策。在这些政策中，注重强调学术创业绩效与教学科研绩效等值评价，重视激发基层学术组织的创业热情，关注教师对学生创业的贡献与回报。金钱的诱惑并没有取代对学术荣誉的追求，相反，二者是重叠的并且相互强化。② 例如，每项创业所获得的经济收益中，学校按一定比例提取，学校再根据学校获益多少，按 5 个业绩点/万元对创业者进行奖励；创业团队或个人所获收益，作为教学科研或创业基金或奖学金进入学校的，按 2 个业绩点/万元进行奖励；在指导学生自主创业活动上，计 2 个业绩点/学生创业团队，每人每年不超过 3 个学生创业团队；通过吸收学生参与创业，解决毕业生就业或促成学生自主创业（正式注册实体）的，另计 2 个业绩点/生。在该校，创业业绩为年度评价，与教学科研业绩评价同步进行；创业团队业绩经学院（部）初评后，由校创业领导小组确定；创业团队业绩由负责人按贡献大小分配给成员，计入相应学院。创业业绩等效于教学科研业绩，纳入学院和个人岗位考核体系；在个人岗位业绩考核中，超过岗位额定业绩点部分，创业业绩津贴从创业收入中列支。事实上，在西方国家推动大学从传统型转向创业型之际，不少高校同样采取资助形式鼓励大学教师开展学术创业。例如，美国商务部创新创业办公室编撰的《创建创新创业型大学——来自美国商务部的报告》一书中，介绍了大量高校资助

① 联合国教科文组织总部：《教育——财富蕴藏其中》，联合国教科文组织总部中文科译，教育科学出版社 2001 年版。

② ［美］亨利·埃兹科维茨：《麻省理工学院与创业科学的兴起》，王孙禺、袁本涛等译，清华大学出版社 2007 年版，第 9 页。

师生学术创业的案例高校。其中被誉为新型美国大学的亚利桑那州立大学（Arizona State University），不仅为新设学科型公司的教师提供资助与援助，而且为开设或者改进创业课程的教职员工提供资金。①

高等职业技术院校向创业型大学转型，着力点在于培养更多的创业型人才，关注学生的就业与创业。达此目标，"职 B"更多地通过教师转型为双师型教师来实现。正如有文基于胜任力理论提出高职院校"双师型"教师队伍建设的适然之策：牢固树立"双师型"教师的发展理念；探索"双师型"教师的培育方式；优化"双师型"教师的队伍结构；构建"双师型"教师的激励机制。② 一方面，"职 B"从社会上招聘那些有一定社会实践经历、具有本科或者硕士研究生以上学历的专业人才担任教师，最终培养成合格的双师型教师。确实，当前职业技术院校尚未实现教师招聘的博士化，而硕士学位的获取相对较为便捷，从而那些本科毕业后在企业工作并获得在职硕士学位的专业技术人才，就成为职业技术院校重要的师资来源之一；③ 另一方面，"职 B"注重在职教师的职业技能培训。毫无疑问，在国家鼓励地方普通本科院校转型为本科高职之际，不少职业技术院校寄望转型为普通本科院校。④ 但是，政策与实力的制约，让他们不得不更多地面向市场，解决生源与财源两个基本问题。在此情形下，"职 B"等一批职业技术院校不热衷学术竞争，而是注重"双师型"或者"复合型"⑤ 教师的开发，重视在职教师的培训，以更有针对性地培养学生的创新创业能力。当然，在实践中我们也应该看到，就像普通本科院校通过绩效奖励推动教师转型存在实效性不强一样，高职院校的"双师型"队伍建设同样存在许多激励不足、质量不高的问题，甚至有文认为高职的"双师型"队伍建设落后于普通本科院校。⑥ "双师型"教师是高职院校

① ［美］美国商务部创新创业办公室：《创建创新创业型大学——来自美国商务部的报告》，赵中建、卓泽林译，上海科技教育出版社 2016 年版，第 69 页。

② 金礼舒：《基于胜任力理论的高职院校"双师型"教师队伍建设》，《教育与职业》2019年第 24 期。

③ 覃礼媛：《粤西地区高职院校师资队伍建设研究》，硕士学位论文，广东技术师范大学，2019 年。

④ 裴云：《论应用技术大学背景下现行高职院校升本分析》，《继续教育研究》2015 年第3 期。

⑤ 详见古翠凤、刘雅婷《双创背景下高职院校"复合型"教师队伍建设》，《职业教育研究》2020 年第 1 期。

⑥ 详见李建法、吕建永、惠园园《地方高职院校"双师型"教师队伍建设研究》，《职教通讯》2019 年第 6 期。

特色化发展的重要依托，也是高技能实用型人才培养的中坚力量。[①] 在师资的博士学位比例、高水平教授比例等总体上无法与普通本科院校相比的前提下，高职院校只能通过彰显"双师型"教师的优势与特色谋取差异化发展，尤其加快师资从传统型向创业型转变。

（三）在转型效果上，"普A"往往比"职B"见效稍慢

"普A"以推动成果转化作为努力方向，尽管实行了各种各样的创业奖励政策，但是，收效并不明显。原因在于：其一，传统的教师评价体制仍然没有改变，加上校级科研成果转化中心难以有效运转，[②] 教师们仍然愿意花更多的时间与精力从事学术论文的发表、纵向课题的申报等，而不会投入大量时间关注学术创业。事实上，在高举学术创业旗帜的地方本科院校，缺乏对于教师转型面临各种压力的具体分析，寄望通过冰冷的政策方案与躁动的激励机制达到预期，使得教师在面临茫然不知所措之际还不如选择"什么都不用改变"。正如有文从生态学的视角审视地方高校转型背景下教师发展面临的困境所指出的，专业知识、专业能力、科研基础、教学方法成为教师发展的限制因子，教师对环境变化的不耐受而产生专业理想动摇，学校生态系统未能给教师发展整体性关怀；[③] 其二，对于直接获取经济回报的学术创业来说，创业业绩的经济激励作用非常有限，若教师们真要从学术创业中获得经济回报，他们一般会绕过学校组织层面，独立自主地从事学术创业工作。"普A"一位从事药材研究的教授在访谈中提到，"学校鼓励创业教师浮出水面，说不定有一天会要求向学校缴纳管理费，与其那个时候交纳这笔费用，不如现在放弃学校少量的创业资助"；其三，普通本科院校的教师，大多从学科到学科，从学校到学校，缺乏对市场的了解，难以有针对性地开展应用性研究，难以形成能够实现经济效益的研究成果。事实上，这在美国高水平大学同样难以通过成果转化带来巨大经济收益。"尽管大学知识产权商业化带来了很大的经济效益，但很多大学的技术转移工作却是赔本的买卖：大学获得的资金不足以抵销大学许可和推销这些发明所开支的费用。……对技术转移办公室而

---

① 刘雷：《新时代高职院校"双师型"教师队伍建设困境与出路》，《教育与职业》2019年第23期。

② 杨雅婷、方磊：《高校科技成果转化的制约因素及应对之策》，《中国高校科技》2018年第11期。

③ 田晶：《地方高校转型背景下教师发展的生态体察》，《高教探索》2019年第1期。

言，大量的技术转移项目入不敷出。"① 正因为此，国内不少曾经高举创业型大学大旗的高校，例如南京工业大学等，曾在 2013 年之际不再明确将"创业"写进学校的战略定位，浙江农林大学等则进入创业型大学战略定位的淡化期。

关于教师转型成效的度量或者比较研究是一个尚无确定性标准的实践课题。当前，比较两类高校教师转型成效，往往根据原有战略目标的坚守以及转型目标的实现程度。相对于"普 A"来说，"职 B"在创业型大学的道路选择上更为坚定，收效也相对明显。例如，我们时常听说选择创业型大学战略目标的普通本科院校重回传统本科院校轨道，大学教师学术创业的文化氛围不断降温，但很少听说高等职业技术院校放弃面向市场、淡化学以致用、重回传统学术的报道或者研究，市场化生存与发展已经成为高职院校及其教师无法逃避的挑战。高职院校的技术特征和职业导向，与创业型大学有契合之处。确实，"职 B"要在激烈的生源竞争中赢得市场，必须形成自己包括专业特色②在内的办学特色。这种特色，显然不是学术优势与科研排名，而是学生的就业率、就业质量。注重创业人才培养，不只是引导学生由就业向创业转变，更是培养学生创新精神、创业意识以及提高他们适应社会的能力的重要途径。这就像普通本科院校提高教师科研素养、提升学校声誉需要鼓励教师申报国家课题一样，职业技术院校正是通过提高学生创业率③、培养更多的创业明星来打造学校的声誉，造就双师型教师。例如，"职 B"毕业生的创业率，达到 13% 以上，并且涌现出一批年利润在百万元以上的创业典范。诚然，我们也要看到，高职院校的教师转型尚未达到理想状态，而且存在制约其顺利转型的制度瓶颈。例如，隶属关系影响高职院校办学定位，目标定位体现举办主体的办学宗旨和最终愿景，专业定位关照政府主管部门职能边界和服务领域，不同隶属关系下的高职院校办学定位、管理事项、重点建设项目、办学状态等呈现出不同的特点，在公平、效率价值目标上存在规律性的消长态势。④ 这表

---

① 游振声：《美国研究型大学学术创业模式研究》，重庆大学出版社 2017 年版，第 137 页。

② 详见严静鸣《高职院校特色专业建设的内容、困境与出路》，《教育与职业》2019 年第 13 期。

③ 黄小平：《"全价值链"创业型人才培养模式实施路径与效果探讨》，《职教论坛》2019 年第 11 期。

④ 汤敏骞：《省域高职教育举办体制变革研究——基于隶属关系对河南省高职院校办学影响的分析》，博士学位论文，华中科技大学，2019 年。

明，高职院校的教师转型与普通本科院校一样，同样存在短期内无法通过自身力量解决的体制性制约因素，提升教师职业能力、加快教师学术创业将是一个漫长的奋斗过程。

三　不同类型院校教师创业转型互补策略

创业型大学已经成为国内众多后发型高校追赶超越的战略选择，是"高等教育机构将自身最有价值的产品推销出去的有效途径，也是高校自主发展的有效途径"①。不过，由于办学定位不同、价值追求不同，不同类型的高等院校在发掘创业型大学的内涵上有所侧重，在推进大学教师学术创业的模式上有所区别，从而在培养与打造创业型师资队伍上产生不同路径。如前所述，普通本科院校更多地瞄准了创业型大学的外部着力点——实现成果转化，注重通过业绩激励来推动创业型师资队伍建设；高等职业技术院校更多地瞄准了创业型大学的内部着力点——培养创造尤其是创业型人才，注重通过教师招聘与培养来打造一支创业型师资队伍。应该说，无论是普通本科院校还是职业技术院校，在迈上创业型大学的道路后，都离不开对于前沿科学或者一流技术的追求，更离不开对于创新创业人才的培养。在许多情况下，两者是合而为一且相互促进的。正如有文指出的，博学多能的师资队伍必是创业型校园文化的重要推手。② 因此，对于两类创业型院校的师资队伍建设来说，应该取长补短，相互借鉴。

（一）普通本科院校的创业型师资队伍建设重在增加社会实践能力

理论是在实践中总结与提升出来的，既来源于实践，又高于实践。③对于一位学者来说，如果其理论体系的建立完全依靠间接经验，没有亲身体验，那么，这种理论学说无异于空中楼阁，缺乏根基。④ 例如，一位市场营销学的教师自己都没有从事过相关工作，从书本到书本，从理论到理论，那么，他在将相应知识有效地传承给学生时，既缺乏相应的情感因

---

① 温正胞：《大学创业与创业型大学的兴起》，浙江大学出版社2011年版，第14页。

② 李洪波、张徐、任泽中：《创业型校园文化建设的思考》，《中国高等教育》2014年第5期。

③ 冉乃彦：《实践高于理论——兼与〈论教育实践的研究路径〉作者商榷》，《教育科学研究》2009年第8期。"理论高于实践"，还是"实践高于理论"，抑或"理论与实践平等平行"，在很大程度上取决于我们看问题的角度。

④ 详见张磊《基于P-PE-PCK发展的术科教学改革研究：从理论到实践》，博士学位论文，华东师范大学，2016年。

素，也缺乏必要的情景知识，难以达到预期教育效果。当前不少理论课程，过于注重学科概念与逻辑体系，而不关注知识内容的针对性与可读性，殊不知，这正是造成闭门造车以及形成空洞理论的重要因素之一。一位具有相应社会实践并且不断学习、不断反思的教师，从他那里流转出来的知识是鲜活的，对学生的帮助是非常大的。正如担任麻省理工学院校长14年之久的查尔斯·维斯特（Charles M. Vest）所指出的："大学与企业日益密切的互动是否会不恰当地扭曲大学的学术使命，从而降低大学对社会的终极价值。合作和学术目标之间的冲突、教师的企业家身份导致的经济利益和时间投入之间的矛盾，已经成为当前实实在在的危险。但我坚信这些问题都可以获得圆满解决；我也坚信，审慎地构建大学、企业和政府之间的伙伴关系不仅合乎需要，而且必不可少。"① 当前普通高校转型为创业型大学，就应该开发这样的课程资源，从而也就应该重视这方面教师的培养。应该说，培养创业型大学教师的实践能力，既要从源头上拓宽师资来源渠道，注重从学校系统外招聘高层次人才，还要在培养上转变思路，让更多的教师能够在企业与市场中得到锻炼。西方学者研究指出："发展企业所有权经历以及人脉和关系对建立成功的大学衍生企业非常重要，……商业化成功和学术型企业家特性之间有直接联系。"②

（二）高等职业技术院校的创业型师资队伍建设重在提高技术创新能力

一流的教师，才能培养一流的学生。对于大学教学来说，一流的研究，才能形成一流的教师。教师们在自己的学科领域从事过一定的研究并取得成绩，不只是为了传承更前沿的知识，还能将基础知识与基本技能在最短的时间内以更简捷的方式有效传承给学生。而且对于创业型大学的成果转化或者学术创业③来说，绝不是简单的劳动加工与服务贸易，而应该是带有原创性的科学技术成果。因此，高等职业技术院校走上创业型大学的道路，同样必须致力于科学研究，从而就有必要鼓励教师们在实践的基础上深入钻研，形成自己的原创性成果。只不过，他们的科学研究，不是

---

① ［美］查尔斯·维斯特：《麻省理工学院如何追求卓越》，蓝劲松主译，北京大学出版社2013年版，第157页。

② ［美］艾伯特·N. 林克、唐纳德·S. 西格尔、迈克·赖特：《大学的技术转移与学术创业——芝加哥手册》，赵中建等译，上海科技教育出版社2018年版，第239—240页。

③ 黄扬杰、邹晓东、侯平：《学术创业研究新趋势：概念、特征和影响因素》，《自然辩证法研究》2013年第1期。

那种纯粹的理论研究，而是技术开发或者管理创新，亦即应用型研究。[1]
事实上，许多技术可以脱离基础理论研究而获得独立发展。例如，当人们
还在研究计算机某些方面的基本原理时，许多可操作性的技术产品就已经
问世了，并且获得了大众的认可。同时，创业是一种个人力量的驱动，[2]
是一种社会需求的应接，对于各种创业的过于鼓动，不仅不利于培养高层
次的人才，也不利于和谐社会的建设。只有以自己独特的学术成果来带动
创业，让师生创业成为一种个人自觉与社会责任，才能把大学引向文明的
前沿，让高等职业技术院校走向一流。

总之，实现大学转型，关键在于教师的转型。在推动传统院校向创业
型大学转型的过程中，国内不同类型的高校在实现教师转型上有着不同的
方向与路径。对于普通本科院校来说，更多的是从业绩奖励出发，关注教
师的科研成果转化；对于高等职业技术院校来说，更多的是从教师招聘与
在职培训出发，注重教师对创业人才的培养。不过，从未来的长远发展来
看，或许创业型大学的本土化建设应该把现有的两种模式结合起来，打造
一支基于实践又高于实践的创业型师资队伍。经过长期的探索与实践，在
外部条件成熟的前提下，大学教师学术创业便会走向自觉。

第三节　新建本科院校应用转型维度的历史研究

大学教师在岗位职责之外开展的学术创业活动，同样凭借其依托学科
专业基础的学术性劳动成果。只不过，从国家、社会、高校以及个人都在
极力推崇的学术创业形式——专利转让、科技咨询、成果转化等而言，这
些学术性劳动成果主要不归为形而上学的"纯粹研究"[3]"基础研究"[4]，
而是面向生产生活一线与市场现实需求的"应用研究"[5]，产出能够解决
现实问题与满足人们需要的应用性成果。基础教育毫无疑义相当重要，尤

---

　　[1]　宾恩林：《加强应用性研究："双高计划"背景下高职院校专业建设之路》，《华东师范
大学学报》（教育科学版）2020 年第 1 期。
　　[2]　详见朱春楠《大学生创业价值观教育研究》，博士学位论文，东北师范大学，2017 年。
　　[3]　详见雷颐《从衙门到纯粹研究学问之机关——追思北大校长蔡元培》，《民主与科学》
2005 年第 5 期。
　　[4]　详见吴杨、苏竣《高校基础研究投入与产出的相关性分析：1991—2008》，《高等教育研
究》2011 年第 3 期。
　　[5]　详见周瑛仪《应用研究驱动的高水平高职学校建设》，《高等工程教育研究》2020 年第
1 期。

其高校是基础研究的主阵地，[①] 但是，在多元化的高等教育生态系统中，有些高校则以学以致用的应用研究作为主轴，即使开展基础研究也是在应用研究的牵引下进行。这类高校，既是推崇学术创业的高校，包括前面论及的创业型大学，也是新建本科院校的前进方向。因此，开展新建本科院校应用转型研究，间接体现教研型高校教师的学术创业。新建本科院校是相对于老牌本科院校而言的，一般是指 1999 年高校扩招以来，通过合并、重组或者独立升格的普通本科院校。[②] 2016 年 4 月 7 日，教育部发布《全国新建本科院校教学质量监测报告》和《百所新建院校合格评估绩效报告》，全面分析了我国新建本科院校取得的成绩、存在的问题，并为新建本科院校指出一条地方性、应用型的发展之路。事实上，从整体而言，新建本科院校自诞生以来，一直致力于应用型高校的转型与建设。[③] 但是，时至今日，新建本科院校应用转型的整体现状，有如从"应试教育"到"素质教育"的转变一样，"轰轰烈烈地喊应用型本科建设，扎扎实实地搞传统学术型发展"。许多新建本科院校高举"应用型"旗帜，只是为了顺应政府的号召，或者体现自己的办学风格，在人才培养、科学研究、教师评聘以及管理体制等许多方面，并没有任何变化。[④] 可以说，学校过去是什么样子，现在仍然是什么样。在"应用型"战略目标实施后的若干年，不少学校或许还会是老样子。走出应用转型的困境，需要梳理新建本科院校应用转型的历史脉络、分析应用转型在不同阶段难以实质推进的主要因素，最后寻找新建本科院校应用转型的有效路径。如果高校连应用转型都无法顺利推进，那么这些大学教师的学术创业就是一句空话。本书将从新建本科院校应用转型的历史维度，分析其转型的阶段划分并对未来前景予以展望。应该说，这是学界第一次对新建本科院校的应用转型开展前景展望，其意义在于警示包括新建本科院校在内的地方院校、部分行业特色研究型大学，需要尽快走出当前的路径依赖，[⑤] 以敢为中国高教改革之先

---

①　苏开源：《高等学校不可忽视基础研究》，《高等教育研究》1986 年第 2 期。

②　傅大友：《新建期、应用型、地方性：新建本科院校转型发展的关键词》，《中国高等教育》2010 年第 22 期。

③　黄彦辉：《影响地方本科院校向应用技术型高校转型的因素与对策研究——基于许昌学院的个案研究》，硕士学位论文，华东师范大学，2018 年。

④　详见王艳梅、徐明祥《基于全国 15 所应用型试点高校学术漂移的新制度主义分析》，《昆明理工大学学报》（社会科学版）2019 年第 5 期。

⑤　王玉丰：《常规突破与转型跃迁——新建本科院校转型发展的自组织分析》，博士学位论文，华中科技大学，2008 年。

的勇气与智慧，成为撬动中国高等教育体制"铁块"的破冰之旅。

一　新建本科院校第一轮应用转型回顾

有文①根据教育部发展规划司的数据，对 1999—2013 年我国新建本科院校设置情况进行统计。例如，1999 年新建本科院校 10 所，此后每年以至少 10 所及以上的数量递增，2000 年与 2004 年分别达到 42 所、40 所，到 2013 年新建本科院校已有 346 所。这十五年，既是新建本科院校规模扩张的第一个发展阶段，更是应用转型的第一个发展阶段。从规模扩张看，2013 年以后，我国新建本科院校在数量上继续扩张，表面上体现不出明显变化。但是，从应用转型看，新建本科院校在 2013 年之后有所区别，以此为界可将新建本科院校的应用转型分为两个阶段。本书在此仅从应用转型的角度，对新建本科院校的第一个十五年进行梳理与分析。

（一）应用转型的驱动力主要源于特色定位的需要

新建本科院校主要是从高职高专、师范专科以及成人高校三类院校升格或者转型而来，它们原来属于专科层次高校的佼佼者，不需要与另一个世界的老牌本科院校开展学术竞争。但是，当升格本科层次的高校之后，它们就成为普通本科院校中的最后一拨。一方面，这些院校希望办学层次不断提升，谋求与老牌本科院校同等的本科院校身份；② 另一方面，追求卓越是每所高校发展的原始动力，新建本科院校自然希望自己能在本科院校之林中有一席之地。于是，新建本科院校在转型之初，普遍关注两个问题：一是不断扩大本科专业数量，消除"专科痕迹"，甚至努力实现从单科性向多科性、综合性大学发展。例如，2000 年，吉安师专与吉安教育学院合并，升格为本科层次的井冈山师范学院。2003 年，该校再与井冈山医学专科学校、井冈山职业技术学院合并组建井冈山学院。2007 年，井冈山学院更名井冈山大学。从 1999 年到 2013 年的十五年间，井冈山大学的本科专业数量，从零发展到 75 个，从单一学科院校变成综合性大学。二是确立与国内一流大学不同的办学理念，体现"最好的竞争就是避开竞争"③。这种办学理念，无论名称怎么变化，实质上大多定位于应用取

---

① 详见王玉丰《我国新建本科院校十五年回顾与展望》，《高教探索》2013 年第 5 期。
② 翟月：《新建本科院校职业化改革的关键问题》，《教育评论》2017 年第 6 期。
③ 潘懋元：《新建本科院校应以特色求发展》，《河南教育》（高校版）2006 年第 1 期。

向，以区别传统的学术型教育，实现新建本科院校从专科到本科，再从传统型到应用型的"二次转型"①。例如，不少新建本科院校明确以应用型人才培养作为办学定位，有些新建本科院校则从刘献君教授提出的"教学服务型大学"②、浙江万里学院定位的"创业型大学"③ 等来体现应用取向。由此可见，在这个发展阶段，从专科到本科的平台提升，大大激励了新建本科院校创新与发展的热情，它们亟须寻找新的办学定位，以体现自身的特色与优势，应用转型便成为众多新建本科院校的发展战略之一。

（二）教学评估对新建本科院校应用转型引领较弱

20 世纪 80 年代以来，我国实行过多次本科教学评估。其中，以 2003 年启动的普通高等学校教学工作水平评估（简称水平评估）对新建本科院校的影响力度最大。该评估五年一轮，在第一轮结束之后，逐渐被新的评估方案取而代之。应该说，水平评估大大改善了国内高校尤其是新建本科院校的办学条件，并使其规范了办学行为，增强了质量意识与特色意识，对教学工作的影响是积极的。④ 但是，从新建本科院校的应用转型角度而言，水平评估的影响力非常有限。⑤ 那是因为，虽然水平评估强调学校定位以及特色项目，但没有从外在政策上推动新建本科院校向应用转型，更没有体现出应用型大学的评估指标体系；同时，那些不准备走应用型道路且又没有选准办学定位的新建本科院校，为了迎接评估而在办学定位与特色项目上临时贴上"应用"标签，丝毫不影响他们顺利通过软性的评估指标。2010 年，国家颁布的《国家中长期教育改革和发展规划纲要（2010—2020）》（以下简称《规划纲要》）虽然提出"建立高校分类体系，实行分类管理"，促进高校办出特色，但是，如何引导新建本科院校向应用转型，仍然缺乏有效的激励与指引。2012 年，教育部正式启动以"四个促进、三个基本、两个突出、一个引导"作为评估内涵的新一轮本科教学工作合格评估（简称合格评估）。合格评估是落实《规划纲要》"分类管理"的有效策略，其出发点之一正是引领新建本科院校走向

①　刘汉成：《地方本科院校转型发展的实践探索》，中国经济出版社 2015 年版，第 23 页。

②　刘献君：《建设教学服务型大学——兼论高等学校分类》，《教育研究》2007 年第 7 期。

③　王孝坤：《面向创业型经济社会的创业型大学建设——以浙江万里学院为例》，《浙江万里学院学报》2011 年第 3 期。

④　刘献君：《以质量为核心的教学评估体系构建——兼论我国本科教学工作水平评估》，《高等教育研究》2007 年第 7 期。

⑤　王莹：《本科教学工作水平评估的启示》，《高等工程教育研究》2007 年第 S1 期。

地方性、应用型。但是，在 2014 年国家正式发文引导地方高校向应用技术型转型之前，合格评估对新建本科院校应用转型的约束力与指导性，仍然非常有限。① 与水平评估一样，合格评估仍然未能从政策保障以及评估指标上推动新建本科院校转向应用型。

（三）新建本科院校应用转型的成效尚未明显体现

从 1999 年至 2013 年的十五年间，新建本科院校就存在应用转型的问题。虽然少数只是为了应对评估的需要而临时选择"应用型"，在教育实践过程中依然坚持传统的学术型道路，认为"学科建设是新建本科院校发展的战略抉择"②，但是，大部分定位于"应用型"的新建本科院校，其应用转型的动力不是来自外部的教学评估，而是自身寻找特色发展与跨越式发展的战略选择。总体而言，在这个阶段，应用转型更多地属于新建本科院校的自发行为。那么，新建本科院校主动选择应用转型，改革与发展的成效如何？评估其成效，需要寻找有效途径。如果仅从宣传报道、实体建设等方面分析，难以把握应用转型实际。最为有效与简便的途径，便是分析教师转型状况。只有教师的转型，才能带来大学的转型。③ 然而，十多年来，新建本科院校的教师，无论教学观念、教学方式还是工作职责、中心任务，整体上仍然与过去一样，没有发生实质性变化。甚至不少新建本科院校的教师，在各种量化的考评机制与激励政策下，更加关注形而上的学术业绩，远离形而下的社会实践，从而进一步偏离学以致用的办学指针。④ 可见，新建本科院校的第一轮应用转型，仅仅停留在许多高校的美好设想中，还没有走出一批名副其实的应用型本科院校。

二　新建本科院校第二轮应用转型展望

自 2014 年开始，新建本科院校开启第二轮应用转型。与前一轮应用转型比较，这次应用转型不仅更多地体现政府的意志与行为，而且体现政府加快其整体转型的决心与信心。2014 年 2 月，国务院常务会议审议通过《事业单位人事管理条例（草案）》，要求加快发展现代职业教育，建

---

① 详见刘振天《学术主导还是取法市场：应用型高校建设中的进退与摇摆》，《高等教育研究》2019 年第 10 期。

② 张泰城：《新建本科院校的转型与发展》，高等教育出版社 2014 年版，第 10—17 页。

③ 付八军：《论大学转型与教师转型》，《教育研究》2017 年第 4 期。

④ 盛正发：《转型期新建本科院校科研困境的破解》，《湖南师范大学教育科学学报》2011 年第 6 期。

立学分积累和转换制度，打通从中职、专科、本科到研究生的上升通道，引导一批普通本科高校向应用技术型高校转型。随后，教育部发布的"600多所地方本科高校将向应用技术型转型，向职业教育类转型"① 热闹一时，在高等教育理论与实践界产生巨大反响。毫无疑问，新建本科院校是这类地方高校的主体。尽管教育部在各种舆论压力下多次强调，政府只是引导和支持部分有意愿、有条件的本科高校转型，但是，这被认为是国家教育行政部门落实高校分类指导、分类管理、分类发展的重要信号。② 在这种背景下，新建本科院校的应用转型就由自发行为转变成外在力量的推动，教育理论界"转型不宜跟风"③ 的呼声再强大，也阻止不了新建本科院校从传统学术型向应用技术型的发展。确实，且不说我国政府对于高校强大的管控作用，仅从高校对于政府过度的资源依赖，就决定新建本科院校很难走上独立自主的发展道路。于是，与国家层面倡导建立的应用技术型大学（学院）联盟等相呼应，许多省份也启动了应用型本科院校建设试点工作，终于越来越多的新建本科院校举起"应用型"旗帜。这就可以理解，近年来参与合格评估的新建本科院校，以及在此基础上接受审核评估的新建本科院校，无一例外地将办学定位为"应用型"。那么，在政府的推动下，新建本科院校新一轮应用转型能否达到预期？可以说，从现有政策与发展动向看，15年之后的新建本科院校仍然像现在一样，整体上处在传统的学术型。

（一）政府对于应用型高校的办学定位还停留在本科高职层次

当前，政府引导与加快新建本科院校新一轮的应用转型，着眼点是为了实现高等教育类型的多元化发展④，避免地方院校都往传统学术型道路上挤，同时培养适应社会经济发展需要的应用型人才，提高高等教育的社会贡献率。所以，政府推动新建本科院校应用转型，主要不是为了这些院校办学层次的提升，而是办学类型的转换，从传统学术型转向职业技术

---

① 邓晖：《高等教育酝酿大变 600所地方本科院校将转向应用型》，2014年5月15日，http://politics.people.com.cn/n/2014/0515/c1001-25022194.html，2020年3月1日。
② 详见顾永安《新建本科院校转型不能"一刀切"》，《中国教育报》2015年6月18日。
③ 朱士中：《新建本科院校转型不能跟风》，《光明日报》2014年12月23日。
④ 申屠丽群：《分类视角下应用型本科教育转型研究》，硕士学位论文，浙江工业大学，2017年。

型。① 为了区别专科层次的高等职业技术教育，我们将之称为应用型。推动新建本科院校转向应用型，这个指导思想毫无疑义是正确的。但是，当我们把应用型本科定位于本科高职的时候，中国本土那种重学轻术的思想观念就会抬头，在心理上抵触新建本科院校的应用转型。② 在第一轮应用转型之际，某些新建本科院校主动选择应用型的道路，主要是为了大力发展应用性研究，培养应用型人才，以此体现自身特色化的办学方向，就像台湾地区的高等职业技术教育一样，在"应用"的轨道上达至硕士、博士研究生教育。然而，外力推动下的第二轮应用转型，政府只是希望新建本科院校转型为本科高职，③ 并没有从长远规划考虑新建本科院校的远景，仍然锁定在专科层次的高职与博士点授予单位的行业特色大学之间。而且，新建本科院校整体上的应用转型，在办学定位上也就无所谓特色。这样的应用转型尽管看起来应者云集，实际上不少是迫于无奈，不得已而为之。辩证唯物主义告诉我们，内因是事物发展的决定性因素，外因是事物发展的条件，外因必须通过内因起作用。新建本科院校的应用转型，如果只是外因在起作用，内因没有变化，那么，这种转型就难以达到预期。

（二）传统学术型教师向应用型教师转型的动力机制尚未建立

实现大学转型，关键在于实现教师的转型。新建本科院校要从传统学术型走向应用型，关键在于教师从传统学术型走向应用型。然而，当前包括新建本科院校在内的所有地方高校缺乏有力的政策来推动教师的学术转向。④ 例如，牵引教师前行最有力的职称评聘制度，与过去相比没有任何实质性变化，⑤ 甚至在高级职称总量受到限制而拥有博士学位的教师数量不断增加的条件下，职称评聘的学术门槛越来越高，学术竞争越来越激烈，进一步强化了新建本科院校教师"学以致知"而不是"学以致用"的意识与行为。再从学校的各种激励机制来看，教师的福利在很大程度上

---

① 王保宇：《新建本科高校产教融合发展的问题与对策研究》，博士学位论文，华中师范大学，2019 年。

② 潘懋元、车如山：《做强地方本科院校的理论与实践研究》，高等教育出版社 2016 年版，第 5 页。

③ 详见张健《应用型本科等同于本科高职吗》，《中国教育报》2014 年 3 月 31 日。

④ 潘懋元、贺祖斌：《关于地方高校内涵式发展的对话》，《高等教育研究》2019 年第 2 期。

⑤ 任珂：《新建本科院校教学与科研关系的制度分析——基于 N 学院的案例研究》，博士学位论文，华中科技大学，2017 年。

取决于学术业绩，每年一度的科研奖励让新建本科院校的教师确信：推出学术成果才是硬道理，至于这些成果能否应用、如何培养应用型人才等，都不是最重要的。有了论文这根指挥棒，所有的应用型本科、技术本科、教学服务型高校等教育模式都难有突破。① 应用取向的研究范式并不是不要论文，而是不以论文作为目标、终点与归宿。在应用转型的旗帜下，大学教师要基于实用主义而非功利主义开展科学研究与人才培养。在取得新思想、新技术或者新产品并能有效对接社会需求之际，论文也就自然诞生了。但是，只有破除"四唯""五唯"等"唯外部评价""唯量化评价"的桎梏，扭转传统上"以论文论英雄"的学术评价制度，才能让大学教师将学术志趣转移到真正的社会需求上，把以论文为代表的传统学术业绩作为学术使命的自然结果。

（三）新建本科院校对社会高层次应用型人才的吸引力度不够

当难以寻找到相应的动力机制来推动教师从传统学术型转向应用型之际，不少新建本科院校寄望通过招聘社会上高层次应用型人才作为师资，② 以解决应用型办学定位与传统学术型师资名实不一致的问题。但是，新建本科院校以引进社会高层次应用型人才来加快应用转型的发展战略不具有可行性。其原因在于：其一，囿于相应的政策与权限，新建本科院校不能无视学历等基本条件大量引进应用型人才，而许多技艺精湛、业务精通的应用型人才往往只有本科甚至更低的学历，拥有招聘权却无最终批复权的新建本科院校只能将目光瞄准极为有限的高层次应用型人才；其二，包括新建本科院校在内的中国高校教师收入总体上并不高，教师从个人所在学校取酬的高低主要取决于其科研业绩的大小，这种薪酬水平以及分配体制自然无法吸引社会高层次应用型人才加盟新建本科院校;③ 其三，中国高水平的研究型大学具有较高的学术声誉与社会反响，这对于提升社会高层次应用型人才的影响力具有积极效应，他们可以牺牲一定显性与短期的物质待遇而成为这些院校的教师，但对于新建本科院校而言，这

---

① 马陆亭：《创业型大学建设的时代价值》，载付八军《纵论创业型大学建设》，浙江工商大学出版社 2014 年版，第 10—11 页。

② 详见潘威《基于转型发展的广西新建本科院校双师型教师队伍建设研究》，硕士学位论文，南宁师范大学，2018 年。

③ 付八军：《论应用型大学师资队伍建设的内生模式》，《浙江社会科学》2017 年第 6 期。

些优势与光环尚不具备。① 因此，新建本科院校应用型师资队伍建设的战略方向，只能以引进应届毕业的研究生或者其他院校的师资为主，通过校企合作等在职培养途径实现师资队伍整体上转向应用型。显然，这又回到前面所论述的问题，亦即在政府现有的政策视阈以及高校现有的考评体系下，新建本科院校在可以预见的未来不可能实现教师整体上从传统学术型转向应用型，我国应用型本科院校建设在很大程度上还只停留在理念、规划层面，尚未进入政策与实践层面。

三　新建本科院校应用转型的路径分析

应用取向在国际上已经成为科学研究的主导趋势，也是全球高等教育变革的时代主题。② 重塑"象牙塔"理想而载誉史册的大学故事，已经一去不复返。"相反，理工科的学者正为走向社会轴心的大学欢呼，他们正利用科研，把科技与资本、经济结合为一体，重构学术、大学制度以至经济、社会模式和人类的生活方式。"③ 对于我国新建本科院校而言，更应该抢抓机遇，顺时而变。因为老牌本科院校依托较高的学科平台与政策优势，可以吸引到一流的师资与生源，哪怕固守传统的学术生产模式，这些院校在相当长的时间内因人才选拔效应依然能够熠熠生辉；而新建本科院校如果不能跟上时代发展的步伐，继续在一流传统本科院校后面亦步亦趋，则在大学之林中的弱势地位只会越来越明显。④ 更重要的理由在于，社会上的重大变革大多是弱势逆袭的结果，在资源上处于优势的一方往往较为被动，从而新建本科院校的应用转型承担着中国高等教育体制改革的破冰之责，需要政府、高校乃至社会各界予以高度重视。然而，如前所述，按目前的政策方案与运行轨迹，新建本科院校的应用转型在十五年以后仍将无功而返。本书认为，破解新建本科院校应用转型"一阵风"或者"挑雪填井"的魔咒，要从以下几个方面努力。

---

① 王凡：《新建本科院校社会服务能力提升研究》，博士学位论文，华中科技大学，2018年。

② 参阅［美］亨利·埃茨科维兹《三螺旋创新模式》，陈劲译，清华大学出版社2016年版，第34—36页。

③ 叶赋桂、陈超群、吴剑平等：《大学的兴衰》，清华大学出版社2016年版，第30页。

④ 聂永成：《新建本科院校转型分流的价值取向研究》，博士学位论文，华中师范大学，2016年。

（一）通过确立应用型大学的概念来引领新建本科院校的应用转型

从内涵来看，应用型大学属于一个综合性的概念。[1] 凡是以培养应用型人才与发展应用型成果作为目的，而不是以培养纯理论工作者与发展纯粹学术作为目的的高校，都可以称之为应用型大学。但是，当前国内学界对于应用型大学的研究，还是以新建本科院校、地方院校、职业技术院校等为主要关注对象。[2] 长期以来，应用型大学的概念在理论上无法确立，在政府文件中更是很少提及，而是常常以应用技术型大学、应用型本科院校等概念来称呼。这就表明，应用型大学建设在国内不少学者尤其是政府的观念上，仍然属于错位发展、后发转型的策略选择，将应用型高校作为缓解当前高等教育领域同质化发展的策略之一。这种人为矮化应用型院校的观念与行为，严重抑制新建本科院校应用转型的积极性。当前，应该以应用型大学来统合包括行业特色研究型大学在内的各种应用型院校，让新建本科院校的应用转型有一个更高远的"明确的转型愿景"[3]。以应用型大学来引领新建本科院校的应用转型，意味着新建本科院校可以像德国的应用技术大学[4]与我国台湾的高等职业教育院校[5]一样，发展到博士研究生教育阶段，与传统学术型大学并驾齐驱，甚至实现从并跑到领跑的超越。至于新建本科院校是以行业特色研究型大学作为奋斗目标，还是定位于卓越行业人才培养的一流教学型大学，属于高校结合区域经济发展与高校竞争策略而自主作出的个性化选择。

（二）通过"分类评估、放权赋权"来推动新建本科院校的应用转型

中国高等教育变革与发展的动力机制仍然属于政府主导的资源驱动型，而不是高校主导的市场驱动型。这就决定了新建本科院校向应用型大学的整体转型，离不开政府以政策作为支点的行政推动与资源供给。从当前的政策方案看，政府对于新建本科院校的评估与治理，与老牌本科院校是一个标准，两类院校之间不是类型关系，而是一如既往的层次关系，从

---

① 付八军：《学以致用：应用型大学的灵魂》，《教育发展研究》2016 年第 19 期。

② 水鑫：《应用型大学办学定位及其契合性分析——基于 17 所本科教学审核评估报告》，硕士学位论文，长江大学，2019 年。

③ 朱建新：《地方高校向应用型大学转型的制度性困境、成因与机制构建》，《高等工程教育研究》2018 年第 5 期。

④ 龙飞：《德国应用技术大学（FH）对我国新建本科高校转型的启示》，硕士学位论文，西南大学，2015 年。

⑤ 王莹：《应用技术大学定位研究》，博士学位论文，华东师范大学，2016 年。

而只能牵引新建本科院校走向传统的学术研究型，很难发展成为面向生产与社会需要的应用型。扭转新建本科院校应用转型的南辕北辙之局面，突破口还是政府的政策牵引力与支持力，更具体而言，正是政府主导且捆绑资源的分类评估政策。事实上，该政策的贯彻执行，不在于法律法规的支持，而是取决于政府对新建本科院校应用转型重要性与迫切性的深刻认识。与此同时，政府还需要通过"放权赋权"，深化"放管服"改革，让新建本科院校获得应用转型的改革空间。① 例如，在校长聘任权上，尽可能延长新建本科院校主要领导的任期，确保应用转型方向的稳定性与改革成果的固化；在师资招聘权上，适当扩大应用转型高校招聘校外高素质职业技能人才的比例及相应的自主权，通过"外塑"与"内培"两种途径加快师资队伍从传统学术型向应用型转变；在招生体制上，允许那些社会满意度较高、规章制度健全透明、办学特色逐渐彰显的应用型本科院校，能够与老牌本科院校那样获得更多更大的招生自主权，② 既能消除应用型在地位上低于学术型的错误认识，又能为应用型院校在人才培养上实现突破奠定基础；等等。

（三）通过"科研转向、教师评价"来强化新建本科院校的应用转型

政府是推动新建本科院校应用转型的主导力量，③ 高校则是实现自身应用转型的建设主体。在去除外部的传统牵引力以及获得应用转型的政策支持之后，新建本科院校需要明确的第一个关键问题便是实现大学教师的科研转向，亦即要让教师的学术追求不再崇尚数字化的传统学术业绩，改变过去"唯论文、唯奖项、唯课题"等科研崇拜，把教师的精力与时间引导到解决生产生活实际问题、培养社会实践需要的应用型人才上来，在此基础上形成经验总结与提升类的科研成果，甚至可以由此发掘具有普遍性、规律性的原则与定律。新建本科院校若能有效地实现该种科研转向，

---

① 朱建新：《地方应用型大学变革研究——以 X 学院为例》，博士学位论文，浙江大学，2019 年。

② 韩清瑞：《福建新建地方性本科院校办学自主权落实现状研究》，硕士学位论文，厦门大学，2006 年。

③ 孙诚：《引导部分普通本科高校向应用型转变势在必行》，2015 年 11 月 16 日，http：//www. moe. gov. cn/jyb_ xwfb/moe_ 2082/zl_ 2015n/2015_ zl58/201511/t20151115_ 219016. html，2020 年 11 月 14 日。

或者说知识生产模式的转变①，其应用转型的方向就已经明确，正式吹响应用转型攻坚战的号角。但是，新建本科院校的科研转向不能仅停留在办学理念上，而要落实在影响教师实际利益以及行动方向的制度文件上。这些制度文件涉及教师评价的方方面面，例如教师评优评先、人才工程选拔、年度绩效考核、教师职称评聘等。"教师评价改革是本科高校转型发展的突破口"②，教师评价机制不转变，教师行动方向就不可能改变，建设应用型师资队伍的努力就是徒劳。可以说，以评价机制推动教师的科研转向，是新建本科院校打造一支高素质应用型师资队伍的关键与重点，同时，由于牵涉到教师利益、福利保障、工作条件等诸多问题，这也将是新建本科院校应用转型的难点与痛点。研制一套科学可行的应用型师资队伍评价标准，成为新建本科院校应用转型无法绕开的一道门槛。该评价指标体系的设计，既要强化用户评价，以课程学习者与成果使用方作为教师工作业绩的评价主体，这是实用主义价值观的必然要求，也要弱化功利色彩，③避免各种投机取巧与旁门左道等不正之风，保证教师评价体制的顺利转轨以及平稳推进。

（四）通过"校企合作、成果转化"来加快新建本科院校的应用转型

建设应用型大学，不只是政府与高校的事情，还需要社会各界的配合。④例如，校企合作、产教融合、产学做一体等，⑤属于应用型大学区别于传统型大学的显著特征，也是全球应用型大学的通行做法。但是，这种做法的贯彻落实，需要社会其他各界尤其是企业界的积极配合。在市场经济时代，任何合作不可能是单赢，只有建立在双赢、共赢基础上的合作，才能实现可持续与可推广。因此，新建本科院校在获得社会各界支持的同时，也要为社会各界提供大学特有的服务或者帮助。大学能为社会所提供的主要有二：一是高素质的劳动者，二是具有实用价值的科研成果。

---

① 参阅邵波《我国高等教育大众化进程中的应用型本科教育研究》，博士学位论文，南京师范大学，2009 年。

② 杨琼：《应用型本科高校教师绩效评价研究——以英国博尔顿大学为例》，《教育发展研究》2017 年第 7 期。

③ 黄东升：《新建本科院校如何实现科研转型》，《中国高校科技》2018 年第 10 期。

④ 详见王保宇《新建本科高校产教融合发展的问题与对策研究》，博士学位论文，华中师范大学，2019 年。

⑤ 夏建国：《深化产教融合 加快建设水平工程应用型大学》，《中国高等教育》2018 年第 2 期。

确实，如果一所高校培养的人才，能够赢得社会各界的赞誉，那么这所高校在许多方面就能赢得社会各界的支持。例如，某高校小教专业的学生综合素质高，该地区多所小学争相为该专业的学生提供实习基地，并尽可能招录该专业的毕业生。同时，在实现科研转向之后，新建本科院校的应用转型，要以成果转化作为切入点与落脚点，推动学校的科学研究走出象牙塔，走向社会与市场。应用型大学不是不要研究，而是为了应用而研究，将学术目标定位于应用而不是学术本身，① 变传统大学"为了学术而学术"的学术本位观为学以致用的学术应用观。简言之，研究是手段，应用才是目的，成果呈现只是自然结果。科学研究同样是应用型大学提升实力与层级、扩大影响与效应的基本途径，而研究成果能否转化以及转化程度则是检验其科学研究真假、高低与大小的唯一标准。

20 世纪 90 年代末兴起的新建本科院校，在寻找个性化办学定位与特色发展策略初期，普遍以应用型作为学校转型发展的关键词。但是，在实际的办学过程中，这类院校普遍偏离应用型，最后回归传统学术型，大学教师生产应用性成果的意识与能力都未增强。近年来政府力推高校分类发展，尤其是推动新建本科院校整体转向应用技术型大学，构建现代高等职业教育体系。② 从高校改革与发展动态看，新建本科院校新一轮应用转型依然困难重重。转型障碍的深层原因之一在于，定位于本科高职不利于新建本科院校应用转型，需要从应用型大学的高度与广度引领新一轮应用转型；同时，作为率先突破传统学术范式的新建本科院校，需要政府、高校与社会其他各界相互配合，各自发挥不同作用，共推其由传统学术型逐渐转向学术应用型，最后推动一批高校走向学术创业型。事实上，不只是新建本科院校存在应用取向的转型问题，就是那些研究型大学同样存在应用取向的转型问题。学与术、研究与应用往往合而为一，难以分离。最有水准的应用技术问题，往往蕴含最有水平的学术问题。但是，囿于政策性资源短缺以及后发性发展危机，新建本科院校要比国内一流研究型大学有更大的应用转型动力与压力。因此，新建本科院校应该率先觉醒起来，政府乃至社会其他各界也要给予大力支持，以新建本科院校应用转型为契机，

---

① 聂永成、董泽芳：《新建本科院校的"学术漂移"趋向：现状、成因及其抑制——基于对 91 所新建本科院校转型现状的实证调查》，《现代大学教育》2017 年第 1 期。

② 宫宁：《基于民生改善的中国高等职业教育发展研究》，博士学位论文，吉林大学，2016 年。

确立"应用型"高校的理论自信、体制自信与道路自信，在其成功的基础上再来带动整个高等教育体制的深化改革。当名副其实的一大批应用型高校在中国以一种办学类型确立之际，致力于成果转化的学术创业活动就成为高等教育的新图景，成为大学教师走出"五唯"窠臼对接社会需求的自觉追求。

第三部分　政策篇

第五章 大学教师学术创业的
国际政策研究

大学教师学术创业既是一个复杂的理论问题，也是一个重大的实践问题。但是，在管理体制乃至动力机制上却又可以归为一个政策问题。因为大学教师要不要开展学术创业、哪些创业活动得到允许乃至鼓励，都会因不同国家或者地区的政策不同而有所区别。结合社会网络分析法和相关分析软件，本章主要对欧盟、美国、韩国大学教师学术创业政策进行梳理，并对重点政策进行分析解读，然后探讨不同时期大学教师学术创业政策的特点和制定机构的分布情况。通过这些国家或者地区学术创业政策的分析，可以看出学术创业已经成为世界高等教育变革的重要走向。在这种大背景下，我国大学教师学术创业的政策基点不是要不要的问题，而是如何在"规范+鼓励"的原则下推进并充分发挥其对于人才培养、科学发展与社会进步的贡献问题。

第一节 欧盟大学教师学术创业的政策分析

欧盟是当今世界区域经济一体化程度最高的地区，也是世界主要创新经济体之一。欧盟不仅拥有世界上几个重要的创新国家，如德国、法国、意大利、荷兰、比利时、卢森堡 6 个创始成员国，后来吸引包括英国（2020 年 1 月正式"脱欧"）、瑞典、芬兰等一批发达资本主义国家加入，而且很早就关注到区域内创新创业政策的制定，并将培养欧洲公民创业能力作为政策的核心目标。① 欧盟及其成员国在创新创业政策制定上具

---

① 张迎红：《欧盟创新经济现状及未来政策趋势》，《德国研究》2012 年第 4 期。

有鲜明的特色，相比市场驱动的美国模式而言，欧盟模式更加注重政府在学术创业活动中的主导作用。整体而言，可以将欧盟的创新创业政策分为四个发展阶段：以大科学思想为基础的科学政策阶段（20世纪50—60年代）、强调欧洲水平合作的技术政策阶段（20世纪60年代末期至80年代早期）、政策领域的制度化巩固阶段（20世纪80年代中期至90年代中期）、组合型的创新创业政策阶段（20世纪90年代中期以后）。① 专门针对大学教师的学术创业政策，主要伴随组合型的创新创业政策慢慢涌现。特别是受2008年全球性金融危机的影响，欧盟也遭受经济危机，部分国家遭遇严重的欧债危机，至今仍未能走出困局。虽然欧债危机的发生有其自身的原因，特别是欧元区统一的货币政策与分散的财政政策不相匹配，导致欧元区一些国家出现严重的财政赤字。但是，从根本原因来看，欧债危机的爆发跟欧盟近十年来在创新经济方面的总体下滑有关。与美日竞争对手相比，欧盟的优势不明显，同时又受到新兴经济体，如中国的追赶，再加上欧元区各成员国之间创新能力差距较大，使得欧元区存在内在结构性矛盾。② 因此，欧盟希望通过一系列创新创业组合政策来重振区域内的创新经济发展，而支持大学教师开展学术创业便是其中一块重要内容。

一　欧盟大学教师学术创业政策概览

学术创业政策涉及教育、科研、产业、行业等多个领域，为了更加全面地了解欧盟大学教师学术创业政策，有必要对欧盟创新创业政策进行梳理。同时，从整体上梳理欧盟大学教师学术创业政策，往往只能搜集到欧盟相应的产业创新政策等，关于大学教师学术创业政策则包含其中。在后面探讨美国、韩国等大学教师学术创业政策时，同样会存在如此情形，对此本章需要特别予以说明。

1952年7月25日欧洲煤钢共同体的正式诞生，可以看作是欧洲跨国技术（产业）创新系统初步形成的标志。1958年欧洲原子能共同体和欧洲经济共同体相继建立，扩大了成员国之间技术（产业）创新领域，进一步促进了跨国技术（产业）创新系统的形成。随着各成员国合作领域的不断扩大和加强，1967年欧洲共同体正式成立。它的成立引导了欧洲

---

① 方新英：《欧盟科技政策历史变迁研究文献综述》，《河南理工大学学报》（社会科学版）2013年第2期。

② 张迎红：《欧盟创新经济现状及未来政策趋势》，《德国研究》2012年第4期。

跨国技术（产业）创新系统向更深更广的方向发展，逐渐走向跨国创新系统。1987 年《单一欧洲法令》的生效以及 1993 年《欧洲联盟条约》的正式生效，则可看作是欧盟跨国创新系统初步形成的基本标志。从其形成过程来看，它从跨国技术（产业）创新系统逐渐演变为跨国的区域创新系统，其演变过程反映了创新系统两个维度之间的密切联系①。

　　从 20 世纪 90 年代初期开始，欧盟在其关于欧洲在知识经济中的作用的战略政策中提出了今后将更加重视公私领域之间的研究互动。而根据美国在技术创新领域的发展经验，欧洲引入了外部环境的结构性变化，旨在鼓励大学在技术转让中发挥更积极的作用。这些政策增强了公私研究的互动性、大学专利权的流动性，并更广泛地提高科研人员对研究成果商业化机会的认识。20 世纪 90 年代中期，欧洲经济停滞，失业率居高不下。欧盟深刻意识到科技创新是促进经济增长和创造就业机会的唯一选择。为此，欧盟于 1995 年发表了《创新白皮书》，引起了各成员国的广泛关注，报告中提到"要想提升创新实力需要各种政策的支持：产业政策、研究和技术开发政策、教育与培训政策、税收政策、区域政策、中小企业支持政策以及文化氛围政策等"。这标志着创新政策与研究政策、产业政策已经明确区分开来，成为创新政策包含多种政策工具的思想萌芽。② 1996 年制订了第一个《欧洲创新计划》，确定创新是一个"系统"的观点。该计划有三个主要目标：（1）形成一个真正的创新文化；（2）创造一个有利于创新的法律和金融环境；（3）促进知识生产（研究开发部门）和知识扩散、使用部门之间的联系。此后，欧盟及其各成员国制定了许多培育创新的政策和措施。1998 年在第五届《研究和技术发展框架规划》中，将创新确定为研究和技术发展的一个基本目标。每一个研究项目必须包括一个"技术实施计划"来确保技术的开发与转移。该规划还包括一个"鼓励中小企业参与创新和提高中小企业创新"的计划。为消除影响创新人才培养的主要障碍，1999 年，旨在整合欧盟高等教育资源和打通教育体制的《博洛尼亚进程》正式实施，欧盟高等教育一体化也正式启动。20 年来，博洛尼亚进程不断加快，参与国家由最初的 29 个扩大到 47 个，对欧洲高等教育乃至高端创新人才的培养产生深远影响。同年，又宣布了

---

①　李正风、朱付元、曾国屏：《欧盟创新系统的特征及其问题》，《科学学研究》2002 年第 2 期。

②　袁晓东：《欧盟科技创新政策分析》，《研究与发展管理》2003 年第 3 期。

《"欧洲创新趋势图"计划》，主要是收集并分析创新政策信息。通过对该趋势图的分析和总结，随时发现促进经济发展的创新政策和趋势。该计划向政策制定者和计划所支持的创新者提供关于创新政策的简要信息和数据，也是欧盟会员国交流"好的经验"的依据。创新政策在欧盟发挥着重要作用，通过政策引导结构改革提高经济绩效。①

　　进入 21 世纪之后，欧盟开始重视私人领域的创新和各成员国之间的协同。2000 年出台的经济政策指导纲要推荐了一些政策措施。主要通过提供适合的创新条件，增加私人企业参与创新，改善研究与开发的合作关系，启动高新技术项目和改善风险基金的功能，来培育知识驱动型经济在欧盟的发展。之后欧洲理事会又推出《里斯本战略》，着眼于把欧盟建设成为知识型社会，这对创新政策起到了新的刺激作用。同年 6 月成员国签署了《欧洲小企业宪章》，承诺为欧洲中小企业的兴旺发展创造最好的条件。9 月欧盟委员会发布了《知识型社会创新活动》报告，称创新是"产业政策的主要组成部分，也是研究政策的主要目标之一"，它必须"渗透我们的经济，并得到社会的接纳"，而创新政策则是"一种新的横向政策，它将经济、产业和研究等各种常规领域的政策联结起来"。② 2002 年 1 月，在欧盟委员会关于"对国家研究和技术开发政策进行评估"的文件中出现了创新政策组合的概念：研究、技术开发及创新系统太过复杂，单件政策工具不可能对总体产生实质性的影响。2005 年，欧盟理事会通过了《小企业法》，支持中小企业的创新。2006 年，欧盟又提出建设"创新型欧洲"的战略，主张在教育、内部市场、管制环境、知识产权框架、利益主体合作、金融工具以及政府职责等方面采取 10 项行动，全方位解决欧盟层级创新政策组合问题。为了进一步提高欧洲人的创新创业意识，在配套的《实施创业行动计划》中，欧盟提出了促进创业活动的五大战略，包括：激发创业意识、鼓励更多人成为创业者、使创业者适应欧盟经济发展和竞争力提升的需要、促进资金流动、营造更加适合中小企业发展的规则和管理框架。而为了支持高等教育领域的创新创业，欧盟又相继出台了《欧洲创业绿皮书》《帮助营造创业型文化》《实施创业行动计

---

① 张翼燕：《欧盟创新政策发展历程及其转向开放创新框架的思考》，《科技中国》2017 年第 1 期。

② 袁晓东：《欧盟科技创新政策分析》，《研究与发展管理》2003 年第 3 期。

划》《欧洲奥斯陆创业教育议程》《迈向更大合作和一致性的创业教育》等报告来指导欧盟范围内高等教育创新创业。欧盟成员国在这些政策报告的影响下，纷纷构建全国性的创业教育战略。① 这些政策从国家和整个欧盟地区的层面上明确了创业教育的重要性和内涵，并为高校、商业界、个人等相关者提出建议。如在英国，从 2003 年的《兰伯特校企合作评论》，到 2008 年《创新国度》白皮书的出台，政府通过一系列政策驱动使得高校创业教育蓬勃发展起来。早在 20 世纪末，法国政府颁布《创新与科技法》，鼓励大学教师、研究员、博士生及技术人员积极参与科技创新，将研究成果转化为生产力。2001 年，为继续促进创业，法国研究与工业部成立了创业教育实践观察站（OPPE），为高校师生创业服务并提供资源。2004 年，瑞典企业、能源和通信部以及教育部联合提出"创新瑞典战略"，从知识、创新型工商业、创新型公共投资及创新型人才四个方面进行部署。2006 年又出台创业和创新指导性政策——"2007—2013 年区域竞争力、创业精神与就业的国家战略"，明确提出创业精神和创新型环境是国家发展最重要的两个推动力量。在欧盟及瑞典政府的政策导向影响下，瑞典逐渐建立起涵盖社会各阶层、全员参与的创业教育体系。②

欧盟委员会将 2009 年确定为"创新年"，通过各种宣传活动在欧盟各成员国进行推广。2010 年初，作为创新年的主要成果之一，欧盟委员会发布《欧洲创造与革新宣言》，倡导成员国在经济、教育、文化等领域采取措施培育创新人才。2010 年 3 月，《"欧洲 2020"愿景战略》发布，创新是欧洲实现可持续性、包容性、智慧性增长的工作核心。随后，于 10 月发布《"创新欧盟"旗舰计划》，标志着创新在欧盟政策地位的明确转变，因为它认为"创新是统领一切的政策目标"。该计划强调地区创新政策的重要性，为把欧盟层面的优先事项转化为成员国的实际行动，欧盟委员会提出制定"智慧专业化战略，最大程度提高地区政策与其他欧盟政策相结合所产生的影响合力"③。2014 年 11 月卢森堡前首相容克担任欧盟委员会主席，卡洛斯·莫达斯担任研究、创新和科学委员，他于 2015 年

① European Commission，"TowardsGreator Coperation and Coherencein Entrepreneurship Educa-tion"，http：//ec. Europa. eu/enterprise/policies/sme/promoting - entrepreneurship/education - Training-entrepreneurship/reflexion-panels/files/en-tr_ education_ panel_ en. pf.

② 陈江宁：《政府主导的欧盟创业政策研究》，《淮北职业技术学院学报》2011 年第 10 期。

③ 柯常青：《欧盟创新人才培养政策举措》，《中国人才》2012 年第 3 期。

6月在一次会议中首次提出"开放创新、开放科学、向世界开放"。2016 年
3 月，欧盟委员会正式确立了"三个开放"的目标，将它作为制定研究和
创新政策的新框架。

二　欧盟大学教师学术创业典型政策解读

在欧盟出台的一系列促进创新创业的政策中，持续时间长，覆盖区域
广，影响力大的政策当属欧盟研发框架计划。下面我们将介绍欧盟研发框
架计划当中涉及大学教师学术创业的典型政策。

自欧洲于 20 世纪 50 年代开始实施一体化进程以来，科技创新一直
都是欧盟公共政策的重要组成部分。1967 年，欧洲《布鲁塞尔条约》
生效，欧洲经济共同体（欧共体，即欧盟前身）正式成立，欧洲一体
化进程开始加快。在经历了 20 世纪 60 年代到 80 年代初的一系列努力
之后，1984 年欧共体实施了第一个研发框架计划（以下简称框架计
划），使欧盟科技创新一体化进程进入一个新的具有里程碑意义的阶
段。[①] 自此，欧盟框架计划便成为推动欧盟科技创新的主要方式。经过
30 多年的发展，欧盟已发布实施了八期框架计划，最新的第八期框架
计划被命名为"地平线 2020"计划（Horizon 2020）。2013 年 12 月 11
日，"地平线 2020"计划（2014—2020 年）正式发布实施，预算总额
达到了 770 亿欧元。如今，欧盟框架计划已成为当今世界规模最大、最
具影响力的政府科技创新规划之一，在欧盟对科技研发的投入中，80%
左右的资金都用于框架计划。

（一）欧盟研发框架的形成与发展

作为一个特殊的跨国家经济体，在半个多世纪的发展进程中，欧盟经
历了 6 次扩张，成员国由最初的 6 个发展到了如今的 27 个（英国于 2020
年脱离欧盟，其对欧盟科技创新的影响尚不明确）。欧盟对科技创新领域
的支持也从早期的欧洲信息技术研究发展战略计划（ESPRIT）、7 个框架
计划，发展到目前正在实施的"地平线 2020"计划。多年来，欧盟框架
计划的发展一直伴随着欧盟的一体化进程。总体上，欧盟框架计划经历了
初步形成、逐步强化和战略提升 3 个大的发展阶段[②]（见表 5-1）。

---

① 叶子青、钟书华：《欧盟的绿色技术创新》，《中国人口资源与环境》2003 年第 6 期。
② 徐峰：《欧盟研发框架计划的形成与发展研究》，《全球科技经济瞭望》2018 年第 6 期。

表 5-1　　　　　　　　　欧盟框架计划的发展演变

发展阶段	框架计划	执行期	资金投入 （亿欧元）	欧洲一体化进程
初步形成	FP1 FP2 FP3	1984—1987 年 1987—1991 年 1990—1994 年	32.71 53.57 65.52	1986 年，《单一欧洲法案》
逐步强化	FP4 FP5 FP6	1994—1998 年 1998—2002 年 2002—2006 年	131.21 148.71 192.56	1993 年，《马斯特里赫特条约》 （也称欧盟条约） 1995 年，欧盟《创新绿皮书》 1999 年，《阿姆斯特丹条约》 2000 年，《里斯本战略》 2005 年，调整后《里斯本战略》
战略提升	FP7 地平线 2020	2007—2013 年 2014—2020 年	558.06 770.28	2010 年，《欧盟 2020 战略》

资料来源：徐峰：《欧盟研发框架计划的形成与发展研究》，《全球科技经济瞭望》2018 年第 6 期。

1. 初步形成阶段（第一到第三框架计划）

欧洲层面上推动科技发展可以追溯到 20 世纪 50 年代的欧洲煤钢共同体和欧洲原子能共同体。1952 年，西欧六国成立欧洲煤钢共同体，提出了有关开展煤钢研究的内容。1957 年，欧洲成立原子能共同体，成为核领域科学技术研究组织。1958 年，欧洲《罗马条约》生效，欧共体成立，开启了欧洲经济一体化的进程。《罗马条约》提出要采取相关措施缩小并逐步消除区域间发展的不平衡问题，并明确了加强共同体工业的科学和技术基础这一发展目标。到了 20 世纪七八十年代，欧洲国家意识到美国和日本在高技术领域对欧洲经济和科技所带来的挑战越来越严峻，欧洲各国必须联合起来才有可能应对这一重大挑战。

1977 年，欧共体提出了欧洲历史上第一个研发活动计划，计划涉及能源、环境、生活条件、服务和基础设施等方面。1982 年，欧共体正式执行试验期为一年的欧洲信息技术研究发展战略计划。该计划成为连通欧共体和欧洲工业企业的桥梁，对促进高校等科研机构和产业的联合、提升欧洲的整体国际竞争力具有明显作用。该计划的成功实施使欧共体看到了科技联合的美好未来，欧共体相继批准了欧洲信息技术研究发展战略计划的第 1、2、3 期，并为其成员国广泛接受。在这一背景下，时任欧共体委员会工业、科研和能源委员与欧共体第十二总司的负责人把联合研究中心的工作与欧共体正准备实施的新的研究和开发项目联合起来，形成一个统一的计划，欧洲层面的第一个框架计划应运而生。①

2. 欧盟框架计划逐步强化（第四到第六框架计划）

1993 年《马斯特里赫特条约》（也称为《欧盟条约》）正式生效，欧共体更名为欧洲联盟（简称欧盟）。条约延续了协作的理念，并加入了关于"共同体政策是研究活动的核心目标"的内容，进一步强化了框架计划的地位，使其成为共同体所有研发活动的"保护伞"。《马斯特里赫特条约》还明确规定，框架计划将欧盟进行的所有非核研究开发活动全部纳入自己的管理范围，从而使框架计划真正成为一个涵盖全欧洲的大型研究与技术开发计划。

3. 欧盟框架计划战略提升（第七框架计划到"地平线 2020"计划）

经过前 6 个框架计划的实施，尤其是欧盟成员国扩大到 27 个之后，欧盟框架计划已成为新欧盟迈向新格局之际的重要计划，也是决定欧盟能否在知识经济和创新上有突出表现的关键所在。为此，在新时期，欧盟对框架计划进行了进一步的改革与整合。同时，为了更好地推动框架计划的制订与实施，欧盟将第七框架计划和"地平线 2020"计划（第八框架计划）的实施周期延长到了 7 年，使欧盟框架计划进入了一个新的阶段。

（二）欧盟研发框架的具体内容

1. 第一框架计划（1984—1987 年）：确立了欧洲合作模式

第一框架计划为期 4 年，预算为 32.71 亿欧元，其中 67% 的预算投入以信息技术和能源为代表的工业研究领域。实际上，它的推出确立了未来欧洲合作的模式。第一框架计划的设立也得到了欧洲许多大型跨国集团的支持，虽然对于欧共体出资对协作研发指标是否切实发挥了作用说法不一，但总体上，由于该指标旨在分析哪些活动能够带来欧洲价值的增长，并据此对欧洲层面上的研发活动进行评判，因此是一个用于评价研发活动影响的有益尝试。② 第一框架计划主要由欧洲信息技术研究发展战略计划、欧洲先进通信技术发展计划（RACE）和欧洲产业技术基础研究计划（BRITE）等部署落地，因此在这一时期，不少从事信息技术研究的欧洲大学和教师获得大量资助，其研究成果也迅速地进入产业界，不仅大大促

---

① 高洁、袁江洋：《科学无国界：欧盟科技体系研究》，科学出版社 2015 年版，第 86 页；马勇：《欧盟科技一体化发展及其科技合作模式研究》，《世界地理研究》2013 年第 1 期。

② 冯兴石：《欧盟的研究与技术发展政策》，《当代世界》2007 年第 9 期；韩凤芹、高亚莉：《欧盟研究与技术开发框架计划的实践及其启示》，《地方财政研究》2014 年第 9 期。

进了技术和经济的发展，也增强了大学教师对于技术创新创业的认知程度。但是由于出台非常紧迫和仓促，第一框架计划在组织形式上只是超国家层面研发计划的初步尝试，仅仅是把各个分散的项目集合起来，还不具备法律基础，也不具有自由筹集和支配科研资金的权利。第一框架计划虽然不具有真正的战略意义，但对最初确定优先领域做出了贡献，也确立了未来欧洲合作的模式，且计划执行情况良好，振兴了欧洲的科技与经济，为欧洲的经济繁荣铺设平台，也为后续计划的出台奠定了良好基础。[①]

2. 第二框架计划（1987—1991 年）：确立法律地位

1986 年，欧洲《单一欧洲法案》出台，明确提出"强化欧洲产业的科学与技术基础，鼓励其拥有更强的国际竞争力"的战略目标，从而确立了欧共体发展科技的法律地位，并将科技政策与欧共体的经济政策、社会政策等放到了同样重要的位置。法案明确了框架计划的地位（条款130i）："共同体应采取明确各项活动的多年度框架计划。框架计划应定位于科学技术活动，确定其各自的优先领域，制订预期活动的主要路径，明确必要的数量，在计划中设计共同体参与的资助规则，将资助金额根据不同预期活动进行分解等。" 1987 年，依据《单一欧洲法案》制定的第二框架计划正式发布实施。

第二框架计划的实施受到欧洲各国的关注，大幅增加了科研资金，尤其是能源与信息技术等领域的投入，并首次增加了有关经济和社会协调发展的内容，还制定了某些技术领域在欧洲层面的统一标准。为此，第二框架计划将欧洲信息技术研究发展战略计划、欧洲产业技术基础研究计划和欧洲高级材料研究计划等多项已经运作的领域性计划纳入其中，这也使得从事不同领域研究的大学教师能够获得研发基金，学术创业的范围得以扩大。由于第二框架计划的地位和作用在《单一欧洲法案》中得到确认，因此可以认为第二框架计划是欧洲全面努力制定欧共体科技战略的开始。[②] 第二框架计划采用了里森胡贝尔指标，但增加了社会凝聚方面的内容。

3. 第三框架计划（1990—1994 年）：扩大为 5 年期计划

第二框架计划的执行并不顺利，其间欧洲各国对于计划过于关注大公

---

① Dan Andree, "Priority-setting in the European Research Framework Programms", 2009-07-01, https：//www. vinnova. se/contentassets/7731e8676b274f408d932161a6e8e381/va－09－17（2020-02-05）.

② 黄矛：《欧盟研究与技术开发总体规划》，《科技政策与发展战略》1998 年第 3 期。

司表示不满。因此，在第二框架计划尚未结束的 1990 年，欧共体便组织编制并发布第三框架计划。鉴于第二框架计划期间存在的问题，第三框架计划开始鼓励中小企业参与，并组织实施一项用于研究资源有限或缺乏的中小企业的计划（CRAFT）。第三框架计划首次将生命科学列为重点研究领域，提出"以科学技术促进发展"的理念，并将人力资源与人员流动作为专项单列，体现欧盟对于促进欧洲各国间科研人员流动的重视，使得不同研究领域和区域的大学教师具有更强的互动性，学术创业所具备的人力和资本得到进一步拓展。第三框架计划在时间上与第二框架计划有两年重叠，使框架计划成为一个具有流动性质的为期约 5 年的研发计划。计划中各个项目将视其执行情况和研究成果，在计划执行中期或在下一个框架计划中做出相应调整。[①]

4. 第四框架计划（1994—1998 年）：大幅增加经费

1994 年，按照《马斯特里赫特条约》和欧洲一体化法案规定的目标和立法程序制订的第四框架计划正式发布实施。第四框架计划基本上保持了原有优先发展领域，但经费大幅增加，总预算达到 131.21 亿欧元。第四框架计划包括 4 项主要目标：（1）加强欧洲工业的国际竞争力；（2）科学技术满足市场需求；（3）支持欧共体各项共同政策；（4）为欧洲一体化建设服务。围绕上述目标，欧盟还对第四框架计划的结构进行大幅度调整，以信息通信技术、新能源、交通和生命科学为重点任务，首次把社会科学纳入资助范围，首次把"国际合作"列为专项计划，并将新技术的传播及整合中小企业作为一个重要专项项目。[②] 第四框架下的政策更加有利于大学教师学术研究成果与产业界特别是中小企业的互动，而社会科学被纳入资助范围则进一步扩充了大学教师学术创业的范围，使得那些从事人文、艺术研究的大学教师创业积极性得到激发。

5. 第五框架计划（1998—2002 年）：大幅改革计划管理

自 20 世纪 90 年代中期起，欧盟就开始准备《2000 议程》并为最大的欧盟扩张做好准备。2000 年，欧盟发布《里斯本战略》，欧盟的优先权转向增长、就业与创新，并提出到 2010 年研发投入强度达到 3%，以及建设"欧洲研究区"的战略目标。伴随欧盟《里斯本战略》实施，第五框架计划从更系统的观点看待科技与创新，并把技术发展目标与社

① 张静：《欧盟科技政策之流变》，《内蒙古科技与经济》2005 年第 13 期。
② 杨芳、焦汉玮：《浅析欧盟第七框架计划的新特点》，《科研管理》2008 年第 1 期。

会经济目标紧密联系起来。从 1998 年第五框架计划实施始，因期望科技政策在欧洲面临社会经济挑战时有所作为，欧盟框架计划被赋予了比以往更强的任务导向。① 为此，第五框架计划期间，欧盟对计划的管理和执行进行大幅度改革，突出科研活动在解决重大社会和经济问题的作用，要求框架计划传递欧洲附加价值，提高科技解决社会实际问题的能力，社会科学领域专项计划资助幅度显著增加。在管理方面，采取矩阵管理结构减轻参与者和欧盟委员会的管理负担。这一时期的政策激发大学教师与研究生共同参与学术创新，同时也促使诸多以解决社会问题的社会性创业项目诞生，尤其在环境和自然保护领域，大学教师学术创业成果的社会效应进一步凸显。

6. 第六框架计划（2002—2006 年）：落实建立欧洲研究区

进入 21 世纪，随着欧盟一体化进程的发展以及新成员国的加入，欧盟层面的科技体系既增加了机遇也面临新挑战。2002 年，第六框架计划正式发布实施，并被视为落实《里斯本战略》提出建立欧洲研究区的一项具体行动，特别强调在欧洲范围内统筹协调各成员国的科技政策，希望通过成员国科技政策间更大程度的开放、合作和竞争，改变当时欧盟科研领域条块分割的状况，使建立欧洲研究区的目标成为现实，从而更好地应对来自全球经济体系的竞争。

第六框架计划在实施理念和项目管理机制等方面进行大幅度改革。在基础研究领域，推行类似第二和第三框架计划中"技术推动"性质的"卓越中心网络"机制，即由多个优秀研究机构组成一种虚拟研究中心，立足某一项目展开联合研究，并首次将新的基础设施建设列入支持范围。在应用技术研究领域，推行"集成型项目"研究管理机制，在结构上从独立项目转向集成项目，增加每个项目的资助金额，减少项目数，解决关键问题，倾向长期性、结构性投入。在管理体制方面，重组欧盟委员会特别是研究总司的机构，简化项目申报和管理程序，下放权力，提高效率。② 这一时期的政策使得各欧洲国家的大学和教师有了更多互动，在创新活动上有了统一的管理机构和制度进行协同，特别是在跨学科研发方面取得长足进步。

---

① 马勇：《欧盟科技一体化研究》，博士学位论文，华东师范大学，2011 年。

② 任世平：《欧盟第七个研发框架计划概况》，《全球科技经济瞭望》2007 年第 6 期。

7. 第七框架计划（2007—2013）：计划执行期延长至 7 年

第七框架计划于 2007 年开始运行，2013 年结束，且相对于第六框架计划，经费提高了 40%。第七框架计划以通过科技进步实现《里斯本战略》为最主要的战略指导思想，继续按照欧洲科技共同体的理念，持续关注并跟进欧洲研究区的建设。与此同时，第七框架计划承接了第六框架计划的多项重要研究成果，具有承前启后的跨时代作用。与以往的框架计划相比，第七框架计划做出重大改变，呈现出鲜明的特点。首先，执行期更长，资助规模更大。第七框架计划执行期从第六框架协议的 5 年改为 7 年，而且总预算经费大幅增加，几乎相当于前 6 个框架计划资助经费的总和。其次，更加重视基础研究。为此，欧盟专门设立欧洲研究理事会，专门负责欧盟层面上基础研究的资助，并专门设立原始创新计划项目。最后，重视合作研究和平台建设。第七框架计划除将所有主题领域向第三国开放外，还在每个主题领域中专门设立国际合作专项，并通过研究能力建设计划进行支持。① 这些政策使得大学和教师在科学研究和成果转化上不仅有了统一的管理平台，同时也为他们进行国际竞争和参与国际合作提供了条件。

8. 地平线 2020 计划（2014—2020 年）：重新设计框架计划

通过 30 多年的经验积累，欧盟委员会发现，原有规则和模式无法适应当前社会复杂的变化和需求。尤其在第七框架计划执行期间，全球经历了 2008 年的金融危机，欧洲经济发展一直乏力，凸显了框架计划的执行力度不够、最终目标完成不够理想等问题。2010 年，欧盟发布《欧盟 2020 战略》，成为继《里斯本战略》之后欧盟的又一个十年经济发展新战略，明确了智慧、可持续和包容性的增长战略，并提出要发展以知识和创新为基础的经济。为了更好地促进经济和其他领域的增长，欧盟将科技创新作为其支撑《欧盟 2020 战略》的重中之重。2011 年底，欧债危机爆发，欧盟进一步认识到，为促进经济、科技等领域的发展，迫切需要整合欧盟各成员国的科研资源、提高创新效率。欧盟委员会决定在继承框架计划优势基础之上做出重大变革，解决之前的弊病，适应未来社会的发展。2013 年 12 月 11 日，被命名为"地平线 2020"计划的第八期框架计划（2014—2020 年）正式发布实施，预算总额达

① 杨芳、焦汉玮：《浅析欧盟第七框架计划的新特点》，《科研管理》2008 年第 S1 期。

到了 770 亿欧元（见表 5-2）。① 面对着新时期的新挑战，"地平线2020"重新设计了整体研发框架，聚焦卓越科学、工业领袖和社会挑战三大战略目标，简化和统一了旗下所属的各个资助板块，保留了合理的政策，简化了难以操作或重复烦琐的项目申请和管理流程，进一步增强与激发高校及其教师学术创业活力。

表 5-2　　　　　　　　　　　地平线 2020 计划预算资金

专项计划名称	百分比（%）	预算金额（十亿欧元）
卓越科学	31.73	24.441
欧洲研究理事会	17.00	13.095
未来与新兴技术	3.50	2.696
玛丽·居里行动	8.00	6.162
欧洲科研基础设施（包括信息化基础设施）	3.23	2.488
工业领袖	22.09	17.016
技能与工业技术领先地位	17.60	13.557
获取风险投资	3.60	2.842
中小企业创新	0.80	0.616
社会挑战	38.53	29.679
健康、人口结构变化及社会福利	9.70	7.472
食品安全、可持续农业、海洋海事与内陆水研究、生物经济	5.00	3.851
安全、高效、高效能源	7.70	5.931
智慧、绿色与一体化交通运输	8.23	6.339
气候行动、环境资源效率和原材料	4.00	3.081
变化世界中的欧洲（包容性、创新性和反省性社会）	1.70	1.309
安全社会（保护欧洲及其公民的自由与安全）	2.20	1.695
传播优秀与扩大参与	1.06	0.816
欧洲创新与技术研究院	3.52	2.711
联合研究中心（JRC）：JRC 的非核导向行动	2.47	1.903
总计	1.00	77.28

　　资料来源：徐峰：《欧盟研发框架计划的形成与发展研究》，《全球科技经济瞭望》2018 年第 6 期。

---

　　① European Commission，"Factsheet：Horizon 2020 budget"，2013 - 11 - 15，http：//ec. europa. eu/research/horizon2020/pdf/press/fact_ sheet_ on_ horizon2020_ budget. pdf（2020-5-14）；徐峰：《欧盟研发框架计划的形成与发展研究》，《全球科技经济瞭望》2018 年第 6 期。

（三）欧盟研发框架计划的基本特点

综上所述，欧盟框架计划通过不断整合资源改革管理体制，更有效地集中欧洲层面的创新资源，着力提升科技创新能力，以推动欧盟真正进入创新驱动发展的轨道。而对于大学教师学术创业，框架计划为其提供了良好的制度、资金以及平台基础，大大激发了他们与产业界对接的热情，使他们成为推动欧洲创新发展的重要人力资本。在欧盟框架计划的发展进程中，不同时期的计划均具有各自的特点①（见表5-3）。总体而言，欧盟框架计划主要具有以下几个特征。

表5-3   欧盟各时期框架计划的特点

框架计划期数	特点
第一期	已有项目的集成，首次在欧共体层面对研发活动进行协调
第二期	首次加入与经济和社会协调发展的内容
第三期	首次将生命科学领域纳入，将人力资源开发作为专项，强调成果应用
第四期	经费大幅增长，首次将国际科技合作纳入
第五期	更加注重解决社会和经济问题，而不是纯科技问题
第六期	围绕欧洲研究区目标改善管理程序，首次纳入新基础设施建设
第七期	执行期变为7年，更加注重基础研究，设立欧洲研究理事会
第八期（地平线2020）	进一步整合欧盟科技创新资源，加大资助力度，提高创新效率

资料来源：徐峰：《欧盟研发框架计划的形成与发展研究》，《全球科技经济瞭望》2018年第6期。

第一，不断整合欧盟科技创新资源，逐步确立框架计划在欧盟科技创新战略中的主体地位。从上述对欧盟30余年发展过程的分析可以看出，通过不断整合科技创新计划资源，欧盟逐步形成了以框架计划为主体的科技创新规划体系。在欧盟科技创新领域，除框架计划外，曾经拥有多个具有科技创新规划性质的计划或战略②（见表5-4）。如创新与技术转移战略计划（SPRINT）于1983年开始实施，1987年该计划进行重新制订并执行2年，1989年该计划继续延长了5年到1993年，之后被第四框架计划的创新（INNOVATION）计划所取代。1985年根据"巴黎声明"设立

---

① 徐峰：《欧盟研发框架计划的形成与发展研究》，《全球科技经济瞭望》2018年第6期。
② 徐峰：《欧盟研发框架计划的形成与发展研究》，《全球科技经济瞭望》2018年第6期。

的著名的尤里卡计划，目前已被整合到"地平线 2020"计划之下的"欧洲之星"（ERUOSTARS）计划中，支持处于初创阶段的企业在市场上投入新产品。1989 年开展实施中小企业计划（Programme for SMES），该计划经过几次修订，于 2006 年作为一部分被纳入竞争力与创新计划（CIP）之中。2014 年，竞争力与创新框架计划也被纳入"地平线 2020"中，变成了企业与中小企业竞争力（COSME）计划。通过上述计划的不断整合，除了传统的科技研发领域，欧盟研发框架计划的覆盖范围不断扩大，实际上已成为欧盟支持科学、技术和创新的多年期综合性规划，也构成了欧盟科技创新战略的主体。

表 5-4　　　　　　　　　　　　　　欧盟科技创新相关计划

计划名称	发布时间	计划特点
创新与技术转移战略计划	1983 年	旨在技术转移转化
框架计划	1984 年	欧盟综合性研发计划
欧盟信息技术战略研究计划	1984 年	注重先进的信息和通信技术开发
欧盟先进通信技术研究与开发	1985 年	
欧洲工业技术基础研究计划	1985 年	欧洲工业技术基础研究计划是第一个向欧共体产业界开放的技术创新计划，以通用技术开发为重点
欧洲先进材料基础研究计划	1986 年	
尤里卡计划	1985 年	面向中小企业的创新计划
欧洲研究区计划	2000 年	里斯本战略提出，旨在构建欧洲整体的研究能力
欧洲竞争力与创新计划	2006 年	面向中小企业的技术创新计划

资料来源：徐峰：《欧盟研发框架计划的形成与发展研究》，《全球科技经济瞭望》2018 年第 6 期。

第二，以框架计划为统领，形成从规划（框架计划）到计划（领域计划）的科技创新规划体系架构。欧盟整个科研与创新体系可分为两个层面：一是规划层面，即多年期的框架计划，类似于我国中长期科技规划纲要和五年科技发展规划等；二是计划层面，即框架计划通常包括一些具体领域的计划，它们都是所谓的"滚动计划"，一般都跨越几个研发计划，如早期的欧洲信息技术研究发展战略、欧洲工业技术和新材料技术基础研究计划（BRITE-EURAM）、欧洲先进通信技术发展计划。例如，最新的"地平线 2020"计划主要包括规划层面和计划层面两个部分。规划层面主要由欧盟委员会科研与创新总司及其下属相关司负责编制，如顶层的卓越科学、工业领袖和社会挑战等专项计划。计划层面主要由总司下属的专业司、专业机构或组织负责编制，包括操作层面的行动计划和底层的具体项目等。① 这种由框架计划、行动计划和具体项目构成的体系，为保障欧盟框架计划的组织实施提供了重要的保障。

第三，框架计划涵盖的重点领域不断扩展，在促进欧盟科技创新能力提升方面取得了较为显著的成效。随着框架计划预算的增长，其"主要研究领域"的数量也在增加，逐步覆盖到涉及创新需求的各个领域，有力地推动了欧盟整体创新能力的提升。例如"地平线2020"计划就包括了人口健康，食品安全，可持续农业、海洋和海事研究，安全、清洁和高效的能源，智能、绿色和综合交通运输体系，气候变化以及社会安全7个领域。此外，在框架计划发展过程中，随着涵盖领域的不断拓展，单个领域在总预算中所占的比例不断减少。例如，第一框架计划时期，信息技术和通信领域以及能源领域的预算占总预算的比例分别约为25%和50%，到了第七框架计划期间，尽管这两个领域仍是欧盟资助的重点领域，但其预算比例分别下降到了20%以下和10%以下。②

第四，注重框架计划制订和实施的系统性、科学性，并建立相应的动态调整机制。从1984年实施第一个框架计划以来，欧盟框架计划一直在进行调整。首先，引入多年预算机制。自第七框架计划开始，框架计划就以7年为周期，制定顶层的框架计划和中间层的专项计划，以保障规划的持续性，这些行动计划和项目并不是7年一直保持不变，自启动2年后会根据国际竞争的形势、社会发展的需求和技术进步的趋势等重新设计各项行动计划和相应的项目，以保障规划的灵性。③ 其次，框架计划的内容和优先领域也在不断调整。从最初的资助规模小、数量众多的项目向资助大型的、具有战略意义的科研项目转变，鼓励研究资源向某些经过挑选的优先领域集中，单个项目的经费持续增长，经费资源更多地用于支持体量更大、持续时间更长的项目。再次，框架计划的资助项目管理程序不断完

---

① 梁偲、王雪莹、常静：《欧盟"地平线2020"规划制定的借鉴和启示》，《科技管理研究》2016年第3期。

② 许慧：《欧盟"地平线2020计划"及对我国"2011计划"的启示》，硕士学位论文，浙江大学，2014年。

③ 常静、王冰：《欧盟"地平线2020"框架计划主要内容与制定方法》，《全球科技经济瞭望》2012年第5期。

善。欧盟框架计划在各个计划周期都会针对计划项目管理存在的一些问题
进行调整。例如，针对第七框架计划的资助计划多、程序复杂等问题，
"地平线2020"对管理流程进行进一步简化，对不同计划和项目实行标准
化、规范化管理，实行"一站式"服务，无论申请什么项目，都是在同
一个窗口，同一个网站，操作流程类似。①

三　欧盟大学教师学术创业政策科学图谱分析

（一）欧盟大学教师学术创业政策相关文本汇总和主题词分析

本次数据共采集欧盟大学教师学术创业相关政策8527条，按照上文
所划分的4个时间段进行整理后发现，现有数据库未包含20世纪50—60
年代欧盟大学教师学术创业政策数据。而60年代末期至80年代早期每个
时间段内的政策数量为116条，80年代中期至90年代中期时间段的政策
数量为501条，90年代中期以后时间段政策数量为6708条，整体趋势如
图5-1所示。

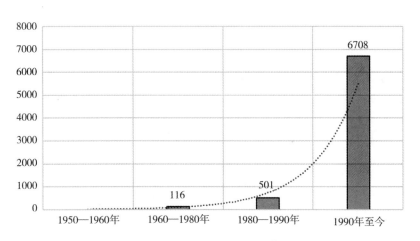

图5-1　欧盟大学教师学术创业政策增长趋势

仅从数量的增长趋势看，四个时间段中，前三个时间段发展较为缓
慢，在进入20世纪90年代后，整体数量呈现指数级爆发式增长。这一时
间段发际于第二和第三框架期间，欧盟开始在新能源开发和信息技术等领
域大幅度增加科研资金投入，其对象扩展到中小企业，强调科学技术对于

促进社会经济发展的作用，加上《里斯本战略》实施和欧洲研究区的成立以及借鉴美国相关政策发展的经验，科技创新成为这一时间段的主流思想，不仅欧盟整体框架强调各区域协同，而且推动公私研究的互动，鼓励大学在技术转让中发挥更积极的作用。同时为了应付更为复杂的经济和社会局面（经济危机），对区域整体的欧盟大学教师学术创业政策又有了大幅度调整，推出了地平线计划。这一系列措施导致第四时间段政策数量大幅度扩容。通过对欧盟政策进行文本分析，输出各个时间段的政策关键词和出现频率，具体见表5-5（因数量过多，只节选各年代出现频率排名前20位的关键词）。

表5-5　　　各时间段欧盟大学教师学术创业政策文本关键词

1980 年前		1980—1990 年		1990 年至今	
关键词	频率	关键词	频率	关键词	频率
Approximation of laws	4	Research programme	65	EU programme	427
Restriction on competition	3	Research and development	32	Innovation	353
Inter-company agreement	3	Approximation of laws	27	Research and development	347
Trade agreement	2	Competition	17	Sustainable development	305
Human nutrition	2	Inter-company agreement	17	State aid	296
Explosive	2	Action programme	16	Single market	263
Customs duties	2	Telecommunications	15	Exchange of information	261
Plastics industry	1	COST	14	Environmental protection	250
Intervention buying	1	EU programme	14	Control of State aid	239
Invention	1	Vocational training	14	Competitiveness	217
Preservative	1	Scientific research	13	Cooperation policy	185
Intervention agency	1	EU research policy	12	Action programme	181
Pollution control measures	1	Environmental protection	12	Approximation of laws	179
Patents licence	1	Technological change	12	Economic and social cohesion	165
Ltaly	1	Biotechnology	11	Economic growth	165
Measuring equipment	1	EU policy	11	Human rights	160
Joint venture	1	State aid	11	EU Member State	158
Originating product	1	Energy policy	11	Reduction of gas emissions	156

在得到欧盟大学教师学术创业关键主题词的信息基础上，通过Biblexcel 软件，利用高频关键词共现关系构筑共现矩阵，导入 pajek 软件绘制可视化网络图谱。图谱中节点是政策关键词，节点大则表明关键词出现概率高。对于政策网络图谱的整体解读，利用网络图谱中的中心性（Centrality）概念进行分析。在网络图谱中，某节点与其他很多节点存在连接关系的话，那么这个节点在网络图谱中处于中心地位，即节点的关系越广，相邻节点就会越多，那么这个节点在网络中就越重要。一般对于网络图谱进行中心性测量的指标有度中心性（degree centrality）、接近中心性（closeness centrality）和中介中心性（betweeness centrality）等。本次研究利用接近中心性进行分析，尝试对欧盟学术创业政策进行解读。

（二）欧盟大学教师学术创业政策网络图谱分析

1.1980 年前欧盟大学教师学术创业政策关键词网络图谱分析

如图 5-2 所示，在整体特征上，该网络由 6 个不相干的子网络系统共同构筑而成，利用 pajek 计算网络密度在 0.068—0.069 可知，网络整体密度极低，[①] 说明在 1980 年前的创业政策网络图谱上，各个政策关键词之间缺少相互连接。在政策实体层面上，虽然提到了欧共体的概念，但在创业所涉及的各个领域，各行业之间还没有形成互动协同的体系，政策之间缺少互动，在网络中传播慢，甚至无法跨行业、跨类别传播，政策实施层面上的整体效率极低。

根据关键词之间构筑的共起关系，Pajek 软件自动将关键词进行聚类，共分为九大类。

第一类　黄色主要涉及各国液压机械，化学工业的贸易协定；

第二类　绿色主要涉及各国工业塑胶，玻璃产品的贸易协定；

第三类　红色涉及各类食品资料，包括添加剂、着色剂、水果食品的质量保障；

第四类　蓝色研究专利和知识产权系列政策；

第五类　粉色涉及欧共体的自由贸易协定；

第六类　白色涉及发展中国家的进口许可制度；

---

① 网络密度是测定一个网络中最大可连接 link 数量对比网络内节点之间被连接程度的指标。一般意义上，网络密度数值越高意味着这个网络里信息情报的交流和扩散也越快。网络密度的值在 0—1 范围内波动。密度为 0 意味着一个连接都没有，密度为 1 意味着所有节点都相互进行了连接。

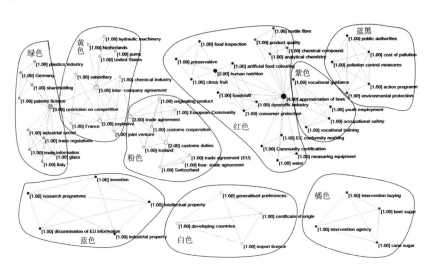

图5-2 1980年前欧盟学术创业政策关键词网络图谱

第七类 橘色涉及欧洲环境保护政策；

第八类 紫色关系青年就业和职业培训制度；

第九类 蓝黑涉及糖业专卖制度。

接近中心性是指网络中某一个节点到其他所有节点的距离的总和，总和越小就说明该节点到其他所有节点的路径越短，即该节点距离其他所有节点越近，接近中心性就越高。① 利用接近中心性指标的特性，可以分析出图谱中哪些节点的整合力和辐射力最高。图5-2总共68个关键词节点，接近中心性最高为approximation of laws（0.27），最低为cane sugar（0.06），接近中心性值排名前五位的关键词如表5-6所示。

表5-6 关键词接近中心性前5位

英文关键词	中文	接近中心性	聚类
approximation of laws	近似法	0.27	第三类红色
inter- company agreement	公司间协议	0.25	第一类黄色
explosive	炸药	0.23	第一类黄色
restriction on competition	竞业限制	0.22	第二类绿色
trade agreement	贸易协定	0.21	第五类粉色

① 巴维拉斯（Bavelas）将接近中心性定义为节点距离的倒数，表现为一个0—1的数值。距离越大，则倒数的值越小，接近中心性的值越趋近于0，说明节点不在中心位置上；节点之间距离越小，倒数的值越大，接近中心性的值越趋近于1，说明节点具有高接近中心性。

以上是图 5-2 中接近中心性值在 0.2 以上的五个关键词，处于网络图谱中的核心地位，都是各个子网络的核心节点，分布在第一、二、三、五类的政策聚类中，说明欧盟在 1980 年之前整体的创业政策重点还在欧共体各国家之间发生的传统自由贸易层面上，在工业、化工业、塑胶玻璃、食品、商品安全质量上是政策重点涉及的领域。同时从关键词 restriction on competition、inter-company agreement、trade agreement、invention、customs duties 等可以看出，1980 年之前的政策更倾向于商业贸易、产品质量、公司协议、发明专利、税收等传统商贸协议层面，目的在于打通欧洲各区域国家间的商业壁垒，推动欧洲经济一体化进程。

2. 1980—1990 年欧盟学术创业政策关键词网络图谱分析

图 5-3 在图谱特征上已经不再有单独的子网络出现，形式上已经构成一个整体，整个网络密度值位于 0.1108—0.1126，相比较前一个时期的网络密度，已经有了一定程度的提升，在这个网络图谱中，政策的传播和流通要比之前快。说明欧盟在这一时期的学术创业政策制定上注重从欧盟一体化的高度出发，开始注重顶层设计，政策内容上注重打破部门行业壁垒，政策执行上尽量形成跨行业跨区域协同效应，政策执行效率有了较大提升。同样根据关键词之间构筑的共起关系，Pajek 软件自动将这一时期的创业政策关键词进行聚类，共分为七大类。

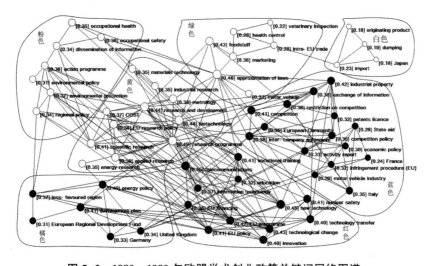

图 5-3　1980—1990 年欧盟学术创业政策关键词网络图谱

第一类　黄色：主要涉及能源生物材料技术的科研成果转化应用；

第二类 绿色：主要涉及欧盟内部食品机动车健康控制等领域的政策；

第三类 红色：涉及核技术、信息技术、创新项目与职业培训；

第四类 蓝色：欧共体各国之间工业发展、国家援助、防止侵权与公司间公平交易的政策；

第五类 粉色：区域信息传播、环境保护和职业安全健康政策；

第六类 白色：日本产品倾销政策；

第七类 橘色：欧洲区域发展基金资助的新能源政策。

总共 62 个关键词节点，接近中心性最高为 research programme（0.49），最低为 originating product（0.18），接近中心性值 0.40 以上的关键词如表 5-7 所示。

表 5-7   1980—1990 年欧盟学术创业政策关键词接近中心性

英文关键词	中文	接近中心性	聚类
research programme	研究计划	0.49	黄色第一类
approximation of laws	近似法	0.46	绿色第二类
new technology	新技术	0.45	红色第三类
telecommunications	电信	0.45	红色第三类
biotechnology	生物技术	0.44	黄色第一类
research and development	研究与开发	0.44	黄色第一类
technological change	技术变革	0.43	红色第三类
foodstuff	食品	0.43	绿色第二类
EU programme	欧盟方案	0.42	红色第三类
industrial property	工业地产	0.42	蓝色第四类
vocational training	职业培训	0.42	红色第三类
EU policy	欧盟的政策	0.41	红色第三类
nuclear safety	核安全	0.41	红色第三类
development plan	发展计划	0.41	橘色第七类
competition	竞争	0.41	蓝色第四类
scientific research	科研	0.41	黄色第一类
technology transfer	技术转让	0.40	红色第三类
innovation	革新	0.40	红色第三类
energy policy	能源政策	0.40	橘色第七类

从关键词节点的度中心性值可以得知，作为核心关键词在聚类中，第

三类红色，占了9个，即涉及核技术、信息技术、创新项目与职业培训的相关政策在图谱中处于最核心、影响力最大的地位。第一类黄色占了4个，主要涉及能源生物材料技术的科研成果转化，也是创业政策中科技转化生产力的一个重要政策层面。其余第二类绿色2个，第四类蓝色2个，第七类橘色2个。关键词的聚类体现了欧盟在这一时期的政策着眼点。

1980—1990年，research programme、research and development、scientific research、EU research policy等关键词的出现表明从20世纪80年代开始，科研作为创业政策的主要发展方向在欧盟政策中排名前两位，凸显欧盟对于科技成果转化与推动经济增长影响力的重视。Telecommunications、technological change、biotechnology、energy policy关键词的出现说明欧盟这一时期科研重点在推动各种新科技研究和应用，主要方向为信息技术、生物技术和新能源技术，这与上文所述的欧盟第二、第三框架期间的政策特征非常吻合。同时，EU programme、EU research policy、EU policy等欧盟关键词的出现，表示这一时期的政策已经从整个欧洲地区转向欧盟一体化的高度进行顶层设计，而政策的落实则通过关键词State aid体现，表明各项创业政策的落实推进大部分是通过国家和地区层面的援助项目进行。而这一时期vocational training也是第一次出现，说明欧盟地区从20世纪90年代开始注重职业教育、职业培训等应用型能力对于推动创业活动开展，认识到培养创业人才的重要性。

3. 1990年至今欧盟大学教师学术创业政策关键词网络图谱分析

图5-4在图谱形态特征上，政策关键词数量呈指数级增长（该图只节选了72个关键词），整个网络密度值位于0.51—0.52，网络整体架构坚实，网络内部具备较强的传播性和流通性，保障了欧盟政策在地区内部的推行和落实，大幅度提高运行效率。在这个网络图谱中，作为节点的政策关键词相互之间高度关联，表明欧盟在这一时期的学术创业政策制定强调区域高度协同，多国多地区多部门的统一协调，充分发挥欧盟一体化的政治结构优势，保证制定的政策能够充分传达到需要支援的区域。同时政策在制定上注重系统性，区域学术创业政策链已经初步成型。根据关键词之间构筑的共起关系，Pajek软件自动将这一时期的创业政策关键词进行聚类，共分为八大类。

第一类　对于欧盟区域企业间合作合并援助限制不当竞争的贸易政策；

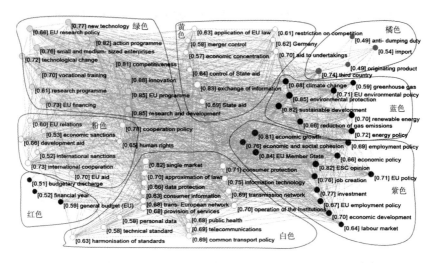

图 5-4　1990 年至今欧盟学术创业政策关键词网络图谱

第二类　绿色：欧盟对于创新创业的支持，提升中小企业绩效管理，提供教育培训和新技术发展的政策；

第三类　红色：欧盟财政政策；

第四类　蓝色：关于可再生能源、气候变化、欧盟的环境政策；

第五类　粉色：对于欧盟外地区的援助和制裁政策；

第六类　白色：对于信息技术发展、网络标准、数据保护方面的政策；

第七类　橘色：对第三方反倾销政策；

第八类　紫色：设计欧盟及成员国的就业政策。

总共 72 个关键词节点，接近中心性最高为 innovation（0.88），最低为 originating product（0.49），接近中心性值 0.80 以上的关键词如表 5-8 所示。

表 5-8　1990 年至今欧盟大学教师学术创业政策关键词接近中心性排位

英文关键词	中文	接近中心性	聚类
innovation	创新	0.88	第二类绿色
EU programme	欧盟方案	0.85	第二类绿色
environmental protection	环境保护	0.85	第四类蓝色
research and development	研究与开发	0.85	第二类绿色
EU Member State	欧盟成员国	0.84	第八类紫色
exchange of information	信息交流	0.83	第一类黄色
action programme	行动方案	0.82	第二类绿色

续表

英文关键词	中文	接近中心性	聚类
sustainable development	可持续发展	0.82	第四类蓝色
single market	单一市场	0.82	第六类白色
ESC opinion	ESC 建议	0.82	第八类紫色
competitiveness	竞争力	0.81	第二类绿色
economic growth	经济增长	0.81	第八类紫色

"创新"作为核心的关键词节点排在第一位，说明经过长时间的积累和发展，欧盟在创业政策上充分认识到创业政策的内涵就是创新，包括科技成果的研究与开发。政策着眼于可持续发展战略，强调提升国际竞争力，加强成员国之间的信息交流，制定适合欧盟地区特色的学术创业行动方案，同时不忘保护环境，和谐发展。

1990 年之后的政策关键词，相比上个时间段，除了在欧盟一体化的政策设计高度、继续坚持大力投入科研资金、落实国家援助项目等重复关键词之外，"innovation"表明以创新理念推动创业亦进入欧盟的政策层面。同时，以下这些关键词，比如：sustainable development、competitiveness 表明欧盟希望以持续发展的理念，推动欧盟整体竞争力的提升，单一市场（single market）之间要加强合作（cooperation policy）、加强信息交流与信息共享（exchange of information），提升地区间的经济水平和社会凝聚力（economic and social cohesion）。

最后，欧盟大学教师学术创业政策中还有一项贯穿始终的特点，即特别注重环境保护，从 1980 年前就开始注重对于生产过程中污染的控制措施（pollution control measures）。1980—1990 年、1990 年至今两个时间段中，environmental protection，reduction of gas emissions 都是排名靠前的关键词。这表明欧盟从 80 年代之前就认识到环境和经济发展的辩证关系，对于环境保护和人类自然和谐共处的思想贯穿于政策制定的始终。

（三）欧盟大学教师学术创业政策颁布机构分析

1. 1980 年之前的政策机构网络图谱

表 5-9　　　　欧盟 1980 年前大学教师学术创业政策机构

序号	政策机构	出现频次
1	Council of the European Union	34

续表

序号	政策机构	出现频次
2	European Commission	29
3	European Economic and Social Committee	14
4	European Commission；Council of the European Union，Representatives of the Governments of the Member States	4
5	Council of the European Union，Representatives of the Governments of the Member States	1

　　将表 5-9 中的政策机构关键词构筑共现矩阵，进行可视化图谱导出后如图 5-5 所示。

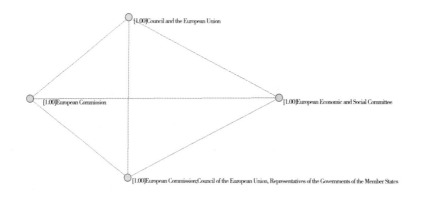

图 5-5　欧盟 1980 年前学术政策机构图谱

　　总共 5 个政策关键词，图谱中没有出现 Council of the EuropeanUnion，Representatives of the Governments of the Member States（欧盟理事会成员国代表）这一机构，一方面说明这一机构相比其他 4 个机构更加独立，在政策制定上不与其他机构发生横向联系。网络密度为 0.75—1，某种程度上说明欧盟在 1980 年之前，政策制定机构之间的连通性好，相对来说确实存在政策制定上的协同关系。但另一方面因为政策机构关键词过少，构成的网络图谱虽然密度值很高，但建立在较少节点基础上构筑的网络，即便密度高，也不能完全说明各个节点，即各个政策机构之间确实处于高流通性、高扩散性的状态，因为较少节点之间的相互连接本来就不需要高流通性。较少的节点也说明，早期欧盟的政策机构数量少，覆盖面小，从而这里网络密度值仅供参考。

2. 1980—1990 年的政策机构网络图谱

这一时期欧盟大学教师学术创业制定机构同样是 6 个，如表 5-10 所示。

表 5-10　　　　欧盟 1980—1990 年大学教师学术创业政策机构

序号	政策机构	出现频次
1	European Commission	230
2	Council of the European Union	122
3	European Economic and Social Committee	73
4	Representatives of the Governments of the Member States	16
5	Representatives of the Governments of the Member States, Council of the European Union	15
6	Consultative Committee of the European Coal and Steel Community	2

相比较 1980 年前的政策机构，Council of the European Union，Representatives of the Governments of the Member States（欧盟理事会成员国代表）不再出现，而是增加了 Consultative Committee of the European Coal and Steel Community（欧洲煤炭和钢铁共同体协商委员会）这一机构。同样进行图谱可视化之后，得出这一时期的政策机构网络图谱（见图 5-6）。

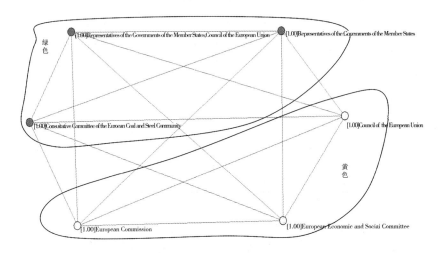

图 5-6　欧盟 1980—1990 年大学教师学术创业政策颁布机构网络图谱

这一时期的网络图谱在特征上和前一时期十分类似，6 个节点构筑一个网络密度值在 0.83—1.0 的稳固网络，网络密度 1.0 说明在网络内部每个节点都和其他节点产生了连接，表现在政策机构上就是欧盟的学术创业政策制定机构做到了每个部门直接的相互沟通，已经形成相互协同的体系。同时，删除了功能和属性上重复类似的"欧盟理事会成员国代表"这一类机构，增加了分管商业贸易资源的"欧洲煤炭和钢铁共同体协商委员会"，这说明欧盟内部对于社会形势有着正确认知，能够随时代变化对政策机构做出合理调整。

3. 1990 年至今的政策机构网络图谱

1990 年之后的数据中，欧盟大学教师学术创业政策颁布机构数量增加到 14 个（见表 5-11）。

表 5-11　　　　　欧盟 1990 年至今大学教师学术创业政策颁布机构

序号	政策机构	出现频次
1	European Commission	516
2	Council of the European Union	200
3	European Economic and Social Committee	89
4	European Committee of the Regions	40
5	European Parliament	28
6	Representatives of the Governments of the Member States	16
7	Representatives of the Governments of the Member States, Council of the European Union	14
8	Research and Energy	6
9	Committee on Industry	6
10	High Authority	5
11	EFTA Surveillance Authority	5
12	European Investment Bank	5
13	Consultative Committee of the European Coal and Steel Community	3
14	African Caribbean and Pacific Group of States	2

相比之前，这一时期新增以下政策机构（见表 5-12）。

表 5-12　　　　　欧盟 1990 年至今新增学术创业政策颁布机构

European Committee of the Regions	欧洲地区委员会
European Parliament	欧洲议会

续表

European Committee of the Regions	欧洲地区委员会
Research and Energy	研究与能源
Committee on Industry	工业委员会
High Authority	高级主管部门
EFTA Surveillance Authority	EFTA 监督局
European Investment Bank	欧洲投资银行
African Caribbean and Pacific Group of States	非洲、加勒比和太平洋国家集团

网络图谱可视化如图 5-7 所示。

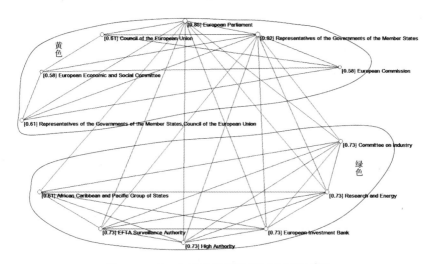

图 5-7　1990 年至今欧盟政策机构网络图谱

从网络特征上判断，总共 14 个政策机构关键词节点，但网络中只有 12 个节点，European Committee of the Regions（欧洲地区委员会）和 Consultative Committee of the European Coal and Steel Community（欧洲煤炭和钢铁共同体协商委员会）没有出现在图谱中，说明欧盟的政策机构调整不断深化。"欧洲地区委员会"承担欧盟区域协调工作，"欧洲煤炭和钢铁共同体协商委员会"主要担负商业资源分配监管职能，两个部门都弱化了政策机构的角色职能，这说明欧盟内部经过不断深化职能部门改革，职能机构更符合了自身工作定位。整体网络密度值在 0.52—0.57，相比之前两个阶段出现一定幅度下滑，但 0.5 以上的网络密度说明，欧盟内部各个政策机构仍处于较好的信息流通性和高效率扩散的状态。由于政策机构数量提升，信息流动性比之前相应提高，导致整体密度下降，该网络密度值更真实地描述了现在欧盟内部政策机构之间的协同性。

通过聚类分析，发现网络各个政策机构关键词节点泾渭分明地分成两大类，分别是传统的欧盟机关（黄色第一类）和新出现的各个政策职能机关（绿色第二类），如表 5-13 所示。

表 5-13   政策颁布机构的网络聚类

聚类	关键词	中文	中心性
绿色第二类	Committee on Industry	工业委员会	0.73
绿色第二类	African Caribbean and Pacific Group of States	非洲、加勒比和太平洋国家集团	0.61
绿色第二类	EFTA Surveillance Authority	EFTA 监督局	0.73
绿色第二类	High Authority	高级主管部门	0.73
绿色第二类	European Investment Bank	欧洲投资银行	0.73
绿色第二类	Research and Energy	研究与能源	0.73
黄色第一类	Council of the European Union	欧洲联盟理事会	0.61
黄色第一类	European Commission	欧盟委员会	0.58
黄色第一类	Representatives of the Governments of the Member States	成员国政府的代表	0.92
黄色第一类	European Parliament	欧洲议会	0.85
黄色第一类	Representatives of the Governments of the Member States States, Council of the European Union	欧洲联盟理事会成员国政府的代表	0.61
黄色第一类	European Economic and Social Committee	欧洲经济和社会委员会	0.58

可以看到除了"欧洲议会"和"成员国政府代表"两个传统职能机构外，其他新出现的政策机构，在网络中的度中心性都高于传统机构，在网络中相对处于核心地位。这说明传统的欧盟政策机构的政策职能正在弱化，其相应的政策制定职能不断被新出现的政策机构所取代。这些新出现的政策机构遵循现代职能部门的专业归属，细化分工原则，在科技成果不断转化生产力、新技术不断开发的当今，在自身职能范围内针对特定的行业领域和业务范畴发挥职能作用。相比传统的欧盟机构，效率与协同性大幅度提升。

4. 欧盟大学教师学术创业政策制定的相关咨询机构

为推动欧盟科技创新发展和科研机构的成果转化，保持欧盟在全球科技创新占据一席之地，在战略性、前瞻性、全局性科技创新发展和布局方面不走或少走弯路，充分发挥科技战略专家、科技管理专家、科学家等专业人才的"智囊"和"智库"作用，欧盟在长期实践和探索中构建了一套较为完整的科技决策咨询制度体系。整体而言，欧盟构建科技决策咨询制度体系的核心出发点包括以下几点：一是主要任务为规划欧盟科研和创新的有效政策，为欧委会提供未来科技战略蓝图，从科技创新领域支撑欧盟各项政策，从欧盟层面支撑成员国研发和创新政策决策；二是适应欧盟科研创新管理体制和科研创新管理机构体系，科技决策咨询体系与欧盟科研创新建制管理相得益彰，形成合力；三是紧密围绕欧盟科研创新主体计划，即欧盟研发框架计划——现为欧盟"地平线 2020"（2014—2020年），下一计划围绕"地平线欧洲"（2021—2027 年）展开，为其全局发展提供规划建议，同时为其旗下子计划，特别是前沿性、新兴性类计划提供技术路线建议；四是充分考虑欧盟科技创新生态圈建设，兼顾与平衡欧盟科技创新多方利益，同时注重和反映区域、地区和民众对科技创新发展、民生科技的利益诉求。[①] 在欧盟，主要承担大学教师学术创业政策制定相关咨询任务的有如下机构。

（1）欧委会（即欧盟的执行机构）科学咨询机构

欧委会科学咨询机构直接服务于欧盟委员会高层，为欧盟委员（The College of Commissioners）提供独立、及时和高水平的科学建议。该机制主要包括：杰出科学家组成的首席科学顾问组和欧洲科学院政策科学咨询联盟。首席科学顾问组于 2018 年 4 月 5 日成立（前身为 2015 年成立的高级科学顾问组），由 7 位杰出科学家组成。欧盟科研与创新总司、欧盟联合研究中心人员组成的特别小组为顾问组提供支持。欧洲科学院政策科学咨询联盟由欧洲五大科学院和学会组成，汇集来自欧洲 40 多个国家的 100 多个学院和学术团体的优秀专家学者，涵盖工程、人文、医学、自然科学和社会科学等学科。该联盟于 2015 年签署谅解备忘录，联合支持欧盟政策制定。欧委会则利用"地平线 2020"计划向欧洲国家科学院提供经费，使之为欧盟提供科学咨询服务。

---

① 肖轶：《欧盟科技创新决策咨询制度体系建设研究》，《全球科技经济瞭望》2019 年第 3 期。

（2）欧洲科学和新技术伦理专家组（EGE）

该专家组为独立的跨学科机构，就欧委会政策和欧盟立法各方面提供科技伦理建议。专家组由 15 名成员组成，学术背景包括自然科学、社会科学、人文、哲学、伦理和法律领域。专家组由欧盟研究与创新委员直接负责。该专家组的前身为 1991 年成立的欧洲生物技术伦理影响顾问组（GAEIB），随着科技创新的发展和欧盟科技伦理关注领域的扩大，科学和新技术伦理专家组进行了 5 次主要调整，在科学伦理方面形成了 29 份对欧盟重大科技创新领域和议题产生深远影响的意见书，包括纳米技术、农业政策、新食品立法、动物福利、胚胎研究、转基因生物、生物多样性、气候变化、全球贸易、生物安全、环境保护、粮食安全、互联网治理、能源和安全与监管。

（3）研发、创新和科学政策专家组（RISE）

专家组成立于 2014 年，由 17 名高级别的科技政策专家组成，其专业背景包括科学研究、创新、创业、风投和政治，负责向欧盟研究与创新委员莫达斯提供战略政策建议。其建议任务聚焦于未来欧盟规划中研究与创新政策所承担的责任与义务。具体而言，包括欧盟研究和创新政策的以下关键因素：一是欧盟研究和创新战略发展任务及"地平线欧洲"下欧洲创新理事会的发展规划；二是欧盟研究和创新投入的产出价值；三是前沿基础科学储备对成果转化的重要性研究；四是如何运用新的财政金融工具支持科技创新。

（4）研究与创新经济和社会影响专家组（ESIR）

该专家组由欧盟科研与创新总司在 2017 年秋成立，其工作目标是为欧盟规划、制定和实施科技创新政策、科研创新框架计划提供经济证据，即从经济角度对科技创新政策、科研创新框架计划进行可行性、必要性以及风险性、机遇性、挑战性和威胁性（SWOT）分析，并就欧委会提出的以任务导向为目标的科技创新政策及科研创新计划提供规划建议和意见。根据欧委会要求，该专家组还就其他经济和社会问题提供咨询。专家组成员 9 名，均具有丰富的经济、科技创新政策研究经验。①

---

① 资料来自 https：//ec. europa. eu/info/sites/info/files/esirterms-of-reference-2017_ en. pdf，https：//publications. europa. eu/en/publication - detail/-/publication/4177ae56 - 2284 - 11e8 - ac73 - 01aa75ed71a1/language - en，https：//ec. europa. eu/info/sites/info/files/esirmember - biographies _ 2017_ en. pdf，2020 年 7 月 6 日。

第二节　美国大学教师学术创业的政策分析

美国一向认为创新是国家发展的第一动力，永葆超级大国地位的不二法则就是持续不断地实现改革创新与科技进步，和由此产生的一大批具有超强研究能力和创业热情的世界顶级大学。为此，美国在不同时期，适时制定和调整科技创新战略，以促进科技进步，推动其经济的发展和转型。自独立以来的200多年中，政府重点支持领域从农业向军用工业、民用工业再向军民两用并行转移，其发展和演变反映了美国政府支持的对象以及干预并推进科技创新发展的战略都发生重大变化，不同时期的创新创业政策对美国经济和科技的快速发展起到了至关重要的作用。美国政府制定科技创新创业政策后，往往会根据实际需要，设置配套的管理机构，并颁布相应的法律法规进行管理。[①]创新创业政策实施完成后，相应的管理机构会被撤销；若计划在规定的时间内没有完成，政府会根据实际情况考虑给予继续资助。特别是20世纪90年代以来的相当长一段时期，美国经济持续强劲增长，出现高经济增长率、低失业率和低通货膨胀率的"一高两低"增长特征，美国进入全面国家创新时期，其间美国政府的创新创业政策发挥了重要作用。[②]整体而言，美国的创新创业政策发展可以分为三个阶段：以军事技术为核心的科技创新政策（新中国成立至20世纪60年代），突出科技与经济结合的科技创新战略（20世纪70—80年代），完善科技成果和新技术商品化的科技创新环境（20世纪90年代至今）。尽管这些政策内容很少直接涉及大学教师学术创业，但在这些政策的推动下，美国大批研究型大学进行了一系列创新活动。

一　美国大学教师学术创业政策概览

美国建国至二战前，对国家科技如何发展，政府并没有形成全面政策性的影响和指导。科学研究是以民间支持自由发展为主，政府对科技活动的支持仅限于个别领域以及亚当·斯密所限定的方面，基本谈不上系统的科技政策，更不要说针对大学教师学术创业的政策。比较有代表性的政策

[①]　董娟、陈士俊：《美国科技创新政策的法律制度研究》，《科技管理研究》2007年第5期。

[②]　周阳敏、宋利真：《美国政府推动集群协同创新的经验》，《创新科技》2012年第1期。

是美国国会于 1862 年颁布的《莫里尔法案》，标志着美国产学研合作正式拉开帷幕。[①]

二战期间，政府支持基础研究体系的确立，科技活动以军事为目的，逐渐形成以国家实验室和民间企业密切合作的研究生产体系。其中，曼哈顿计划的成功，显示该体系的巨大威力和研究效率，导致新墨西哥州洛斯阿拉斯国家实验室和田纳西州橡树岭国家实验室的建立。二战结束后，政府在科技活动中的作用急剧扩大，重新制定科技政策，调整机构，明确重点，大规模增加科研经费，年度国防军费开支急剧增长。1947 年联邦政府只提供 5 亿美元经费，占总研究经费的 24%，1954 年则提供 17 亿美元，占总研究经费的 53%，到 1961 年则提供 92 亿美元，占总研究经费的 66%。同时政府的科技经费也由农业占 1/3 转变为军事研究占 5/6，形成世界上独一无二的以军事目的为主的研究、开发和生产体系。美国进入以军事技术为核心的科技进步时代，在这个时期，导致一批服务军工产业的高校崛起，例如斯坦福大学、麻省理工学院等。[②]

到了 20 世纪 70—80 年代，由于历史上忽视科技与经济的结合，加上日本和西欧迅速崛起，世界科技力量对比发生深刻变化，国内民众信心受到严重挑战。[③] 美国对其科技政策进行反省，抓住当代新技术革命和新兴工业的蓬勃发展，形成了新一轮科技政策，引导整个美国经济产业结构的转型和增长方式的转变。其主要政策：（1）制定鼓励私人研究开发活动的法律和政策。改变过去政府通过国防经费、能源研究等直接参与科技活动的方式，发挥私人部门的主导性作用，政府要通过营造更有利于私人部门创新的环境，来促进民间研究开发活动，直接带来高校科研人员创新活力的增长。首先，1981 年通过《经济复兴税收法》，规定企业在 R&D 方面超过 3 年平均水平的开支增加额即可享受 25% 的税收减免，确立企业的 R&D 税收优惠政策。其次，放宽反托拉斯法的规定以促进企业之间的合作。再次，加强知识产权保护及通过"乌拉圭回合"加强世界知识产权的保护。（2）通过了《大学和小企业专利程序法》《技术创新法》和

---

① 董娟、陈士俊：《美国科技创新政策的法律制度研究》，《科技管理研究》2007 年第 5 期。

② 周家明：《美国科技政策架构下制度与技术的关系》，《中国高校科技与产业化》2006 年第 6 期。

③ 董娟、陈士俊：《美国科技创新政策的法律制度研究》，《科技管理研究》2007 年第 5 期。

《联邦技术转移法》，促进联邦技术向民间的转移，发挥利用政府资源推动民间资本的杠杆作用，提高大学科研人员参与产业发展的积极性。为了适应当代科技和经济的变化，在基础研究和应用研究方面，强化大学相关学科研究，减少技术向经济效益转化的障碍，重点强化联邦技术向私人部门的转移。以往建立的国家实验室体系和以军事为中心的研究、开发和生产体系，具有先进的设备、优秀的技术、充裕的资金，因而具有强大的开发、研究和生产能力。联邦技术转移就是把这些由政府主导或拥有的技术成果，通过适当的途径转移到民间部门，主要是企业、大学与联邦实验室体系的合作。一方面允许多数联邦实验室将专利技术以排他性方式授予企业和大学，以鼓励私营企业进一步投入资源，实现联邦成果的商业化，促进产业科技创新；另一方面促进联邦技术向民间的转移，有利于吸收民间资源，实现技术的商业化和民用化。(3) 为了使创新过程一体化，政府颁布相应法律，如 1980 年制定《史蒂文森—威德勒技术创新法》，1984 年发布《商品澄清法》，1986 年发布《联邦技术转让法》，1988 年通过《综合贸易和竞争法案》等。其目的是使政府有计划地在大学建立工业大学合作研究中心，以高校为依托，组建多学科工程研究中心，提高大学的创新能力，培养优秀的工程师，帮助企业提高其在国际市场上的竞争能力。①

　　20 世纪 90 年代后，高新技术被视为经济发展的制高点，竞争更加激烈。美国科技领先的地位日益受到日本和西欧强有力的挑战，高科技产品的优势地位受到动摇。布什政府上台后在政策上进行一系列调整。1990 年提交给参众两院拨款委员会的《美国技术政策》文件中，布什政府指出："美国技术政策的目标是尽最大努力使用技术，以实现改进所有美国人的生活质量，保持经济增长与国家安全。"它是通过保持一个强大的科学与技术基础，一个有利于技术革新和技术扩散的健康的经济环境以及通过发展具有共同利益的国际关系等措施来实现。主要措施是：加强科学顾问在政策制定过程中的作用；在继续给基础教育以强有力支持的同时，重视研究成果的迅速商品化；保护美国的知识产权；振兴科技教育，确保美

---

① 于雯亦：《美国创新型国家形成与发展的机制特点研究》，硕士学位论文，东北师范大学硕士论文，2008 年。

国科技发展后继有人。① 布什政府科技政策一个明显的特征是着眼长远考虑，即在加强基础研究、普及科学教育与提高教育质量的同时，加强科技成果和新技术的迅速商品化，这在很大程度上突破了传统的政策制定思路。

克林顿上台后发表一系列科技政策的声明与文件：1993 年 2 月的《技术为经济增长服务：增强经济实力的新方针》，1994 年 8 月的《科学与国家利益》，1996 年的《技术与国家政策》以及《改变 21 世纪的科学与技术：致国会的报告》，将科技政策提高到前所未有的高度。在《科学与国家利益》中，克林顿明确提出美国政府关于科学的五大国家目标，即保护在所有科学知识前沿的领先地位；增进基础研究与国家目标之间的联系；鼓励合作伙伴以推动对基础科学的工程学投资，有效利用物力资源、人力资源和财力资源；造就 21 世纪最优秀的科学家和工程师；提高全体美国人民的科学和技术素养。对符合国家目标的基础研究和教育，政府提供支持，并重视私人部门对其投资的积极性，政府的财政和法规政策将促成和刺激这种投资。在技术政策上，联邦政策的基本目标都是为私人部门的科技活动提供良好环境，而不是替代之。进入 21 世纪以来，小布什新政府的科技政策在与克林顿政府保持必要的连续性基础上，更加强调大力推进高新技术尤其是信息科技的发展，确保美国在科技和经济上绝对优势的战略方针，例如加大研发力度、促进商品化进程。同时推行科技自由贸易，改革科技出口政策，促进高科技产品的出口，从而达到增加出口贸易额、减少逆差的目的。继续重视教育和基础研究。小布什在其就职演讲中讲道："我们要共同努力，健全美国的学校教育"，新政府已把加强美国的教育系统作为发展人力资源的核心，认为"21 世纪美国繁荣的程度将依赖于复合型人才力量"，并在 2002 年度预算案中增加教育开支。与此同时，政府将侧重投资以大学为主体的基础研究，保证在所有主要基础科学研究领域的联邦投资，以确保美国处在科学能力的最前沿。② 可以看出，小布什政府的系列科技政策不少针对美国高等教育而做出，大学科研人员作为推动美国社会经济发展的重要因素被大大凸显。

---

① 周家明：《美国科技政策架构下制度与技术的关系》，《中国高校科技与产业化》2006 年第 6 期。

② 董娟、巩诗滢：《危机应对与创新发展——奥巴马科技政策与法律的实践与选择》，《天津大学学报》（社会科学版）2010 年第 5 期。

奥巴马政府对科技创新的重视程度在美国历史上可谓前所未有。奥巴马执政 8 年的一项重大战略部署就是出台《美国创新战略》，明确政府依靠科技创新促进长远经济增长和竞争力的战略目标和方向。2009 年奥巴马上任伊始就出台美国第一份国家创新战略——《美国创新战略》，之后该战略分别于 2011 年和 2015 年推出新版本，不断丰富政府支持创新的政策措施，加强对重点领域创新的引领和布局。《美国创新战略》强调要投资于创新的基础要素，激发私营部门创新的动力，营造有利于创新创业的政策环境，促进关键科技领域取得重大突破。《美国创新战略》支持新技术、新产业的迅速发展和新就业岗位创造，为应对美国经济社会的各种挑战发挥重要作用。2009 年的《复苏法》增加了 183 亿美元研发资金，创造了历史上研发资金增长额最高纪录。奥巴马政府还确立美国研发投入占 GDP 比重达到 3% 的目标，希望能够超越太空竞赛鼎盛时期的投资水平。2011 年奥巴马签署具有里程碑意义的《美国发明法案》，2013 年 3 月 16 日及此后申请的美国专利实行 "发明人先申请制"。美国专利与商标局努力减少专利申请的大量积压，将平均审批时间从 35 个月缩短到 20 个月，并使最有价值的专利技术能在 12 个月内进入市场。2013 年 5 月奥巴马政府发布关于开放数据的行政令和政策指南，要求年度研发开支在 1 亿美元以上的机构都要制订计划，支持联邦资助的研究成果开放获取。① 2015 年 12 月，美国国会回应奥巴马的呼吁，首次通过立法将研发税收减免政策永久化。国会还扩大研发税收减免政策的适用范围，允许尚未盈利的新创公司和小企业根据薪水开支享受税收减免。

特朗普政府沿袭了奥巴马政府在新兴技术和前沿技术领域的布局，并加大对先进制造、人工智能、量子信息以及 5G 等领域的支持。在先进制造领域，特朗普政府 2018 年 10 月发布《国家先进制造业战略计划》②，重点是提高制造业及制造行业的就业率，建立牢固的制造业和国防产业基础，确保可靠的供应链，确保美国先进制造业的领导地位。在人工智能领域，特朗普政府在奥巴马政府人工智能研发战略计划的基础上，进一步强化人工智能的部署，2018 年 5 月在国家科技委员会下设立人工智能专门

---

① 黄军英：《英美国创新创业政策研究及借鉴》，《科技与经济》2017 年第 1 期。

② National Science & Technology Council, "Strategy for American leadership in advanced manue-facturin", 2018 - 10 - 06, https：//www.whitehouse.gov/wp - content/uploads/2018/10/Advanced - Manufacturing-StrategicPlan-2018.pdf（2020-09-02）.

委员会，2019 年 2 月发布《保持美国在人工智能领域的领导地位》行政令①，提出要优先投资、开放数据、强化设施、改善治理、培训技能、开展合作，以确保美国始终保持人工智能领域的领导地位。在量子信息领域，2018 年 6 月在美国国家科学技术委员会下设立量子信息科学子委员会，9 月该委员会发布《国家量子科学战略评估》报告②；12 月特朗普签署《国家量子计划法》③，将在未来 5 年内投入逾 10 亿美元支持美国量子技术研发。2019 年 3 月，白宫科技政策办公室设立量子协调办公室，负责监督量子研发项目的跨部门协调。在 5G 领域，特朗普指出，5G 网络的速度比 4G 快 100 倍，将使人们工作、学习、沟通和生活的方式发生颠覆性变化，美国在 5G 产业的竞争中必须领先。2018 年 10 月特朗普签署总统备忘录，指示商务部国家电信及信息管理局（NTIA）牵头制定国家频谱战略，释放尽可能多的无线频谱，以加速和激励企业的投资，加快5G 在美国的部署。④

二　美国大学教师学术创业典型政策解读

美国在大学教师学术创业领域一直走在世界前列，这与多维度的创业政策支持离不开。一方面来自法律上，特别是知识产权保护法，美国在此既有联邦法，又有州法；既有制定法，又有判例法。其体系精深、严密、庞大，呈现出"机构健全、措施有力，保障充分"的显著特征。另一方面来自重大项目计划的实施，如小企业创新研究和技术转移计划、天使投资税收抵免政策等。这些政策支持在帮助美国大学教师申请专利、加强产学研合作、技术转移及创办高新技术企业方面发挥很大作用。⑤

---

① Trump, D. J., "Maintaining American leadership in artificial intelligence", 2019-02-11, https: //www. govinfo. gov/content/pkg/FR-2019-02-14/pdf/2019-02544. pdf（2020-09-02）.

② Subcommittee on Quantum Information Science under the Committee on Science of the National Science &Technology Council, "National strategic overview for quantum information science", 2018-09-15, https: //www. whitehouse. gov/wp-content/uploads/2018/09/National-Strategic-Overview-forQuantum-Information-Science. pdf（2020-09-02）.

③ Will Thomas, "National Quantum Initiative Signed into Law", 2019-12-9, https: //www. aip. org/fyi/2019/national-quantum-initiative-signed-law（2020-09-02）.

④ Trump, D. J., "Presidential memorandum on developing a sustainable spectrum strategy for America's future", 2018-10-25, https: //www. whitehouse. gov/presidentialactions/presidential-memorandum-developing-sustainablespectrum-strategy-americas-future/（2020-09-02）.

⑤ 游振声：《美国研究型大学学术创业模式研究》，重庆大学出版社 2017 年版，第 109—114 页。

（一）联邦技术转让法

美国技术创新法（Federal Technology Transfer Act）始于 1980 年，被称为《史蒂文森—威德勒技术创新法》，并经参众两院通过后实施生效。1986 年，对该法进行修订，改称为《1986 年美国联邦技术转让法》[①]。美国技术创新法的制定旨在促进美国技术创新，支持国内技术转移，加强和扩大各科研机构与产业界之间在技术转让、人员交流等方面的合作，同时它对于提高各部门的劳动生产率、创造新的就业机会、稳定物价、提高产品在国内外市场上的竞争力等都起着积极作用。美国技术创新法共 15 章62 条，以促进新技术的推广与应用以及有效地利用国家的科技资源为原则，确立了推进技术创新的主要制度。[②]

1. 研究开发机构制度

美国拥有独立的研究实验室达 110000 多个，其中较大型的政府研究机构 600 多个。为更有效地推动技术创新快速发展，特设置如下机构。

（1）联邦技术应用中心

在商务部设置联邦技术应用中心，主要负责收集、传播和转让联邦政府所拥有或首创的技术信息，并将这些技术信息推广应用于各级政府及私营产业。同时，应各州和地方政府委托，向各国家实验室提供专门的技术和资金支持。各联邦实验室每两年需向该中心递交一份工作报告，由该中心审核。

（2）研究和技术应用办公室

在各个国家实验室设立研究和技术应用办公室。办公室主任由总统根据参议院的建议批准任命。每年超过 2000 万美元预算的国家实验室应在该办公室中至少安排一名专职人员，其职责是为该实验室所从事的每个研究和开发项目准备一份应用评估报告、提供各类具有应用性的产品信息，以便于各州和地方政府及私营产业采纳。同时，它需要与联邦技术应用中心等其他相关组织部门开展密切合作，提供技术援助，并加速技术创新成果的商业化进程。

---

① 黄培光：《完善我国创新制度体系的思考——以美国创新制度为借鉴》，《重庆社会主义学院学报》2012 年第 4 期。

② 陈兵：《高科技园区创新平台构建中的政府职能研究》，硕士学位论文，华中科技大学，2005 年。

（3）国家产业技术委员会

国家产业技术委员会每年负责审查研究和技术应用办公室的工作。该委员会由 15 名有表决权的成员组成。它们应由部长任命，任期 3 年，并从中选择两名成员分别担任主席和副主席。研究和技术应用办公室主任应作为该委员会无表决权的成员；成员应是在一个或多个相关技术和工业创新领域具有丰富经验和技术水平的研究人员。

（4）产业技术中心

产业技术中心主要发展技术创新的基础研究、改善工程技术教育、扩大职业培训、向产业界尤其是小企业提供技术援助和咨询服务；支持大学和企业界之间科学技术情报的交流以及小企业的创新应用研究，积极促进科技成果的商业化进程。①

2. 技术创新资金的来源与使用制度

用于技术创新的资金来源主要是国家财政拨款、金融机构的贷款、各企业的自筹资金和国内外各种机构与组织的赠款。国家财政拨款主要由商务部长根据个人或研究机构所提交的申请划拨，作为企业、政府研究机构、国家实验室以及高校的研究与开发费用。自筹资金主要来自按销售额提成的技术开发费用和国内外各类机构提供的援助资金等，主要用于各机构的教育培训或研究活动。②

3. 行政授权制度

商务部、国家实验室、国家产业技术委员会和国家科学基金会均被授权参与联邦技术利用中心和产业技术中心的各项活动。商务部长和国家科学基金会授权接受来自国内外各种机构和组织的资金和资助，用于各中心的各项活动，同时对商务部长在各财政年度授以拨款的限额也做了具体规定。

4. 科技人员制度

技术创新法明确了技术创新中各级科技工作人员领取薪金的标准和依据，同时具有灵活的人才流动机制，由商务部长和国家科学基金会共同制定合理的人事制度以鼓励科技人员在高等院校、产业界和联邦实验室之间的交流，避免科技人才资源的浪费与不合理的配置，充分发挥科技工作人

---

① 宋毅、孙玉：《美国技术创新法及对我们的启迪》，《中国科技论坛》1998 年第 2 期。

② 宋毅、孙玉：《美国技术创新法及对我们的启迪》，《中国科技论坛》1998 年第 2 期。

员的积极性与创造性。①

5. 科学技术奖励制度

（1）科技成果提成奖励

该制度规定，必须从获得专利许可证技术创新成果收益中，提成用于奖励在此过程中做出重大贡献的技术人员，如果每年由收益获得的提成费超过一定金额，必须将提成费按比例再次支付给参与过该创新成果的技术人员。此款项是正常工资和其他奖金的附加部分，不影响其正常工资、年金或其他应得奖金的权利，也不限制其工作单位，即使此科技人员离开该机构，也应继续支付。

（2）设立国家技术奖章

该奖章授予在促进技术发展和增强技术力量方面为改善美国经济、环境或社会福利做出突出贡献的个人或公司。同时，联邦实验室的研究开发费用若超过 5000 万美元，应设立一项基金，用于奖励推进科技发展成果或发明创新应用的模范科技工程人员。②

（二）小企业创新研究和技术转移计划

20 世纪下半叶，美国为促进小企业发展而推出一系列法规和资助计划。其中，小企业创新研究计划（SBIR）和小企业技术转移计划（STTR）对促进美国小企业的技术创新发挥了重要作用。小企业是美国技术创新的活跃者。在美国，尽管大企业和小企业研发投资的回报率平均都在 26% 左右，但在没有研究机构参与的研发活动中，大企业和小企业的回报率平均只有 14%；而在有研究机构（包括大学）参与的研发活动中回报率分别约为 30% 和 44%。③ 美国的中小企业创造的技术创新成果和新技术在数量上占全国的 55% 以上，中小企业人均技术创新量是大企业的 2.5 倍。④ 一方面，这说明有研究机构参与的研发活动能提高技术创新的回报，另一方面则说明小企业能更好地与研究机构（包括大学）进行技

---

① 于雯亦：《美国创新型国家形成与发展的机制特点研究》，硕士学位论文，东北师范大学，2008 年。

② 于雯亦：《美国创新型国家形成与发展的机制特点研究》，硕士学位论文，东北师范大学，2008 年。

③ 晓时：《国外中小企业技术创新的特征及经验研究》，《当代财经》2004 年第 12 期。

④ 田玉敏、赵艳芹、李秀文：《美国促进中小企业技术创新的政策措施及其启示》，《天津职业技术师范学院学报》2002 年第 3 期。

术创新的合作。① 1992 年，克林顿在《技术是经济增长的动力》的竞选宣言中强调："健康和增长的小企业是美国良好经济的基础。"② 同年，美国国会通过《加强小型企业研究与发展法》的同时，设立了一个阶段性研究计划——STTR 计划。1994 年 STTR 计划开始运作，由美国小企业管理局负责协调和组织，该计划被授权延期至 2009 年，甚至有人倡议将SBIR 和 STTR 设为永久性项目。

　　SBIR 计划设立于 1982 年，是美国政府专门为小企业技术创新制订的一个直接财政援助计划。该计划要求美国国防、卫生、能源、航空、科学基金、农业、商务、教育、环保、交通等 10 个部门拿出美国联邦政府研究开发预算的 2.5% 来支持小企业的技术开发活动。作为美国政府支持小企业技术创新最重要的计划之一，SBIR 在促进小企业的技术创新上成绩突出，并获准延期到 2008 年。但美国国会小企业委员会认为 SBIR 并未充分解决小企业与大学、与非营利性研究机构、与教育机构和联邦实验室等的技术创新合作问题，特别是研究机构、联邦实验室、大学的成熟技术向小企业转移的问题。这是因为：（1）小企业在创新，特别是将先进技术进行商业化上，相比大企业表现出较高的速度。统计表明，小企业创新的投入产出效率比大企业要高出 150%。同时，小企业在充分利用政府资助方面表现出具有较高的效率，如美国大企业的 R&D 支出有 26% 来自联邦政府，而小企业仅有 11%，但小企业却创造出 50% 以上的创新成果。③④尽管如此，小企业因为自身的限制，在创新中会遇到人才、资金等一系列瓶颈，从而影响了其快速发展。（2）研究机构、联邦实验室和大学每年花费 400 亿美元研究经费，产出大量科技成果，却难以顺利商业化，更难以向小企业进行有效的技术转移。⑤ MIT 工业生产力委员会在一篇报告中指出："美国的科技企业的规模彼此相差很大，而且美国每年新发现的数目位居世界第一。但是美国的公司不断发现，在将发明与发现商业化的尝

　　① 曹昱、甘当善、李强：《小型企业：美国新经济的助推器》，上海财经大学出版社 2003年版。

　　② 缪小星：《美国小企业创业成长环境分析》，《江苏社会科学》2004 年第 2 期。

　　③ 杨茂林：《从美国的小企业政策看国家在小企业成长中的作用》，《经济问题》2002 年第12 期。

　　④ 欧阳慧：《政府扶植中小企业技术创新的比较研究》，《湖南大学学报》（社会科学版）2001 年第 6 期。

　　⑤ 于红：《美国政府支持小企业技术创新》，《全球科技经济瞭望》1999 年第 6 期。

试中，他们落后于国外的竞争对手。"① 传统的技术转移过程理论是线性和简化的。它简单地将技术转移过程视为"市场拉动"或者"技术推动"。但是，因为小企业缺乏资金和人员，这两种机制无法有效地沟通小企业和研究机构，也就不能顺利实现技术转移。冷战结束之后，美国的"产官研"三方关系发生巨大变化。由于研究重心从军事向民用技术转变，其创新合作关系也从政府（军事）强势转向较强的三方"互动自反"，研究机构的角色得到加强。加之美国对小企业的关注，以 STTR 为代表的计划从单纯的政府基金支持走向以资金引导合作与技术转移的动态过程。同时，也有学者担心不恰当的技术转移机制会导致学术界滥用专利，从而给知识的共享带来障碍，进而影响产业创新的能力。于是，既有效又恰当的技术转移方式成为各方关注的焦点。为此，美国政府决定通过实施相关的政府计划，以更直接的方式来加强小企业与研究机构的合作——小企业技术转移计划（STTR）应运而生。

STTR 计划始于 1994 年，当年资助金额为 2000 万美元，参与的小企业 206 个，小企业与研究机构合作承担的项目 198 个。1995 年、1996 年资助金额分别为 3500 万美元、5500 万美元，2000 年后每年在 6000 万美元和 7000 万美元左右。② 其中 2001 年度联邦机构授予了 224 个第一阶段项目，113 个第二阶段项目，共计 7800 多万美元，到 2004 年，总资助额接近 3 亿美元。③ 这项制度的目的是要创造一种行之有效的系统化机制，将有商业化前途的创意从研究机构转移到市场，从而推动以全国研究机构为核心的高科技经济发展。美国小企业管理局为 STTR 项目制定的目标是：（1）充分发挥小企业与研究机构各自的优势（小企业的经营技能与研究机构技术优势）；（2）加强公共与私营部门的合作伙伴关系；（3）为中小企业提供更多机会，使其在联邦研究与开发活动中发挥重要作用；（4）为小型企业提供新的具有竞争性的机会；（5）培育创新的必要环境。

（三）贝耶—多尔法案

在拯救 20 世纪 80 年代经济"绝境"的推波助澜下，美国研究型大

---

① Michael L：*Dertouzos*，*Richard K. Lester and Robert M. Solow*，*Made in America－Regaining the Productive Edge*，Cambridge：The MIT Press，1989：317.

② 蒋伏心：《小企业支持体系：原则与实践——对美国与中国的比较研究》，《南京师大学报》（社会科学版）2003 年第 5 期。

③ U.S Small Business Administration Office of Advocacy，"Data on Small business"，https：//advocacy. sba. gov/profiles（2020-07-20）.

学与产业界的合作得到前所未有的加强。20 世纪 70 年代以来，美国面临严峻的内忧外患，经济破溃：外患主要是随着德国、日本等新兴工业国的崛起，美国在汽车制造业、钢铁行业及家电行业的竞争中节节败退，昔日美国制造业的辉煌日渐西山；内忧则是美国股票市场萎缩、水门事件的爆料及愈演愈烈的伊朗人质危机，外加石油危机、能源危机等，[①] 使工业竞争力成为 80 年代以来美国政府最为关心的议题。在内外多重矛盾的叠加作用下，美国联邦政府认为美国在国际竞争中失利缘自科学技术与大学创新活力不足，因此急于找到解决的途径。鉴于诸如波士顿 128 号公路（以哈佛大学、麻省理工学院为主）、硅谷（以斯坦福大学为主）、北卡罗莱纳研究三角（以北卡罗莱纳大学、杜克大学及北卡罗莱纳州立大学为主）、奥斯丁（以得克萨斯大学为主）等大学科研转化项目的硕果，[②] 联邦参、众两院达成政治联盟，深信大学以及以大学为基础的校企合作能够再次成为美国社会的"避雷针"。为了挽回所谓的"国家自尊"，反思原有联邦控制所有（federal controls the all）受资助研究专利的政策，美国联邦政府期望通过改革过度严厉的专利政策以激活大学的创新意识、增强企业的创新活力。经过一系列的争议与辩论后，联邦政府于 1980 年 12 月 12 日颁布应急法案——《贝耶—多尔法案》（Bayh-Dole Act），试图以立法的形式密切美国研究型大学学术研究与美国企业（特别是新兴、中小知识密集型企业）之间的合作，加快科研成果转化为"新技术"的步伐，加强产学研之间的衔接，实现提升美国创新力、重振美国国际竞争力的夙愿。

　　作为美国产学合作中的开拓性法案，《贝耶—多尔法案》对美国校企合作具有深远意义，它重构了大学、产业之间的合作关系。该法案是美国政府第一次以立法形式明确联邦资助所获研究专利的权属问题，并以法律的形式允许大学和企业持有、保留联邦经费资助研究中所获得的发明；鼓励大学参与专利申请，并允许大学孵化新兴科技企业；它在联邦机构中制定统一的专利政策，并取消许多许可限制并允许大学拥有由联邦研究资助产生的专利；要求获得联邦研究资助的研究人员必须向技术许可办公室披

　　① Howard Markel M. D, "Patents, profits, and the American people——the Bayh-Dole Act of 1980," *New England Journal of Medicine*, 2013, 369 (9).

　　② Stephen B. Adams, "Stanford and Silicon Valley: Lessons on Becoming a High - Tech Region," *California Management Review*, 2005, 48 (1).

露其发明；倡导大学与企业合作，"国会的政策及目标是促进从联邦政府资助的研究或开发的发明的利用率……鼓励小企业最大化地参与到联邦专利制度中来……促进商业机构与包括大学在内的非营利机构之间的合作"①。2002 年，汉森（Hansen）在美国《经济学家杂志》撰文《创新的金鹅》（Innovation's Golden Goose）美誉其"可能是过去半个世纪以来，美国最振奋人心的立法"：诸君是否尤记（20 世纪）70 年代末，技术问题困扰着美国吗？日本正在马不停蹄地扼杀匹兹堡的钢铁工厂，并开始袭击美国的硅谷企业……而仅十年后，一切都变了。日本工厂正从美国撤退……欧洲取代它们（意指欧洲产业竞争力的上升），并开始对美国进行大量的投资（意指美国竞争力、经济的复苏）。为什么出现如此（全球）财富逆转呢？综观美国，我们发现在美国出现了一直前所未见的创新之花……《拜杜法案》或许是这半个世纪以来最振奋人心的立法……这一方案有利于逆转急剧下跌的美国……《贝耶—多尔法案》之前，鉴于难以获得联邦所有发明专利的专有权（exclusive rights）而鲜有乐意投资数百万美元将研究由原始理念转变为商业产品者；结果是来自美国大学等机构的发明与发现尘封于库……《贝耶—多尔法案》做了两件大事，一是该法案将转移联邦资助发明或研究的所有权立法化（即联邦研究参与者具有获得联邦资助研究专利的权利）；二是该法案明确研究者可以从研究中获得部分利益，一夜之间，全体美国的大学变成了创新、创业的温床，创业型教授带领着其发明（及研究生）建立企业。② 总而言之，源于 20 世纪 70 年代末期以来，美国经济衰退下制定的三个相互衔接的联邦政策：联邦实际资助水平的下降、联邦有关校企合作政策的"解禁"以及联邦对大学盈利权限的"解禁"，使得 80 年代至今大学与产业界的合作关系变得更加密切。

随着《贝耶—多尔法案》的实施，美国高校的科研创新得到了质的提升，成为美国知识产权产出的主要源头和力量，对美国的科技发展和经济发展都产生深远影响，使其真正成为美国知识产权成果创造和转化的重要主体。法案通过后，美国高校专利授权从 1979 年的 264 件，突增至

---

① The 96th Congress, "The Bayh‐Dole Act.", 2017‐02‐15, http://history.nih.gov/research/downloads/PL96‐517.pdf（2020‐07‐20）.

② Hansen, S., "Innovation's Golden Goose", 2002‐11‐14, http://www.economist.com/node/1476653（2020‐07‐20）.

1997 年的 2436 件，2003 年更达到 3450 件。在 1991—2000 年十年的时间里，高校专利申请量提高了 238%，① 高校与企业间的专利许可协议提高了 161%，高校由此获得的专利许可使用费用增加了 520%。高校知识产权转化作为促进国家技术创新与经济发展的主要动力，使得美国企业的竞争力逐渐增强并且总体上远超其他国家的企业。与此同时，其他国家在美国《贝耶—多尔法案》的积极影响下，开始对本国知识产权的转化进行立法研究，从 1999 年开始，先后有日本、巴西、马来西亚、南非等国出台了相关的《贝耶—多尔法案》。与此同时，丹麦、德国、奥地利等欧洲国家也规定将政府财政资助项目形成的知识产权归属于项目承担者，同时积极开展本国知识产权相关法案的改革工作。

2018 年 4 月 13 日，美国《联邦公报》公布了经过修订的《贝耶—多尔法案》的最新规定。2018 年 5 月 14 日，修改后的《贝耶—多尔法案》生效。《贝耶—多尔法案》自 1980 年颁布以来，实施多年，但多年没有更新，在实践中常常导致其他法律法规的交叉引用。这次修改，虽然《贝耶—多尔法案》的基本制度没有发生根本性变化，但是国家标准与技术研究所（NIST）综合采纳了各种相关机构的意见，对《贝耶—多尔法案》所需的程序进行实质性修改，并使项目承担者选择保留政府资助的发明的所有权产生了变化。这些修订，有的纯属技术性内容，但主要修订的内容也很重要。主要修改内容如下：（1）联邦机构可以缩短项目承担者两年的选择权，以保护政府的利益；（2）修改后的条例，政府不再有异议期；（3）政府机构可以提出首次专利申请；（4）减少了项目承担者决定的决策时间；（5）余额上交国库比例的修改；（6）能源部（DOE）项目发明所有权的变化。②

三　美国大学教师学术创业政策科学图谱分析

（一）美国大学教师学术创业政策相关文本汇总和主题词分析

共收集时间跨度从 1958 年到 2018 年美国大学教师学术创业政策文本 182 条，按照上文对于美国大学教师学术创业政策时间段的划分，1960 年之前的文本资料只有 1 条，20 世纪 70—80 年代末，有 8 条文本资料。90

---

① 李晓秋：《美国〈拜杜法案〉的重思与变革》，《知识产权》2009 年第 5 期。
② 臧红岩：《2018 年美国〈拜杜法〉的主要修改》，《科技中国》2019 年第 1 期。

年代至今有文本资料 176 条，发展趋势如图 5-8 所示。

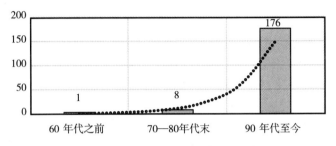

图 5-8　美国学术创业政策发展趋势

从趋势图上可以看出，总体上美国大学教师学术创业政策前期数量较少，如上文所述主要原因是 20 世纪 70—80 年代美国对于科技发展的忽视导致这一时期整体相关的政策数量很少。从布什政府开始，大力注重教育和科技发展，克林顿政府出台多项措施保障大学建设，增加教育方面的预算开支，奥巴马政府出台《美国创新战略》，强调推出新技术、新产业，扶持企业科技创新。三届政府的连续性政策保障美国大学教师学术创业从 20 世纪 90 年代之后开始进入高速发展时期，数量巨幅增长。

鉴于前两个时间段整体资料数量较少，将其合并为一个时间段进行处理。经过文本分析，共获得政策关键词 31 条，具体内容如表 5-14 所示。

表 5-14　　　　　　　　美国大学教师学术创业政策关键词

80 年代末前关键词	频次	90 年代至今关键词	频次
Patents（Inventions）	6	Patents（Inventions）	110
Trademarks	4	IP Regulatory Body	85
Copyright and Related Rights（Neighboring Rights）	2	Copyright and Related Rights（Neighboring Rights）	50
Traditional CulturalExpressions	1	Enforcement of IP and RelatedLaws	39
Transfer of Technology	1	Trademarks	31
Plant Variety Protection	1	Undisclosed Information（Trade Secrets）	20
Enforcemen tof IP and Related Laws	1	Alternative Dispute Resolution（ADR）	11
Layout Designs of Integrated Circuits	1	Industrial Designs	10
Alternative Dispute Resolution（ADR）	1	Competition	10

续表

80 年代末前关键词	频次	90 年代至今关键词	频次
		Plant Variety Protection	9
		Industrial Property	7
		Transfer of Technology	6
		Geographical Indications	5
		Trade Names	4
		Domain Names	3
		Utility Models	2
		Layout Designs of Integrated Circuits	2
		Traditional Knowledge （TK）	1
		patents （Inventions）	1
		Genetic Resources	1
		Traditional Cultural Expressions	1
		IP Regulatory Body	1

输出了美国大学教师学术创业政策关键主题词之后，通过 Biblexcel 软件，利用高频关键词共现关系构筑共现矩阵，导入 pajek 软件绘制可视化网络图谱。图谱中节点是政策关键词，节点大则表明关键词出现的概率高。对于政策网络图谱的整体解读，利用网络图谱中的中心性（Centrality）概念进行分析。在网络图谱中，某节点与其他很多节点存在连接关系的话，那么这个节点在网络图谱中处于中心地位，即节点的关系越广，相邻节点就会越多，那么这个节点在网络中就越重要。一般对于网络图谱进行中心性测量的指标有度中心性（degree centrality）、接近中心性（closeness centrality）和中介中心性（betweeness centrality）等。本次研究利用接近中心性来进行分析，尝试对美国学术创业政策的网络图谱特征进行解读。

1. 20 世纪 90 年代前美国大学教师学术创业政策图谱

20 世纪 90 年代前美国大学教师学术创业政策相对来说关键词节点虽然只有 7 个，但网络整体密度值在 0.53—0.61，网络密度处于中等水平，比较少的节点也构成了较多的相互连接，网络内部的流通性和扩散性更快，保证了政策制定时多部门的协同理念，也使得制定的政策能以较高效率得以推进。从图谱特征上可以看到，关键词经过聚类，共分为三类：

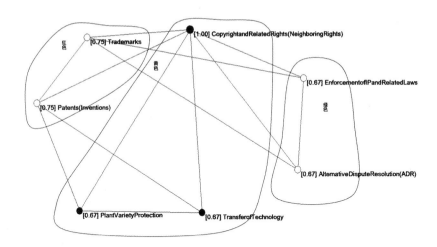

图 5-9　20 世纪 90 年代前美国大学教师学术创业政策关键词图谱

红色：设计技术转让和版权保护；

绿色：知识产权和解决方案；

黄色：商标专利。

接近中心性是指网络中某一个节点到其他所有节点的距离的总和，总和越小就说明该节点到其他所有节点的路径越短，即该节点距离其他节点越近，接近中心性就越高。① 利用接近中心性指标的特性，可以分析出图谱中哪些节点的整合力和辐射力最高。图 5-9 总共 7 个关键词节点中，接近中心性最高为 Patents（Inventions）（0.75）、Trademarks（0.75），最低为 PlantVarietyProtection（0.67）、TransferofTechnology（0.67），中心性按照聚类排列如表 5-15 所示。

表 5-15　20 世纪 90 年代前美国大学教师学术创业政策关键词度中心性

聚类	关键词	中文	中心性
第三类红色	Plant Variety Protection	品种保护	0.67
第三类红色	Transfer of Technology	技术转让	0.67
第三类红色	Copyright and Related Rights（Neighboring Rights）	版权及相关权利（邻接权）	1.00

---

① 巴维拉斯（Bavelas）将接近中心性定义为节点距离的倒数，表现为一个 0—1 的数值。距离越大，则倒数的值越小，接近中心性的值越趋近于 0，说明节点不在中心位置上；节点之间距离越小，倒数的值越大，接近中心性的值越趋近于 1，说明节点具有高接近中心性。

续表

聚类	关键词	中文	中心性
第二类绿色	Alternative Dispute Resolution（ADR）	替代性争议解决方式（ADR）	0.67
第二类绿色	Enforcement of IP and Related Laws	执行知识产权法和相关法律	0.67
第一类黄色	Trademarks	商标	0.75
第一类黄色	Patents（Inventions）	专利（发明）	0.75

Patents（Inventions）（0.75）、Trademarks（0.75）作为度中心性最高的两个节点，说明美国在这一时期学术创业政策制定的重点在于保护专利发明和商标创意设计方面。对于知识产权的保护，争议的解决已经从政策层面上升到法律层面予以立法保护，这从关键词 Enforcement of IP and Related Laws 上可以进行解读。对于适合进行商业化的版权（Copyright and Related Rights）转让、技术转让（Transferof Technology），也是这一时期的政策特征。

2. 20 世纪 90 年代后美国大学教师学术创业政策图谱

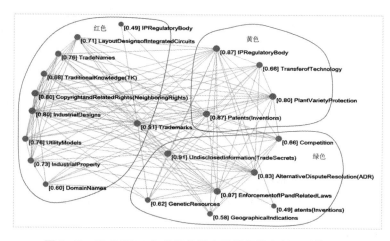

图 5-10　20 世纪 90 年代后美国大学教师学术创业政策图谱

网络密度值在 0.57—0.59，整体网络结构稳定，聚类分析将关键词分为三类。

红色：工业设计、商标、版权、知识产权监管；

绿色：知识产权执行法律；

黄色：新技术、产品发明和转让。

表 5-16　20 世纪 90 年代后美国大学教师学术创业政策关键词度中心性

聚类	关键词	中文	中心性
第三类红色	Utility Models	实用新型	0.76
第三类红色	Trade Names	商品名称	0.76
第三类红色	Industrial Property	工业地产	0.73
第三类红色	Copyright and Related Rights（Neighboring Rights）	版权及相关权利（邻接权）	0.80
第三类红色	Traditional Knowledge（TK）	传统知识（TK）	0.68
第三类红色	IP Regulatory Body	知识产权监管机构	0.87
第三类红色	Layout Designs of Integrated Circuits	集成电路的布局设计	0.71
第三类红色	Trademarks	商标	0.91
第三类红色	Industrial Designs	工业设计	0.80
第三类红色	Domain Names	域名	0.60
第二类绿色	Undisclosed Information（Trade Secrets）	未公开信息（商业机密）	0.91
第二类绿色	Alternative Dispute Resolution（ADR）	替代性争议解决方式（ADR）	0.83
第二类绿色	Enforcement of IP and Related Laws	执行知识产权法和相关法律	0.87
第二类绿色	Geographical Indications	地理标志	0.58
第二类绿色	Patents（Inventions）	剂（发明）	0.49
第二类绿色	Genetic Resources	遗传资源	0.62
第二类绿色	Competition	竞争	0.66
第一类黄色	Patents（Inventions）	专利（发明）	0.87
第一类黄色	Plant Variety Protection	品种保护	0.80
第一类黄色	Transfer of Technology	技术转让	0.66

　　结合图 5-9、图 5-10 可以看出，美国大学教师学术创业政策中，非常重视知识产权的保护，成立了专门的知识产权监管机构（IP Regulatory Body），从政策与法律层面上进行多次修订，重视传统知识（Traditional Knowledge）的改造和创新。在具体政策内容上，涉及信息情报（Domain Names）、工业设计（Industrial Designs）、集成电路（Layout Designs of Integrated Circuits）、工业地产（Industrial Property），既有传统工业领域，也有

新兴的信息技术领域。对于各类产品发明转化、科技专利产业化、实用新型（Utility Models）商品化，成为这一时期的政策重点。

（二）美国大学教师学术创业政策颁布机构分析

资料库中搜索的结果表明，美国大学教师学术创业政策的相关机构信息里，在20世纪90年代之前只有美国国会一家政策机构关键词，90年代之后资料库里增加到13个机构，具体如表5-17所示。

表 5-17　　　90 年代前后美国大学教师学术创业政策机构关键词

关键词	频次	关键词	频次
Congress	9	Congress	100
		DEPARTMENTOFCOMMERCE	70
		U. S. PATENT&TRADEMARKOFFICE	69
		National Oceanic and Atmospheric Administration	5
		NationalTelecommunicationsandInformationAdministration	1
		U. S. Copyright Office	1
		OfficeoftheFederalRegisterNationalArchivesandRecordsAdministration	1
		LIBRARYOFCONGRESS	1
		DEPARTMENTOFCOMMERCEInternationalTradeAdministration	1
		DEPARTMEN TOF COMMERCE Foreign - Trade Zones Board	1
		DEPARTMENTOFHOMELANDSECURITY	1
		FederalRegisterNationalArchivesandRecordsAdministration	1
		DEPARTMENTOFTHETREASURY	1

将政策机构作为数据通过关键词的共现关系构筑创业政策机构共现矩阵，利用 pajek 构筑可视化网络图谱如图 5-11 所示。

网络特征上，国会作为主要节点处于中心地位，其余各个政策机构直接或间接与国会相连接，表明国会作为美国立法机关在政策法规制定方面的重要地位。网络密度值在 0.56—0.57，表明整体上网络机构稳定，节点之间相互连通性好，作为关键词节点的机构之间存在协同机制，政策的流通效率较高。政策机构关键词经过聚类后分为两类，具体内容如表 5-18 所示。

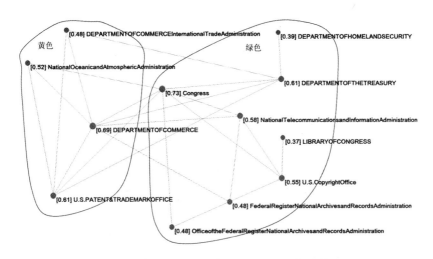

图5-11 90年代后美国大学教师学术创业政策机构图谱

表5-18 90年代后美国大学教师学术创业政策机构关键词度中心性

聚类	关键词	中文	中心性
第二类绿色	DEPARTMENTOFTHETREASURY	财政部	0.61
第二类绿色	U. S. Copyright Office	美国版权局	0.55
第二类绿色	DEPARTMENT OF HOMELAND SECURITY	国土安全部	0.39
第二类绿色	LIBRARY OF CONGRESS	国会图书馆	0.37
第二类绿色	Congress	国会	0.73
第二类绿色	Federal Register National Archives and Records Administration	联邦公报国家档案和记录管理局	0.48
第二类绿色	Office of the Federal Register National Archives and Records Administration	联邦登记局国家档案和记录管理局	0.48
第二类绿色	National Telecommunication sand Information Administration	国家电信与信息管理局	0.58
第一类黄色	DEPARTMENT OF COMMERCE International Trade Administration	商业部国际贸易管理局	0.48
第一类黄色	DEPARTMENT OF COMMERCE	商务部	0.69
第一类黄色	U. S. PATENT&TRADEMARK OFFICE	美国专利与商标事务所	0.61
第一类黄色	National Oceanic and Atmospheric Administration	国家海洋和大气管理局	0.52

可以看出美国大学教师学术政策颁布机构中，以国会为中心，商务

部、财政部等传统商业贸易机关的度中心性处于前两位，美国专利与商标事务所、美国版权局等以知识产权和版权保护为主要目的的机关在网络中处于核心地位。国家电信与信息管理局则分管了美国信息情报相关产业，也在网络中处于较为核心的地位。从以上内容可以解读，美国学术创业政策机构在内容层面，始终将知识产权、版权、新技术保护作为创业政策的核心部分，保障创业者的核心利益。

　　联邦政府层面创新政策的制定，从结构布局上涉及行政部门和国会。行政部门以总统为首脑，国会是主要的政策监督机构，同时与总统分享着决策权，政策的推行需要国会批准预算，而总统对国会议案具有否决权，两者在互相妥协和利益最大化的基础上，实现协调与平衡。行政部门中分为总统行政办公室、15 个行政部门和部分联邦独立机构。总统与 15 个部长组成行政部门创新政策的决策系统；隶属于总统行政部门的科学技术办公室（OSTP）、总统技术顾问委员会（PCAST）以及国家科学技术委员会（NSTC）等是总统决策的政策和信息咨询机构；15 个行政部门与联邦独立机构是创新政策的执行机构。美国创新政策的制定要经过这样一个流程：由总统或者国会的下属机构研究提出政策议案（总统下属机构的议案要首先得到总统的通过），然后将议案提交国会，国会将议案分别交予众议院和参议院，两院将议案交由专门委员会进行讨论，专门委员会将讨论过的议案交由国会，参议院和众议院将进行辩论，然后进行投票表决，表决通过，提交给总统，若总统签署议案，则形成正式政策，政策将交由专门机构进行具体实施，国会履行监督权，法院负责惩罚破坏政策实施的行为，保证政策的实施。州政府层面行政部门创新政策制定的结构安排与制定程序与联邦政府行政部门具有相似之处，但州政府创新政策除本州制定的独立政策外，还包括联邦政府的部分创新政策。联邦政府创新政策与州政府创新政策相对独立，联邦政策对州政府没有强制力，州政府可以选择执行，也可以不执行。因此，联邦政策在州得到推行，就是联邦和州相互协调和妥协的结果。美国联邦政府掌握了绝大部分税收，州的运行和发展必须依靠联邦财政的支持；联邦政府为使联邦政策在州得到推行或州的配合，会通过一定的政策、法律手段使州政府妥协，这些手段包括：财政补贴政策、联邦法律优先权、技术标准政策、支持城市复兴政策等。①

---

　　① 郑巧英：《产学研合作的重大科技任务组织模式研究》，博士学位论文，中国科学技术大学，2014 年。

政策制定过程中，咨询机构代表不同"利益集团"（政府角度和非政府角度）在有关创新的各个方面为决策系统提供信息和专业建议；同时在涉及许多部门联合推出的创新政策时，国会相关委员会及相关联邦委员会将督促和协调各部门行动，在咨询机构的配合下，制定出互相配合、互相支持的创新政策。

第三节　韩国大学教师学术创业的政策分析

韩国于 20 世纪 80 年代开始出台一系列如创业教育和产教融合政策来鼓励高等院校开展创业活动，在政府主导、产学合作和高校自我变革的推动下还造就了不少创业型大学。[①] 韩国政府试图加强创业教育和产学合作，特别是在高等教育机构中，通过创业教育和产学合作项目，推动高等教育层面的创新创业活动，创造更多的就业岗位。这些项目面向的范围不仅仅是在校大学生，而是一项包括高校教师、研究人员、技术人才等在内的广泛的创业资助计划。从 1986 年起，韩国对之前的创业政策进行了重新审视并做出了调整：政策方向上实现了从传统的制造业企业发展到企业创新和教师学术创业并举，在产学融合和科技成果转化方面的政策链也初步成型；政策工具上强化国家顶层设计，从以单部门为主转向多部门、多行业协同，形成了以项目化推进并落实创业政策的系统化工程；政策内容层面上对于产学融合给予高度重视，政策目标不再是科技成果单纯的产品商业化，而是不断丰富学术创业内涵，以学术创业政策带动高校知识创新制度建设，创新学科发展，通过知识创新带动创业理念的普及，健全学术创业管理制度，形成完善的学术创业政策体系。在专门的学术创业政策的发展方向上，希望通过国家创业项目品牌"K-STARUP"促进韩国国际竞争力的提升。

从 20 世纪 90 年代起，韩国国内经济经历了两次世界性的经济危机，加之中国经济崛起，导致韩国国内经济增速放缓。韩国各界普遍认为，只有进行系统化的产业升级才能走出困境。因此，韩国不仅对国内的各类制造业企业，也对高等院校提出相应要求，力推高等院校提升创新能力与科技转化水平，具备服务地方经济发展的能力。产学合作的普

---

① 施永川、王佳桐：《韩国高校创业教育发展的动因、现状及对我国的启示》，《华东师范大学学报》（教育科学版）2019 年第 1 期。

及也逐渐成为韩国振兴国内经济和产业升级的一个重要举措和战略性计划。与此相呼应，韩国大学教师学术创业政策经历不断发展与完善的过程，呈现出清晰的国家机关主导，项目制驱动，各高校配套的政策制定、传达与落实的"三位一体"政策体系。特别是自 2008 年世界性经济危机之后，韩国政府为了缓解社会整体就业困境，开始大力支持青年创业作为应对方案，在各级高等教育机构中为大学生开设创业教育课程，为预备创业团队组建创业孵化中心，鼓励高校各级教科研人员从事创业相关学术研究。韩国政府对大学教师学术创业政策的一系列举措取得了较好成效，很多高校还在政府政策框架下制定相应制度，具体如表 5-19 所示。截至 2019 年，综合韩国全国大学的教师实体创业数据，总共有创业者 237 人，其中校内创业 158 人、校外创业 64 人。创业企业的资本达到 7 亿美元，销售额达到 27 亿美元。

表 5-19　　　　　　　　　韩国大学教师学术创业相关制度

制度类型	主要内容
明确教师的义务	教师在开展学术创业期间必须履行《教师人事条例》规定的教师职责
外部活动限制	停职三年以内，兼职两年以内，一次可延长两年
学生参与限制	学术创业研究领域与学生的学位论文研究领域相似时，可让学生参与教师的学术创业活动
资源利用有限	学术创业在初创期可以通过某些程序使用大学拥有的设施等资源
明确通知义务	从事经营性活动的教师，应当将有关活动的内容向大学汇报
其他	1. 从事学术创业教师也可以进行委托研究 2. 大学可以为教师提供学术创业所需的研究经费

一　韩国大学教师学术创业政策概览

韩国最早的创业政策可以追溯到 1986 年的中小企业厅出台的《中小企业创业支援法》和《新技术事业金融支援相关法》，最初的创业政策并没有出现直接涉及大学教师学术创业的内容。从 90 年代开始，大学研究的重要性开始受到重视，政府对大学研究的支持也开始激增，出现大规模支援科学研究和产学合作的政策，教育部、科学技术部、产业资源部三大部门先后出台学术研究援助、优秀的研究中心（SRC，ERC）、区域合作研究中心（RRC）、产业技术开发、产学研联合技术开发、新技术创业育儿（TBI）、区域技术创新中心（TIC）等政策。后来为了大力促进具有研究能力的教授、研究人员等高层次人力资源参与创业，韩国中小企业厅于1998 年 12 月修订《风险投资促进特别措施》，其中第 16 条规定允许大学教授和研究员在职创办风险公司或从事风险公司高管或雇员工作。

　　进入 21 世纪以后，各大学与研究所等学术机构的研究成果对于拉动技术创业的重要作用开始凸显，学术创业、技术创业、产学合作开始进入韩国国家经济发展策略的顶层设计中。之前也提到，韩国从 90 年代开始，就已经大力布局，支持高校开展创业活动。1999 年启动的 BK21 工程是"面向 21 世纪的智力韩国计划"的英文简称，韩国政府带着"发展创造型经济"和"培养创新型人才"的愿景，希冀培育出世界一流水平的研究型大学和培养出与知识社会所匹配的富有创造性、高水平人才。第二期BK21 工程在 2006 年实施，其目的是进一步加大对高水平大学建设的支持，逐渐形成一批具有全球性意义的研究机构，并培养出一大批具有创造性的高素质人力资源。[①] 2002 年，韩国为了拉动全国高等教育水平，强化首尔京畿圈之外地方大学的竞争力，培养地方优秀人才，提高就业率，由教育部牵头推出了 NURI 工程，即"地方大学创新能力强化工程"。该项计划是韩国政府为实现"国家均衡发展计划"中的一项重要任务，也是加强产学联盟的一项重大举措。2011 年，韩国政府推出创业先导大学培育计划，加大对于大学学术研究的投入，旨在为今后的创业事业培养一批顶尖性人才，提高对高等教育机构创业活动的支持力度。2012 年韩国政府正式推出产学合作先导工程 LINC，与之前 BK21、NURI 工程相比在于创新教育和研究开发不同。LINC 项目的目标在强化产学合作，这标志着韩国政府对于大学和研究机构的政策支持，已经从强化机构内涵、基础建设、竞争力方面逐渐转向大学创业教育和产学合作、科技成果市场化。2013 年推出大学创业教育五年计划，旨在推广大学学术创业理念，扩大创业影响，在大学等学术机构中普及创业思想，引导大学教师与学生共同创业，并为今后参与创业奠定良好的思想基础和社会氛围。2016 年，韩国又推出了基于产业需求的教育衔接项目（PRIME），旨在进一步提升高等教育机构和企业的合作广度和深度，同时为创业意向青年提供职业生涯的系统性指导和创业知识的传播。2017 年韩国政府九大部门联合启动第

---

① 连进军：《韩国的世界一流大学建设：BK21 工程述评》，《大学教育科学》2011 年第2 期。

二期 LINC 工程即 LINC+项目，力图实现向中小企业持续提供技术及人才方面的支持、鼓励硕博研究生以及大学教授等高级人才自主创业，增加社会就业岗位、促进知识融合，开创具有高附加价值的未来产业。2018 年韩国政府基于先前创业先导大学培育计划的成果，以大学拥有的专利和论文等研究成果数量为标准，选拔 5 所大学作为"师生实验室创业"试点大学，希望通过进一步的研发投资，将试点大学中的优秀人才培育为"代表性实验室创业者"。被选定的大学将获得各种支持，以帮助他们发展技能和人才，开展学术性创业。

二　韩国大学教师学术创业典型政策解读

尽管韩国并未出台专门针对大学教师学术创业的大型支援项目，但是从近些年几次大规模的大学创业和产学合作支援项目可以看出，韩国一直都非常重视大学教师的学术创业，大学教师创业人事制度也逐步在各个高校得以实施。以下将结合典型政策来进行阐述。

（一）产学合作先导系列工程

产学合作先导系列工程（LINC）是在强化产学合作的基础上，开始将重点逐渐转向创业教育和成果市场化，它的总体架构呈现出"1+1+3+2"的特征，即一个最终愿景——实现地方大学与地方产业的共同发展；一个政策目标——引导、创造、拓展多种多样的产学合作先导模式；三条推进战略——一是扩大资助范围，二是提升产学合作的多样化、特性化，三是提高产学合作的持续性；两类主要培养院校：技术革新型及现场实践型[1]（见表 5-20）。鉴于 LINC 工程的良好效果，韩国政府九大部门联合于 2016 年又启动了第二期 LINC 工程即 LINC+工程。可以说 LINC+工程是 LINC 工程的升级版，该项工程延续了 LINC 工程大部分内容，但重点有所转变，力图实现向中小企业持续提供技术及人才方面的支持、鼓励硕博士研究生、大学教授等高级人才自主创业，增加社会就业岗位、促进知识融合，开创具有高附加价值的未来产业三大目标[2]（见图 5-12）。

---

① 崔鸣哲：《韩国高等教育产学合作先导工程 LINC 研究》，硕士学位论文，吉林大学，2017 年。

② 李昕：《韩国九部门联合制定"产学合作五年计划"》，《上海教育》2016 年第 9 期。

表 5-20　　　　　　　**产学合作先导工程两类人才培养模式区分**

区分	目标	资助对象	产学合作内容	
			共性要求	创新性
技术革新型	1. 培养具有创新型的技术人才	本科院系+研究生院	1. 改善教授的聘用、晋升评价制度 2. 加强产学合作团队的力量 3. 特性化领域的资助 4. 现场实习采用相应的学分制 5. 综合设计 6. 实施创业教育（拥有创业培训基地） 7. 产学合作，产学结合企业	1. 问题导向的课程设置1 2. 现场实习及教育中心 3. 硕士与学士的综合课程 4. 复合领域类的专业 5. 针对性的学科设置 6. 提供企业在职人员的职前、职中培训 7. 技术转让 8. 技术关的指导
	2. 原创技术研发及产业技术支持的人才			
现场实践型	1. 有针对性的现场型人才	学部中心		
	2. 提供技术研发、技术转让，并对现场技术障碍进行支持			

1. LINC 系列工程管理体系

LINC 系列工程由韩国教育部、韩国国家研究基金会（韩国研究财团）和产学协力中介中心共同组织。其管理体系的特色之一在于通过"产学共同体"的布局模式来推进项目的实施。产学合作先导工程属于政府推动型工程计划的经典范例，通过现场实习等以一线教学为中心的教育模式，并遵循创业教育的理念，对相关领域进行资助，并对产学合作亲和型院校进行制度改进，切实提升产学合作的实效性。地方大学与地方产业如何有效融合，是实现产学合作目标的关键之处。产学合作先导工程分别对大学与地方产业设定融合方案：大学首先确定重点扶持的一批特色领域，通过自身设置的规划、现有的项目及针对企业设定的规划"三位一体"，结合地方产业中拥有的特色产业、地方基础产业，形成一个"产学合作共同体"[①]（见图5-13）。同时，细分为打造现场实习基地、强化创业教育培训、发挥人力资本价值及构建企业支持体系四大策略。[②] 特色之

---

① 韩国教育部：《产学合作先导工程报告》，2012 年 2 月 27 日，https：//www.moe.go.kr/boardCnts/view.do? boardID = 294&lev = 0&statusYN = C&s = moe&m = 0204&opType = N&boardSeq = 30273，2020 年 9 月 21 日。

② 崔鸣哲：《韩国高等教育产学合作先导工程 LINC 研究》，硕士学位论文，吉林大学，2017 年。

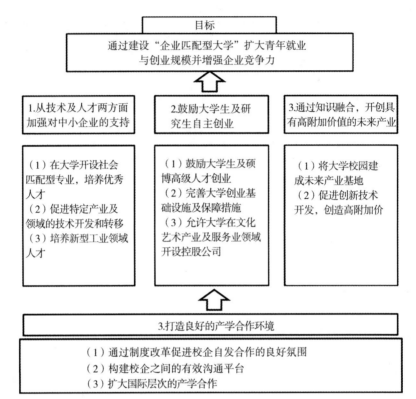

图 5-12　韩国 LINC+工程概念

二在于 LINC 工程要求在各个被选拔的高校中建立独立事业团组织架构①（见图 5-14），事业团长由校长直接任命，通常事业团长也会兼任产学合作学院院长或者产业合作团团长，这既保障了事业团的独立性，又使其具有全局性，保证各个项目能够顺利实施。LINC+工程，除了延续 LINC 工程在事业团上的主体组织结构，又强化了创业教育中心的作用，在事业团长下面增设了创业教育中心长负责全校的创业教育工作，这样做的目的一方面是方便吸收产学基金的投入，另一方面是希望形成综合型的创业教育平台，从而不仅可以拓展创业教育平台的功能性，同时也可以依托产学合作平台多主体参与的特效性，能够让企业、研发机构、创业社团充分融

---

① 韩国教育部：《产学合作先导工程报告》，2012 年 2 月 27 日，https：//www.moe.go.kr/boardCnts/view.do？boardID = 294&lev = 0&statusYN = C&s = moe&m = 0204&opType = N&boardSeq = 30273，2020 年 9 月 21 日。

合，从而塑造浓厚的创业氛围①（见图5-15）。

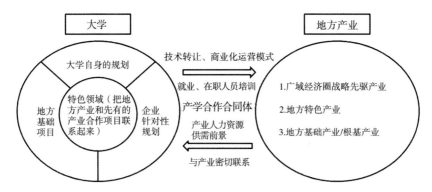

图5-13　产学合作共同体结构

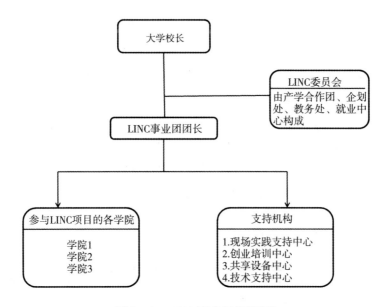

图5-14　LINC 事业团组织架构

2. LINC 工程实施效果评价

根据 2012 年韩国教育部发布的 LINC 工程报告，第一阶段基准评估通过的院校共计 75 所，创业教育驱动模式、岗位契合模式、顶层设计模

———————

①　资料来自朝鲜大学创业支援中心《产学合作共同体结构》，http：//linc. chosun. ac. kr/home/？ CID＝wpage/found01. php，2020 年 9 月 21 日。

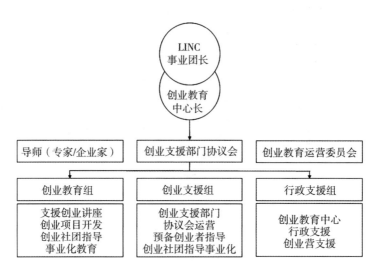

图 5-15　LINC 事业团创业教育管理组织架构

式、互利共生模式初步形成。此外，根据 2014 年 5 月韩国教育部发表的
"关于 2012—2014 年度产学合作先导工程阶段成果"报告，该工程在实
施进程中，取得了显著效果。在参与产学合作先导工程的企业数量、针对
产业界需求设计的课程数目、综合设计进修的学生数目、技术转让合同及
收入、高校创业教育的开展状况等方面，提升幅度较大①（见表 5-21）。
值得一提的是，目前韩国部分高校在创业教育方面的产、学、研、创四维
互动的生态教育模式也是依托 LINC 大平台而形成，并且参与高校对教师
的评价标准也加入"产业亲近型"指标，旨在鼓励教师将研发指向地方
产业发展，在各高校形成较大反响。

表 5-21　　　　　2012—2014 年度产学合作先导工程阶段性成果

类别	实施前（2012 年）	2013 年	2014 年
教师产学合作业绩评估中 SCI 论文平均发表量	56 篇	76 篇	105 篇
产学合作参与企业数	35306 家	45886 家	57904 家
针对产业界需求设计的课程业绩	670 项	872 项	1484 项

---

①　韩国教育部：《2014 年产学合作成果分析报告》，2015 年 12 月 9 日，https：//
www. moe. go. kr/boardCnts/view. do？boardID＝294&lev＝0&statusYN＝C&s＝moe&m＝0204&opType＝
N&boardSeq＝61808，2020 年 9 月 20 日。

续表

类别		实施前（2012 年）	2013 年	2014 年
共同使用研究设备运营收益		23. 47 亿韩元	27. 259 亿韩元	30. 513 亿韩元
设计进修学生数		42170 名	42744 名	70145 名
产学合作特聘教授数		2151 名	3023 名	3857 名
技术转让合同数量及收入		603 项 /10. 387 亿韩币	992 项/15. 144 亿韩币	1583 项/17. 496 亿韩币
学生创业教育支持情况	创业讲座时长	505 小时	1232 小时	1307 小时
	财政支持	2. 55 亿韩币	7. 66 亿韩币	9. 44 亿韩币
	创业支援场所	244 平方米	3658 平方米	4254 平方米
	创业支援专员	19 名	54 名	65 名
企业技术援助事例	中小企业	109 例	1381 例	2126 例
	大型企业	106 例	238 例	364 例

（二）"创业先导大学培育事业"提升计划

"创业先导大学培育事业"提升计划以打造"大学创造型经济基地"为愿景，以通过创业先导大学建设，促进技术创业和培育明星风险企业为根本目标。该项提升计划还构建了三大战略框架，并将目标进行分解，以期更好地实现愿景和目标。

1. 战略一：优化和改进"创业先导大学培育事业"方案

基本方向：探索以技术创业成果和创业支援能力为基础的培育方案，确立以成果为中心的评价管理体系。

（1）按照技术创业成果和创业支援能力制定相应的培育方案

以运营期在 3 年以上的 16 所创业先导大学为对象，分析技术创业成果和支援创业能力。创业先导大学成果和能力指标：①技术创业成果：近 3 年创业项目商业化程度评估（销售、雇佣等）及优秀创业企业（销售 3 亿元以上或新雇佣 5 人以上）评估；②创业支援能力：近三年事业规划评估结果及对应资金投入规模等。根据分析结果，可以将创业先导大学分为 4 个等级（S、A、B、C）大学，例如技术创业成果和创业支援能力都很优秀的为 S 等级，成果优秀、能力一般的为 A 等级，成果一般、能力优秀的为 B 等级，成果和能力都很一般的为 C 等级。因此，培育的整体目标应该是使创业导向型大学都转向 S 等级，并根据各大学的实际情况量身定制相应的措施①（见图 5-16）。

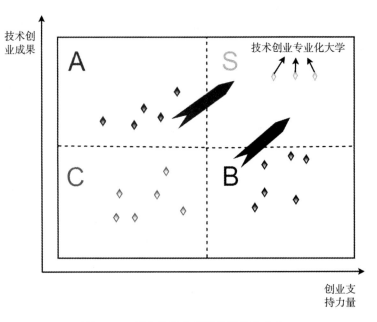

图 5-16　创业先导大学战略性培育方向

S 级：这是一种理想的创业先导大学，挖掘和推广其"大学创业支持模式"，并推动其成长为技术创业专业化大学。

A 级：增加此类大学在培养企业家方面的投入，鼓励建立创业亲近型学术体系和相关组织机构。

B 级：积极识别和选拔拥有创新能力的教授、硕士和博士，并提供促进技术转移和商业化的各类支援。

C 级：建立客观的绩效和能力评估模型，诊断其具体问题，在没有参与创业先导大学培育事业意愿并连续被评为 C 级的情况下实施严格的退出措施。

（2）创业先导大学定位与标准模式扩散

创业先导大学的数量和财政预算一直在持续增加，并在 2014 年后呈

①　资料来自韩国中小风险企业部《韩国创业先导大学培育事业》，https：//www.mss.go.kr/site/smba/main.do.2019-08-03（2020 年 9 月 25 日）。

直线上升趋势。尽管如此，创业需求及创业者的技术水平等尚处于原地踏步状态。因此，创业先导大学的培育应该从注重数量转向注重质量。从2018年起，开始实施创业先导大学评估管理体系，建立以成果为基础的动态准入体系。随着创业先导大学培育事业的不断推进，不少高校师生反映提供的支援难以适应不同大学的特点，而且服务不到位的情况经常发生。因此，需要建立一个标准模型，从各个方面代表创业先导大学的最佳实践，这类大学不仅拥有出色的技术创业企业以及支持创业的意愿和能力，而且在提供支援时考虑到大学本身的特长与创业者的实际需求。通过对这类高校的挖掘和评选，再而向其他创业先导大学进行模式的试点和验证。

（3）创业先导大学评价管理体系的重构

由于现有创业先导大学的绩效评估时间与测量时间之间存在不一致现象，以年度为单位进行的评估，其结果不但难以体现运行效果，反而导致大学的行政负担增加。于是，建立三年累积性评估模式，取消对现有创业先导大学的年度评价，预算的再次分配也适用三年累积性评价结果。针对奖励—处罚体系不完善的问题，"创业先导大学培育事业"提升计划将根据创业企业的雇佣人数、销售额、出口数额、招商引资等成果评价，给予奖励和处罚。对于表现出色的大学将获得更大规模的财政预算，对表现不佳的大学采取预防措施，连续两次评估不达标的大学，将不再给予财政预算和荣誉授予。此外，根据大学属性和专业特点，考虑创业先导大学在评估指标上的区别对待。

2. 战略二：按照市场原则发现和培养大学创业者

基本方向是建立和推广技术创业者"发掘→选择评估→培养"系统，促进大学对技术创业的投入。

（1）建立技术创业者的发掘系统

创业先导大学培育事业当中的创业项目事业化支援，在申请流程和审批方面存在材料过于烦琐和等待时间过长的问题。由于机制僵化，创新点子和创业构思往往要等上一年才能得到实际支援。同时，很多有心创业而对挑战犹豫不决的教授、硕士、博士等技术人员由于没有相配套的激励机制，很难引导其进行技术创业。于是，发掘具有高附加值技术能力创业者的"技术创业者发掘计划"应运而出，该项计划在人员构成、职责分配、发掘对象、发掘流程及奖励机制都有详细的规定①（见表5-22）。

表5-22 技术创业者发掘计划详细规定

项目	具体内容
发掘团队构成	各高校创业支援团副团长或所属创业中心负责人级别1人以上
成员职责	发掘具有高附加值技术创业者，并通过制订具体计划来进行孵化
发掘对象	教授，硕博研究生，研究员，退休技术员，外国专利持有人
挖掘方式	通过大学自身、地区研究机构、创业中心等有关机构举办的竞赛等挖掘有潜力的技术创业者
奖励机制	每年评估大学技术创业挖掘计划的运营绩效，对优秀发掘团队实施奖励

（2）激活大学投资，促进技术创业业务的增长

从本质上讲，被选定为创业先导大学，就应该拥有将发掘技术创业者和努力对接各项资源进行孵化等视为主要职能的意识，但在现实中，不少大学由于缺乏专门的共享利益机制，导致其仅仅被动接受政府的支援政策，而不是主动创造条件进行协同创新。因此，要在创业先导大学内部构建一种共赢机制，以鼓励通过投资的方式发掘、培育技术创业企业。"创业先导大学培育事业"提升计划为此提供了三种模式：①技术控股公司型：将大学持有的专利或技术提供给技术控股公司，通过技术控股公司向创业者或者创业企业投资，技术控股公司作为风险基金、个人投资组合、业务执行的主要股东（持股率在10%以上），参与时允许风险基金对创业公司进行投资。但是，部分可能会有利害冲突的创业公司被排除在投资许可对象之外。②AngelClub & VC型：通过与Angel投资者俱乐部（最好是校友出身）签订风险投资协议，向预备创业者及创业企业投资。③基金投资型：由大学建立专项投资基金，直接投资于大学生创业者或教师企业。对于通过技术控股公司或大学基金向创业企业进行投资的创业先导大学，将在评估时予以加分。

（3）细化创业者业绩评估体系

之前不加区分的评估方式导致很多具有潜力的创业企业被低估，特别是一些开发周期较长的创业项目，从而需要将预备期创业者、初创期创业

---

① 资料来自韩国中小风险企业部《韩国创业先导大学培育事业提升计划方案》，https：//www.mss.go.kr/site/smba/main.do，2020年9月20日。

者、成长期创业者区分开来，在评价方式上有所区别，并将评价内容细化为业绩（过去）、能力（现在）与潜力（未来）。因此，所有创业者都要从制订事业计划阶段开始，并拟定创造工作岗位的目标和计划、技术开发进度的日程以及进军海外市场的战略。为了使评估结果更趋于合理，还需建立专业的创业者绩效评估团队。联合工学翰林院、创造经济创新中心、风险企业协会、Venture Capital 协会、Angel 投资协会、全国经济人联合会及创业导师协会等有关机构，加快出台评估专家资格标准及评估操作指南，建立创业者评估委员会，定期由评估专家进行联评，并将评估结果分为最佳（S）、优秀（A）、一般（B）、不满意（C）、不良（D）五个等级，C 等级以下者将被劝退。对于创业者的评估，如果被判为不合格，虽然会停止对其进行支援，但将通过辅导、教育等给予再次挑战的机会。

（4）提升以需求为导向的创业支援服务质量

尽管各个创业先导大学在创业基础设施建设水平和本身拥有的技术研发能力上存在相当大的差别，但创业先导大学培育事业还是按照整齐划一的方式进行支援，因此，提升计划将创业项目划分为"基于技术的创业"和"基于商业模式的创业"两种不同的创业模式，对其提供不同的支援力度和支援方式。此外，针对创业者的需求建立专业化辅导，并考虑将大企业的退休人员、校友创业者纳入创业导师库中，提升学生实战能力与对接市场化资源。

3. 战略三：推广创业亲近型制度和加强基础设施建设

基本方向是创业先导大学将大学整体力量和基础设施投入培育创业亲近型制度、营造创业组织环境、构建区域创业中心上来。

（1）改善和推广创业亲近性学士和人事制度

大学和教职员工在企业家培养问题上存在利益冲突，如很多大学的教师业绩考核指标体系都直接采用了教育部颁发的标准体系，其中 12 个指标中只有 2 个与创业相关，且占比较低，从而难以保证培育事业的有效落实，需要教育部及时修订颁发的大学教师考核指标体系。因此，提升计划将发掘并推广创业先导大学优秀的创业学士制度（见表 5-23）[1]，将制度引入大学教师学术评价体系，且应用转化实绩被单独列出作为指标，以便在评估时进行加分。

---

① 详见韩国教育部、韩国研究财团发布的"创业亲近型学士制度运营报告"，2014 年。

表 5-23　　　　　　　　　　　创业亲近型学士、人事制度样本

制度名称	具体内容
创业休学制	学生在被认定为创业的情况下，可以在大学自主规定的期间内连续进行休学的制度
创业代替学分认证制	学生通过创业准备活动或实际创业，能够达到一定学习目标时，给予认可为学分的制度
创业特长生选拔制	通过对企业家倾向及活动进行评价，挖掘、培养出个性化的创业人才的制度
创业奖学金制	对积极参加创业活动的学生给予相应奖学金的制度
教师创业制	允许教师停薪留职进行创业，或兼任企业法人代表或工作人员的制度
教师业绩评价指标改善	将指导学生创业和进行风险企业创业纳入教师绩效评价体系中的制度

（2）建立支持创业的组织体系并提升其地位

尽管创业先导大学内的创业支援团直属于校长，但与产学合作团等其他相关职能机构的协同水平较低。韩国大学当中的产学合作团集聚知识、技术、专业人才及研究基础设施，并运营着创业保育中心和创业教育中心。因此，需要创业先导大学将创业支援中心与创业教育中心、创业保育中心进行整合并有效运营（见图 5-17）[①]。

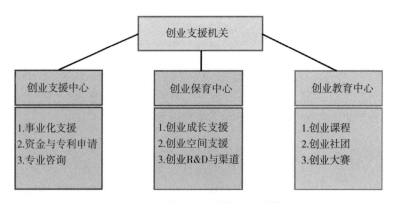

图 5-17　大学创业支援综合运营模式

（3）构建以创业先导大学为中心的区域创业生态系统

很多创业项目之所以没能转换为高附加值的企业实体，重要原因之一

---

① 详见韩国教育部、韩国研究财团发布的"创业亲近型学士制度运营报告"，2014 年。

在于没有考虑地方和产业的实际需求而被埋葬在大学内部。因此，创业先导大学应该提高满足地方需求和产业发展的意识，与地方中小企业厅、区域创造经济中心一道，共同作为区域创业活性化的三大中心轴展开活动。为促进三大主体间的顺利沟通，提升计划将加快"地方创业支持机构协议会"的建立（委员长为地方中小企业厅厅长），并指导签署创业先导大学工作协约，打造优良的创业生态体系。

三　韩国大学教师学术创业政策科学图谱分析

本研究使用文本挖掘和社会网络图谱相结合的方式，尝试从政策文本中提取文本关键词，以便分析韩国学术创业政策的主题分布与主题演变，进而从全局上刻画学术创业政策的变化过程。本次研究使用韩国的国家法律情报中心数据库，采用"创业""学术创业""产学研""技术产业化""大学创业"等相关关键词进行搜索，共收集涉及学术创业政策文本 33份。随后，运用 R 语言进行政策文本的分词处理，按照文本分析的方法对其进行事前文本清洗，包括统一字母大小写、各类符号与异形文字，删去标点，设置停用词并进行分词。之后，通过主题词的出现频率进行高频关键主题词的提取。

（一）韩国大学教师学术创业政策主题词分析

在得到关键主题词的信息之后，使用 Biblexcel 网络分析软件，依据高频关键词共现相似矩阵的共现关系绘制网络图谱，其中节点是关键词，节点大则关键词出现的概率高。连线是两个关键词的关联程度，连线粗则表明联系密切。判断一个关键词是否属于核心词汇，则依据网络图谱中的中心性（Centrality）。在社交网络中，一个节点若与其他很多节点发生直接联系，那么这个节点就处于中心地位。即节点的关系越广，相邻节点越多，这个节点就越重要。测量中心性的指标有度中心性（degree centrality）、接近中心性（closeness centrality）、中介中心性（betweeness centrality）等。本研究使用接近中心性衡量节点，也就是政策关键词影响力的大小，以说明韩国学术创业政策更偏重哪些层面。由于数据量过大，分析结果在此只节选排名靠前的部分政策关键词，见表5-24。

韩国的创业政策总体上可划分为 2013 年前和 2013 年后两个阶段。在第一阶段，韩国政府的创业政策主要基于其创业生态系统的构建，打造宽松和规范的财务环境，以完善市场准入为中心展开创业政策支援，尤其强

表 5-24   **韩国的学术创业政策关键词**

1		2		3		4		5	
투자	投资	승인	批准	보육센터	孵化中心	보육센터	孵化中心	보육센터	孵化中心
창업	创业	사업	事业	기관	机关	창업	创业	지원	支援
조합	组合	계획	规划	지원	支援	사업자	经营者	센터	中心
회사	公司	창업	创业	사업	事业	지원	支援	기관	机关
기업	企业	구청장	区厅长	창업	创业	운영	运营	창업	创业
벤처	风险	시장	市场	관리	管理	보조금	补助金	사업	事业
규정	规章制度	공장	工厂	운영	运营	개정	修订	사업자	职业者
장관	长官	규정	规章制度	사업자	经营者	사업	事业	평가	评价
법	法律	사항	事项	평가	等级	입주	入驻	운영	运营
업무	业务	지침	指南	장관	长官	지방청장	地区主管	관리	管理
조합원	出资人	처리	处理	전문	专门	입주자	入驻者	청장	厅长
공시	公示	기관	机关	입주	入驻	교부	交付	전문	专门
출자	投资额	법	法律	지정	指定	기업	企业	지정	指定
사업	事业	행정	行政	기업	企业	매니저	经理	신청	申请
기준	基准	개정	修订	입주자	入驻者	청장	厅长	사항	事项
변경	变更	성립	成立	사항	事项	규정	规章制度	필요	必要
등록	申报	협의	咨询	신청	申请	지정	指定	입주	入驻
사항	事项	관계	关系	필요	必要	관리	管理	선정	选拔
항제	强制	변경	变更	주관	主管	결정	决断	위원단	委员会
중소기업	中小企业	허가	许可	매니저	经理	근무	工作	입주자	入驻者

调企业家精神，从企业家层面进行政策支援。而从 2013 年开始则是重视和强调创业知识的宣传和创业理念的提升，以各高校为载体进行广泛的创业相关政策支援，高校创业、学术创业、技术创业从这一时期开始正式登上历史舞台。本次研究也以此为依据划分时间段，将不同时间段的关键词导入 pajek，生成可视化网络图谱，对于各阶段学术创业政策的特征进行分析。

1. 2013 年前的特征分析

（1）企业实施层面

韩国第一份创新创业政策出台始于 1986 年通过的"中小企业创业支援法""新技术事业支援法"，使得在当时设立风险投资公司成为可能，也就从那时起，韩国开始大量涌现风险创业投资公司。1996 年，韩国中小企业厅成立，紧接着 1997 年制定《关于培养风险企业的特别措施法（风险企业特别法）》，正式奠定了创业支援的制度基础。

为克服 1997 年金融危机带来的不良影响，韩国通过由政府主导的直接支援，积极培养 IT 领域的风险投资企业，促使其实现了量的增长。如前文所述，2001 年经济危机时实施创新认证制度，2002 年进而推出风险企业评价制度，完善风险投资管理，充实风险投资企业内涵，并由各风险投资企业在 2005 年推出了母体联盟。进入 21 世纪以来，受到美国 IT 产业萎缩和风险投资泡沫的影响，韩国政府的创业援助由直接援助转为间接援助，并于 2006 年将风险企业评估移交给民间投资机构，形成以市场为中心的风险企业生态系统。

以上内容在图 5-18 所示的网络图谱中，体现在聚类 1 中的"中小企业""中小企业厅""风险""创业""投资"等关键词上，体现出韩国在创业初期，中小企业作为创业的主力军，中小企业厅作为韩国创业的主要管理机构，体现出主导和管理的重要作用。

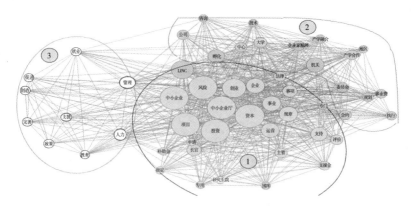

图 5-18　1986—2013 年韩国创业政策关键词

2010 年，为了应对大型企业对中小企业共同成长的问题，缓解运营压力，双方共同成立"成长委员会"，推动大中小型企业共同健康发展。这项举措使得中小企业得以获得健康的成长空间，在当时商业各界给予了高度评价，认为这是韩国风险投资行业从 1.0 时代迈向 2.0 时代的重大转变。虽然风险创业促进政策被认为可以极大地促进就业岗位的产生，并在90 年代后期的金融危机中实现了韩国经济的早日复苏，但是仅以私营部门为中心的投资创业生态系统还远远不够支持国家经济发展。

自 2007 年以来，韩国政府根据全球金融危机强调了创造就业和经济复苏的重要性，并相继制定了促进制造业发展等技术创业的措施。从这一时期开始，韩国重视各大学和研究院所新技术成果转化型的初创企业，并推出减少初创企业负担的相关政策，2008 年再次推出简化初创企业审批程序与加快发展的政策。五年内韩国政府准备了多个创业项目，其中包括在移动行业培育一人创意公司、促进青年创业和重新挑战的计划等。

（2）产学合作层面

从 20 世纪 90 年代开始，韩国政府认识到高等教育和各类科研机构对于创新经济的重要性，于是这类机构逐渐成为产学合作的重要组织。进入21 世纪以后，大学这一高等教育机构由于自身多学科的并存与融合，易于产生新的创新科技，形成新的产业热点，其重要性开始凸显，并成为产学合作的主体。在韩国大学、企业与地方自治团体相互合作协同的大环境下，韩国国内开始形成一种以科技转化产品为目标的实用型产学合作制度。韩国从 2003 年开始，陆续在 25 所大学中建立了产学合作机构，到 2011 年，包括私立大学、专科大学在内，共设立 269 所产学合作机构，拥有 6291 名雇员直接从事产学合作项目的运作，创造经济效益核算约 55760 亿韩元。2012 年，韩国政府开始大力推动技术创新型企业积极加入产学合作，在当年就有 128 家尖端技术型企业进驻大学的产学合作机构中来。2013 年韩国政府正式推出产学合作先导大学项目，由此衍生出一大批以技术创业、技术产品转化型的学校企业。科技专利的大量商品化导致大学拥有的科技产品知识产权和专利技术数量不断增加，大学和企业形成了良性的产学合作研发商业化循环。

从图 5-19 中聚类 2 中凸显的关键词，说明了韩国政府在产学合作方面的举措，比如重视大学开展产学合作的关键词"大学""产学融合""产学合作""技术""公司""LINC（产学合作先导）"；给予的支持体现在"事业费""规划""合约"等关键词；推动产学合作的措施则体现在"委员会""规划""执行""孵化""地区""机关"等关键词。

（3）政府支援层面

韩国的创业政策变化可以通过修改主要政策和法规来体现。作为创业政策基础的法律包括《中小企业创业支持法》、《促进创业特别措施法》、（以下简称《创业特别法》）《免税限制法》、《地方税法》、《中小企业技术创新促进法》、《促进中小企业业务转换特别法》等六项主要法律。

表 5-25　　　　　　　　　　创业政策年度修订情况

政策名	1997—2001 年	2002—2004 年	2005—2012 年	合计
中小企业创业支持法	4	7	26	37
促进创业特别措施法	10	14	37	61
免税限制法	16	8	21	45
地方税法	1		2	3
中小企业技术创新促进法			10	10
促进中小企业业务转换特别法			1	1
小计	31	29	97	157

六项法律的修订状态如表 5-25 所示，1997—2001 年六项法律的修订数量为 31，而 2002—2004 年的修订数量为 29，2005—2012 年的修订数量为 97 次。这六项主要法律在短时间内大量、反复修订，对于政策中出现的问题予以迅速反馈与及时修订，从另一侧面说明韩国政府对于创业政策的重视。在这样的变化和调整中，韩国国内创业政策建立和完善了其基本框架，以上政策在图 5-18 的聚类 3 中，主要由"就业""管理""人力""促进""创造""支援""完善""教育""政策"等关键词体现。由于这些努力，世界银行的数据显示韩国的创业环境从 2008 年的第 126 位上升到 2012 年的第 24 位，企业初创公司（2012 年为 7.4 万家）和风险公司数量（2012 年为 29000 家）创历史新高，仅从字面数据看韩国政府促进创业企业发展的政策取得了不错业绩。

2. 2013 年之后的特征分析

韩国政府在不断的政策调整演化过程中，逐渐认识到创业政策的生态构成不仅仅是财务上的支持和市场可准入性的提高，创业生态界各个成员的知识储备、创业意识以及对创业文化的整体理解也是不可或缺的因素，从而政策支持的范畴和外延相应地扩大了。因此，2013 年成为划分韩国创业政策的重要时间点。2013 年以后的创业政策不再是单纯地扩大财务支援，而是根据实际情况制定可以提高创业政策支援的阶段性方案。从创业政策整体上看，韩国政府从各部门各自为政的状态，努力实现国内创业政策的高度统一，以此提高创业政策的推进效率，提高创业项目的转化率和创业企业的竞争力。

图 5-19 清晰地呈现了 2013 年之后韩国大学教师学术创业政策的走向。该图关键词自动聚类为 3 类，分别是代表政府主导创业政策主体的聚类 1，代表创业政策发展方向的聚类 2，代表创业政策具体内容的聚类 3。聚类 1 中最显著的关键词是"项目"。韩国政府创业政策实现路径之一正是各类创业项目，比如早期于 1999 年推出的"BK21 工程"、2004 年推出的"地区和大学共同进步项目 NURI"，2013 年的产学合作先导大学项目"LINC""大学创业教育五年计划""风险·创业资金生态良性循环方案""中小企业再挑战综合对策""外国人技术创业促进方案"等。2014 年，为进一步优化创业生态结构，制定了更详细的政策，实施了"经济改革三年计划""技术创业推进方案""专业天使制度""收购合并活性化方案""优秀技术创业企业担保机构免除"等。2015 年着眼于调整制定创

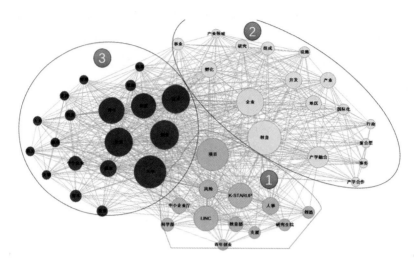

图 5-19　2013 年之后韩国创业政策关键词

业支持政策，为激活私募基金，整顿基金市场规制，降低创业失败率，支援活性化方案，韩国政府将分散的政府部门创业相关政策聚集到一起，推出了"K-STARUP"统合项目品牌。2016 年，为了推进创业政策进一步深化，打造国家创业品牌，推进创业模式转换，韩国政府以原有创业政策为基础制定"确保全球市场竞争力的创业企业培育政策革新方案"，进一步在全国范围内激活创业文化和氛围，同时为了巩固产学合作层面的已有成果，进一步扩大技术创业企业和大学合作的范围，联合九大国家机关推出"产学合作五年计划 LINC+"项目。

（二）韩国大学教师学术创业政策颁布机构分析

政策机构是国家政策目标的实现手段和方式，理论上和政策的制定、颁布、落实、推动及修订等紧密相关。对于政策机构的解读，是了解政策内容的重要一环。通过分析政策机构的发展演变过程，可以深化对政策的内容、特点、对象与效果的认知。在文本分析的关键词统计中，总共出现了 18 个相关的政策机构，其中"中小企业厅（132 次）""科学部［未来创造科学部（43 次）］""教育部（64）"这三个机构作为关键词在频度统计中占了所有机构关键词统计的 52.4%，其他政策机构关键词还有"产业振兴院""国家情报化振兴院""雇佣劳动部""企业技术情报振兴院"等。将这些机构作为关键词分阶段汇总后，利用 Bibexcel 软件进行关键词共现频率统计，构筑供词网络矩阵。将矩阵转化为 Pajek 可以读取的 net 文件后，导出可视化图谱如图 5-20、图 5-21 所示。

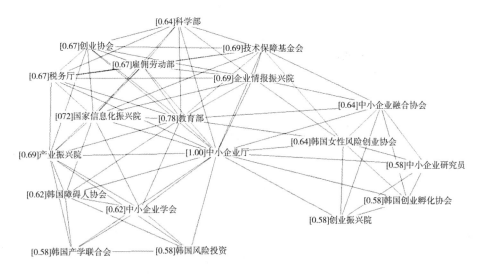

图 5-20　2013 年前韩国创业政策机构网络

图 5-20 图谱中展示的是 2013 年前的主要政策机构网络图谱，整个网络的网络密度经 pajek 计算如下：

Density1 [loops allowed] = 0. 44875346

Density2 [no loops allowed] = 0. 47368421

网络密度是指网络中实际存在的边数与可容纳的边数上限的比值，是用来测量网络中节点之间关系的密集程度及演化趋势的指标。一般意义上，网络密度数值越高意味着这个网络里信息情报的交流和扩散越快。网络密度的值在 0—1 范围内波动。密度为 0 意味着一个连接都没有，密度为 1 意味着所有节点都相互进行了连接。图 5-21 的网络密度不到 0.5，表示整个网络图谱密度较低，各个节点（即各政策机构）之间相互合作程度较低，缺乏协同。从图谱现象分析，表明这个阶段韩国创业政策部门多，机构协同性差，政府部门在创业政策制定上出现各自为政，缺乏统合，导致政策推行和落实过程中效率低、重复性高的问题。同时，"中小企业厅（接近中心性为 1）"作为重要机构出现在图谱中央（这是由于其他机构频次出现过低导致，并非只有一个政策机构）。接近中心性是指网络中某一个节点到其他所有节点距离的总和，总和越小就说明该节点到其他所有节点的路径越短，即该节点距离其他节点越近。① 利用接近中心性指标的特性，可以分析出图谱中哪些节点的整合力和辐射力最高。这说明韩国创业前期政策的制定、推广与落实主要依靠中小企业厅进行，在众多机构汇总拥有不可替代的作用。

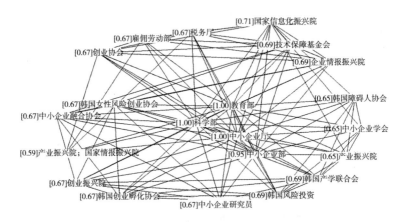

图 5-21　2013 年后韩国创业政策机构网络

在图 5-21 图谱中，网络密度为

Density1［loops allowed］=0. 64974344

Density2［no loops allowed］=0. 67866423

网络密度相比 2013 年前有了大幅提升，说明在 2013 年后韩国创业政策制定机构之间加大了合作力度，提升了部门协同性，韩国政府也从整个国家的高度开始调配各个部门的政策指向性，互为补充，提升韩国国家整体创业竞争力。相比 2013 年前的网络形态，"中小企业厅（接近中心性为 1）"旁边出现了改组后的"中小企业部（接近中心性为 0.95）"，另外值得注意的是"科学部（接近中心性为 1）""教育部（接近中心性为 1）"两个政策机构。这四个机构（包括改组后部门）的高接近中心性说明在网络中的整合力和辐射面非常强，结合图 5-21 的关键词网络图谱进行分析，中小企业厅（中小企业部）、教育部、科学部这些政策机构所连接的其他关键词如"产学融合""LINC""大学""教育""项目""促进""K-starup"等，可以看出这三个政策机构在韩国创业政策特别是大

_____

① 巴维拉斯（Bavelas）将接近中心性定义为节点距离的倒数，表现为一个 0—1 的数值。距离越大，则倒数的值越小，接近中心性的值越趋近于 0，说明节点不在中心位置上；节点之间距离越小，倒数的值越大，接近中心性的值越趋近于 1，说明节点具有高接近中心性。

学学术创业政策上起着主导力和推动力的作用。这也符合韩国创业政策自2013 年后，除了传统企业层面外，开始向大学创业、教师创业政策方向扩展，体现韩国政府更加重视产学合作和科技成果转化，重视其对于经济结构调整、产业升级以及增加就业所带来的积极作用。

1. 中小企业部

中小企业部由中小企业厅于 2017 年改组后建立，先后组织了 138 项各类促进创业事业发展的项目，约占国内创业相关事业总量的 30%。中小企业厅的创业支援预算中除去投资融资保证金外，大概保持 17537 亿韩币的预算规模。从 2012 年至 2016 年中小企业厅的创业支援事业包括了创业教育、技术转让事业、研究开发、创业空间支援等，从创业准备阶段开始到事业正式运行为止，涵盖了多层面、多样化的支援项目。中小企业厅是韩国政府机关中创业支援事业推进最多的，不仅在各领域支援创业事业，还通过创业教育事业来培养创业家。特别是从 2013 年开始，通过TIPS 项目正式施行对技术创业企业的投资支援政策，从创业初期的企业到成长型企业实行全方位支援。

2012 年起开发的支援事业，包括了创业先导大学、创业匹配型事业化支援、创业士官学校、先导风险连接技术创业等项目。从 2013 年开始，通过与民间的合作提高创业团队的成果，共同开发并实施了创业者挖掘培养事业（Tech Incubator Program for Startup，TIPS）。2014 年在学术研究开发专项领域里，为加大对再创业企业的支持力度，实施"再创业企业专项技术开发资金"项目。2015 年以失败的企业家为对象，通过"再挑战成功"事业，进行了再创业力量强化教育项目，以及再创业事业化支援项目，通过这两个项目赋予创业失败者进行再创业的新机会。不仅如此，2016 年还把创业支援范畴扩大到了社会弱势群体，如"残疾人创业活动竞赛""女性创业竞赛"等。对创业教育的支援从 2012 年开始，但是与2012 年相比，2016 年对创业教育的支援规模有所减少。这种减少只是单一部门减少了对创业教育的直接支援，如果考虑到与创业先导大学支援事业等其他项目在内的话，其支援规模并没有导致实质性减少，反而在2016 年将创业教育支援领域扩大到残疾人及女性等多种阶层，扩大了创业教育范围，增加了投入。在 2014 年还开启了"天使投资搭配基金"项目，以 1400 亿韩元为起点，持续到 2016 年，该项目的目的是支持民间天使投资，刺激国内早期创业企业的设立和发展。

2. 未来创造科学部

未来创造科学部的创业支援规模从 2014 年的 3 个创业支援事业开始，到 2016 年的 18 个事业，支援金额达到 681 亿韩元。从支援类型看，对于创业的事业化和指导，咨询方面所占的比重较高，与其他部门相比，研究和发展方向的支援比重较高。通过国际加速孵化事业（Global Accelerator）开始正式支援国内的创业企业，这部分的投资支援非常突出。与此同时，未来创造科学部扩大了国内全球化企业的支援定向支援。特别是通过 K-Global 项目，支持智能设备、大数据、IoT 等 ICT 领域技术背景企业的项目很多。未来创造科学部通过 K-Global 项目整合和联系分散的各类支援事业，帮助创业者、技术背景的研究人员、专利权拥有者进行创业与扩张乃至进军国际化市场。

3. 教育部

教育部从 2013 年开始通过产学合作先导大学（LINC）事业，在各选定的大学中导入并开设企业家精神和创业教育。把"创业亲和性教育制度""营造创业挑战环境，改善地方大学条件""提高创业认知"作为制定大学创业教育的三大战略方向，并作为优先课题进行学术层面的研究，由此衍生出创业教育八大研究课题：①扩大和充实创业教育；②建立创业亲和性学士制度；③营造学生创业挑战环境；④积极支援学生创业挑战；⑤加强创业教育专职教师的专业素质建设；⑥引导高校支持创业教育；⑦加强地方大学的创业力量；⑧以营造创业友好的社会文化为主要内容的教育。

通过这些政策支持，被选为参加产学合作先导大学（LINC）项目的院校获得大量的资金和政策支持，自身获得长足的发展。这使得其他院校也希望参与这一项目，韩国国内高校的创业教育规模得以扩大充实。教育部组织各高校和研究人员开发多种创业教育课程内容，包括从企业家精神的理论学习、创业项目讲座、引导学生进行项目执行及实习实践。另外，教育部也鼓励大学开设创业相关专业，如各种融合型专业。在这些变化中，最具变革性的就是建立创业亲和性学士制度。在大学生逐渐参与创业领域的情况下，为了防止因创业而造成的学业中断，鼓励大学生创业，引入了"创业休学制"，使大学生创业时最多可以连续休学两年。为了最大限度地减少因创业而中断学业的情况，教育部鼓励各高校出台"创业替代学分"，并向大学提议引入大学间的"创业学分交流制"。在高校里进一步扩大创业教员及专家研究的支援，在招聘产学合作重点教授时，鼓励优待创业家及创业教育专家，以增强创业教员的能力，强化创业教育学科教员的专业素养。

从韩国教师学术创业政策的发展来看，出台政策的相关政府机构经历了从单独、分散到组合、体系的演化过程。从前期单一的中小企业厅，到之后未来创造科学部、教育部、雇佣劳动部、产业振兴院、中小企业部（中小企业厅改组）等多个部委参与政策制定；从单个部门发布政策落实，到各个部委联合制定，建立统合创业项目；随着创业政策制定主体的不断扩大，政策范围也从单一的资金支援，向人力、技术转移、孵化平台建设、市场评估、产品商业化等多个领域扩散。韩国为了保证各个政策工具的协同配合，更是统合九大部门之力，打造国家创业平台 K-STAR。在这一大背景下，韩国教师学术创业已经不再是局限于教师本身的单一商业化行为，而是在国家创业政策引导下，对创造就业与打造创造型经济、提升韩国产业升级与拉动区域经济发展均起重要作用。

第六章　大学教师学术创业的
中国政策研究

图谱分析不能把握文本内容的精神实质，却能直观地获取政策文本的总体概貌。与对国外学术创业政策文本的分析一样，本课题首先通过技术解读中国学术创业政策文本的总体概貌，然后借鉴上一章图解研究获悉的"他山之石"，破解我国大学教师学术创业政策的关键问题，最后思考如何研制大学教师学术创业的校本政策。因为大学教师学术创业活动，最终落脚于高校及其教师，不同高校选择不同价值取向的学术创业政策，形成不同的院校文化与办学特色，创业型教师与传统型教师也将依此寻找各自的学术舞台。

第一节　大学教师学术创业政策的文本图解研究

与上一章研究一样，专门针对大学教师学术创业的政策文本极为有限，同时许多对大学教师学术创业具有指引作用的政策文本兼顾其他相关主体，而且大学教师毫无疑问属于学术创业的重要主体，[1] 因此，本课题依然从学术创业的角度搜集文献资料。本课题组利用中国政府网国务院政策文件数据库，以"知识产权""创新创业""产教融合""产学合作""知识成果转化""技术转移"为关键词进行搜索后，共获得2000—2020年相关政策135条[2]，经过人工筛选后，共获得符合条件的政策文本共104条。对这104条政策文本按年度进行排列

---

① 参阅朱国卉、眭国荣《大学教师学术创业的角色定位与角色扮演研究》，《河北师范大学学报》（教育科学版）2018年第3期。

② 本课题针对国家学术创业政策发布的截止时间为2020年4月30日。

后如图 6-1 所示。

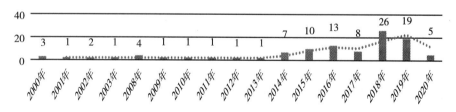

图 6-1　中国大学教师学术创业政策年度趋势

从图 6-1 可以看出，2013 年之前的政策数量极少，政策的整体数量从 2014 年开始呈上升趋势，2018 年出台了 26 条政策为历年最高，之后政策数量呈下落态势并趋向稳定。因此，本次研究按照年度趋势取时间段为 2000—2013 年、2014—2020 年两个时间段进行政策文本的网络图谱分析。

一　中国大学教师学术创业政策内容分析

在这两个时间段，"科技"都作为最高频次的关键词出现，说明中国的学术创业政策在内容上始终保持以科技创新为灵魂、以科技成果转化作为国家经济增长的重要政策杠杆。"知识产权""创新""教育"三个关键词也都在两个时间段中排名靠前，说明教育在创新创业活动中的重要性，这和我国目前强调高等教育开展"产学研"① 的发展方向相一致（见表 6-1）。

表 6-1　　　　　中国大学教师学术创业政策内容关键词

2000—2013 年		2014—2020 年	
政策关键词	频次	政策关键词	频次
科技	1231	科技	4090
知识产权	517	教育	3526
创新	483	创新	2835

---

① 详见陶丹《地方高校产学研 "I-U-R" 协同创新机制研究》，博士学位论文，西南大学，2019 年。

续表

2000—2013 年		2014—2020 年	
教育	372	知识产权	2232
经济管理	342	科研	2072
产业	289	转化	1897
金融	271	创业	1776
交通运输	228	财政	1634
经济	199	金融	1355
研究项目	195	安全生产管理	1138
成果	190	市场监管	1126
机制	188	经济管理	1047
企业管理	187	产业	1035
产业机构	177	税务	914
科技发展	172	审计	879
医药管理	163	体系	877
体育	161	研究	874
卫生	159	人才	863
农业	159	机制	839
		证券	804

如图 6-2 所示，网络图谱的密度在 0.36—0.38，整体密度值较低，这和同一时间段政策机构的网络图谱密度值同样较低的情况相一致。从关键词的网络接近中心性来看，"科技""知识产权""创新""教育"是这一时期最重要的关键词，这至少说明以下几个问题：其一，学术创业与科技、创新、教育密不可分，甚至可以说，学术创业的第一推动力正是科学技术；其二，"教育"之所以成为学术创业的高频词，缘于教育的人才储备与学术优势，这也从另一个侧面强调教育尤其是高等教育的本质是科学与创新；其三，"知识产权"在学术创业政策中处在如此高的位置，体现了明确知识产权既是推动学术创业的内在动力，也是当前我国学术创业活动及其政策的短板问题；其四，在我国推动学术创业，要妥善处理并充分

利用科技、创新、教育与知识产权的内在关系，以科技创新作为抓手，以
教育改革作为方向，以知识产权作为关键，实现多主体多要素的协调共振
与相得益彰。同时，这一时期的创新创业范围主要聚焦在产业部门，聚焦
在可以直接产生经济增长点的企业层面，这体现在关键词"产业机构"
"企业管理""经济管理""交通运输"高频词上。这表明，虽然教育已
经成为学术创业政策的主要关注对象，但在实践活动中尚未形成同等规模
的蔚然之势。诚然，本课题作出如此判断，不完全基于图谱分析，更是结
合了我国学术创业总体的历史变迁。①

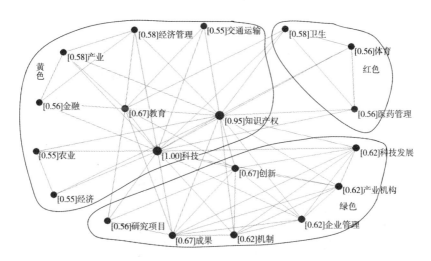

图6-2　2000—2013年中国大学教师学术创业政策内容关键词图谱

　　如图6-3所示，网络图谱的密度在0.41—0.42，相比前一时期的图
谱密度并没有明显提高，但从网络形态上观察，代表政策内容关键词的各
个节点数量有了极大幅度的提高。基于图谱描述，结合学理探究，至少可
以说明以下几个问题：其一，关键词"科技"仍然以0.62的网络接近中
心性成为所有关键词的核心，说明我国在这个时间段的创业政策内容上，
依然高度重视科技创新，深入推动创新创业驱动国民经济发展，加快科技
创新与各行各业的对接，积极促进科技创新成果从理论形态转化为现实生
产力。其二，通过绿色板块"科研""转化""创业""研究""体系"

───────────

　　①　参阅易高峰《我国高校学术创业政策演化的过程、问题与对策——基于1985—2016年
高校学术创业政策文本分析》，《教育发展研究》2017年第5期。

"人才"几个关键词及其与"教育""科技""知识产权"的紧密联系可以看到，国家在教育层面上的创业政策密集度较高，着力打破教育科研工作者在创新成果转化、创新人才培养等方面的政策障碍，重点建立起创新创业人才培养体系，维护科研人员的知识产权，着力推进有利于学术成果转化的学术创业体系建设。其三，对于学术创业的顺利推进及其保障机制，可以通过关键词"财政""金融""国有资产监管""安全生产监管""税务""审计""司法审判"反映出来，这些职能部门发挥各自功效，

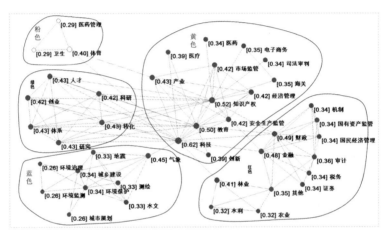

图6-3　2014—2020年中国大学教师学术创业政策内容关键词图谱

以政策服务保障科技创新，优化财政政策，完善各级创业融资平台，支持保险行业资金参与创新创业（参考政策机构图谱中"保监会"的出现），提供优惠的创业税收政策，以此扶持创新创业，打破学术创业资金来源问题。其四，通过立法为科技成果转化为生产力提供法律层面保障，例如2015年修正的《中华人民共和国促进科技成果转化法》，以法律形式为高校和各级科研人员的学术创业予以松绑，明确科技成果处置权、收益权等个人利益问题，从法律层面为学术创业创造良好的社会和政策环境。其五，以"科技"为中心，出现了围绕这一核心关键词的大量行业关键词，比如"气象""地震""测绘""水文""环境治理""农业""林业""水利""电子商务""医药""卫生""体育""城乡建设""城市规划"等，凸显国家科技创新创业政策的辐射面和影响力不只是在纵向上体现中央各部委对于地方政府的关系，也在横向上加强了各产业领域、各行业机关、各职能部委之间的协同合作，使得学术创业政策能发挥协同效应，在各行

各业形成创新创业浪潮。

二　中国大学教师学术创业政策机构分析

对两个时间段的文本内容进行文本分析后，得到政策机构和政策内容两部分关键词。2000—2013 年、2014—2020 年政策机构关键词如表 6-2（限于数量，只节选频次最高的前 20 个关键词）所示。

表 6-2　　　　　中国大学教师学术创业政策机构关键词

2000—2013 年		2014—2020 年	
机构关键词	频次	机构关键词	频次
国务院办公厅	9	科技部	20
国务院	5	国务院办公厅	14
知识产权局	3	国务院	13
科技部	3	知识产权局	12
卫生部	2	国家知识产权局	11
财政部	1	财政部	8
知识产权局办公室	1	教育部	8
中医药局	1	工业和信息化部	6
中科院	1	知识产权局办公室	6
交通运输部	1	人力资源社会保障部	4
国家经贸委	1	国家知识产权局办公室	4
药品监督局	1	发展改革委	4
国家计委	1	中医药局	4
		版权局	4
		商务部	3
		气象局	3
		市场监管总局	3
		药监局	2

可以看到，2000—2013 年频次最高的机构关键词是"国务院"和"国务院办公厅"，在 2014 年之后，由最高频次的政策机构"科技部"取而代之。这说明自 2014 年开始，中国学术创业政策的科技导向性更强，在政策内容上更加强调科技创新技术创业，更加重视科学技术的商业转化能力，政策的制定和执行主体也从国务院这一国家最高行政机关，转变为

具体的职能部门，显示出国家在政策制定执行过程中，充分认识到政策下放的重要性。[①] 同时，2014 年之后，具体职能部门的数量明显增多，总计有 60 个部门参与了学术创业政策的制定、落实和推动。这说明中国学术创业的辐射面相比之前有了极大拓展，各行各业均参与其中，在外在表征上形成了"大众创业、万众创新"的热闹场景。

用表 6-2 的 2000—2013 年度政策机构关键词构筑政策机构关键词共起矩阵，用 bibexcel 软件生成 net 文件，导入 pajek 软件生成可视化图谱如图 6-4 所示。

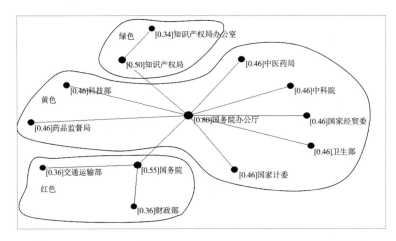

图 6-4　2000—2013 年中国大学教师学术创业政策机构网络图谱

如图 6-4 所示，网络的密度在 0.14—0.15，网络密度极低，整体上网络排列十分稀疏。从网络接近中心性的数值上可以看出，位于图 6-4 中心位置的"国务院办公厅"，其网络接近中心性的值达到 0.80，在所有政策关键词中最高，这表明在 2013 年之前，中国学术创业政策的主导机关是国务院办公厅。由于我国政府组织"条块结合"的特点，科技成果转化政策组织体系系统包含"上下"和"左右"两个方面的协同。[②] 从其他政策机关相互之间基本没有连接的情况来分析，当时中国国内对于创业政策的制定和落实都是从国务院办公厅发文到各直属机关单位，而各个次级机关单位相互之间未能形成协力，无法形成持续深入的合作机制，导

---

① 参阅刘军《我国大学生创业政策体系研究》，博士学位论文，山东大学，2015 年。

② 杜宝贵、张焕涛：《基于"三维"视角的中国科技成果转化政策体系分析》，《科学学与科学技术管理》2018 年第 9 期。

致政策机构、学术机构、企业之间难以打破行业壁垒形成互动。创业需要各方形成协同机制，而在目前低网络密度下，各级机构信息传递慢，创新平台的成果转化效率也就不会高。这种状态下的创业政策难以充分体现市场化的要素，从而阻碍科技成果转移转化的效率。各级政府机关、企事业单位很难深入参与创业全过程，资源的过度浪费或不足情况都会增加创业项目失败的风险。

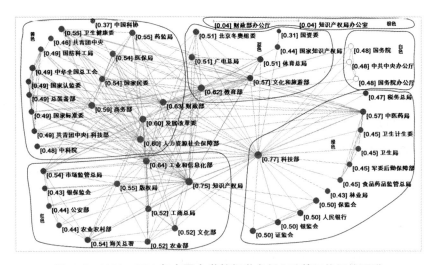

图 6-5　2014—2020 年中国大学教师学术创业政策机构网络图谱

如图 6-5 所示，这一时期网络图谱的密度上涨到 0.45—0.46，同时从图谱形态特征上可以看到政策机构数量急剧增加，传统的国务院、国务院办公厅等政策机关仍然存在，说明国家的创业政策总体上仍然依赖于顶层设计。从网络接近中心性的值来看，2014 年以后，网络接近中心性的值均在 0.6 以上，在中国学术创业政策机构里处于核心地位的是"科技部""知识产权局""工业和信息化部""人力资源社会保障部""发展改革委""财政部""教育部"，共七个部门。这七个部门凸显出 2014 年之后中国创业政策主要围绕科技创新、科技创业、保障知识产权，积极推动科技成果转化为现实的社会生产力，整个国家在人力、物力两方面都给予学术创业极大的支持。特别是"教育部"的出现，表明中国对于创新创业的认识已经从笼统的科学技术范畴，深入以人才培养作为主业的教育系统，让高等学校承担起学术创业的重要责任。无论学术创业还是创业教育，教育机构都是国家创新创业的动力之源，都是保持创新创业可持续发展、推进"政产学研用"不可或缺的中坚力量。

除去这七个核心部门之外，其他各行各业的单位部门在图谱中都有体现，例如代表社会文化范畴的"广电总局""文化和旅游部""体育总局"等；代表金融证券范畴的"证监会""银监会""人民银行""保监会"等；代表农林牧副渔范畴的"农业部""林业局"；代表科研范畴的"中国科协""国防科工委""中科院"；代表卫生医疗系统的"卫生计生委""卫生局""食品药品监管总局""卫生健康委""药监局""中医药局"；代表国家权力机构、实施宏观调控的"财政部""发展改革委""共青团中央""市场监管总局""版权局""工商总局""海关总署""公安部""国家知识产权局""税务总局""中华全国总工会"；还有代表军事机关的"军委后勤保障部""总装备部"等，涉及的范畴很广，这也符合网络图谱密度值相比 2013 年之前时间段有所升高的情况。在这个网络图谱中，创新创业政策推行和落实的效率得到极大提高，部门相互之间连接数的增加，表明各部门各行业之间的创新协同机制正在初步建立起来（网络密度值仍然不是很高，所以只是初步建立）。整个网络形态相比2013 年之前有了极大改变，中国创业政策机构以及创业资源都经历了整合与重组，进一步促进了产学研的紧密联系，加快了国家创新创业空间格局形成。在各级各部门的引领下，中国在这一时期基本形成协同创新创业政策体系，建立了一套促进创新创业的平台项目，给各行各业的创新创业提供了许多机会，初步建立了中国特色的学术创业政策链。

三 中外大学教师学术创业政策图解比较

本书政策篇前面部分梳理与分析了欧盟、美国、韩国以及中国的学术创业政策，由于对这些政策文件的搜寻与处理是从区域或者国家层面而不是从高校层面出发，从而显得许多学术创业政策不只是针对大学教师，这是本书需要在此再次特别强调的一个问题。但是我们一定要看到，大学教师是学术创业的重要主体[①]，也是政府组织推进学术创业的重要生长点，所以各种针对大学教师的学术创业以及高校自行出台的校本政策都会遵循这些创业政策。事实上，宏观层面的学术创业政策文件之所以显得如此庞杂，与学术创业概念内涵的丰富性不无关系。笔者长期从事创业型大学

---

① 苏洋、赵文华：《我国研究型大学教师学术创业影响因素模型构建——基于扎根理论的探索性研究》，《中国高教研究》2017 年第 9 期。

（Entrepreneurial University，简称 EU）研究，近两年从创业型大学研究自然过渡到学术创业（Academic Entrepreneurship，简称 AE）研究，发现这两者之间既有联系又有区别，而学术创业要远比创业型大学更有生命力与涵盖力。与 EU［美国伯顿·克拉克（B. Clark）和亨利·埃兹科维茨（H. Etzkowitz）于 20 世纪末几乎同时提出创业型大学概念］不一样，AE 概念的发明权很难归功于某位学者，从而难以将学术创业研究锁定在某个时间节点上。出现这种现象的原因，除了缺乏像克拉克和埃兹科维茨那样享有盛名的学者对 AE 概念本身作出重要的学术贡献外，主要还与 AE 活动边界不明确有关。对此，本书第一章亦有论述。同时，学术创业概念的出现要比学术创业实践晚得多。早在 1862 年《莫里尔法案》颁布以及后来威斯康星理念的形成、大学第三社会职能的出现之际，尤其在第二次世界大战期间 MIT、斯坦福等利用学术优势从政府获取办学资本，就有学术创业实践了。魏署光以《莫里尔法案》颁布、1914 年一战爆发、1980 年《拜杜法案》颁布三个历史节点作为标志，将美国大学社会服务职能分为四个发展阶段：以大学世俗化为倾向的社会服务理念萌芽期，以知识推广为重点的社会服务理念确立期，以联邦为主要服务对象的社会服务实践发展期，以科技成果转化为杠杆的社会服务职能成熟期。[①] 只不过，直到 20 世纪 80 年代以后，有关学术创业（AE）的针对性研究才开展起来。除了本书前面提及的 EU、USO、UTT 外，学界曾经采用过的系列概念，例如"技术科学"（techno-science）（B. Latour，1987）、"后学术科学"（post-academic science）（J. Ziman，1996）、"学术资本化"（academic capitalism）（C. S. Renault，2006）、企业科学（corporate science）（A. P. Rudy，2007）等，都是学术创业（AE）在不同语境的学术表达。近几年，学界普遍使用学术创业来说明学术资本化、商业化现象。正因如此，本书宏观层面的学术创业政策图解涉及众多内容与机构。从欧盟、美国、韩国与中国的学术创业政策比较来看，以下几点值得我们思考与学习。

（一）政府组织在大学教师学术创业中起着引领作用

不管在什么体制的国家，高校的重大改革离开政府便难以实现。例如，美国大学面向社会与市场办学的法人地位，那是政府基于"教育的

---

① 魏署光：《美国大学社会服务职能的历史变迁及其机制》，《高等工程教育研究》2018 年第 6 期。

文化属性强于政治属性"的价值判断而让渡给高校的一项权利，在特殊情况下政府可以随时收回来。① 正因为高校是从政府那里获得的相应权利，从而在任何时候政府都可以通过政策影响高校。在一些涉及根本、重大与长远的问题上，由于组织运行的惯性以及个人本身的惰性，因此只有政府的主动与积极介入才能产生较好效果。大学教师开展学术创业，需要突破传统的岗位职责，但由于能促进社会经济的发展，所以西方资本主义国家的高校学术创业都得到了政府的默许，体现了政府的教育价值取向。欧盟作为一个区域性的政治、经济与文化共同体，就从推动成员国学术创业的角度出台系列政策，设立众多管理与服务机构，在很大程度上加快了欧盟区域的学术创业步伐。美国虽然是一个自由度较高的国家，高校自主办学的空间亦大于许多国家，但政府在美国高校学术创业中仍然起到不可或缺的作用。例如，赠地运动对美国高校服务社会的产生、两次世界大战期间高校对军工科技的服务、《拜杜法案》等对美国大学教师学术创业的激励等，这些对美国高等教育迈入世界一流行列产生巨大影响的重大战略选择，都离不开联邦政府的谋划、推动与努力。正如前文所指出的，三届政府的连续性政策保障美国高校学术创业政策从 20 世纪 90 年代之后开始进入高速发展时期，数量巨幅增长。从韩国学术创业政策的图解可以看出，该国极为重视政府在大学教师学术创业上的方向性与引领性作用，其中推出的 NURI 工程（地方大学创新能力强化工程）、LINC 工程（产学合作先导工程）、PRIME 项目（基于产业需求的教育衔接项目）等一系列工程，使得韩国像中国一样发挥着政府在高校学术创业中的"大脑"功能。这就表明，我国高等教育治理现代化改革以及下放高校办学自主权的路标，不是要削弱政府对于大学改革与发展的统领作用，而是如何在政府的有效领导下充分发挥高校的主动性与创造性。西方国家正在加强政府对于高等教育事业的领导力，而我国学界正在呼吁推动高校面向社会依法自主办学，最为理想的模式便是在政府治理与高校自治中找到政策平衡。

（二）生态环境将成为中国高校学术创业的重要领域

在对三个国家或者地区学术创业政策进行梳理与分析之际，我们发现三者均关注生态环境建设，尤其以欧盟在此方面做得最有特色。在欧盟学

---

① 详见付八军《高等教育属性论——教育政策对高等教育属性选择的新视角》，江西人民出版社 2008 年版，第 105—198 页。

术创业政策的不同发展阶段，自始至终重视环境保护。正如前文分析指出的，在 1980—1990 年、1990 年至今两个时间段中，environmental protection，reduction of gas emissions 都是排名靠前的关键词。重视环境的意识与行动远远不只是其与经济的辩证关系问题，还关系到经济的可持续发展、人类与自然的和谐相处、社会伦理道德建设等。从这个意义上讲，欧盟较早地领悟与践行了人类命运共同体的创建。事实上，从政策文本与价值追求而言，我国政府向来重视生态环境建设，近年来在经济的强大支撑下更是积极打造"生态文明"。有文研究指出：在 1949—2020 年政府绿色治理政策在价值层面上经历了"经济发展优先—兼顾经济与环保—生态保护优先"的转换，在内容层面上经历了"理念孕育—环境管理—环境治理—生态文明建设"的逻辑演变。[①] 但是，政府的生态文明理念尚未转化为学术创业政策理念，更没有转化为大学教师学术创业的重要领域。无论生态环境保护方面的意识，还是生态环境建设层面的产品，大学教师在开展学术创业时对此均关注不够。

（三）知识产权是实现大学教师学术创业的不竭动力

在对三个国家或者地区学术创业政策进行梳理与分析之际，我们发现三者均关注知识产权问题，尤其以美国在此方面做得最有特色。美国较早就成立专门的知识产权监管机构（IP Regulatory Body），在政策文献图谱中专利与商标事务所、版权局等以知识产权和版权保护为主要目的的机关处于核心位置。这表明美国始终将知识产权、版权、新技术保护作为学术创业政策的内核，坚守发明人主义的基本立场，保障成果创造者的核心利益。当前，无论广度深度还是效率效益，美国高校学术创业在全球均处在前列。有文在分析美国高校学术创业的成功经验之后，归纳出六把"钥匙"，其中第一条便是包括知识产权强力保护在内的多维度政策支持。[②] 确实，知识产权在大学与企业交往中既是纽带也是关键，西方学者将知识产权授权许

---

① 冉连：《1949—2020 我国政府绿色治理政策文本分析：变迁逻辑与基本经验》，《深圳大学学报》（人文社会科学版）2020 年第 4 期。

② 详见游振声《美国研究型大学学术创业模式研究》，重庆大学出版社 2017 年版，第248—279 页。这六条经验是：（1）多维度政策支持是学术创业成功的关键，例如强有力的知识产权保护、长期的税收政策支持、大学层面的学术创业政策激励。（2）人才及技术优势是学术创业成功的核心，例如对高新技术的大力支持。（3）多渠道资金支持是学术创业成功的后盾。（4）通力协作是学术创业成功的重要基础，例如多样化的创新创业计划。（5）创业友好的生态系统是学术创业成功的重要保障。（6）跨学科研究与学术卓越是学术创业的不竭动力。

可、研究服务和研究伙伴关系归为企业与大学进行直接互动的三种主要模式。① 我国在知识产权保护上起步较晚，当前依然落后于发达资本主义国家。正如有文分析指出的，"我国知识产权保护还具有浓厚的口号治理、政策治理和理念治理色彩，亟须按照治理体系和治理能力现代化的要求，实现由口号治理到法律治理、政策治理到规则治理，以及理念治理到制度治理的根本性转变，使知识产权保护进一步实现法治化和现代化"②。高等教育领域里的学术造假、学术腐败甚至学术不端，都与知识产权问题有关。在自然科学领域，违反知识产权的行为被发现的可能性较大；在人文社科研究领域，除非照抄照搬式的剽窃，否则其他隐性的违规问题例如变换表达方式等很难被发现。张应强教授在《教育研究》2019 论坛提出了高等教育研究的上端、中端与下端，认为在教育研究领域作为上端的原创性成果很难被大量引用与关注，因为中端与下端分别从不同层次进行论述，以致上端的被忽略。③ 高等教育研究的"端口论"或者"三端说"，从高等教育学科研究层面反映了人文社会科学研究的知识产权不易保护。

（四）服务市场是激活大学教师学术创业的基本法则

在一个国家，高校资源配置模式与高等教育管理体制具有一致性。这就可以看到，在自由化程度较高的美国、韩国等，高校普遍鼓励大学教师推动科技成果市场化。为了使大学和商界便于进行合作交流，这些国家、区域和地方政府提供了诸多支持，如通过制定能够促进有责任的创新和经济发展目标的多种规章制度、法律、政策以及程序，来推动富于价值的创新发明以及经济目标的实现。一些大学甚至收购了当地的小型企业，由学生进行管理和运作，以磨炼他们的企业经营能力。④ 当前一批新型大学的崛起，例如英国的华威大学、美国的斯坦福与麻省理工、韩国的高等科学技术院、德国的慕尼黑工业大学以及新加坡国立大学，正是通过学术创业服务市场而跃入世界名校之列。事实上，美国高等教育长期以来居于世界

① ［美］艾伯特·N. 林克、唐纳德·S. 西格尔、迈克·赖特：《大学的技术转移与学术创业——芝加哥手册》，赵中建等译，上海科技教育出版社 2018 年版，第 11—13 页。

② 孔祥俊：《由政策治理到规则治理——当前我国知识产权保护的转型问题》，《中国市场监管研究》2020 年第 4 期。

③ 张应强：《人文社会科学学术评价及其治理 ——基于对"唯论文"及其治理的思考》，《西北工业大学学报》（社会科学版）2019 年第 4 期。

④ ［美］美国商务部创新创业办公室：《创建创新创业型大学——来自美国商务部的报告》，赵中建、卓泽林译，上海科技教育出版社 2016 年版，第 47—48 页。

高教中心的位置，既与其世界经济中心的地位密切相关，也与高等教育自身的竞争性与市场化不可分离。"市场化是形成竞争的基础，美国大学体系的多重优势是市场竞争的结果。"① 如前所述，韩国自 2012 年推出产学合作先导工程 LINC 之后，学术创业政策的战略重点已经从基础建设等转向校企合作、科技成果市场化。"创业先导大学培育事业"提升计划更是以打造"大学创造型经济基地"为愿景，以促进技术创业和培育明星风险企业为根本目标。在我国，市场化与产业化等在高等教育领域成为敏感词汇，然而在事实上高校的市场化策略与产业化要求关系到自身的生死存亡。实用不等于功利，学术资本转化不等于学术资本主义，就如同自利不等于自私一样，高校在教学育人与科学研究上服务市场本身就是一种实用主义而不是功利主义，可以归为自利而不是自私。限于篇幅，本书在此不再展开论述，只是强调我国高校学术创业政策的价值取向，必须实现"学术文化与产业文化的融合"②，将服务市场作为激活大学教师学术创业的基本法则，教师要从成果转化而不是专利申报、论文发表中获得研究的动力，要以服务社会市场而不是谋取学术业绩获得各界的赞誉。

（五）政策协同是推进大学教师学术创业的改革方向

现在的新情况是技术政策已经推行到几乎所有地区，而不管它们是否与注重研究有关，还是与密集型产业有关。③ 从前面三个国家或者地区学术创业政策的网络结构图形可以看出，学术创业比我国起步要早，涉及众多领域、众多部门等利益主体。要让这些主体形成协同作战实现共赢互利的局面，学术创业政策的协同性就是极为关键的一个因素。在三个国家或者地区中，美国学术创业起步最早，体系完整，能够较好地实现政策协调共振。例如，美国联邦政府的学术创业政策内容，涉及信息情报、工业设计、集成电路、工业地产等方方面面的内容，其政策颁布机构以国会为中心，商务部、财务部、国家电信与信息管理局等机构密切配合，构筑了一幅复杂有序的学术创业政策网络结构图。韩国多任务、多形式的学术创业活动，形成了以"中小企业厅""科学部（未来创造科学部）""教育

---

① 张华：《美国大学市场化竞争及其启示》，《长春理工大学学报》（社会科学版）2012 年第 6 期。

② 王凌峰、申婷：《学术资本主义是大学天敌吗》，《现代大学教育》2014 年第 3 期。

③ ［美］亨利·埃兹科维茨、［荷］劳伊特·雷德斯多夫：《大学与全球知识经济》，夏道源等译，江西教育出版社 1999 年版，第 7 页。

部"三个机构作为核心，以"产业振兴院""国家信息化振兴院""雇佣劳动部""企业技术情报振兴院"等组织相配合的宏观层面同样复杂有序的学术创业网络图谱。从前面的分析可以看出，韩国学术创业政策最大的特点便是颁布机构的统合性和协同性，内容上偏重产学合作性，实施过程的高效可追溯性。① 欧盟作为一个区域性的一体化组织，同样重视学术创业政策的互补与协调，在欧盟委员会的直接领导下，通过欧委会科学咨询机构（SAM）、欧洲科学和新技术伦理专家组（EGE）、研发创新和科学政策专家组（RISE）、研究与创新经济和社会影响专家组（ESIR）等机构，开展了服务复杂多元的学术创业活动。我国宏观层面的高校学术创业政策，从网络图谱来看同样复杂有序，在实践中亦正朝着协调有效方向发展。但是，政府发布的学术创业政策存在"上下"或者"左右"协调性不强，甚至出现相互掐架的现象。有文概括我国高校学术创业政策演化有四大特点与问题，其中第三点便是政策工具从"单项"向"多维度"演化，但缺乏"协同"。②

总之，欧盟、美国与韩国宏观层面的学术创业政策并非尽善尽美，在实践中同样存在各种各样的问题。本书花了较大篇幅来梳理三个国家或者区域层面的学术创业政策，只是让我们获悉宏观层面学术创业的重点与方向。但是，对于大学教师学术创业实践而言，最重要的操作指南还是高校校本学术政策。同时，当前世界各国乃至各界极为重视大学教师学术创业，最为推崇与聚焦的还是科技成果转化问题。因此，本章最后两节分别论述学术创业政策的科技成果转化政策与大学教师校本学术创业政策。

第二节　大学教师学术创业政策的关键问题破解

作为一个概念，学术创业内涵丰富、外延广泛。在本书中，大学教师学术创业远远不只包括教师创办实体企业，还包括教师的专利转让、知识转移以及社会兼职等。但是，有一种活动既是大学教师学术创业最被推崇

---

① 施永川、王佳桐：《韩国高校创业教育发展的动因、现状及对我国的启示》，《华东师范大学学报》（教育科学版）2019 年第 1 期。

② 易高峰：《中国高校学术创业：影响因素·实现机制·政策设计》，人民出版社 2017 年版，第 230—232 页。该书概括的另外三个特点与问题是：政策布局从"分散"向"组合"演化，但"体系"仍未建立；政策内容从重视"技术成果商品化"向"科技成果转移"演化，但政策链尚未形成；政策视角从"宏观性"向"专门性"演化，但破解创业难题仍不足。

的方式，也是大学教师学术创业最适宜的方式，那便是科技成果转化。在学界，科技成果转化往往从广义和狭义两个方面区分。所谓广义的科技成果转化，是指包括了从新知识的产生到最终生产力的形成这一创新链中各个环节的转移和转化；所谓狭义的科技成果转化，主要是指创新链末端的转移和转化，即应用技术向能直接产生经济效益的现实生产力的转化。[①]学界的主流观点以及官方的政策文本，均根据狭义的定义予以界定与运用。例如，在 2015 年修订的《中华人民共和国促进科技成果转化法》中，所谓科技成果转化，是指为提高生产力水平而对科技成果所进行的后续试验、开发、应用、推广直至形成新技术、新工艺、新材料、新产品，发展新产业等活动。[②]科技成果转化主要有技术转让、技术许可、技术作价投资三种方式，现行的各种类型税收优惠政策主要集中于前两类情形。[③]尽管在许多政策文件以及学术文献中，我们经常看到科技成果转移转化[④]、知识转移转化[⑤]或者技术转移[⑥]等概念，但作为本土化概念的科技成果转化具有较大的涵盖力，在很大程度上能够统合这些相关概念所指。无论中国还是世界各国的科技政策文件，几乎无一例外地鼓励科技成果转化，也有不少国家较好地解决了科技成果转化的政策瓶颈，然而中国大学教师科技成果转化的政策瓶颈一直没有妥善解决，最能制约科技成果转化的国有资产属性问题在 2019 年新修订的《事业单位国有资产管理暂行办

---

① 杜宝贵、张焕涛：《基于"三维"视角的中国科技成果转化政策体系分析》，《科学学与科学技术管理》2018 年第 9 期。

② 详见科学技术部《中华人民共和国促进科技成果转化法》（2015 年修订），2015 年 8 月 31 日，http：//www. most. gov. cn/fggw/fl/201512/t20151203 _ 122619. htm，2020 年 3 月 28 日。1996 年发布的《中华人民共和国促进科技成果转化法》对于科技成果转化的界定是：本法所称科技成果转化，是指为提高生产力水平而对科学研究与技术开发所产生的具有实用价值的科技成果所进行的后续试验、开发、应用、推广直至形成新产品、新工艺、新材料，发展新产业等活动。与 1996 年原法相比，修订版的界定更为精简。

③ 肖尤丹：《中国科技成果转化制度体系——法律、政策及其实践》，科学技术文献出版社 2017 年版，第 40 页。

④ 详见教育部办公厅关于印发《促进高等学校科技成果转移转化行动计划》的通知，2016 年 11 月 20 日，http：//www. moe. gov. cn/srcsite/A16/moe_ 784/201611/t20161116_ 288975. html，2020 年 3 月 28 日。

⑤ 彭春燕、杨娟、陈宝明：《新时代科学技术知识转移转化体系建设研究》，《科技中国》2019 年第 3 期。

⑥ 详见教育部关于印发《高等学校科技成果转化和技术转移基地认定暂行办法》的通知，2018 年 5 月 22 日，http：//www. moe. gov. cn/srcsite/A16/s3336/201805/t20180531_ 337894. html，2020 年 3 月 28 日。

法》中受到广泛关注，但"只解决了科技成果资产要不要评估的问题，其他的问题并没有解决"①。2020 年 5 月，科技部、发改委、教育部等 9 部门印发《赋予科研人员职务科技成果所有权或长期使用权试点实施方案》②，在工作方案中化解了国有资产属性的体制束缚，但这毕竟只在国家设立的高等院校和科研机构进行试点，尚未推及全国高等院校。由此观之，制约科技成果转化的政策问题，既是大学教师科技成果转化政策的关键问题，也是大学教师学术创业政策的关键问题。本书基于全国普通本科院校，从体制困境、政策支点与路径选择三个层面出发，为激发大学教师学术创业活力、推动大学教师科技成果转化提供新的思路。

一　大学教师科技成果转化的体制困境

研究法律政策文件以及出台相应行动方案，不仅要熟知具体条文条例，更要把握其精神实质。从学理上而言，科技法律与科技政策等数量众多，只有把握其精神实质，才能将浩如烟海的条文条例融会贯通。我国自1985 年出台《中华人民共和国专利法》至 2020 年，发布的有关科技成果转化政策文本至少在 200 份以上。③ 在这些政策文本中，许多文件具有相同的指向性，只不过从不同角度或者不同层次予以相应的阐述甚至深化。例如，1993 年施行的《科学技术进步法》与 1996 年制定并于 2015 年修正的《促进科技成果转化法》，属于上位法与下位法的关系，在这两部科技法律之下再而形成大量的科技政策，其中包括国务院办公厅《促进科技成果转移转化行动方案》、教育部与科技部《关于加强高等学校科技成果转移转化工作的若干意见》、教育部办公厅《促进高等学校科技成果转移转化行动计划》等系列政策文件，无论科技法律还是科技政策，均以"促进科技成果转化为现实生产力"作为制定宗旨与价值追求，谋求科技与经济相融互促的发展局面。在其精神实质相一致的前提下，科技法律较多地注重价值判断，强调公平原则，而科技政策较多地关注事实判断，强

---

① 详见吴寿仁《科技成果转化若干热点问题解析（二十五）——新修订的〈事业单位国有资产管理暂行办法〉导读》，《科技中国》2019 年第 6 期。

② 科技部：科技部等 9 部门印发《赋予科研人员职务科技成果所有权或长期使用权试点实施方案》的通知，http://www.most.gov.cn/mostinfo/xinxifenlei/fgzc/gfxwj/gfxwj2020/202005/t20200518_153996.htm，2020 年 5 月 9 日。

③ 参阅易高峰《中国高校学术创业：影响因素·实现机制·政策设计》，人民出版社 2017 年版，第 235—246 页。

调效率至上。① 离开了对其精神实质的研究与领会，我们就难以较好地驾驭大量下位的具体的政策文本。从实践上而言，国家层面的法律制度往往只具有指向性，在解决具体问题时需要依据下位或者细化的政策文本，不同部门或者地方在制定更为具体的法规、条例或者办法等政策文本时，只有把握其精神实质，才能推动国家意志的实现而不延缓立法宗旨的落实，形成上下配合、前后搭配的学术创业"政策生态链"②。例如，落实高校教师科技成果转化的具体组织，其主体只能是具有独立法人资格的高校，每所高校的定位、优势与现状不一样，其对于科技成果转化的政策取向就必定不一样。每所高校只有在深刻领会国家或者上级政府科技成果转化精神实质的前提下，才能以不变应万变地制定并坚持自己的科技成果转化方案，同时也随着其他外在环境的变化而有针对性地完善方案，不至于让社会在整体上产生"政策制订的敏捷性不高"③的误解与指责。通过对百余份科技成果转化相关政策文本的分析，我们认为其精神实质是充分发挥高校的组织作用、调动大学教师的积极性，不遗余力地推动科技成果转化，以便服务社会主义现代化建设，在此前提下可以让一部分科技工作者率先富起来。事实上，大力鼓励事业单位专业技术人员通过科技贡献致富的提法，在 2000 年中组部、人事部和教育部联合发布的《关于深化高等学校人事制度改革的实施意见》中就已经明确，该文件第 18 条指出："认真落实《促进科技成果转化的若干规定》和国家有关科技成果转化奖励和优惠的政策，加强产学研相结合，兑现高等学校科技人员成果转化的奖励，允许和鼓励高等学校专业技术人员通过转化科技成果、促进科技进步先富起来。"④ 这就表明，"知识是公私营经济效率、竞争力、盈利能力或有效性的关键驱动力"⑤ 变成一种共识，激发各方尤其是科研工作者的活

---

① 肖尤丹：《中国科技成果转化制度体系——法律、政策及其实践》，科学技术文献出版社 2017 年版，第 3—4 页。

② 翟瑶瑶、封颖：《生态学视角下我国科技成果转化政策研究》，《情报探索》2019 年第 5 期。

③ 黄菁：《我国地方科技成果转化政策发展研究——基于 239 份政策文本的量化分析》，《科技进步与对策》2014 年第 13 期。

④ 详见中组部、人事部和教育部《关于深化高等学校人事制度改革的实施意见》，2006 年 6 月 2 日，http://www.moe.gov.cn/jyb_ sjzl/moe_ 364/moe_ 369/moe_ 405/tnull_ 3943. html，2020 年 3 月 28 日。

⑤ Bob Jessop, "Varieties of academic capitalism and entrepreneurial universities", *Higher Education*, 2017, 73 (6).

力、加快知识形态的学术成果向现实生产力转化，已经成为我国科技成果转化体制改革的基本方向。

尽管我国科技成果转化政策的价值指向已经明确，各个地方政府同样以前所未有的力度、广度和深度推进科技改革①，但是，大学教师科技成果转化的积极性却一直不高。正如有文指出的，我国高校科技成果转化存在明显的"悖论"：一方面，政府每年提供大量财政资金帮助高校创造丰富的科技成果，并出台多种扶持政策以促进科技成果转化；另一方面，高校科技成果转化率却很低，转化效果不尽如人意。② 据统计，2018 年有效专利实施率、产业化率、转让率分别为 52.6%、36.3%、5.4%，其中，大学的相关数据仅为 12.3%、2.7%、1.4%。③ 科技成果走出"沉睡期"直接服务社会，不仅是国家与社会的迫切愿望，而且是科技工作者的研究预期，理应成为大学教师的学术自觉。这意味着寻找科技成果转化率低下与积极性不足的制约因素，需要从成果转化体制机制等关键性、根本性问题出发。从科技体制的纵向发展而言，我国大学教师学术创业的环境越来越好。④ 例如，《中华人民共和国促进科技成果转化法》在 2015 年修正之后，加大了对成果完成人和转化工作做出重要贡献的人员的激励力度，充分尊重企业自主权；强化了科技成果处置权、使用权和管理权的下放；提出建立、完善科技报告制度和科技成果信息系统等。为推动新法的贯彻落实，国家出台系列配套政策与细化方案，使得 2016 年成为我国历史上加快学术创业步伐、推动科技体制改革最为强劲的一年。有文将中国改革开放以来的科技管理体制分成为四个发展阶段，认为其总体趋势是重心不断下移、市场驱动取向越来越强。⑤ 正是在此背景下，地方政府以及高校亦在加快推动学术创业。例如，2015 年 11 月 20 日，广东省政府办公厅印

---

① 邓志超、孙莉：《辽宁省科技成果转化政策文本的量化分析》，《创新科技》2019 年第 2 期。

② 靳瑞杰、江旭：《高校科技成果转化"路在何方"？——基于过程性视角的转化渠道研究》，2020 年 2 月 12 日，http://kns.cnki.net/kcms/detail/12.1117.G3.20200211.1640.019.html，2020 年 3 月 29 日。

③ 李昕、卞欣悦：《论我国公立大学职务科技成果权属分置制度的困境与完善》，《湖南师范大学教育科学学报》2020 年第 2 期。

④ 杜宝贵、张焕涛：《基于"三维"视角的中国科技成果转化政策体系分析》，《科学学与科学技术管理》2018 年第 9 期。

⑤ 肖国芳、李建强：《改革开放以来中国技术转移政策演变趋势、问题与启示》，《科技进步与对策》2015 年第 6 期。

发了《关于深化广东高校科研体制机制改革的实施意见》（粤府办〔2015〕58 号），允许高校科研人员利用本人及其所在团队的科技成果在岗创业或到科技创新企业兼职，甚至可离岗从事创业工作，并允许在读大学生休学创业。2014 年，北京农学院 21 名教师获得企业法人营业执照，意味着他们可以一边在大学当老师，一边办企业当老板。"这个念头在一年前，刘慧和她的同事只敢想想。"① 但是，从科技体制的横向比较而言，我国科技成果转化的政策环境尚未取得实质性改变，大学教师要比美国等大学教师在成果转化上表现出更少的热忱与主动。从政策角度分析，这又取决于两个方面的原因。其一，牵引大学教师学术生产方向的激励机制没有改变。长期以来，大学教师总体上仍然关注传统学术业绩的生产，并不在乎这些研究成果能否转化为现实生产力，因为从前者能够在短期内获得更加可靠的收入与荣誉。自 20 世纪末至 2020 年国家正式启动破除"五唯"治理工程这段长达 30 多年的时期内，无论国家政策还是高校方案都在强化这种现象。有文从国家层面宏观政策分析亦发现，目前我国政策工具作用于研究开发阶段的频数远远高于作用于生产试验、商业化与产业化的频数，这样的分布情况导致了现实中"只看重学术成果而不关心成果转化"的现象越来越严重。② 其二，制约职务科技成果转化的制度瓶颈仍未破除。《促进科技成果转化法》的修订主旨，是为了赋予科研单位、高等学校自主转化科研成果的合法权利，推动职务性科研成果由"政府管"过渡到"市场管"。但是，这并不意味着高校等科研机构拥有"资产处置自主权"，以致违背《中华人民共和国物权法》《事业单位国有资产管理暂行办法》等相关条款的规定。正如有文指的，"赋予科研机构和大学成果转化自主权，目的就是取消不当行政管制和干预，并不是优化管制流程的问题。"③随后历次调整与完善，均未能从根本上解决制约科技成果转化的体制因素。"赋予科研人员职务科技成果所有权，是从权属规则设计上解决科技成果转化难的国家政策。但现行《合同法》《科技进步法》《科技成果转化法》等法律相关规定对政策试点形成制约，弱化了政策实

---

① 孙奇茹：《大学教师兼职创业从此名正言顺》，《北京日报》2014 年 6 月 5 日。

② 马江娜、李华、王方：《中国科技成果转化政策文本分析——基于政策工具和创新价值链双重视角》，《科技管理研究》2017 年第 7 期。

③ 肖尤丹：《中国科技成果转化制度体系——法律、政策及其实践》，科学技术文献出版社 2017 年版，前言。

施力度。"① 这表明，我国科技成果转化体制中存在的权利下放不够、协同性较差、执行力度不强等问题依然存在。② 正如有文指出的，影响我国科技成果转化最直接的政策因素是审批程度复杂、执行效率过低，最根本的政策因素是地方与中央政策协调性不强、政策法律地位不高。③

如果对以上两方面的原因作进一步的对应分析，我们不难发现，制约科技成果转化最关键的体制因素还是资产管理问题。一方面，学术评价的指标有望调整方向，吸引应用型学科教师致力于学术成果转化的政策已经开启。近年来国家开展破除"五唯"的治理工程，从 2020 年出台的系列政策文件看，许多举措已经触及科研管理与评价机制的核心问题。尽管尚未寻找到既破又立的妥善解决良策，但这已经向传统学术生产模式发出了最严厉的宣战。例如，2020 年 2 月 17 日，科技部会同财政部研究制定了《关于破除科技评价中"唯论文"不良导向的若干措施（试行）》（国科发监〔2020〕37 号），提出要对基础研究类科技活动与应用研究、技术开发类科研活动实施分类考核评价，注重标志性成果的质量、贡献和影响；明确要求淡化对于研究成果的物质奖励、排名宣传与量化追求，甚至在课题申报、人才项目评审、团队建设等方面均相应提出最高的数量业绩要求；在提高学术成果评价的权重条款中明显偏向社会应用与实际贡献，最高可以在既定评价指标上再次增加 50% 的权重。④ 当牵引大学教师一味追求的传统学术业绩总量的指针拨正方向，把一批应用型教师吸引到科技成果转化、学术服务社会的轨道上来以后，大学教师就会增强科技成果转化的积极性与主动性，并以此作为新的途径赢得社会各界的尊重、荣誉与财富。另一方面，大学教师科技成果转化的体制困境仍未从根本上破除，其中最为关键的问题便是科技成果的国有资产属性问题。"目前制约我国高校知识产权转移和利用的最大瓶颈就是与科技成果管理相关的国有资产管

---

① 李政刚：《赋予科研人员职务科技成果所有权的法律释义及实现路径》，《科技进步与对策》2020 年 1 月 15 日。

② 肖国芳、李建强：《改革开放以来中国技术转移政策演变趋势、问题与启示》，《科技进步与对策》2015 年第 6 期。

③ 叶建木、熊壮：《科技成果转化政策效果的影响因素——基于湖北省"科技十条"政策的分析》，《科技管理研究》2016 年第 17 期。

④ 详见科技部《科技部印发〈关于破除科技评价中"唯论文"不良导向的若干措施（试行）〉的通知》，2020 年 2 月 23 日，http://www.most.gov.cn/mostinfo/xinxifenlei/fgzc/gfxwj/gfxwj2020/202002/t20200223_ 151781. htm，2020 年 3 月 29 日。

理制度。"① 在 2006 年通过 2019 年第二次修改后的《事业单位国有资产管理暂行办法》中，仍将固定资产、流动资产、无形资产与对外投资称为我国事业单位固有资产的四种形式。② 在各种相关政策文本中，对各种资产形式的界定普遍采用外延列举式而非内涵界定式。例如，《教育部直属高等学校国有资产管理暂行办法》将"专利权、商标权、著作权、土地使用权、非专利技术、校名校誉、商誉等"等均列为无形资产。③ 可见，我国公办院校的职务科技成果被归为国家无形资产范畴。在包括以上文件在内的国家许多政策文本中，纳入国家无形资产管理的科技成果在转化时必须实行"国家统一所有，财政部综合管理，教育部监督管理，高校具体管理"的管理体制，按照事业单位"收支两条线"进行统一管理。例如，财政部会同教育部于 2012 年修订 2013 年正式实行的《高等学校财务制度》将科研成果转化收入纳入科研事业收入，再次明确"各项收入应当全部纳入学校预算，统一核算、统一管理"；而且在第四十六条明确提出，"高等学校通过外购、自行开发以及其他方式取得的无形资产应当合理计价，及时入账。学校转让无形资产，应当按照规定进行资产评估，取得的收入按照国家有关规定处理。高等学校取得无形资产而发生的支出，计入事业支出。"④ 按照这些规定，职务科技成果转化不上报、不评估、不纳入收支两条线管理，在查办起来针对产生的收益就容易被定性为私设"小金库"。显然，这是任何一所公办高校领导最忌讳的职务行为。为提升大学教师知识转移转化的热情与动力，破解高校科技成果转化的资产属性体制困境，2015 年修订的《促进科技成果转化法》⑤ 提出将职务科技成果的使用权、收益权与处分权归属大学，在推动资产属性体制改革

---

① 肖尤丹：《中国科技成果转化制度体系——法律、政策及其实践》，科学技术文献出版社 2017 年版，第 30 页。

② 详见中央人民政府《财政部关于修改〈事业单位国有资产管理暂行办法〉的决定》，2019 年 4 月 5 日，http://www.gov.cn/xinwen/2019-04/05/content_5379874.htm，2020 年 3 月 29 日。

③ 详见教育部《教育部关于印发〈教育部直属高等学校国有资产管理暂行办法〉的通知》，2014 年 12 月 1 日，http://old.moe.gov.cn/publicfiles/business/htmlfiles/moe/s7052/201412/xxgk_181258.html，2020 年 3 月 29 日。

④ 详见财政部《关于印发〈高等学校财务制度〉的通知》，2012 年 12 月 26 日，ht7tp://jkw.mof.gov.cn/zhengwuxinxi/zhengcefabu/201212/t20121226_721866.html，2020 年 3 月 29 日。

⑤ 详见科技部《国务院印发〈实施《中华人民共和国促进科技成果转化法》若干规定〉》，2016 年 3 月 3 日，http://www.most.gov.cn/yw/201603/t20160303_124399.htm，2020 年 3 月 29 日。

方面迈出重要一步，标志着"权属分置制度"①正式以立法的形式颁布实施。随着"大众创业、万众创新"政策的全面推行与深入实践，我国政府再次制定了一系列针对性的政策文件，以解除科技成果转化的资产属性体制约束（见表6-3），但是，科技成果的资产管理问题并没有从根本上解决。2019年新修订的《事业单位国有资产管理暂行办法》（以下简称新办法）进一步下放科技成果备案以及资产评估权利，不仅明确"公转公"免除资产评估，而且规定"公转私"亦可由高校自己做主。然而，下放评估权不等于科技成果转化收益不纳入单位预算，亦即仍然要求实行"收支两条线"的统一管理。这就使得新办法没有摆脱国有资产属性对科技成果转化的体制约束，"总体上仍是打补丁的修改"②。在我国当前高校领导遴选与管理体制条件下，高校管理者宁愿出现国有无形资产成为废纸一堆，也不愿意承担无形资产流失或者私设小金库的潜在风险。2020年科技部等9部门印发的《赋予科研人员职务科技成果所有权或长期使用权试点实施方案》，虽然明确资产属性问题不再成为科技成果转化的羁绊，确立一切从有利于实现成果转化出发的理念，但是，这只是针对少数中央直属高校开展的试点工作，并且与大量尚未失效的法律政策文件存在"掐架"现象，更关键的是以回避讨论资产属性的方式赋予科技人员相应权利，从而国有无形资产体制束缚问题在我国整个高等教育领域依然存在。

表6-3　　　　　　　　"双创"政策实施以来破解科技成果
转化资产属性体制约束的相关政策文件

序号	发文时间	发文机构	文件名称（文号）	针对性内容
1	2017年7月21日	国务院	国务院关于强化实施创新驱动发展战略进一步推进大众创业万众创新深入发展的意见（国发〔2017〕37号）	推动科技成果、专利等无形资产价值市场化……依法发挥资产评估的功能作用，简化资产评估备案程序，实现协议定价和挂牌、拍卖定价

---

① 李昕、卞欣悦：《论我国公立大学职务科技成果权属分置制度的困境与完善》，《湖南师范大学教育科学学报》2020年第2期。

② 吴寿仁：《科技成果转化若干热点问题解析（二十五）——新修订的〈事业单位国有资产管理暂行办法〉导读》，《科技中国》2019年第6期。

续表

序号	发文时间	发文机构	文件名称（文号）	针对性内容
2	2017 年 11 月 8 日	财政部	关于《国有资产评估项目备案管理办法》的补充通知（财资〔2017〕70 号）	为进一步提高科技成果转化效率，简化科技成果评估备案管理。将资产评估备案工作由原财政部负责调整为由研究开发机构、高等院校的主管部门负责，并规定主管部门完成备案手续的最长时间，以提高备案工作效率
3	2017 年 12 月 26 日	教育部	教育部办公厅关于进一步推动高校落实科技成果转化政策相关事项的通知（教技厅函〔2017〕139 号）	第一，进一步简化评估备案管理，教育部授权部属高校负责科技成果资产评估备案工作；第二，推动建立科技成果专业化、市场化定价机制，可以由学校技术转移部门自主判断，也可委托第三方机构评估；第三，确定勤勉尽责行为，按既定规程办事且没有牟取非法利益者可免责
4	2018 年 12 月 26 日	国务院	国务院办公厅关于抓好赋予科研机构和人员更大自主权有关文件贯彻落实工作的通知（国办发〔2018〕127 号）	第一，在以前简化备案程序的基础上进一步简化科技成果的国有资产评估程序，缩短评估周期，探索利用市场化机制确定科技成果价值的多种方式；第二，推动预算调剂和仪器采购管理权落实到位，交由项目承担单位自主决定，由单位主管部门报项目管理部门备案
5	2019 年 3 月 29 日	财政部	财政部关于修改《事业单位国有资产管理暂行办法》的决定（中华人民共和国财政部令第 100 号）	第一，职务科技成果可以自主决定转让、许可或者作价投资，不需报主管部门、财政部门审批或者备案，并通过协议定价、在技术交易市场挂牌交易、拍卖等方式确定价格；第二，国家设立的研究开发机构、高等院校将其持有的科技成果转让、许可或者作价投资给非国有全资企业的，由单位自主决定是否进行资产评估
6	2020 年 5 月 9 日	科技部、发展改革委、教育部、财政部等 9 部门	科技部等 9 部门印发《赋予科研人员职务科技成果所有权或长期使用权试点实施方案》的通知（国科发区〔2020〕128 号）	赋予科研人员职务科技成果所有权和长期使用权流程、充分赋予单位管理科技成果自主权、建立尽职免责机制等

二　科技成果转化的政策支点《拜杜法案》

依上所述，从全国普通公办本科院校而言，资产属性成为我国科技成果转化的体制困境，至今仍没有从法律上予以彻底解决。对此，不少学者主张借鉴美国《拜杜法案》（Bayh-Dole rule）协调国家、单位与个人的关系，以此破解职务科技成果权属体制束缚，提升我国高校科技成果转化率。① 确实，西方媒体曾将《拜杜法案》视为美国 20 世纪末期经济转型发展的"救世主"（savior），认为其在振兴整个美国经济体系、将其从制造业基地转变为创新基地方面发挥了关键作用。② 而且当前包括中国在内世界上至少有 15 个国家吸收、学习乃至移植《拜杜法案》的规章制度③，成为各国制定或者完善科技成果转化制度难以回避的参照标准。但是，国内学界对《拜杜法案》在法律性质、改革逻辑与制度边界等方面存在诸多误解，④ 不能完全从"单位主义"⑤ 角度为我国科技成果转化提供可资借鉴利用的政策支点。为了破除我国大学教师科技成果转化资产属性的体制约束，并为有效解决职务科技成果权属分置寻找政策依据，我们需要正确认识与准确运用已被严重误解的《拜杜法案》，从其合同契约的法理精神而不是依赖特定环境的具体做法获得有益启示。在此基础上，充分利用现有法律法规体系对于科技成果转化的激励条款，在合同契约精神的指导下实现从"法无授权不可为"到"法无禁止即可为"的转向，合法合理地绕开资产属性管理体制对于科技成果转化的政策掣肘。

1980 年 11 月，以两位参议员伯奇·拜赫（Birch Bayh）与罗伯特·约瑟夫·杜尔（Robert Joseph Dole）命名的《拜杜法案》正式生效。从法

---

① 吴海燕：《论我国"拜杜规则"的形成演化及其规范特点》，《南京理工大学学报》（社会科学版）2016 年第 1 期；李昕、卞欣悦：《论我国公立大学职务科技成果权属分置制度的困境与完善》，《湖南师范大学教育科学学报》2020 年第 2 期；常旭华、陈强、李晓、王思聪：《财政资助发明权利配置：国家、单位、个人三元平衡分析》，《中国软科学》2019 年第 6 期。

② Loise, V., Stevens, A. J., "The Bayh-Dole Act turns 30", *Science Translational Medicine*, 2010, 2 (52).

③ 孙远钊：《论科技成果转化与产学研合作——美国〈拜杜法〉35 周年的回顾与展望》，《科技与法律》2015 年第 5 期。包括了巴西、中国、丹麦、芬兰、德国、意大利、日本、马来西亚、挪威、菲律宾、俄罗斯、新加坡、南非、韩国和英国。

④ 肖尤丹：《科技成果转化逻辑下被误解的〈拜杜法〉——概念、事实与法律机制的厘清》，《中国科学院院刊》2019 年第 8 期。

⑤ 常旭华、陈强、李晓、王思聪：《财政资助发明权利配置：国家、单位、个人三元平衡分析》，《中国软科学》2019 年第 6 期。

律性质而言，《拜杜法案》不是一部独立的科技专门法律，而只是美国专利法案的一个组成部分，即由原来《美国专利法》新增的第 38 章调整为当前的第 18 章（Patent Rights in Inventions Made with Federal Assistance），总共只有包括从第 200 条至第 212 条的 13 条内容。作为内生于《美国专利法》的规范性文本，其不可能成为解决无形资产国有属性体制约束的"特效药"①。其一，《拜杜法案》的适应范围有限，而我国事业单位财政资助的科技成果均受到国有资产属性的体制约束。《拜杜法案》正式名称为《1980 年专利与商标法修正案》或者《1980 年大学与小企业专利程序法》，立案宗旨是加快政府资助的科技成果向私人部门转移，主要面向大学、小企业等非国家所属的社会机构。这些美国高校普遍属于公益取向的非国有单位，这与我国普通公办高校定位于国有事业单位属性有根本差异。事实上，针对联邦研究机构以及联邦雇员研发成果的权属问题，美国于 1980 年 10 月出台了《史蒂文森—威德勒技术创新法》（Stevenson-Wydler Technology Innovation Act，1986 年改为《1986 年美国联邦技术转让法》），其科技成果权属配置方式与《拜杜法案》存在原则性区别。②其二，《拜杜法案》涉及的发明专利所有权，不存在像我国职务科技成果权属关系那样能将占有权、使用权、收益权和处分权相对分离的情况，而是包括四项权能在一起的全部法律权利。依据美国宪法关于知识产权的相关条款，美国整个科技政策一直奉行"发明人主义"，在 2011 年《美国专利法》改革后，也只是从"发明人先发明原则"转向"发明人先申请原则"。③ 所以，无论在《拜杜法案》产生之前形成"谁投资，谁拥有"的权属关系，还是在《拜杜法案》产生之后形成"谁创造，谁拥有"的权属关系，都是在"发明人主义"的前提下根据合同契约而达成。这就表明，美国政府没有在法律上天然获得联邦政府资助取得的发明专利权，科技成果所有权在国家政府、单位法人与自然人之间的占有、转让与分割完全依据合同契约进行。这也许正是我国所采用的大陆法系区别于英美法系的重要原因之一。其三，《拜杜法案》并不解决科技成果发明人与承担单位之间的矛盾冲突，主要协调承担单位与联邦政府之间的关系，其法律

---

① 陈吉灿：《公立高校知识产权转化难：一个"中式命题"的破解》，《山东科技大学学报》（社会科学版）2019 年第 2 期。

② 宋毅、孙玉：《美国技术创新法及对我们的启迪》，《中国科技论坛》1998 年第 2 期。

③ 肖尤丹：《科技成果转化逻辑下被误解的〈拜杜法〉——概念、事实与法律机制的厘清》，《中国科学院院刊》2019 年第 8 期。

适应性的前提条件在于承担方已经与发明者达成了相关合同契约。相比于联邦政府与承担方以前的双边关系，《拜杜法案》实施以后以法律的形式赋予了承担方相应的发明专利管理权，无须像以前那样通过烦琐的手续转移转化科技成果，这就是学界对于《拜杜法案》创新内容与关键环节予以解读而得出的"政府放权"① 或所谓"单位主义"②。我国政府针对事业单位管理权属而形成的各种法律法规，不仅能协调政府与单位之间的关系，而且大多可以处理单位与个人之间的矛盾或者为此提供相应的方向指引。

《拜杜法案》不能成为解决我国科技成果权属分置制度的灵丹妙药，甚至还不是针对职务科技成果或者职务发明的权属规则③，并不意味着该法案在我国科技管理体制改革的攻坚克难之际没有借鉴作用。从其法理精神而言，至少有三点值得吸收与利用。第一，坚持成果转化优先。凭借企业或者私人资金在国家政策允许条件下开展科技成果转化，其经济收益一般不会受到太多的关注。但是，个人利用政府公共经费研制成果并形成发明专利，其权利配置以及收益分配等则是社会各界也是法律政策关注的焦点。从《拜杜法案》的出台及其成功实践而言，则是一切以有利于成果尽快有效转化作为第一原则。当发现过多地强化出资方权利绑捆的"国家主义"不利于科技成果转化之际，美国通过《拜杜法案》向承担方让渡相应权利以共同推动成果早日转化。这种国家出资、让利于民的科技转化激励机制并非没有批评者，诸如"从联邦纳税人资助的发现中再次获得财富或者提升价格"的声讨④就没有停止过，但坚持成果转化优先的原则最终符合社会同共利益，这也是在后来美国专利法案修订中既强化承担方的社会责任又扩大成果发明者权益的原因所在。⑤ 第二，坚持发明人主义。从"国家主义"到"单位主义"的角度看待美国发明专利权属关系的变化，坚持发明人主义的基本立场依然没有改变。实际发明人必定属于自然人，承担方（单位）通过合同契约关系从发明人那里获得专利发明权，再在政府的授权下独立自主地开展成果转移转化活动。美国之所以在

---

① 胡家强、司羽嘉：《美国科技成果转化立法的演进及其对我国的启示》，《中国海洋大学学报》（社会科学版）2019 年第 3 期。

② 常旭华、陈强、李晓、王思聪：《财政资助发明权利配置：国家、单位、个人三元平衡分析》，《中国软科学》2019 年第 6 期。

③ 张文斐：《职务科技成果混合所有制的经济分析》，《软科学》2019 年第 5 期。

④ Feldman Arthur M，"The Bayh‐Dole Act，A Lion without Claws"，*Clinical and translational science*，2015，8（1）.

⑤ 臧红岩：《2018 年美国〈拜杜法〉的主要修改》，《科技中国》2019 年第 1 期。

管理体制上没有直接采取"个人主义"而选择"单位主义"，重要原因在于该种权属模式更有利于形成合力以便实现成果转化，而且下放权力更有利于单位代表政府加强对于个人及其成果的掌控。例如，在 1999 年日本版"拜杜法案"《产业活力再生特别措施法》出台之前，日本财政资助科技成果奉行"个人主义"，国立大学超过 80% 的专利归教师个人所有。[①]在各种便利以及直接利益的激励下，教师普遍将专利转让给大企业，而小企业很难获得技术支撑。由于大企业转化成果的积极性与主动性不足，导致大量科技成果与发明专利无期限地积压。[②]但是，在权属配置上极端的"个人主义"不利于科技成果有效转化，并不能否定科技成果所有权上必须坚持"发明人主义"的原则。第三，坚持合同契约精神。如果说，我国已经领会成果转化优先的法理精神、基本确立但尚不坚定执行发明人主义，那么最为欠缺且迫切需要认可的便是合同契约精神。政府保留对于承担方按时报告、及时转化以及维护国家利益等相关权力，尤其成果发明者与单位之间的权责利关系，都是秉持合同契约原则通过合同约定方式获取。在科技管理体制改革进入深水区之际，强化政府与高校、高校与教师之间的合同契约关系相当重要，既有可能让政府在一定政策支点之下回归本位，调整自己的角色以便开创公平竞争的宽松市场环境[③]，又能让高校依据自身优势与定位选择相应的知识生产模式，最终通过教师评价与岗位聘任实现学校的转型升级或者特色发展。

三　大学教师科技成果转化的路径选择

我国发明专利申请量和授权量位居世界第一，国际科技论文总量以及被引量位居世界第二，已经成为具有全球影响力的科技大国。2019 年 7 月 24 日，世界知识产权组织在印度首都新德里发布 2019 年全球创新指数（GII），我国连续第四年保持上升势头，首次超过日本，排在第 14 位，比 2018 年上升 3 个位次。[④]但是，我国科技成果转化率特别低的局面没有根

---

① 张晓东：《日本大学及国立研究机构的技术转移》，《中国发明与专利》2010 年第 1 期。

② 常旭华、陈强、李晓、王思聪：《财政资助发明权利配置：国家、单位、个人三元平衡分析》，《中国软科学》2019 年第 6 期。

③ 孙远钊：《论科技成果转化与产学研合作——美国〈拜杜法〉35 周年的回顾与展望》，《科技与法律》2015 年第 5 期。

④ 报告显示，位列前十名的经济体分别是瑞士、瑞典、美国、荷兰、英国、芬兰、丹麦、新加坡、德国、以色列。

本改观，"经济"与"科技"两张皮的分割现象依然存在。① 2019 年，全国人民代表大会常务委员会执法检查组对《高等教育法》实施情况进行首次执法检查后，在报告中指出："高校在实施创新驱动发展战略中积极作为还不够，科技创新能力特别是原始创新能力还不强，产学研用协同创新体制机制不健全，各方动力不足，供求关系脱节，重产出轻转化的问题仍然突出，科研人员的积极性未充分调动，对奖励措施和收益分配等激励政策普遍存在顾虑。"② 可见，破除科技管理体制的束缚，加快科技成果转化，将是我国高等教育改革与发展的重要走向。无论分析我国科技成果转化的最后一道体制障碍，还是借鉴世界科技成果转化的经典法案，其目的都是大力推动我国高校科技成果转化。虽然《拜杜法案》不能直接成为我国破除无形资产体制约束的外来制胜宝典，但是可以吸取其法理精神助推科技管理体制改革不断前进。在学习与借鉴《拜杜法案》法理精神的基础上，本书从短期、中期与长期三个阶段的战略构想出发，提出旨在提高大学教师科技成果转化的积极性，再而化解国有无形资产管理的体制束缚，最终全面彻底激发科技创新活力的战略设想。

（一）短期战略：吸收《拜杜法案》合同契约精神，绕开国有资产属性体制障碍

借鉴《拜杜法案》推进我国科技管理体制改革，较早具有代表性的政策是 2002 年国务院发布的《关于国家科研计划项目研究成果知识产权管理的若干规定》（国办发〔2002〕30 号）。该文件共九条，第一条便提出，"科研项目研究成果及其形成的知识产权，除涉及国家安全、国家利益和重大社会公共利益的以外，国家授予科研项目承担单位（以下简称项目承担单位）。项目承担单位可以依法自主决定实施、许可他人实施、转让、作价入股等，并取得相应的收益。同时，在特定情况下，国家根据需要保留无偿使用、开发、使之有效利用和获取收益的权利"。③ 此后，

---

① 马江娜：《基于内容分析法的陕西省与国家科技成果转化政策比较研究》，硕士学位论文，西安电子科技大学，2017 年。

② 转引自李昕、卞欣悦《论我国公立大学职务科技成果权属分置制度的困境与完善》，《湖南师范大学教育科学学报》2020 年第 2 期。

③ 详见科技部《国务院办公厅转发科技部财政部〈关于国家科研计划项目研究成果知识产权管理的若干规定〉的通知》，2002 年 4 月 14 日，http：//www.most.gov.cn/fggw/zfwj/zfwj2002/200512/t20051214_54987.htm，2020 年 4 月 11 日；李昕、卞欣悦《论我国公立大学职务科技成果权属分置制度的困境与完善》，《湖南师范大学教育科学学报》2020 年第 2 期。

在我国许多重要的科技管理政策文件中，例如 2007 年的《科学技术进步法》、2015 年完善的《促进科技成果转化法》，尤其是教育系统出台的《促进高等学校科技成果转移转化行动计划》（教技厅函〔2016〕115号）、《中共教育部党组关于抓好赋予科研管理更大自主权有关文件贯彻落实工作的通知》（教党函〔2019〕37 号）等，均强调所谓"单位主义"① 的权属配置制度。应该说，我国的科技政策无论在数量规模上还是激励力度上在全球都处在前列，除了国家颁布的法律外，各种意见、通知、纲要、政策、规划、规章、办法、方法、方案、细则等层出不穷。从政府介入多少与市场主导强弱角度而言，我国科技政策工具②已经从"强制型"为主转向"混合型""自愿型"为主，亦即政府从"主导者"角色更多地转向"合作者""服务者"角色。③ 从政府调节内容与政策实施范围而言，我国科技政策工具④在供给型、环境型和需求型三种类型均有体现。有学者建议"在国家战略产业与核心技术领域大力增强需求型政策工具，既可以确定技术安全又能够提升国家创新指数"⑤ 只是体现科技政策的重点与方向。研究表明，实施效果最好的是环境型政策，亦即政府规划社会经济发展、实行税费减免优惠等，其次便是政府刺激或者重组科技成果转化的需求型政策，实施效果最差的便是政府提供大量资金或者人员等基础性资源的供给型政策。⑥ 但是，以上各种努力与举措均无法破解我国科技管理体制改革的最后一道屏障，更没有明显地提升大学教师科技成果转化的积极性与主动性。主要原因在于，高校法人实体地位不够、科技成果激励方向偏颇，再加上国有无形资产的体制约束，使得高校及其教师从事科技成果转化的主观愿望并不强烈，最终导致我国高校科技成果转

① 常旭华、陈强、李晓、王思聪：《财政资助发明权利配置：国家、单位、个人三元平衡分析》，《中国软科学》2019 年第 6 期。

② Howlett, M., Ramesh, M., "Studying public policy: policy cycles and policy subsystems", *American Political Science Association*, 2009, 91（2）.

③ 李进华、耿旭、陈筱淇、郑维东：《科技创新型城市科技成果转移转化政策比较研究——基于深圳、宁波政策文本量化分析》，《科技管理研究》2019 年第 12 期。

④ Rothwell, R., Zegveld, W., *Industrial innovation and public policy: preparing for the 1980s and 1990s*, London: Frances Printer, 1981. Rothwell, R., Zegveld, W., *Reindustrialization and technology*, New York: M. E. Sharp, Inc, 1985. Nemet, G. F., "Demand-pull, technology-push, and government-led incentives for non-incremental technical change", *Research Policy*, 2009, 38（5）.

⑤ 张芯茹、周杰、赵辉、望俊成：《科技成果转化政策文本分析》，《中国科技资源导刊》2018 年第 3 期。

⑥ 杨亚丽：《安徽省科技成果转化政策实施效果研究》，硕士学位论文，安徽大学，2019。

化率较低。①

　　短期内解决职务科技成果属于国有无形资产的体制束缚，当前难以从更高立法层面修改相应法律法规，更不可能像日本一样推进高校法人化改革，却可以吸收《拜杜法案》合同契约的法理精神，绕开国有资产属性体制障碍，提高科技成果转化的积极性与主动性。从政策工具来看，环境型政策最有成效，以合同契约形式来协调政府与高校、高校与教师之间的责权利关系，正是打造让高校放心、教师安心的外部环境，就是对大学教师科技成果转化的最佳鼓励。从法理依据来看，合同契约在事实上已经成为包括我国在内全球范围内大学教师科技成果转化的政策支点，无形资产属性问题的体制性约束在实践中并不是不可以解决的制度难题。以 2015年修订的《促进科技成果转化法》为例，该法律第三条第二款②以及第四十条都明确提到，要依据合同约定开展相应活动，体现了合同优先原则与主导原则。第四十条指出："科技成果完成单位与其他单位合作进行科技成果转化的，应当依法由合同约定该科技成果有关权益的归属。合同未作约定的，按照下列原则办理。"③从政策实践来看，本书第四章研究的创业型大学案例高校浙江农林大学，就已经以合同契约形式激励本校教师开展科技成果转化，其让利于师的校本政策绕开了国有资产体制约束并且产生了较好的效果。从学界观点来看，本书见解能找到共同支持者。例如，骆严提出，为通过利益分配提升科技成果转化的积极性，可以采取"基于协议的利益分享机制"④。何炼红与陈吉灿指出："中国版《拜杜法案》没有发挥特有作用，根本症结在于我国缺乏相应的制度运行环境。……在现阶段，高校知识产权在转化过程中不受有形国有资产监管体制的限制，开辟绿色通道予以单独管理，也是可以采取的一个较为合理的措施。"⑤

---

　　① 肖国芳、李建强：《改革开放以来中国技术转移政策演变趋势、问题与启示》，《科技进步与对策》2015 年第 6 期。

　　② 该款内容为：科技成果转化活动应当尊重市场规律，发挥企业的主体作用，遵循自愿、互利、公平、诚实信用的原则，依照法律法规规定和合同约定，享有权益，承担风险。科技成果转化活动中的知识产权受法律保护。

　　③ 详见科学技术部《中华人民共和国促进科技成果转化法（2015 年修订）》，2015 年 8 月31 日，http://www.most.gov.cn/fggw/fl/201512/t20151203_122619.htm，2020 年 4 月 13 日。

　　④ 骆严：《我国地方科技立法视野中的"拜杜规则"》，硕士学位论文，华中科技大学，2012 年。

　　⑤ 何炼红、陈吉灿：《中国版"拜杜法案"的失灵 与高校知识产权转化的出路》，《知识产权》2013 年第 3 期。

事实上，2020 年 5 月科技部等 9 部门印发的《赋予科研人员职务科技成果所有权或长期使用权试点实施方案》，就是绕开资产属性的体制束缚借鉴合同契约精神做出的重大尝试，只不过针对高校范围有限且处在试点阶段。

（二）中期战略：修改资产管理相关法律法规文件，避免不同政策相互掐架现象

自 2015 年修订《科技成果转化法》以来，我国科技管理体制改革迈入新阶段，"打破障碍、简政放权"[①] "市场导向、全面激活"已经成为科技成果转化政策的基本格调。随着"大众创业、万众创新"的深入推进，国家学术创业政策的激励达到史无前例的高度与强度。正如评论文章所言，政策保"活"、空间放"活"、成果促"活"，科技创新已经"活"力全开。[②] 但是，财政资助科技成果仍被视为国家无形资产的体制约束依然存在，大学及其教师转移转化科技知识的积极性依然不足。通过合同契约的方式确实可以绕开资产属性的体制约束，但这与确立科技强国战略、建设国家科技创新体系等并不协调[③]，乃至与促进科技成果转化的其他政策"相互打架"[④]，必定要从法律法规文件上予以统一与对接[⑤]。我国资产管理相关法律法规文件的修改需要许多部门的配合，在短期内难以作出重大更改与完善，以 2006 年通过的《事业单位国有资产管理暂行办法》为例，该办法至今还称为"暂行办法"，2019 年寄予希望的"重大修改"也没有从根本上解决科技成果的资产管理体制难题。因此，本书将在政策文本上解除科技成果国有无形资产属性约束视为中期策略，其变革方向便是将（事业单位）职务科技成果或者说财政资助科技成果不再纳入国有无形资产范畴，以各种合同契约方式实现国家或者单位对于不同科技成果

①　肖尤丹：《中国科技成果转化制度体系——法律、政策及其实践》，科学技术文献出版社 2017 年版，前言。

②　《政策保"活"、空间放"活"、成果促"活"，国务院 2016 科技创新"活"力全开》，中华人民共和国中央人民政府网，2016 年 12 月 28 日，http://www.gov.cn/xinwen/2016-12/28/content_5153836.htm。

③　葛章志：《权利流动视角下职务科技成果转化化制研究》，博士学位论文，中国科学技术大学，2016 年。

④　秦闯：《创客运动背景下地方政府科技管理体制改革研究——以 N 市为例》，硕士学位论文，安徽财经大学，2016 年。

⑤　葛章志、宋伟：《地方政府促进科技成果转化新政策研究》，《科技管理研究》2015 年第 23 期。

的管理。

　　公办院校职务科技成果之所以可以不纳入国有无形资产管理，本书从以下两个方面予以论证：一方面，科技成果不同于设备等固定资产，亦不同于校名等无形资产，直接依存于教师的主观能动性。关于大学教师科技成果转化问题，学界关注最多的便是其影响因素研究。[①] 这从某个角度表明，科技成果转化具有不确定性，受诸多主客观因素影响。在这些因素中，最为关键的便是作为内因的教师个体，其科技成果转化的意识与能力在很大程度上起决定作用，以致有学者将"创新权视为一项基本人权"。[②] 研究表明，"有学术背景的人比没有学术背景的人进入创业的比率要低，而且成为企业家的平均经济收益是负的，无论对于来自学术界的博士，还是非学术环境"[③]。这也进一步表明，大学教师科技成果转化属于机会型学术创业，[④] 是教师在传统岗位职责基础上的自然延伸，体现了高度的"私有性与个体性"[⑤]。早在 1987 年《中华人民共和国技术合同法》第三十二条中，就已经明确了"除合同另有约定外，科技成果的所有权归研究开发者"[⑥]，亦即体现"谁创造，谁拥有"而不是"谁资助，谁拥有"的成果归属原则。可见，大学教师属于科技成果的合法拥有者，在没有合同约束的前提下天然获得科技成果所有权。另一方面，科技成果的生命力贵在尽快转化为现实生产力，财政资助科技成果与其在"沉睡期"中长期闲置，不如在"让利于师"[⑦] 的前提下转化出去。无形资产流入国民的流失问题严重，还是无形资产废纸一堆的浪费问题严重？应该说，后者更加严重，因为前者不仅直接服务社会经济发展，而且间接增加国家财政税

---

　　① 苏洋、赵文华：《我国研究型大学教师学术创业影响因素的实证研究》，《教育发展研究》2019 年第 1 期。

　　② 葛章志：《权利流动视角下职务科技成果转化化制研究》，博士学位论文，中国科学技术大学，2016 年。

　　③ Thomas Åstebro, Serguey Braguinsky, Pontus Braunerhjelm, Anders Broström, "Academic Entrepreneurship: The Bayh-Dole Act versus the Professor's Privilege", *Industrial and Labor Relations Review*, 2019, 72 (5).

　　④ 殷朝晖、李瑞君《大学教师学术创业的角色冲突及其调适策略》，《江苏高教》2017 年第 4 期。

　　⑤ Ingemar Pettersson, "The Nomos of the University: Introducing the Professor's Privilege in 1940s Sweden", *Minerva*, 2018, 56 (3).

　　⑥ 详见全国人大常委会《中华人民共和国技术合同法》，1987 年 6 月 23 日，http://www.npc.gov.cn/wxzl/gongbao/2000-12/06/content_ 5004484. htm，2020 年 4 月 17 日。

　　⑦ 付八军：《贡献度：创业型大学教师转型的重要指针》，《大学教育科学》2016 年第 4 期。

收。确实，财政资助科技成果的所有权归出资方而不是创造方，从岗位职责角度来说亦有其合理性，毕竟大学教师已经获得职务性收入。但是，推动科技成果转化是第一原则与最高目标，科技政策要从有利于成果转化的角度制定与完善基于"发明人主义"要比"国家主义"更有利于激励大学教师生产与转化科技成果。在我国地方科技成果转化实践中亦可以看出，科技成果国有资产属性强弱与科技成果转化效果成反比。[①] 从关键科技成果对于社会的重大贡献而言，职务收入再加上转化所获微不足道。可见，大学教师科技成果不纳入国有无形资产管理，在以合同契约形式作为补充的前提下能够加快科技成果转化。

（三）长期战略：赋予高校真正的法人办学自主权，充分有效借鉴《拜杜法案》

学界对于《拜杜法案》是否抑制科学创新依然存在争议[②]，但总体上认为其在事实上明显提升了美国专利的转化率以及大学研究对于产业的贡献率。[③] 从我国吸收《拜杜法案》的科技政策实施以及成果转化实践看，明显存在中西"拜杜法案"的南橘北枳现象。[④]《拜杜法案》的关键内容在于赋予学者和企业的支配权，而其前提条件则是高校独立的法人地位。只有如此，高校才能与大学教师一样在实现成果转化上产生更大的积极性。美国大学都具有较高的办学自主权，高校不是政府垂直管理的一个附属部门，"这一点与大学的私立或者公立性质没有太大关系"。[⑤] 如果说近期可以从合同契约技术层面学习《拜杜法案》，以绕开资产管理政策对于科技成果转化的体制制约，那么要让中国版"拜杜法案"落地生根并且同样产生实效，我国公办高校需要从高等教育改革的攻坚区和深水区即赋予高校真正的法人实体地位出发，至少具有美国公立高校那样的法人地位与办学自主权。自 20 世纪 80 年代以来，我国高校办学自主权不断增强，

---

① 李进华、耿旭、陈筱淇、郑维东：《科技创新型城市科技成果转移转化政策比较研究——基于深圳、宁波政策文本量化分析》，《科技管理研究》2019 年第 12 期。

② Albert N Link；Robert S Danziger；John T Scott，"Is the Bayh-Dole Act Stifling Biomedical Innovation？" *Issues in Science and Technology*，2018，34（2）.

③ 肖尤丹：《中国科技成果转化制度体系——法律、政策及其实践》，科学技术文献出版社 2017 年版，第 10—15 页。

④ 李昕、卞欣悦：《论我国公立大学职务科技成果权属分置制度的困境与完善》，《湖南师范大学教育科学学报》2020 年第 2 期。

⑤ 钱颖一：《大学治理——美国、欧洲、中国》，《清华大学教育研究》2015 年第 5 期。

尤其在 2014 年国家教育体制改革领导小组出台的《关于进一步落实和扩大高校办学自主权完善高校内部治理结构的意见》(教改办［2014］2号),根据《高等教育法》的七项办学自主权逐一梳理并加大简政放权力度。① 但是,高校围着政府转而不是社会转的状况没有从根本上改观,政府通过资源捆绑的项目管理以及评价机制甚至进一步强化了高校对政府的依赖与从属,使得让高校依法独立自主办学并形成"分类发展、特色发展"② 的办学格局将是一个持久战。

高校办学自主权对于科技成果转化之所以如此重要,是因为这是高校回归管理本位提升管理绩效的重要前提。"权力规制是现代大学内部治理的核心和基础。"③ 无论美国的科技成果权属关系从国家主义到单位主义,还是日本在高校法人化改革之后实现其由个人主义到单位主义,④ 其实都是以高校具有独立法人地位为前提与基础。当高校能够依靠自己而不是直接或者间接地依赖政府指令来思考其发展定位、经费来源以及师生成长等重大问题之际,高校就会在学以致知与学以致用的根本方向上作出选择,就会在成立技术转移机构、完善奖励与分配制度等许多方面作出有利于加快校内科技成果转化的努力,最终实现政府期待的高等教育多元化发展态势。离开了真正法人实体地位的高校办学自主权,许多貌似合理甚至成为常识的改革主张都难达到持续与广泛的效果。例如,学界都能认识到要以市场驱动作为基本准则⑤, "改革高校科研体制,推动产学研紧密结合"⑥,"以市场为导向最终实现科技成果向现实价值的让渡"⑦,但是,

---

① 详见教育部《国家教育体制改革领导小组办公室关于进一步落实和扩大高校办学自主权完善高校内部治理结构的意见》, 2014 年 12 月 22 日, http://old.moe.gov.cn/publicfiles/business/htmlfiles/moe/s6529/201412/182222.html, 2020 年 4 月 18 日。2012 年, 教育部政策法规司委托浙江省教育厅课题组承担《高等学校办学自主权研究》,该课题负责人为宣勇教授,主要参与人员依次为付八军、钟伟军、张凤娟等。该课题研究成果,正是该管理制度的重要来源之一。

② 马陆亭:《为什么要进行高等学校分类》,《中国高等教育》2010 年第 20 期。

③ 肖国芳:《权力规制视域下的校院两级管理改革路向研究》,《高教探索》2019 年第 10 期。

④ 常旭华、陈强、李晓、王思聪:《财政资助发明权利配置:国家、单位、个人三元平衡分析》,《中国软科学》2019 年第 6 期。

⑤ 刘文华:《农业科技成果转化政策法规体系研究》,硕士学位论文,华中农业大学,2015 年。

⑥ 钱学程、赵辉:《科技成果转化政策实施效果评价研究——以北京市为例》,《科技管理研究》2019 年第 15 期。

⑦ 平黻:《基于内容分析法的科技成果转化激励政策研究》,硕士学位论文,华中科技大学,2019 年。

当高校只能在政府的管控下遵旨办事或者谨小慎微地改革之际，公办高校领导普遍不愿意承担哪怕一丁点儿风险去推动一项新的工作。又如，学界都能认识到要深化高校内部教师评价与奖励机制改革①，改变过去唯论文、唯奖项等以传统学术业绩论英雄的单一评价机制，大力提高教师关注应用性研究并推动成果转化的积极性与主动性②，但是，大学教师的主要工作仍然是人才培养与科学研究，成果披露、对外协调、法律咨询乃至应用推广等许多其他工作则需要高校相关部门予以配合，如果高校不能从大学教师科技成果转化中获得社会各界认可乃至拓宽办学经费渠道，那么高校也就不会配合教师转化科技成果甚至以国有资产流失、传统岗位工作消长等理由予以抵制。所以这一切，建立在高校直面市场而非紧紧围绕政府转的法人身份之上。公办高校法人办学自主权真正实现的艰巨性，也就决定了我国高校科技成果转化体制改革的持久性。

第三节　大学教师学术创业政策的校本方案研制

国家针对高校出台各种学术创业政策，关键在于高校因地制宜地贯彻执行。换言之，校本实践才是大学教师学术创业的政策归宿。从近年来国家如此密集地发布学术创业激励政策分析，作为向来严重依赖政府的高校应该同样宣传、鼓励与推动学术创业。然而，大学教师学术创业政策在我国存在奇怪的悖论：国家雷声大，高校雨点小③；政府政策多，高校政策少④；区域政策研究多，校本政策研究少⑤。总体而言，高校普遍对学术创业关注不够，学界对于高校校本学术创业政策关注不够。作为本书的最后一节，将重点回应校本学术创业政策。本课题主要为校本学术创业政策进行顶层设计，在此基础上某所高校可以将各类学术创业以某一个文件形

①　杜伟锦、宋园、李靖、杨伟：《科技成果转化政策演进及区域差异分析——以京津冀和长三角为例》，《科学学与科学技术管理》2017 年第 2 期。

②　何昊阳：《促进四川省科技成果转化的政府作用研究》，硕士学位论文，西南交通大学，2018 年。

③　参阅殷朝晖、李瑞君《大学教师学术创业的角色冲突及其调适策略》，《江苏高教》2017 年第 4 期。

④　参阅常旭华、陈强、李晓、王思聪《财政资助发明权利配置：国家、单位、个人三元平衡分析》，《中国软科学》2019 年第 6 期。

⑤　参阅张露元《重庆市科技成果转化政策文本评价与优化研究》，硕士学位论文，重庆大学，2018 年。

式予以表达、整合与管理，该校本政策文件总体规范本校包括离岗创业、技术转让、专利转化、兼职兼薪等各种学术创业活动。诚然，不同高校可以结合实际情况针对某种类型的学术创业制定更为具体与详尽的实施细则。可见，在前文的学理阐释中，我们往往从某个角度出发或者以某种类型的学术创业为主；但在此处校本政策研制中，我们则要将各种形式的学术创业活动整合进来。本节从基本特征、价值基础与进路选择三个方面探讨大学教师学术创业的校本政策，为相应高校研制教师学术创业校本方案提供理论指引与操作指南。

一　大学教师学术创业校本政策的基本特征

本课题研制的校本政策相当于一所高校规范全校教师各类学术创业活动的总纲。我国高校之所以需要这样一个总纲，理由至少有二：其一，对接与落实政府庞大而又复杂的学术创业政策体系。政府鼓励大学教师学术创业的各类政策，只有转化为某所高校的校本政策才具有可操作性，然而，中央与地方政府出台如此大量的学术创业政策，[①] 要让不同学科教师在浩如烟海的政策文献中寻找创业依据与操作指南，会导致高校教师学术时间资源严重损耗，而且纷繁复杂甚至彼此冲突的学术创业政策会让学科教师不知所措。在这种情况下，高校技术许可部门应该全面深入研究学术创业政策，在把握其精神实质的基础上研制本校教师学术创业的实施方案。该类实施方案越简洁明了越能推动学术创业实践，从而一个囊括各种学术创业活动的总体方案呼之欲出。其二，对接高校的新使命与新职能。大学的理念与功能在不断发生演变，在传统岗位职责的基础上通过知识或者技术转移来服务社会经济发展的"学术创业"，已经成为现代大学的第三使命。[②] 本书从职能与使命的高度描绘高校学术创业的景象，既缘于大学教师学术创业已经成为不可逆转的学术潮流，更缘于以成果转化作为主轴的学术创业成为包括高校及其教师在内的社会各界的共同期待。为应对学术创业的大学范式变革，美国大学纷纷在其内部设置技术许可办公室，

---

① 杜宝贵、张焕涛：《基于"三维"视角的中国科技成果转化政策体系分析》，《科学学与科学技术管理》2018 年第 9 期。

② 详见夏清华《学术创业：中国研究型大学"第三使命"的认知与实现机制》，武汉大学出版社 2013 年版，第 32—38 页。

从 1980 年《拜杜法案》问世之际的 25 所至今扩展至全美几乎所有大学。① 然而，我国高校对于学术创业尚处在观望甚至争议阶段，离"学术创业概念化与系统化"②的战略目标相距甚远。作为高校的新使命与新职能，学术创业应该纳入高校的整体规划，以"学术创业"之名统合诸如商业咨询、技术转让、校外培训等多样化的学术创业活动。该校本方案或者说校本政策可以从以下几个方面进行特征描绘。

（一）统合性

所谓统合性是指该校本政策能够统率全校各种各类学术创业政策。作为教学科研组织，高校的功能相对明确，师生员工人数亦较为有限，但校内机构众多、规章制度不计其数，缺乏一个从章程到制度、方案再到细则的校内政策体系。例如，某地方院校仅以委员会、领导小组等命名的非常设性机构就超过 100 个，其间不仅缺乏逻辑层次体系而且存在议事内容重复的弊端。各级政策制定的基本原则之一，应该是既要在数量上追求精简化又要在关系上体现条理性。③ 对于以"学术创业"作为第三使命的现代大学，应该梳理与规范校内各种各类学术创业政策，第一步便是出台能够统率全校学术创业的校本政策，使其具有提纲挈领的功能与作用。确实，无论国家层面还是高校层面，仅以作为学术创业活动内容之一的科技成果转化为例，其"利益主体的多元性、转化过程的长期性与转化机制的复杂性就决定了科技成果转化政策类别的多样性与内容的宽泛性"。④ 但是，无论这些活动多么多元与复杂，都是教师在教学育人与科学研究岗位职责之外的延展活动，都可以纳入学术创业政策文本中分门别类地进行系统梳理。学界对于国家层面的相关创业政策从层次与类型等角度开展了较多的研究⑤，但作为直接指引大学教师学术创业行为的校本政策研究显得贫

① 肖尤丹：《中国科技成果转化制度体系——法律、政策及其实践》，科学技术文献出版社 2017 年版，第 14 页。

② Christopher S. Hayter, Andrew J. Nelson, Stephanie Zayed, Alan C. O'Connor, "Conceptualizing academic entrepreneurship ecosystems: a review, analysis and extension of the literature", *The Journal of Technology Transfer*, 2018, 43 (4).

③ 参阅张剑等《中国公共政策扩散的文献量化研究 ——以科技成果转化政策为例》，《中国软科学》2016 年第 2 期。

④ 杜宝贵、张焕涛：《基于"三维"视角的中国科技成果转化政策体系分析》，《科学学与科学技术管理》2018 年第 9 期。

⑤ 马江娜、李华、王方：《中国科技成果转化政策文本分析——基于政策工具和创新价值链双重视角》，《科技管理研究》2017 年第 7 期。

瘠，若从一开始就从顶层予以设计则可以大大提升校本政策研究与实践的效果。

（二）稳定性

所谓稳定性是指该校本政策在有效执行时间上的相对持久性。不管什么层次或者类型的政策，其实效性建立在其稳定性上。[1] 例如，经济政策的不稳定，金融市场波动会产生显著的负向冲击效应。[2] "政治共识和稳定与更高的许可收入正相关，而政治稳定与新的风险创造负相关。"[3] 美国《拜杜法案》之所以能产生较好的效果，与其相对稳定不无关系。该法案自 1984 年以"联邦资助所完成发明的专利权"作为一章的标题纳入《专利法》之后 34 年没有修改过。我国高校校级层面的政策稳定性不足，不仅在每更换一位主要领导时会导致学校在办学理念、机构设置、规章制度等许多重要事项上发生改变，而且在主要领导没有发生改变的情况下政策的稳定性同样不强。例如，南京工业大学于 2011 年定位于创业创新型大学，在 2013 年更换主要领导之后更改为"综合型、研究型、全球化"高水平大学，2017 年再次更换主要领导之后又回到"国内一流国际知名创业型大学"；在欧阳平凯担任南京工业大学校长期间，其定位就从 2001 年的"研究教学型大学"、2003 年的"研究型理工大学"、2008 年的"创新型工业大学"、2010 年的"创新创业大学"发展到 2011 年的"创业创新型大学"。[4] 本书研制具有统合性的校本学术创业政策，虽然不能像大学章程那样持久稳定，但至少要能在 1—2 个五年计划之内不发生方向或者原则性改变，保证业已形成的"利益格局"[5] 平稳发展。

（三）发展性

所谓发展性是指该校本政策在相对稳定性的基础上会随着外在环境的变化而适时予以调整与完善。不变是相对的，变化是绝对的。任何事物，都是变与不变的统一。发展性所体现出来的变化，本质上属于动态调整，

---

① 于会永：《政府在科技企业创新中的作用》，《合作经济与科技》2020 年第 8 期。

② 司颖华、肖强：《中国金融市场对宏观经济的非对称性影响分析——基于经济政策稳定性视角》，《宏观经济研究》2019 年第 9 期。

③ Peter T. Gianiodis；William R. Meek；Wendy Chen，"Political climate and academic entrepreneurship：The case of strange bedfellows？" *Journal of Business Venturing Insights*，2019，12（e00135）.

④ 详见付八军《教师转型与创业型大学建设》，中国社会科学出版社 2016 年版，第 14—21 页。

⑤ 范国睿等：《教育政策的理论与实践》，上海教育出版社 2011 年版，第 204 页。

符合政策对象的发展方向①，体现"教育政策价值选择及其实现的生成性和动态性"②。校本学术创业政策出现动态调整的主要原因，在于我国属于政府主导型的教育管理体制，"各级政府是科技创新政策制定及推动的主体"，③ 校本学术创业政策会因科技创新政策调整而调整。事实上，由于政府职能转变④、政策工具使用偏好转移⑤等政府主体方面的原因以及社会经济发展战略重点调整、科学技术产业发展转向等外部因素，都会导致政府科技创新政策的变化。例如，长达 34 年未作修订的美国《拜杜法案》，为适应国家科技战略发展的需要，国家标准与技术研究所（NIST）于 2018 年对《拜杜法案》在程序上进行了实质性修改，⑥ 以提高教育决策质量。⑦

以上关于校本学术创业政策的三大基本特征，既体现其作为政策文件的共性要求，也反映其区别于其他校本政策尤其是当前高校学术创业政策的独特之处。从政策文本的共性要求而言，稳定性与发展性可谓所有政策文本的基本特征。唯有稳定性，方可指引实践；唯有发展性，才能与时俱进。稳定性着眼于发展性，发展性基于稳定性。稳定与发展的辩证统一关系⑧，在政策文本上有着鲜明的体现。相对于其他校本学术创业政策而言，统合性可谓本课题创设的校本政策的独特之处。当前，高校层面零碎的学术创业政策大多针对某一种活动例如校外兼职、专利转让、社会兼职等，缺乏系统性、整合性与关联性。高校急需一个能够将这些活动统合起来的校本学术创业政策文本，对于那些计划在学术创业上做出特色与业绩的高校而言，其后还可以派生出系列专门针对某种活动的政策文本，从而形成纲举目张的校本学术创业政策文本系统。无论从校本政策的研制、实

---

① 王思斌：《新常态下积极托底社会政策的建构》，《探索与争鸣》2015 年第 4 期。

② 王举：《论教育政策的价值基础——基于政治哲学的视角》，博士学位论文，华东师范大学，2013 年。

③ 苏敬勤、李晓昂、许昕傲：《基于内容分析法的国家和地方科技创新政策构成对比分析》，《科学学与科学技术管理》2012 年第 6 期。

④ 王苗苗：《基于内容分析法的大众创新创业政策文本研究》，硕士学位论文，西安电子科技大学，2018 年。

⑤ 唐青青：《基于内容分析法的国家和广西科技成果转化政策对比分析》，《安徽科技》2019 年第 6 期。

⑥ 臧红岩：《2018 年美国〈拜杜法〉的主要修改》，《科技中国》2019 年第 1 期。

⑦ 杨烁、余凯：《美国教育政策循证研究的理论与实践：对中国的启示》，《复旦教育论坛》2019 年第 6 期。

⑧ 庞涛：《社会稳定与发展的哲学探析》，硕士学位论文，新疆大学，2005 年。

施与评价角度而言，还是从凸显学术创业作为现代大学第三使命的积极意义而言，统合性都可谓校本学术创业政策必不可少且迫切需要的稀缺元素。

二　大学教师学术创业校本政策的价值向度

作为一个极具统合性的校本学术创业政策文本，包容着多重关系与利益，需要进一步明确其价值向度。① 本书所谓的价值向度，即推进大学教师学术创业必须遵循的基本准则。从决定校本政策的性质与基调而言，其价值向度主要体现在三个方面：对待学术创业的基本立场、推进学术创业的根本目标、引发学术创业的利益驱动。如果说，"基本立场"体现高校对待学术创业的基本态度，到底是鼓励为主还是限制为主，② 那么"根本目标"反映高校推进学术创业的主导方向，到底是为了直接筹措办学经费还是为了人才培养与成果转化③，而"利益驱动"则表明高校诱发学术创业的原始动力，到底是基于管理本位的高校利益优先还是基本个人本位的教师利益优先。融合三个方面的价值向度，可以较好地把握哪些学术创业需要大力鼓励，哪些需要限制，哪些需要禁止，而且能对各种新近出现的学术创业活动快速准确地做出归类，无须另行研制管理办法而陷入文山会海困局，避免在学术创业的突发事件面前陷入不知所措的窘境。例如，专利转让、技术咨询既然有利于人才培养，符合学术创业的根本目标，就应该大力鼓励；④ 需要占有大量精力与时间的学科公司创办，无暇顾及基本的教学科研工作，高校虽然要支持其学术创业，政府也多次鼓励"在职创办企业"⑤，但是宜视具体情况采取"停薪留职""离岗创业"政策。可见，三个方面相对独立，相互支撑，合而为一，奠定了校本学术创业政策文本的基本架构。

---

① 参阅付八军《关于高等教育价值观的审思与构建》，《湘潭大学学报》（哲学社会科学版）2005 年第 6 期。

② 董英南：《学术创业的空间知识溢出研究》，博士学位论文，大连理工大学，2016 年。

③ 详见付八军《教师转型与创业型大学建设》，中国社会科学出版社 2016 年版，第 117—132 页。

④ 游振声：《美国研究型大学学术创业模式研究》，重庆大学出版社 2017 年版，第 196—199 页。

⑤ 人力资源社会保障部：《人力资源社会保障部关于进一步支持和鼓励事业单位科研人员创新创业的指导意见》，2019 年 12 月 27 日，http://www.mohrss.gov.cn/gkml/zcfg/gfxwj/202001/t20200120_ 356477. html，2020 年 4 月 8 日。

（一）鼓励与规范并重并行的基本立场

科学技术只有在实现转化与应用之后才能成为名副其实的第一生产力，学术创业则是推动大学教师实现科技成果转化为现实生产力的重要途径。而且，学术创业与人才培养的相互作用在理论上就如科学研究与教学育人的辩证关系一样，协调得当能够"提升大学办学质量、培养高水平创新创业人才"①。从学术创业与科学本身的关系而言，"每一种创业倾向的学术科学家越多，他们的科学认同中心就越大"②，"接受产业资助的创业科学家，反而产出更大的学术成果"③，这些都体现学术创业有利于科学自身的发展。在高度分化与市场细分的知识经济时代，高校不少学科专业若不与行业实践相结合，无论对接产业布局还是培养专业人才抑或学科升级都会疲软无助。作为一所植根社会土壤服务社会发展的现代大学，虽然不会"将企业家精神强制纳入学术计划"④，但必定会"越来越重视发展学术创业"⑤。正是在这种背景下，我国高校应将"鼓励"作为校本学术创业的优先策略，对接宏观层面"大众创业、万众创新"的国家政策。但是，无论定位于创新型大学还是创业型大学，高校的天然使命与本质职能仍是人才培养，当学术追求的天平偏向学术创业之际，容易"冲击大学传统理念"⑥，弱化学术传承与人才培养的中心工作。而且，学术创业的外延广泛，当将各种学术创业统合在一个政策文本进行研究时，对那些在人才培养反哺作用弊大于利的学术创业活动就要谨慎对待。例如，在德国、日本、韩国等，多数大学对教师校外兼职活动的基本政策是限制并禁

①　鞠伟、小虎、于竞：《推动学术创业的意义及现实困境与对策》，《中国高校科技》2020年第 3 期。

②　Richard N. Pitt, Lacee A. Satcher, Amber Musette Drew, "Optimism, Innovativeness, and Competitiveness: The Relationship between Entrepreneurial Orientations and the Development of Science Identity in Scientists", *Social Currents*, 2020, 7 (2).

③　Blumenthal, D., Campbell, E. G., Anderson, M. S., et al., "Withholding Research Results in Academic Life science ——Evidence from a national survey of faculty", *The Journal of the American Medical Association*, 1997, 277 (15).

④　M. N. Naong, "Attitudes of academics towards mandatory inclusion of entrepreneurship within academic programmes, a South African case-study", *Journal of Contemporary Management*, 2019, 16 (1).

⑤　María José Bezanilla, Ana García-Olalla, Jessica Paños-Castro, Arantza Arruti, "Developing the Entrepreneurial University: Factors of Influence", *Sustainability*, 2020, 12 (3).

⑥　叶泉：《大学学术创业活动的风险及其治理对策》，《管理观察》2016 年第 5 期。

止。① 因此，大学教师学术创业校本政策必须同时坚持将"规范"作为第一要务的原则，推动校本学术创业文化由"鼓励"走向"鼓励+规范"，在其价值指向下寻找协调学术创业与人才培养、科学研究相互关系的适宜路径，实现三者从对立冲突走向融合共赢，推动知识生产模式的转型升级。

（二）人才培养与成果转化的双元目标

高校以"鼓励+规范"作为基本立场制定校本学术创业政策，国际上成功的创业型大学便是可供借鉴的参照对象。在麻省理工、斯坦福等大批明星创业型大学，普遍没有将"创建公司当成自己的中心任务"②，没有将科技成果转化收益作为学校的财政支撑，甚至没有从其获取直接收益。"研究型大学很少受股东、利润、市场份额、配置效率或商品形式驱动，只有部分职业培训和国际教育有商业性学费。"③ 作为创业型大学典范的英国华威大学虽然通过华威制造集团、校舍资源等筹措办学经费，但仍然做到"商业模式与高等教育基本任务的机构优先事项相一致"④。以经费筹措作为手段助推大学学术目标的实现，这既是华威大学在短期内跨入世界名校行列的成功之道，也是一所大学转型升级并保持强劲发展势头的基本常识。但是，我国公办普通本科院校制定校本学术创业政策，应该也只能参照麻省理工而非华威大学的学术创业政策。我国高校之所以不宜以直接筹措经费作为学术创业的价值目标，主要取决于市场主体属性与学术创业风险两个方面的因素。一方面，公办院校缺乏真正独立自主面向市场办学的法人实体地位，仅财务运作就面临许多高校自身难以摆脱的政策掣肘。另一方面，以实体创办等形式的学术创业具有高风险，与大学及其教师明确的学术发展目标并不同轨。针对美国与瑞典两国创业科学家的调查研究表明，"成为企业家的平均经济收益是负的，而且创业者普遍来自于

①　唐丽萍、梁丽：《美国大学教师兼职活动的规范及其启示》，《高等教育研究》2015 年第6 期。

②　游振声：《美国研究型大学学术创业模式研究》，重庆大学出版社 2017 年版，第 216 页。

③　Simon Marginson, "The impossibility of capitalist markets in higher education", *Journal of Education Policy*, 2013, 28 (3).

④　Stewart E. Sutin, "Reforming higher education from within: Lessons learned from other mature sectors of the economy", *International Journal of Educational Development*, 2018, 58 (1).

学术界能力分布的较低部分"。① 在美国，高校知识产权商业化获得的资金不足以抵消成果转移转化的成本开支，从经济收益角度而言属于一件入不敷出的赔本买卖。例如，2000 年美国大学授予产业 21000 项技术许可，但仅有 125 项技术的许可收益及版税收益超过 100 万美元。② 但是，各国政府基本上均在大力推动高校科技成果转移转化，保守孤傲的英国剑桥大学已经通过学术创业实现"从知识生产到知识转型、再到知识创造的跨越"③，"连一度反工业合作文化的东京大学也在法人化改革之后实现了向领先的创业型大学转变"。④ 以上分析表明，那些不遗余力鼓励学术创业的国家，其共同的政策支点在于加快科技成果转化，这是继人才培养之后体现高校学术价值、服务社会发展、获得各界认同的第二大核心竞争力。我国高校在制订校本学术创业政策之际，自然要"以人才培养作为内部着力点、成果转化作为外部着力点"⑤，确立"人才培养+成果转化"的双元目标。

（三）基于"发明人主义"的利益驱动

如果说前面的基本立场与双元目标分别体现校本政策的基调与方向，那么此处基于"发明人主义"的利益驱动则体现其动力。作为科技成果转化的经典政策文本《拜杜法案》，其解决的核心问题其实正是动力机制问题，在将专利转让的所有权从国家让渡给承担单位之后便大大激发了高校科技成果转化的积极性。自此，学界在研究科技成果转化的权利配置、权属分置⑥或者利益分配之际，常常采取国家主义、单位主义与个人主义或者说发明人主义的三分法来概述其动力模式，并且大多主张以单位主义

---

① Thomas Åstebro, Serguey Braguinsky, Pontus Braunerhjelm, Anders Broström, "Academic Entrepreneurship: The Bayh-Dole Act versus the Professor's Privilege", *Industrial and Labor Relations Review*, 2019, 72 (5).

② 游振声：《美国研究型大学学术创业模式研究》，重庆大学出版社 2017 年版，第 137 页。

③ 韩萌：《剑桥大学学术创业集群的构建及其启示》，《高等教育研究》2020 年第 1 期。

④ Tohru Yoshioka-Kobayashi, "Institutional Factors for Academic Entrepreneurship in Publicly owned Universities in Japan: Transition from a Conservative Anti-industry University Collaboration Culture to a Leading Entrepreneurial University", *Science*, *Technology and Society*, 2019, 24 (3).

⑤ 详见付八军《创业型大学本土化的中国模式研究》，中国社会科学出版社 2018 年版，第 47—60 页。

⑥ 李昕、卞欣悦：《论我国公立大学职务科技成果权属分置制度的困境与完善》，《湖南师范大学教育科学学报》2020 年第 2 期。

而非其他两种模式作为成果所有权的配置方式。① 确实，我国大学教师在职务成果转化之后产生的法定收益比例居全球前列，甚至某些高校以"倒贴"方式帮助或者奖励教师的成果转化，而较少关注高校及其协助转化工作人员的利润激励，不利于培育成果转化合作方的向心力与积极性。但是，我们既不能由此否定美国科技政策长期以来奉行的"发明人主义"②，也不能凭此认为技术许可办公室可以为高校带来大量收益。事实上，《拜杜法案》出台以后确立的"谁创造，谁拥有"权属关系，反而比该法案产生之前"谁投资，谁拥有"权属关系更体现美国科技政策的"发明人主义"原则。再从世界范围内高校科技成果转化来看，寄望"依赖大学附属企业或者成果转化收益来支撑大学经济"③ 的成功案例并不多见。为提高科技成果的转化率，缩短科技成果的"沉睡期"，"通过学术创业促进社会和经济发展"④，我国高校需要继续坚持"让利于师"的利益分配原则。除了回应当前"单位主义"的学术观点以及阐明少有高校从科技成果转化本身获利的既定事实外，坚持该分配原则至少还有以下几个理由。其一，教师是高校科技成果创造的主体，离开了教师的主动性与创造性，再强大的财政支撑与团队攻关都无法实现理论形态的科技成果向现实生产力转化。只有让利于师，才能真正激发其潜在能力。正如2020年科技部等9部门印发《赋予科研人员职务科技成果所有权或长期使用权试点实施方案》指出，要"树立科技成果只有转化才能真正实现创新价值、不转化是最大损失的理念"。基于行为选择角度而言，学术创业属于教师的一项权力，在履行传统岗位职责的基础上，他们可以自行决定学术创业的内容与形式，甚至"无须上报个人所获额外收益，行政人员没有干预的权利"⑤。其二，高校是科技成果转化的平台、连接个人与社会

① 常旭华、陈强、李晓、王思聪：《财政资助发明权利配置：国家、单位、个人三元平衡分析》，《中国软科学》2019年第6期。
② 详见肖尤丹《科技成果转化逻辑下被误解的〈拜杜法〉——概念、事实与法律机制的厘清》，《中国科学院院刊》2019年第8期。
③ Christopher S. Hayter, Andrew J. Nelson, Stephanie Zayed, Alan C. O'Connor, "Conceptualizing academic entrepreneurship ecosystems: a review, analysis and extension of the literature", *The Journal of Technology Transfer*, 2018, 43 (4).
④ Elies Seguí-Mas, Víctor Oltra, Guillermina Tormo-Carbó, Faustino Sarrión-Viñes, "Rowing against the wind: how do times of austerity shape academic entrepreneurship in unfriendly environments?" *International Entrepreneurship and Management Journal*, 2018, 14 (3).
⑤ 殷朝晖、李瑞君：《大学教师学术创业的角色冲突及其调适策略》，《江苏高教》2017年第4期。

的中介，其功能定位应该是最大限度地提升高等教育的社会贡献率，在此价值指向原则下决定权属配置与利润分成。"束之高阁而不尝试转化，才是最大的国有资产流失。"事实上，如果大学教师意识到自身的科技成果能够带来巨大利润，他们往往会选择"离岗创业"[1]；如果科技成果涉及国家安全或者重大战略，国家通过购买服务体现特殊职务成果的"国家主义"原则。在校友财富增长及其境界提升之后，他们自然选择以捐赠形式回馈高校，这也是麻省理工、斯坦福等一批创业型大学通过学术创业间接筹措办学经费的重要渠道。其三，在体现个人主义的前提下，大学教师学术意愿依然较低[2]，并不意味着政策天平向单位主义倾斜就会激发高校创业活力。可以说，在现有教师考评体系下，如果按照单位主义原则设计学术创业政策，那么大学教师学术创业的意愿将更加弱化。我国大学教师学术创业意愿低的原因，剔除学术创业者的"资源禀赋"因素外[3]，根本原因在于教师评价与激励机制，不在于通过提升协助方的利润收益来强化学术创业动机。对此，下文另有分析。

三　大学教师学术创业校本政策的落地策略

针对学术创业的校本政策研究在我国学界属于学术薄弱点，具有统合性的校本政策研制则更是探索性的初步构想。在政策研制之际确立大学教师学术创业的基调、方向与动力之后，如何让这三个方面的价值向度在具有统合性的校本政策中体现出来，并使其政策方案能够有效指导高校具体的学术创业实践，便是本文研究的校本政策落地策略问题。显然，这个问题在很大程度上依赖高校的内外部环境建设。从外部环境来看，国有无形资产归属问题是制约我国高校财政资助科技成果转化的最后一道障碍。[4]确实，2019 年财政部令第 100 号文件对《事业单位国有资产管理暂行办

---

① 详见付八军、赵忠平《怪胎抑或榜样：创业型大学建设的中国实践——基于创业型大学教师的访谈研究》，《复旦教育论坛》2019 年第 2 期。

② 易高峰：《中国高校学术创业：影响因素·实现机制·政策设计》，人民出版社 2017 年版，第 75—81 页。

③ 段琪、麦晴峰、廖青虎：《基于扎根理论的高校学术创业过程研究》，《科学学研究》2017 年第 8 期。该文认为，创业者的资源禀赋差异是导致微观层次创业行为异质性的根本原因；同时，最重要的资源禀赋包括技术背景、专业影响力、人员优势、经验条件以及其他社会资源五个方面。

④ 李昕、卞欣悦：《论我国公立大学职务科技成果权属分置制度的困境与完善》，《湖南师范大学教育科学学报》2020 年第 2 期。

法》予以修订，进一步向高校下放了科技成果资产的评估权，仍未从根本上解决财政资助科技成果归属国有资产管理的体制约束。① 但是，产权属性在实践中不再是制约科技成果转化的顽瘴痼疾，国家许多专门针对科技成果转化的政策文件，从一切有利于成果转化的角度赋予高校的成果处置权、收益权。例如，教育部、科技部于 2016 年发布的《关于加强高等学校科技成果转移转化工作的若干意见》（教技〔2016〕3 号）提出："除涉及国家秘密、国家安全外，不需要审批或备案，高校自主决定转让、许可或者作价投资，全部收益留归学校，在对成果完成人奖励后主要用于科学研究与成果转化等相关工作。"② 尤其在 2020 年 5 月科技部等 9 部门印发《赋予科研人员职务科技成果所有权或长期使用权试点实施方案》之后，国家设立的高等院校将不再受到国有无形资产的体制束缚，尽职免责机制也将让高校领导消解后顾之忧。同时，政策法律文件系统错综复杂，既有层次关系也有系列关系，其不影响科技成果转化活动的细枝末节问题只能在未来的立法进程中不断完善。例如，科技成果资产保值增值问题在实践中缺乏可操作性，在确立相关免责制度以及严格遵循合同约束条款之后，类似问题对于科技成果转化没有实质性的滞阻作用。在外部环境上，制约高校科技成果转化最大的体制障碍还在于高校法人实体地位带来的办学自主权问题。③ 如果高校一切围着政府转的高等教育管理体制不能改变，那么要让高校基于特色办学定位鼓励大学教师学术创业就难落在实处。这也从另一个侧面表明，学术创业校本政策的落地问题要从高校自身实现突破。在大学教师学术创业的前行道路上，任何一所高校都不能马上改变外部环境，也不能等待外部环境改善，需要从校本学术创业政策出发，寻找激活校本学术创业文化的有效路径。限于体例与篇幅，本文仅从落实上文论及的三大价值向度出发，论述如何在校内环境打造上推进学术创业，使得该种基本特征与价值向度的校本政策落地生根。

（一）分类管理：贯彻在鼓励的前提下同时规范学术创业的关键环节

遵循"鼓励+规范"原则研制校本学术创业政策，对不同活动形式的

① 详见吴寿仁《科技成果转化若干热点问题解析（二十五）——新修订的〈事业单位国有资产管理暂行办法〉导读》，《科技中国》2019 年第 6 期。
② 科技部：《教育部 科技部关于加强高等学校科技成果转移转化工作的若干意见》，2016年 8 月 7 日，http://www.most.gov.cn/tztg/201608/t20160817_ 127255. htm，2020 年 4 月 10 日。
③ 王建华：《重申高等教育体制改革》，《教育发展研究》2018 年第 1 期。

学术创业进行分类是其关键环节。这既是我国高校学术创业校本政策的疏忽之处，也是社会各界质疑大学教师学术创业的误区所在。基于不同的价值立场与判断依据，学术创业的类型划分各不相同。例如，克劳夫斯滕（Klofsten）等将学术创业分为硬活动与软活动①，谢弗（Schaeffer）等从正式和非正式两分法研究大学产业知识转移（UIKT）②，李华晶将学术创业分为内向型、外向型与中间型三种类型③，等等。本书从校本政策制定的需要出发，将大学教师学术创业首先分为离岗创业与在岗创业，再将在岗创业分为鼓励型、限制型与禁止型，最后将限制型细分为报备型与报批型。划分依据主要根据学术创业活动与大学教师传统岗位职责的融合或者冲突程度、学术创业活动对于社会经济发展的时代价值及其不可或缺程度。但是，不同办学定位与发展阶段的高校，在具体学术创业活动归类上不尽一致。例如，当前大学教师在职创办实体企业已获国家允许，以创业型大学作为办学定位的普通本科院校，有的可能会将创办企业纳入在岗创业进行管理，而有的则可能纳入离岗创业进行管理。因此，本书提供的"大学教师学术创业分类管理一览表"（见表6-4），可视为传统型而不是"前摄性"公办院校推进学术创业的政策范本，不同院校在此基础上的进一步调整可以体现其不同的学术使命与战略重点。总体而言，技术许可、专利转让等是大学教师学术创业活动的主要形式，也是社会与高校最为推崇的学术创业类型。对于该种类型的学术创业活动，高校可以通过合同契约最大可能"让利于师"，推动知识生产力转化为现实生产力。

表6-4　　　　　　　　大学教师学术创业分类管理一览

类型划分	判断依据	活动枚举
离岗创业	占有时间与精力较大，不能履行大学教师岗位职责	创办企业、其他申请

---

① Magnus Klofsten, Dylan Jones-Evans, "Comparing academic entrepreneurship in Europe-The case of Sweden and Ireland", *Small Business Economics*, 2000, 14 (4).

② Véronique Schaeffer, Sıla Öcalan-Özel, Julien Pénin, "The complementarities between formal and informal channels of university – industry knowledge transfer: a longitudinal approach", *The Journal of Technology Transfer*, 2020, 45 (1).

③ 李华晶、王刚：《基于知识溢出视角的学术创业问题探究》，《研究与发展管理》2010年第1期。

续表

类型划分			判断依据	活动枚举
在岗创业	鼓励型		有益于大学教师岗位职责的履行，其他人员难以替代	专利转让、许可授权、产业合同研究（横向课题）、公益性讲座
	限制型	报备型	其他人员难以替代；商业色彩不明显或者所耗时间较短且可测量，同时与教师岗位职责不存在明显冲突	不承担经营与管理角色的技术入股、在政府部门担任顾问、一次性且不占用学校资源的商业性讲座、学术期刊或者非实体学术团体等社会兼职
		报批型	其他人员难以替代；商业色彩明显或者所耗时间较长且不可测量，同时与教师岗位职责存在一定冲突	承担经营与管理角色的技术入股、在非政府部门担任顾问、长期或者占用学校资源的商业性讲座、与本职岗位有关的其他兼职兼薪
	禁止型		无益于大学教师岗位职责的履行，或者其他人员容易替代	校外长期兼课、举办各种营利性的教育培训班、与本职岗位无关的所有兼职兼薪

（二）平台建设：遵循"人才培养与成果转化"双元目标的基本保证

高举学术创业旗帜并被社会各界普遍赞誉的世界一流大学，虽然确立"学术成果只是手段，人才培养与成果转化才是目标"的价值取向，但是这些大学的教师并没有将大量时间投入学术成果的商业化运作中去，他们的主要精力仍然放在教学科研等传统岗位职责上。这些高校之所以能够恰当地协调高校目标与教师职责的关系，重要原因在于高校设立了专业高效的成果转化平台。对此，作为创业型高校典范的斯坦福大学起步较早。斯坦福大学的技术许可办公室（Office of Technology Licensing，简称 OTL）于 1970 年 1 月 1 日在尼尔斯·赖默斯（Niels J. Reimers）的推动下设立。后来被越来越多的美国乃至世界高等院校效仿，被誉为大学知识产权管理模式的"黄金标准"[1]。时至今日，美国大学普遍设立技术许可办公室。在成果转化平台建设上，我国自 2008 年起先后确立六批国家技术转移示范机构，在第一批 76 家机构中高校的技术转移中心、科技成果与知识产权管理办公室、科技成果转化中心、科技园发展有限公司等有 16 家，约占总数的 21%，在后续几批中高校占比略有提升。2019 年，教育部认定了首批 47 家高校的科技成果转移转化基地。成果转化平台在

---

① 付八军：《教师转型与创业型大学建设》，中国社会科学出版社 2016 年版，第 36 页。

我国获得国家认可固然重要，然则能够得到本校师生认可、服务社会发展更为关键。从机构设置情况而言，当前国内所有高举创业型大学旗帜的本科院校以及那些关注学术创业的研究型大学，均设立了帮助本校教师致力于科技成果转移转化的相应机构。例如国内较早迈入创业型大学轨道的福州大学不断完善成果转化机构，现在已经形成完整的"科研开发—成果孵化—成果产业化"科技创新服务体系；近年来跟随创业型大学建设步伐的临沂大学设置社会服务处，为全校师生的成果转移转化承担一条龙的配套服务。但是，我国高校技术许可办公室的设置远远不及美国那样普遍，而且专业水平与服务能力有待提高。当然，在美国运作几十年的技术许可办公室，亦有55%的公司对其工作人员的协商与谈判技术并不满意。① 这表明提高校内成果转化平台的桥梁作用依然任重道远。但是，该机构的成熟程度与服务水平，决定了大学科技成果转化乃至整个学术创业的广度与深度。例如，针对地方政府政策支持与成果转化相关性的研究表明，提高成果转化效果的关键因素是收益奖励与服务机构两类政策工具，而财政资助、金融支持、人才培育等并不产生积极影响。② 高校鼓励教师开展学术创业与此一致，应该从创业回报、平台建设等方面引导，而不宜将校本学术创业政策的重点放在创业资金扶持、创业师资培育上。同时，大学教师的本职工作仍是教学育人与科学研究，至于延展的学术创业更多地需要校内相关平台机构予以配合与扶持。只有这样，才能保证大学的使命依然是人才培养与发展科学，学术成果转为市场产品则是大学使命的锦上添花。

（三）破除"五唯"：有效强化"发明人主义"动力机制的根本途径

包括中国在内全球多数国家对于高校学术创业的态度，总体上是以鼓励文化作为宏观政策的第一价值选择；同时，我国政府出台大量鼓励高校学术创业的各种政策，其出发点或者说核心还是在于解决学术创业的动力机制问题。当前，国家鼓励高校迈入学术创业与服务社会经济发展的轨道，然而高校及其教师学术创业的动力机制严重不足。如前所述，在鼓励

① Siegel, D. S. Waldmand, Link, A., "Assessing the Impact of Organizational Practices on the Relative Productivity of University Technology Transfer Offices: An Exploratory Study", *Research Policy*, 2003, 32（1）. 游振声：《美国研究型大学学术创业模式研究》，重庆大学出版社 2017 年版，第213 页。

② 杜宝贵、张鹏举：《科技成果转化政策的多重并发因果关系与多元路径——基于上海等22 个省市的 QCA 分析》，《科学学与科学技术管理》2019 年第 11 期。

学术创业的前提下，我国长期坚持并将继续坚持"发明人主义"的利益驱动原则。但是，为何大学教师学术创业的动力机制依然不足？从大学教师角度而言，关键在于牵引大学教师专业成长与事业发展的着力点不在满足社会实际需要的学术成果上，而在于被高校及政府部门认可的传统学术业绩上。如果教师能够且只能从论文、著作、课题、获奖、专利等学术成果本身获得认可并得到较大回报，那么教师也就不会较多地关注成果本身的实际贡献与社会价值，对时间消耗较多且风险较高的成果转化活动更是不屑一顾。这亦体现，国家多次发文破除学术评价中的"五唯"现象，与政府极力鼓励的学术创业文化在政策取向上相一致。不过，作为在高教界既是共识也是常识的破除"五唯"举措，绝非仅仅破除"唯论文、唯帽子、唯职称、唯学历、唯奖项"，其实质应该是指破除学术成果所承载的"唯外部评价"。① 否则，我们在破除旧的"五唯"之后，又会树立新的"N唯"。例如，科技部于2020年印发《关于破除科技评价中"唯论文"不良导向的若干措施（试行）》（国科发监〔2020〕37号）提出的"三类高质量论文"，亦即发表在具有国际影响力的国内科技期刊、业界公认的国际顶级或重要科技期刊的论文，以及在国内外顶级学术会议上进行报告的论文②，在本质上仍然属于一种"外部评价"，进一步强化"唯刊物""唯三高"等不合理评价现象，在熟人社会更容易导致权力寻租、人情泛滥等学术腐败问题。③ 我们要重视"外部评价"，但一定要避免"唯外部评价"。当真正理解破除"五唯"的精神实质后，我们就会在完善同行专家评价机制、推行代表作制度、按学科与岗位分类评价等国家倡

---

① 详见付八军《高校"五唯"：实质、缘起与治理》，《浙江社会科学》2020年第2期。

② 科技部：《关于破除科技评价中"唯论文"不良导向的若干措施（试行）》，2020年2月17日，http://www.most.gov.cn/mostinfo/xinxifenlei/fgzc/gfxwj/gfxwj2020/202002/t20200223_151781.htm，2020年5月4日。

③ 只要依据什么来评价，必然走向外部评价。当将某种外在评价作为绝对标准，就会走向"唯外部评价"。但是，不再依据业已形成的外部评价，在进行某种学术评价时，不仅操作性不强，专家亦见仁见智，而且同样难免关系导向。当前出现了"唯平台""唯你是谁"等倾向的学术评价，貌似针对破除"五唯"的举措，实则是更加恶劣的评价制度。可见，寻找绝对公平正确的学术评价制度，答案是"无解"。但是，正如正文所言，尽可能减少兴师动众的学术评价尤其针对学者个体的评价，让同行学者在"静"的环境中理性且自然评价，也许会更加趋近真实的内在学术评价，也更能让学术创业顺其自然地呈现出来。总之，学术管理有其特殊性，不能像有形产品一样，过度量化、分化与等级化。

导的教师评价制度上①，减少政府层面的各类人才工程与成果评奖、完善以竞争性经费为主向以资助性经费为主的纵向课题管理体制、淡化学术期刊的过度分级与影响因子崇拜等。当大量贴上"等级"标签的外在评价淡出学术界之后，学术共同体内同行评价才可能在"静"的环境中真正发挥作用，以校为本的大学教师评价机制才可能真正显现力量。与此同时，高校应该淡化学术业绩的资金奖励与过强刺激，提升基础性薪酬待遇，逐渐从工分制过渡到年薪制，让那些德高望重、师生欢迎、学术卓著或者业绩显著的大学教师自然脱颖而出。当我们真正达到如此境界的破"五唯"，基础研究与应用研究就会以顺其自然状态齐头并进（直至 19 世纪末，美国尚未区分基础研究与应用研究②）了，学术人文主义与学术创业主义也会并驾齐驱和谐共进，不少基于兴趣与偶然诞生的理论再到应用便会成为一种常态。西方研究早已表明，对公司产品贡献最大的往往是基础知识的创造者。③ 可见，理解"五唯"实质，破除"唯外部评价"，等于解开了大学教师学术创业的第一道枷锁。破除"五唯"过程的艰巨性，决定了大学教师学术创业的渐进性。例如，曾在全国率先设立创业管理处统管全校师生创业的浙江农林大学，为推动该校由传统院校向创业型大学转向，不仅通过多种方式向全体教师传达学术创业理念，而且通过制定"创业十五条"等系列校本政策促进文件贯彻落实，但是，由于考评教师业绩的传统评价机制没有改变，"五唯"依然是教师专业提升的标准与方向，最后未能推动教师在整体上从传统型转向创业型。

（四）立德树人：助推学术文化与创业文化交相辉映的重要补充

以上举措在于激励与规范大学教师学术创业，彰显现代大学不可逆转的创业文化。但是，大学的传统使命与独特职责则是人才培养，瞄准外向型经济的创业文化容易导致育人中心的偏离与旁落，引发创业文化与学术

---

① 教育部：《教育部关于深化高校教师考核评价制度改革的指导意见》，2016 年 8 月 29 日，http://www.moe.gov.cn/srcsite/A10/s7151/201609/t20160920_281586.html，2020 年 5 月 4 日。该意见提到，"完善同行专家评价机制，积极探索建立以'代表性成果'和实际贡献为主要内容的评价方式，将具有创新性和显示度的学术成果作为评价教师科研工作的重要依据。……聘任科研成果转化、技术推广与服务岗位的教师，主要考察其实施科研成果转化的工作绩效，并作为职称（职务）评聘、岗位聘用的重要依据"。

② 游振声：《美国研究型大学学术创业模式研究》，重庆大学出版社 2017 年版，第 68 页。

③ Mansfield, E., Leej, Y., "The Modern University: Contributor to Industrial Innovation and Recipient of Industrial R&D Support", *Research Policy*, 1996, 25 (7).

文化的对立与冲突。当高校不再以传统的学术业绩论英雄，同时强调学术成果贵在转化之际，该种对立与冲突就会更加尖锐。因为创业型大学的典型特征是功能化与市场化①，导致学术权力的离散、扁平乃至弱化。这也正是"创业率随研究者学术水平的提高而降低"②的原因所在。因此，无论传统型大学还是创业型大学，都要以卓越的学术文化享誉全球，创业文化仅是一种手段或者策略。例如，作为创业型大学典范的斯坦福大学，力争消解学术创业对大学传统理念的潜在影响，平衡大学教师教学育人、科学研究与学术创业的矛盾冲突。③ 在去除"五唯"、搭建平台、"让利于师"的学术创业背景下，我国高校需要培育并弘扬体现大学本色的师德文化，奏响爱生重教、追求真理的校园主旋律，最终实现学术创业"人才培养+成果转化"的双元目标。从校本学术创业政策设计而言，无论绩效考评还是业绩宣传，需要引导创业之星将学术创业成果转化为教育教学资源，突出成果转化业绩中所蕴含的学术创新与理论贡献。与此同时，通过实实在在的职称评聘、物质奖励、榜样树立等，让那些踏实勤恳、安心学术、师生爱戴的优秀教师成为校园里最受尊敬的人。凡是不从法律制度出发的师德建设，无异于在沙漠里用泡沫搭建城堡。当大学弥漫着尊师重教、修德求真的校园主流文化，创业文化就会成为学术文化的有益补充而不会对立冲突，从而实现学术文化与创业文化交相辉映、传统型教师与创业型教师共融互促。

总之，国家站在更高层面强劲推出"双创"政策，关键在于高校因校制宜出台校本政策。本书首次从"统合性"视角探讨校本学术创业政策，既是应对高校新使命抑或新动向的挑战，也是实现高校个性化发展的基石。不同高校在既定创业活动类型中作出不同组合的选择，从国家的整个高等教育体系看，可能出现一批以全面的学术创业作为主导文化的创业型大学，或者一批仅关注技术转让、政策咨询等学术创业部分类型的创新

---

① David R. Jones; Dean Patton, "An academic challenge to the entrepreneurial university: the spatial power of the 'Slow Swimming Club'", *Studies in Higher Education*, 2020, 45 (2).

② Adriana Bin, Muriel de Oliveira Gavira, Jessica Botelho Figueira, Taynan Mariano Bezerra de Carvalho, Sergio Luiz Monteiro Salles-Filho, Fernando Antonio Basile Colugnati, "Profile of academic entrepreneurship in Brazil: Evidence from the evaluation of former holders of undergraduate research, master and PhD scholarships", *Innovation & Management Review*, 2018, 15 (4).

③ 苏洋：《世界一流大学如何平衡教师学术创业引发的冲突——斯坦福大学的经验与启示》，《比较教育研究》2020 年第 4 期。

型大学，甚至还有一批坚守传统使命、抑制各类学术创业的保守型大学，最终实现大学的分类发展、特色发展与自主发展。诚然，所有的这一切，取决于高校真正独立法人地位的确立，也标志着高校真正独立法人地位的确立。等待政府的救济或者说授权过程将是漫长曲折的，高校唯有通过自力更生摆脱对于政府严重的物质依赖性才有可能率先走出重围。这个过程到底需要多长时间，能否有这样勇于改革创新的高校，我们只能拭目以待。

结　　语

　　大学教师学术创业已经蔚然成风，而且其趋势无法阻挡。任何试图将之掐灭的行为，无异于唐·吉诃德勇斗风车。何况，作为学术创业核心内容的科技成果转化，其对于国家强大与社会发展的战略意义不言而喻。高校是科技人才培养的主要基地，是国家科技创新体系的重要支柱，理应成为科技成果转化的重要平台。仅从这个层面而言，高等教育理论界应该顺应国家"双创"政策，推动学术创业话题成为理论前沿。作为课题最终研究成果，本书基本达到研究预期，除了引言论及的四大具体创新或贡献外，在宏观层面还有如下三点创新。其一，在思想上，率先从"鼓励+规范"角度对我国大学教师学术创业开展全面深入研究。国家对学术创业的鼓励尚未转化为高校具体且规范的行动方案，不利于教师学术创业的开展与高校育人使命的弘扬。其二，在观点上，国内最早基于大学教师学术创业活动的边界与类型分析其政策向度。将大学教师的各种学术创业活动根据一定标准分门别类统合起来，再根据学术创业活动类型研究其政策向度，实现研究成果从个别上升到一般，使其具有统摄力、解释力与引领力。其三，在方法上，以解剖麻雀的方式深度调研极具学术创业典型的高校。例如，本课题选择高举创业型大学旗帜的普通本科院校作为案例，既可以了解教师学术创业在获得高校鼓励之后的实际情况，也可以预测中国大学教师未来开展学术创业的普遍期望与共性问题，有利于将研制的"鼓励+规范"思想推向全国，这是中国大学教师学术创业研究难得的"实验室"。正如伯顿·克拉克所言："一个杰出的典型抵得上一千种遥远的理论。"诚然，作为国内较早从宏观与全局层面探讨大学教师学术创业的一部理论著作，囿于我们的研究力量以及各种外在的客观因素，该书离最初设定的学术目标——

中国特色的大学教师学术创业理论体系的奠基之作——相距甚远。但是，我们已经并将继续在理论的"本土化"研究尤其是政策的"规范化"管理上给予高度重视，这是任何一部致力于指引中国大学教师学术创业的论著所不可缺少的研究重点。

参考文献[①]

著作

〔美〕埃里克·古尔德：《公司文化中的大学——大学如何应对市场化的压力》，吕博、张鹿译，北京大学出版社 2015 年版。

〔美〕艾伯特·N.林克、唐纳德·S.西格尔、迈克·赖特：《大学的技术转移与学术创业——芝加哥手册》，赵中建、周雅明、王慧慧等译，上海科技教育出版社 2018 年版。

〔美〕伯顿·克拉克：《大学的持续变革：创业型大学新案例和新概念》，王承绪译，人民教育出版社 2008 年版。

〔美〕伯顿·克拉克：《建立创业型大学：组织上转型的途径》，王承绪译，人民教育出版社 2007 年版。

曹昱、甘当善、李强：《小型企业：美国新经济的助推器》，上海财经大学出版社 2003 年版。

〔美〕查尔斯·维斯特：《麻省理工学院如何追求卓越》，蓝劲松主译，北京大学出版社 2013 年版。

陈洪捷：《德国古典大学观及其对中国的影响》（第三版），北京大学出版社 2015 年版。

陈平原：《大学新语》，北京大学出版社 2016 年版。

陈霞玲：《创业型大学组织变革路径研究》，北京理工大学出版社 2015 年版。

〔美〕大卫·科伯：《高等教育市场化的底线》，晓征译，北京大学出

① 在正文中出现的网络、报纸以及部分期刊文献，不在此重复列出。

版社 2008 年版。

戴晓霞、莫家豪、谢安邦：《高等教育市场化》，北京大学出版社 2005 年版。

范国睿：《教育政策的理论与实践》，上海教育出版社 2011 年版。

［美］菲利普·G.阿特巴赫：《比较高等教育：知识、大学与发展》，人民教育出版社教育室译，人民教育出版社 2001 年版。

付八军：《创业型大学本土化的中国模式研究》，中国社会科学出版社 2018 年版。

付八军：《大学教师的培养与成长》，中国社会科学出版社 2010 年版。

付八军：《高等教育属性——教育政策对高等教育属性选择的新视角》，江西人民出版社 2008 年版。

付八军：《教师转型与创业型大学建设》，中国社会科学出版社 2016 年版。

付八军：《纵论创业型大学建设》，浙江工商大学出版社 2014 年版。

高洁、袁江洋：《科学无国界：欧盟科技体系研究》，科学出版社 2015 年版。

高青海：《文史哲百科辞典》，吉林大学出版社 1988 年版。

顾明远：《中国教育路在何方》，人民教育出版社 2016 年版。

［美］亨利·埃兹科维茨：《麻省理工学院与创业科学的兴起》，王孙禺、袁本涛等译，清华大学出版社 2007 年版。

［美］亨利·埃兹科维茨、［荷］劳埃特·雷德斯多夫：《大学与全球知识经济》，夏道源等译，江西教育出版社 1999 年版。

［美］亨利·埃茨科维兹：《三螺旋创新模式》，陈劲译，清华大学出版社 2016 年版。

黄兆信：《新生代创业教育论》，中国社会科学出版社 2019 年版。

黄兆信：《众创时代高校创业教育新探索》，中国社会科学出版社 2016 年版。

［美］霍尔登·索普、巴克·戈尔茨坦：《创新引擎——21 世纪的创业型大学》，赵中建等译，上海科技教育出版社 2018 年版。

［美］克拉克·克尔：《大学之用》，高铦、高戈译，北京大学出版社 2008 年版。

［美］劳伦斯·维赛：《美国现代大学的崛起》，栾鸾译，北京大学出版社 2015 年版。

李爱国：《大学生生存型创业和机会型创业的行为动机、影响因素及转化对策研究》，经济科学出版社 2017 年版。

李华晶：《绿色创业导向研究》，中国人民大学出版社 2016 年版。

［美］丽贝卡·S. 洛温：《创建冷战大学——斯坦福大学的转型》，叶赋桂、罗燕译，清华大学出版社 2007 年版。

联合国教科文组织总部：《教育——财富蕴藏其中》，联合国教科文组织总部中文科译，教育科学出版社 2001 年版。

刘汉成：《地方本科院校转型发展的实践探索》，中国经济出版社 2015 年版。

刘琅、桂苓：《大学的精神》，中国友谊出版公司 2004 年版。

刘尧：《教育困境是教育评价惹的祸吗》，学苑出版社 2017 年版。

［美］罗伯特·金·默顿：《科学社会学：理论与经验研究》，鲁旭东、林聚任译，商务印书馆 2003 年版。

［德］马克斯·韦伯：《韦伯论大学》，孙传钊译，江苏人民出版社 2006 年版。

［德］马克斯·韦伯：《学术与政治》，钱永祥等译，广西师范大学出版社 2010 年版。

马陆亭：《高等学校的分层与管理》，广东教育出版社 2004 年版。

［德］玛丽安妮·韦伯：《马克斯·韦伯传》，简明译，中国人民大学出版社 2014 年版。

［美］美国商务部创新创业办公室：《创建创新创业型大学：来自美国商务部的报告》，赵中建、卓泽林译，上海科技教育出版社 2016 年版。

［美］内克、格林、布拉什：《如何教创业：基于实践的百森教学法》，薛红志等译，机械工业出版社 2015 年版。

［英］纽曼：《大学的理想》，徐辉、顾建新、何曙荣译，浙江教育出版社 2003 年版。

潘懋元、车如山：《做强地方本科院校的理论与实践研究》，高等教育出版社 2016 年版。

［法］皮埃尔·布迪厄、［美］华康德：《实践与反思——反思社会学导论》，中央编译局 1998 年版。

商友敬：《坚守讲台》，华东师范大学出版社 2005 年版。

睦依凡：《大学校长的教育理念与治校》，人民教育出版社 2006 年版。

王建华：《学科的境况与大学的遭遇》，教育科学出版社 2014 年版。

王建华：《重估高等教育改革》，南京师范大学出版社 2018 年版。

王军胜：《创业型大学：应用型本科高校转型之路》，郑州大学出版社 2020 年版。

［美］韦斯布罗德、巴卢、阿希：《使命与财富：理解大学》，洪成文、燕凌译，学苑出版社 2016 年版。

温正胞：《大学创业与创业型大学的兴起》，浙江大学出版社 2011 年版。

吴敬琏、厉以宁、郑永年等：《读懂供给侧改革》，中信出版社 2016 年版。

［美］希拉·斯劳特、拉里·莱斯利：《学术资本主义——政治、政策和创业型大学》，梁骁、黎丽译，北京大学出版社 2008 年版。

夏清华：《学术创业：中国研究型大学"三使命"的认知与实现机制》，武汉大学出版社 2013 年版。

肖尤丹：《中国科技成果转化制度体系——法律、政策及其实践》，科学技术文献出版社 2017 年版。

宣勇、张鹏：《激活学术心脏地带——创业型大学学术系统的运行与管理》，高等教育出版社 2013 年版。

杨超：《大学教师的学术职业分化》，科学出版社 2016 年版。

杨德广：《杨德广教育文选》，华东师范大学出版社 2010 年版。

叶赋桂、陈超群、吴剑平等：《大学的兴衰》，清华大学出版社 2016 年版。

［美］伊丽莎白·波普·贝尔曼：《创办市场型大学——学术研究如何成为经济引擎》，温建平译，上海科学技术出版社 2016 年版。

易高峰：《中国高校学术创业：影响因素·实现机制·政策设计》，人民出版社 2017 年版。

游振声：《美国研究型大学学术创业模式研究》，重庆大学出版社 2017 年版。

余蓝、洪成文：《美国大学捐赠基金法律制度研究》，人民出版社

2020 年版。

[美] 约翰·S. 布鲁贝克：《高等教育哲学》，王承绪译，浙江教育出版社 2002 年版。

张楚廷：《校长·大学·哲学》，西南师范大学出版社 2016 年版。

张泰城：《新建本科院校的转型与发展》，高等教育出版社 2014 年版。

张意忠：《大学教授的使命与责任》，科学出版社 2015 年版。

郑旭辉：《三螺旋创新视角下创业型大学形成机理与转型策略研究》，厦门大学出版社 2018 年版。

朱九思：《开拓与改革》，华中科技大学出版社 2008 年版。

卓泽林、黄兆信：《美国高校全校性创业教育实证研究》，中国社会科学出版社 2020 年版。

期刊

别敦荣：《必须进一步扩大高校办学自主权——我国高等教育发展 70 年的经验》，《教育发展研究》2019 年第 13/14 期。

宾恩林：《加强应用性研究："双高计划"背景下高职院校专业建设之路》，《华东师范大学学报》（教育科学版）2020 年第 1 期。

蔡辰梅、刘刚：《论学术资本化及其边界》，《高等教育研究》2013 年第 9 期。

操太圣：《"五唯"问题：高校教师评价的后果、根源及解困路向》，《大学教育科学》2019 年第 1 期。

常静、王冰：《欧盟"地平线 2020"框架计划主要内容与制定方法》，《全球科技经济瞭望》2012 年第 5 期。

常杉杉：《高校教师发展及其主体回归》，《江苏高教》2019 年第 12 期。

常旭华、陈强、李晓、王思聪：《财政资助发明权利配置：国家、单位、个人三元平衡分析》，《中国软科学》2019 年第 6 期。

常旭华等：《财政资助发明权利配置：国家、单位、个人三元平衡分析》，《中国软科学》2019 年第 6 期。

陈春林、冯雪娇、林浩：《科技人员参与"双创"的现状及问题研究——以江西省为例》，《江西科学》2018 年第 1 期。

陈吉灿：《公立高校知识产权转化难：一个"中式命题"的破解》，《山东科技大学学报》（社会科学版）2019 年第 2 期。

陈丽伶、张秀梅：《远程教育非学术性学习支持服务现状个案研究》，《现代教育技术》2007 年第 2 期。

陈廷柱：《警惕高等教育质量项目化》，《大学教育科学》2019 年第 5 期。

陈武林：《创业教育中研究生学术资本转化：定位、价值及实现路径》，《研究生教育》2017 年第 4 期。

陈先哲：《捆绑灵魂的卓越：学术锦标赛制下大学青年教师的学术发展》，《教育发展研究》2014 年第 11 期。

陈燕：《创新机制激活教师成长内驱力》，《中国教育学刊》2020 年第 1 期。

陈尧：《行政化评价：我国哲学社会科学学术评价的误区》，《中国社会科学评价》2019 年第 4 期。

陈粤、邓飞其、尹余生：《高校教师创业相关问题研究》，《中国科技成果》2011 年第 15 期。

谌红桃：《高校克服"五唯"顽瘴痼疾的理论依据与实践路径》，《中国高等教育》2018 年第 24 期。

邓友超：《深化教育体制改革重在抓落实、见实效》，《教育研究》2018 年第 9 期。

邓志超、孙莉：《辽宁省科技成果转化政策文本的量化分析》，《创新科技》2019 年第 2 期。

董娟、陈士俊：《美国科技创新政策的法律制度研究》，《科技管理研究》2007 年第 5 期。

董娟、巩诗滢：《危机应对与创新发展——奥巴马科技政策与法律的实践与选择》，《天津大学学报》（社会科学版）2010 年第 5 期。

董云川、李保玉：《仿真学术：一流大学内涵式发展的陷阱》，《江苏高教》2018 年第 8 期。

杜宝贵、张焕涛：《基于"三维"视角的中国科技成果转化政策体系分析》，《科学学与科学技术管理》2018 年第 9 期。

杜宝贵、张鹏举：《科技成果转化政策的多重并发因果关系与多元路径——基于上海等 22 个省市的 QCA 分析》，《科学学与科学技术管理》

2019 年第 11 期。

杜鹏：《熟人社会的阶层分化：动力机制与阶层秩序》，《社会学评论》2019 年第 1 期。

杜伟锦、宋园、李靖、杨伟：《科技成果转化政策演进及区域差异分析——以京津冀和长三角为例》，《科学学与科学技术管理》2017 年第 2 期。

段琪、麦晴峰、廖青虎：《基于扎根理论的高校学术创业过程研究》，《科学学研究》2017 年第 8 期。

范军：《比"四唯"危害更大的是"唯项目"》，《社会科学动态》2018 年第 12 期。

范玉梅：《日本学术评价体系质的转变》，《北京科技大学学报》（社会科学版）2017 年第 2 期。

方炜、郑立明、王莉丽：《改革开放 40 年：中国技术转移体系建设之路》，《中国科技论坛》2019 年第 4 期。

方新英：《欧盟科技政策历史变迁研究文献综述》，《河南理工大学学报》（社会科学版）2013 年第 2 期。

冯兴石：《欧盟的研究与技术发展政策》，《当代世界》2007 年第 9 期。

付八军：《创业型大学本土化的理论误解——兼议创业型大学的学术资本转化》，《江苏高教》2018 年第 11 期。

付八军：《创业型大学本土化的内涵诠释》，《教育研究》2019 年第 8 期。

付八军：《创业型大学的学术资本转化》，《中国高教研究》2017 年第 8 期。

付八军：《创业型大学教师评价的双轨制》，《高教探索》2019 年第 11 期。

付八军：《创业型大学内涵的溯源性解读》，《高等工程教育研究》2018 年第 3 期。

付八军：《大学教师学术创业：背景、使命与轨迹》，《教育发展研究》2020 年第 13/14 期。

付八军：《大学教师学术创业：内涵、价值与路径》，《清华大学教育研究》2020 年第 5 期。

付八军：《贡献度：创业型大学教师转型的重要指针》，《大学教育科学》2016 年第 4 期。

付八军：《国内创业型大学建设的路径比较与成效分析》，《高等工程教育研究》2016 年第 6 期。

付八军：《论大学教师的职前培养体制》，《教育研究》2011 年第 4 期。

付八军：《论大学转型与教师转型》，《教育研究》2017 年第 4 期。

付八军：《学术成果转化：创业型大学教师的历史使命》，《教育发展研究》2017 年第 7 期。

付八军：《学术资本转化：创业型大学的组织特性》，《教育研究》2016 年第 2 期。

付八军：《知识经济与高等教育的相关性探析》，《高等教育研究》2005 年第 3 期。

付八军、龚放：《创业型大学本土化的实践误区》，《江苏高教》2019 年第 1 期。

付八军、马陆亭：《大学嬗变中的不变——世界高等教育演进规律探寻的"四唯"逻辑起点》，《高等教育研究》2020 年第 4 期。

付八军、汪辉：《地方本科院校如何实现应用转向——基于两校经费收支结构的比较》，《教育发展研究》2018 年第 21 期。

付八军、王佳桐：《大学教师学术创业校本政策的顶层设计与落地策略》，《高校教育管理》2020 年第 6 期。

付八军、宣勇：《创业型大学建设的中国道路》，《高等教育研究》2019 年第 3 期。

傅大友：《新建期、应用型、地方性：新建本科院校转型发展的关键词》，《中国高等教育》2010 年第 22 期。

葛剑雄：《学术腐败、学术失范与学风不正：探究与思考》，《民主与科学》2010 年第 2 期。

葛章志、宋伟：《地方政府促进科技成果转化新政策研究》，《科技管理研究》2015 年第 23 期。

龚放：《知识生产模式Ⅱ方兴未艾：建设一流大学切勿错失良机》，《江苏高教》2018 年第 9 期。

古翠凤、刘雅婷：《双创背景下高职院校"复合型"教师队伍建设》，

《职业教育研究》2020 年第 1 期。

顾训明：《网民对高校教师离岗创业的政策认知和态度倾向——基于 424 条网络帖子的内容分析》，《宁夏大学学报》（人文社会科学版）2016 年第 5 期。

顾训明、徐红梅：《高校教师离岗创业的制度性困境及其超越》，《创新与创业教育》2016 年第 5 期。

韩凤芹、高亚莉：《欧盟研究与技术开发框架计划的实践及其启示》，《地方财政研究》2014 年第 9 期。

韩萌：《剑桥大学学术创业集群的构建及其启示》，《高等教育研究》2020 年第 1 期。

何建坤、孟浩、周立等：《研究型大学技术转移及其对策》，《教育研究》2007 年第 8 期。

何炼红、陈吉灿：《中国版"拜杜法案"的失灵 与高校知识产权转化的出路》，《知识产权》2013 年第 3 期。

胡长春、贾怡：《学者的学术使命与大学的社会责任》，《国家教育行政学院学报》2011 年第 11 期。

胡国勇：《市场化与保护网——日本私立大学经营危机对策研究》，《复旦教育论坛》2008 年第 4 期。

胡家强、司羽嘉：《美国科技成果转化立法的演进及其对我国的启示》，《中国海洋大学学报》（社会科学版）2019 年第 3 期。

胡建华：《步入深水区：高等教育改革的两难问题》，《江苏高教》2015 年第 2 期。

胡建华：《大学科研资源配置的非均衡分析》，《江苏高教》2014 年第 5 期。

胡敏：《高校辅导员责任冲突与选择》，《学校党建与思想教育》2012 年第 7 期。

胡钦晓：《高校学术资本：特征、功用及其积累》，《教育研究》2015 年第 1 期。

胡钦晓：《何谓学术资本：一个多视角的分析》，《教育研究》2017 年第 3 期。

胡小英：《中小学教师教学伦理冲突的困境与抉择》，《教学与管理》2016 年第 1 期。

黄东升：《新建本科院校如何实现科研转型》，《中国高校科技》2018年第 10 期。

黄菁：《我国地方科技成果转化政策发展研究——基于 239 份政策文本的量化分析》，《科技进步与对策》2014 年第 13 期。

黄军英：《英美国创新创业政策研究及借鉴》，《科技与经济》2017年第 1 期。

黄矛：《欧盟研究与技术开发总体规划》，《科技政策与发展战略》1998 年第 3 期。

黄培光：《完善我国创新制度体系的思考——以美国创新制度为借鉴》，《重庆社会主义学院学报》2012 年第 4 期。

黄崴、严全治：《市场经济体制与教育体制改革》，《教育与经济》1995 年第 4 期。

黄小平：《"全价值链"创业型人才培养模式实施路径与效果探讨》，《职教论坛》2019 年第 11 期。

黄扬杰、邹晓东、侯平：《学术创业研究新趋势：概念、特征和影响因素》，《自然辩证法研究》2013 年第 1 期。

黄兆信、曲小远、施永川等：《以岗位创业为导向的高校创业教育新模式——以温州大学为例》，《高等教育研究》2014 年第 8 期。

黄兆信、曾尔雷、施永川等：《以岗位创业为导向：高校创业教育转型发展的战略选择》，《教育研究》2012 年第 12 期。

贾锁堂：《全面提升综合实力建设区域特色鲜明的高水平研究型大学》，《山西大学学报》（哲学社会科学版）2013 年第 1 期。

蒋伏心：《小企业支持体系：原则与实践——对美国与中国的比较研究》，《南京师大学报》（社会科学版）2003 年第 5 期。

解德渤：《科研观转变：应用技术大学发展的关键》，《高校教育管理》2014 年第 6 期。

金礼舒：《基于胜任力理论的高职院校"双师型"教师队伍建设》，《教育与职业》2019 年第 24 期。

鞠伟、周小虎、于竞：《推动学术创业的意义及现实困境与对策》，《中国高校科技》2020 年第 3 期。

孔祥俊：《由政策治理到规则治理——当前我国知识产权保护的转型问题》，《中国市场监管研究》2020 年第 4 期。

雷颐：《从衙门到纯粹研究学问之机关——追思北大校长蔡元培》，《民主与科学》2005 年第 5 期。

李爱国：《大学生机会型创业与生存型创业动机的同构性和差异性》，《复旦教育论坛》2014 年第 6 期。

李宝斌：《解开高校教师评价中的艾耶尔"魔咒"》，《湖南师范大学教育科学学报》2015 年第 5 期。

李广海：《理性的平衡：高校学术评价制度变革的逻辑及操作指向》，《教育研究》2017 年第 8 期。

李汉学、倪奥华：《美国社区学院教师分类管理制度——源自美国圣路易斯社区学院的经验》，《高教发展与评估》2019 年第 1 期。

李洪波、张徐、任泽中：《创业型校园文化建设的思考》，《中国高等教育》2014 年第 5 期。

李华晶：《间接型学术创业与大学创业教育的契合研究》，《科学学与科学技术管理》2016 年第 1 期。

李华晶、王刚：《基于知识溢出视角的学术创业问题探究》，《研究与发展管理》2010 年第 1 期。

李华晶、邢晓东：《学术创业：国外研究现状与分析》，《中国科技论坛》2008 年第 12 期。

李进才、娄延常：《试论教育体制与经济体制改革的关系》，《武汉大学学报》（人文社会科学版）1985 年第 1 期。

李进华、耿旭、陈筱淇、郑维东：《科技创新型城市科技成果转移转化政策比较研究——基于深圳、宁波政策文本量化分析》，《科技管理研究》2019 年第 12 期。

李丽丽：《"学术资本主义"中的资本逻辑与文化逻辑》，《云南社会科学》2017 年第 6 期。

李鹏：《评价改革是解决教育问题的"钥匙"吗？——从教育评价的"指挥棒"效应看如何反对"五唯"》，《教育科学》2019 年第 3 期。

李思玲：《基于智能化时代背景的高校人才培养模式探析》，《中国校外教育》2019 年第 3 期。

李向光：《南京工业大学的"斯坦福之路"》，《中国人才》2014 年第 23 期。

李晓秋：《美国〈拜杜法案〉的重思与变革》，《知识产权》2009 年第 5 期。

李昕：《韩国九部门联合制定"产学合作五年计划"》，《上海教育》2016 年第 9 期。

李昕、卞欣悦：《论我国公立大学职务科技成果权属分置制度的困境与完善》，《湖南师范大学教育科学学报》2020 年第 2 期。

李醒民：《破除"四唯主义"刻不容缓》，《自然辩证法通讯》2017 年第 1 期。

李媛：《打通学术资源科普化"最后一公里"——科研成果向科普资源转化的观察与思考》，《改革与开放》2019 年第 11 期。

李正风、朱付、曾国屏：《欧盟创新系统的特征及其问题》，《科学学研究》2002 年第 2 期。

李政刚：《赋予科研人员职务科技成果所有权的法律释义及实现路径》，《科技进步与对策》2020 年第 5 期。

李志峰、龚春芳：《创业型大学教师发展：目标选择与实现途径》，《黑龙江高教研究》2008 年第 11 期。

李志民：《学术评价出了问题》，《博览群书》2017 年第 10 期。

连进军：《韩国的世界一流大学建设：BK21 工程述评》，《大学教育科学》2011 年第 2 期。

梁偲、王雪莹、常静：《欧盟"地平线 2020"规划制定的借鉴和启示》，《科技管理研究》2016 年第 3 期。

刘爱生：《"求是"还是"求利"：学术资本主义语境下中国大学的学术研究》，《现代教育管理》2012 年第 1 期。

刘宝存：《威斯康星理念与大学的社会服务职能》，《理工高教研究》2003 年第 5 期。

刘春花：《学术资本：促进大学生创业能力提升的要素》，《教育发展研究》2010 年第 21 期。

刘刚、蔡辰梅：《论学术资本化的实现途径及其影响》，《高教探索》2015 年第 6 期。

刘雷：《新时代高职院校"双师型"教师队伍建设困境与出路》，《教育与职业》2019 年第 23 期。

刘伟、雍旻、邓睿：《从生存型创业到机会型创业的跃迁——基于农民创业到农业创业的多案例研究》，《中国软科学》2018 年第 6 期。

刘献君：《建设教学服务型大学——兼论高等学校分类》，《教育研究》2007 年第 7 期。

刘献君：《以质量为核心的教学评估体系构建——兼论我国本科教学工作水平评估》，《高等教育研究》2007 年第 7 期。

刘新文、万有、李平风等：《科学博士学位授予中不唯 SCI 的评价体系》，《学位与研究生教育》2014 年第 7 期。

刘雪平：《国内外高校创新创业人才培养模式比较》，《文教资料》2019 年第 14 期。

刘燕红、杨晓苏：《高校教师学术评价制度的异化研究》，《改革与开放》2018 年第 7 期。

刘耀明、翁伟斌：《结构二重性理论视野下超大型城市义务教育发展逻辑——以上海为例》，《当代教育科学》2018 年第 1 期。

刘叶：《建立学术导向的创业型大学——兼论洪堡理想与学术资本主义融合的途径》，《高等工程教育研究》2011 年第 1 期。

刘振天：《学术主导还是取法市场：应用型高校建设中的进退与摇摆》，《高等教育研究》2019 年第 10 期。

卢立珏、薛伟：《地方高校科研：外部评价体系重构与内部激励机制改革》，《中国高校科技》2019 年第 4 期。

卢晓中、陈先哲：《学术锦标赛制下的制度认同与行动逻辑——基于 G 省大学青年教师的考察》，《高等教育研究》2014 年第 7 期。

吕致远：《对"什么知识最有价值"问题的反思与回答》，《内蒙古师范大学学报》（教育科学版）2004 年第 10 期。

罗林波、王华、郝义国等：《高校科技成果转移转化模式思考与实践》，《中国高校科技》2019 年第 10 期。

马超山：《试论教育体制与经济体制的适应性》，《教育科学》1991 年第 3 期。

马江娜、李华、王方：《中国科技成果转化政策文本分——基于政策工具和创新价值链双重视角》，《科技管理研究》2017 年第 7 期。

马陆亭：《大学变迁与组织模式应对》，《教育发展研究》2010 年第 9 期。

马陆亭：《为什么要进行高等学校分类》，《中国高等教育》2010 年第 20 期。

马培培：《争议中的创业型大学及其出路——大学理念的视角》，《现代教育管理》2015 年第 12 期。

马勇：《欧盟科技一体化发展及其科技合作模式研究》，《世界地理研究》2013 年第 1 期。

马志政：《论价值属性》，《哲学研究》1986 年第 1 期。

Martin Joel Finkelstein：《美国学术职业的发展历程》，《高教探索》2019 年第 3 期。

冒荣、赵群：《两次学术革命与研究型大学的发展》，《高等教育研究》2003 年第 1 期。

缪小星：《美国小企业创业成长环境分析》，《江苏社会科学》2004 年第 2 期。

聂永成、董泽芳：《新建本科院校的"学术漂移"趋向：现状、成因及其抑制——基于对 91 所新建本科院校转型现状的实证调查》，《现代大学教育》2017 年第 1 期。

宁芳艳、罗泽意：《大学参与协同创新的适应性变革向路——基于创新资源社会化的视角》，《教育发展研究》2017 年第 5 期。

欧阳慧：《政府扶植中小企业技术创新的比较研究》，《湖南大学学报》（社会科学版）2001 年第 6 期。

潘懋元、贺祖斌：《关于地方高校内涵式发展的对话》，《高等教育研究》2019 年第 2 期。

潘宛莹：《克服"五唯"，让大学科研回归本质》，《人民论坛》2019 年第 11 期。

裴云：《论应用技术大学背景下现行高职院校升本分析》，《继续教育研究》2015 年第 3 期。

彭春燕、杨娟、陈宝明：《新时代科学技术知识转移转化体系建设研究》，《科技中国》2019 年第 3 期。

彭虹斌：《教育理论、教育政策与教育实践三者关系研究》，《教育科学研究》2017 年第 3 期。

钱学程、赵辉：《科技成果转化政策实施效果评价研究——以北京市为例》，《科技管理研究》2019 年第 15 期。

钱颖一：《大学治理——美国、欧洲、中国》，《清华大学教育研究》2015 年第 5 期。

钱志刚、崔艳丽、祝延：《论学术资本主义对大学教师的影响》，《教育发展研究》2013 年第 13/14 期。

冉乃彦：《实践高于理论——兼与〈论教育实践的研究路径〉作者商榷》，《教育科学研究》2009 年第 8 期。

任梅：《耦合视角下大学学术创业与区域经济发展关系的实证研究》，《高校教育管理》2019 年第 3 期。

任世平：《欧盟第七个研发框架计划概况》，《全球科技经济瞭望》2007 年第 6 期。

荣军、李岩：《澳大利亚创业型大学的建立及对我国的启示》，《现代教育管理》2011 年第 5 期。

沈红、林桢栋：《大学教师评价的主客体关系及其平衡》，《中国高教研究》2019 年第 6 期。

盛正发：《转型期新建本科院校科研困境的破解》，《湖南师范大学教育科学学报》2011 年第 6 期。

施永川、王佳桐：《韩国高校创业教育发展的动因、现状及对我国的启示》，《华东师范大学学报》（教育科学版）2019 年第 1 期。

石瑞丽、赵连明：《高职院校创新创业人才协同培养机制》，《教育与职业》2020 年第 1 期。

司颖华、肖强：《中国金融市场对宏观经济的非对称性影响分析——基于经济政策稳定性视角》，《宏观经济研究》2019 年第 9 期。

宋毅、孙玉：《美国技术创新法及对我们的启迪》，《中国科技论坛》1998 年第 2 期。

宋媛：《"学术创业"与"学术生态"建设——基于深化我国研究型大学服务社会的视阈》，《新疆大学学报》（哲学社会科学版）2010 年第 4 期。

苏敬勤、李晓昂、许昕傲：《基于内容分析法的国家和地方科技创新政策构成对比分析》，《科学学与科学技术管理》2012 年第 6 期。

苏开源：《高等学校不可忽视基础研究》，《高等教育研究》1986 年第 2 期。

苏洋：《世界一流大学如何平衡教师学术创业引发的冲突——斯坦福大学的经验与启示》，《比较教育研究》2020 年第 4 期。

苏洋、赵文华：《我国研究型大学教师学术创业影响因素的实证研究》,《教育发展研究》2019 年第 1 期。

苏洋、赵文华:《我国研究型大学教师学术创业影响因素模型构建——基于扎根理论的探索性研究》,《中国高教研究》2017 年第 9 期。

孙蚌珠:《中国经济体制改革核心问题的演变》,《求索》2018 年第 4 期。

孙冬梅、梅红娟:《从"学者"到"创业者"——论学术资本主义背景下高校教师角色的转变》,《江苏高教》2010 年第 2 期。

孙卫华、许庆豫:《差异与比较:我国高校办学自主权的思考》,《浙江社会科学》2017 年第 4 期。

孙伟平:《人工智能导致的伦理冲突与伦理规制》,《教学与研究》2018 年第 8 期。

孙远钊:《论科技成果转化与产学研合作——美国〈拜杜法〉35 周年的回顾与展望》,《科技与法律》2015 年第 5 期。

唐丽萍、梁丽:《美国大学教师兼职活动的规范及其启示》,《高等教育研究》2015 年第 6 期。

唐青青:《基于内容分析法的国家和广西科技成果转化政策对比分析》,《安徽科技》2019 年第 6 期。

田晶:《地方高校转型背景下教师发展的生态体察》,《高教探索》2019 年第 1 期。

田玉敏、赵艳芹、李秀文:《美国促进中小企业技术创新的政策措施及其启示》,《天津职业技术师范学院学报》2002 年第 3 期。

汪怿:《学术创业:内涵、瓶颈与推进策略》,《教育发展研究》2013 年第 17 期。

王保星:《大学教师:一项学术性职业》,《大学教育科学》2007 年第 4 期。

王炳成、王敏、张士强:《实践出真知:商业模式创新失败的影响研究》,《研究与发展管理》2019 年第 4 期。

王春梅:《学术生态亟待重构》,《高教发展与评估》2019 年第 1 期。

王洪斌:《科教融合视角下学术资源的转化》,《湖南广播电视大学学报》2018 年第 1 期。

王冀生:《建立有中国特色的现代大学制度——攻坚阶段我国高等教育体制改革的重点》,《高教探索》2000 年第 1 期。

王骥：《从洪堡理想到学术资本主义——对大学知识生产模式转变的再审思》，《高教探索》2011 年第 1 期。

王建华：《重申高等教育体制改革》，《教育发展研究》2018 年第 1 期。

王凌峰、申婷：《学术资本主义是大学天敌吗》，《现代大学教育》2014 年第 3 期。

王思斌：《新常态下积极托底社会政策的建构》，《探索与争鸣》2015 年第 4 期。

王小绪：《大学技术转移机构建设：现状、问题与对策》，《高等教育研究》2014 年第 12 期。

王孝坤：《面向创业型经济社会的创业型大学建设——以浙江万里学院为例》，《浙江万里学院学报》2011 年第 3 期。

王艳梅、徐明祥《基于全国 15 所应用型试点高校学术漂移的新制度主义分析》，《昆明理工大学学报》（社会科学版）2019 年第 5 期。

王雁、李晓强：《创业型大学的典型特征和基本标准》，《科学学研究》2011 年第 2 期。

王英杰：《大学文化传统的失落：学术资本主义与大学行政化的叠加作用》，《比较教育研究》2012 年第 1 期。

王莹：《本科教学工作水平评估的启示》，《高等工程教育研究》2007 年第 S1 期。

王玉丰：《我国新建本科院校十五年回顾与展望》，《高教探索》2013 年第 5 期。

王战军、刘静、乔刚：《清理"四唯"呼唤"双一流"建设评价创新》，《中国高等教育》2019 年第 1 期。

王正青、徐辉：《论学术资本主义的生成逻辑与价值冲突》，《高等教育研究》2009 年第 8 期。

韦铭、葛玲玲：《南京理工大学：教师创业经历可用来评职称》，《人才资源开发》2012 年第 1 期。

卫胜：《论社会主义核心价值观引领大学生创业教育》，《科教导刊》（上旬刊）2017 年第 7 期。

魏红梅：《高校教师创业制度环境分析——基于制度环境三维度框架的视角》，《教育发展研究》2015 年第 17 期。

魏署光：《美国大学社会服务职能的历史变迁及其机制》，《高等工程教育研究》2018 年第 6 期。

温正胞：《学术资本主义与高等教育系统变革》，《教育研究与实验》2011 年第 2 期。

温正胞、《学术资本主义：创业型大学的组织特性》，《教育发展研究》2009 年第 5 期。

邬大光：《走出"工分制"管理模式下的质量保障》，《大学教育科学》2019 年第 2 期。

邬大光：《走出计划经济与市场经济的双重藩篱——我国高等教育 70 年发展的反思》，《苏州大学学报》（教育科学版）2019 年第 3 期。

吴凡洁、张海娜：《国外学术评价体系浅析及启示》，《科技传播》2018 年第 16 期。

吴海燕：《论我国"拜杜规则"的形成演化及其规范特点》，《南京理工大学学报》（社会科学版）2016 年第 1 期。

吴寿仁：《科技成果转化若干热点问题解析（二十五）——新修订的〈事业单位国有资产管理暂行办法〉导读》，《科技中国》2019 年第 6 期。

吴伟、邹晓东、陈汉聪：《德国创业型大学人才培养模式探析——以慕尼黑工业大学为例》，《高教探索》2011 年第 1 期。

吴杨、苏竣：《高校基础研究投入与产出的相关性分析：1991—2008》，《高等教育研究》2011 年第 3 期。

夏东荣：《作为学术共同体的同行评价——学会学术评价的探索思考》，《中国社会科学评价》2018 年第 4 期。

夏建国：《深化产教融合 加快建设水平工程应用型大学》，《中国高等教育》2018 年第 2 期。

晓时：《国外中小企业技术创新的特征及经验研究》，《当代财经》2004 年第 12 期。

肖国芳：《权力规制视域下的校院两级管理改革路向研究》，《高教探索》2019 年第 10 期。

肖国芳、李建强：《改革开放以来中国技术转移政策演变趋势、问题与启示》，《科技进步与对策》2015 年第 6 期。

肖轶：《欧盟科技创新决策咨询制度体系建设研究》，《全球科技经济瞭望》2019 年第 3 期。

肖尤丹：《科技成果转化逻辑下被误解的〈拜杜法〉——概念、事实与法律机制的厘清》，《中国科学院院刊》2019 年第 8 期。

谢军、王艳：《责任冲突：含义、实质及意义》，《道德与文明》2007 年第 2 期。

谢维和：《国内高水平大学科研的新阶段和新常态》，《中国高校科技》2016 年第 5 期。

谢笑珍、赵晋国：《大学的学术制度设计：从古典人文主义到学术资本主义》，《高教探索》2017 年第 5 期。

邢志忠：《发表还是发臭——大科学家投稿的尴尬》，《自然杂志》2012 年第 4 期。

熊庆年：《对落实高校办学自主权的再认识》，《复旦教育论坛》2004 年第 1 期。

徐峰：《欧盟研发框架计划的形成与发展研究》，《全球科技经济瞭望》2018 年第 6 期。

严静鸣：《高职院校特色专业建设的内容、困境与出路》，《教育与职业》2019 年第 13 期。

阎光才：《学术影响力评价的是非争议》，《教育研究》2019 年第 6 期。

阎光才、岳英：《高校学术评价过程中的认可机制及其合理性——以经济学领域为个案的实证研究》，《教育研究》2012 年第 10 期。

杨超、张桂春：《"学术资本主义"与大学教师学术职业角色的转换》，《教育科学》2016 年第 5 期。

杨德广：《应将部分研究型大学转变为创业型大学——从"失衡的金字塔"谈起》，《高等理科教育》2010 年第 2 期。

杨芳、焦汉玮：《浅析欧盟第七框架计划的新特点》，《科研管理》2008 年第 S1 期。

杨茂林：《从美国的小企业政策看国家在小企业成长中的作用》，《经济问题》2002 年第 12 期。

杨琼：《应用型本科高校教师绩效评价研究——以英国博尔顿大学为例》，《教育发展研究》2017 年第 7 期。

杨烁、余凯：《美国教育政策循证研究的理论与实践：对中国的启示》，《复旦教育论坛》2019 年第 6 期。

杨婷：《组织边界跨越视域下美国大学技术转移机制研究——以犹他大学与哥伦比亚大学为例》，《高等工程教育研究》2019 年第 1 期。

杨兴林：《关于创业型大学的四个基本问题》，《高等教育研究》2012 年第 12 期。

杨雅婷、方磊：《高校科技成果转化的制约因素及应对之策》，《中国高校科技》2018 年第 11 期。

杨宜勇：《奋力打造"双创"新模式》，《中国国情国力》2016 年第 10 期。

杨义、刘丝雨、曲小远等：《大学生村官岗位创业的培养机制研究》，《高等工程教育研究》2016 年第 6 期。

姚飞、孙涛、谢觉萍：《学术创业的边界、绩效与争议——基于 1990—2014 年文献的扎根分析》，《科技管理研究》2016 年第 6 期。

姚荣：《保障与限制之间：高校教师兼职活动的法律规制研究》，《教育学报》2018 年第 3 期。

叶赋桂：《教育评价的浮华与贫困》，《清华大学教育研究》2019 年第 1 期。

叶晖、吴洪涛：《论学术资本主义与大学核心使命的冲突——知识论的视角》，《高教探索》2012 年第 2 期。

叶继元、袁曦临：《中国学术评价的反思与展望》，《中国社会科学评价》2015 年第 1 期。

叶建木、熊壮：《科技成果转化政策效果的影响因素——基于湖北省"科技十条"政策的分析》，《科技管理研究》2016 年第 17 期。

叶泉：《大学学术创业活动的风险及其治理对策》，《管理观察》2016 年第 5 期。

叶子青、钟书华：《欧盟的绿色技术创新》，《中国人口资源与环境》2003 年第 6 期。

佚名：《事业单位专业技术人员双创政策落地》，《中国人力资源社会保障》2017 年第 4 期。

易红郡：《学术资本主义：世界高等教育发展的新理念》，《教育与经济》2010 年第 3 期。

殷朝晖、黄子芹：《知识生产模式转型背景下的一流学科建设研究》，《大学教育科学》2019 年第 6 期。

殷朝晖、李瑞君：《大学教师学术创业的角色冲突及其调适策略》，《江苏高教》2017 年第 4 期。

殷朝晖、李瑞君：《美国研究型大学教师学术创业及其启示》，《教育科学》2018 年第 3 期。

于红：《美国政府支持小企业技术创新》，《全球科技经济瞭望》1999 年第 6 期。

于会永：《政府在科技企业创新中的作用》，《合作经济与科技》2020 年第 8 期。

于文娟：《高校清"五唯"行动贯彻落实与高校去行政化密不可分》，《教书育人》（高教论坛）2020 年第 3 期。

袁晓东：《欧盟科技创新政策分析》，《研究与发展管理》2003 年第 3 期。

臧红岩：《2018 年美国〈拜杜法〉的主要修改》，《科技中国》2019 年第 1 期。

翟晓舟：《职务科技成果转化收益配置中的权责规范化研究》，《科技进步与对策》2019 年第 20 期。

翟瑶瑶、封颖：《生态学视角下我国科技成果转化政策研究》，《情报探索》2019 年第 5 期。

翟月：《新建本科院校职业化改革的关键问题》，《教育评论》2017 年第 6 期。

张斌贤：《教育学科本质上不是"应用学科"》，《清华大学教育研究》2019 年第 4 期。

张呈念、谢志远、徐丹彤等：《高校科技人员离岗创业的问题研究》，《高等工程教育研究》2015 年第 3 期。

张得才、龙春阳《浙江农林大学科研激励新政的现状、问题与完善策略》，《科学管理研究》2014 年第 3 期。

张华：《美国大学市场化竞争及其启示》，《长春理工大学学报》（社会科学版）2012 年第 6 期。

张冀、王书蓓：《美国斯坦福大学职务科技成果转化处置权和收益权配置研究》，《科学管理研究》2018 年第 6 期。

张剑、黄萃、叶选挺等：《中国公共政策扩散的文献量化研究——以科技成果转化政策为例》，《中国软科学》2016 年第 2 期。

张金波：《三螺旋理论视野中的科技创新——基于美国创业型大学的分析》，《高等工程教育研究》2009 年第 5 期。

张静：《欧盟科技政策之流变》，《内蒙古科技与经济》2005 年第 13 期。

张静宁：《英美大学教师学术身份在"学术资本主义"环境下的建构》，《外国教育研究》2014 年第 7 期。

张力玮、郭伟、李鹏：《发挥自身特色 对接国家战略 打造创业型大学》，《世界教育信息》2017 年第 5 期。

张丽华、张志强：《科学研究中的迟滞承认现象研究进展》，《情报杂志》2014 年第 7 期。

张丽英：《"全球化"所引发的"新管理主义"、"学术资本化"和"大学企业化"思潮》，《高等师范教育研究》2003 年第 2 期。

张庆芝、李慧聪、雷家骕：《科学家参与学术创业的程度及对成果商业化的影响》，《技术经济与管理研究》2018 年第 3 期。

张曙光：《学术评价乱象：表征、诱因与治理》，《湖南师范大学社会科学学报》2016 年第 3 期。

张同建、王华、王邦兆：《个体层面知识转化、知识转移和知识共享辨析》，《情报理论与实践》2014 年第 9 期。

张同健：《我国企业知识转移与知识转化的相关性解析》，《技术经济与管理研究》2010 年第 4 期。

张文斐：《职务科技成果混合所有制的经济分析》，《软科学》2019 年第 5 期。

张晓东：《日本大学及国立研究机构的技术转移》，《中国发明与专利》2010 年第 1 期。

张芯茹、周杰、赵辉、望俊成：《科技成果转化政策文本分析》，《中国科技资源导刊》2018 年第 3 期。

张意忠：《崇尚科学、追求真理：大学教授的学术使命》，《江西师范大学学报》（哲学社会科学版）2012 年第 6 期。

张翼燕：《欧盟创新政策发展历程及其转向开放创新框架的思考》，《科技中国》2017 年第 1 期。

张应强：《人文社会科学学术评价及其治理 ——基于对"唯论文"及其治理的思考》，《西北工业大学学报》（社会科学版）2019 年第 4 期。

张英杰：《高校创业教育教师的学术创业能力评价及提升路径》，《高校教育管理》2018 年第 2 期。

张迎红：《欧盟创新经济现状及未来政策趋势》，《德国研究》2012 年第 4 期。

郑少南、孙忠华、杨婷婷：《香港高校就业指导的现状及其特点》，《现代教育管理》2010 年第 9 期。

周海涛、景安磊、刘永林：《增强高等教育内涵式发展能力》，《教育研究》2018 年第 4 期。

周海源：《职务科技成果转化中的高校义务及其履行研究》，《中国科技论坛》2019 年第 4 期。

周家明：《美国科技政策架构下制度与技术的关系》，《中国高校科技与产业化》2006 年第 6 期。

周其仁：《市场里的企业：一个人力资本与非人力资本的特别合约》，《经济研究》1996 年第 6 期。

周阳敏、宋利真：《美国政府推动集群协同创新的经验》，《创新科技》2012 年第 1 期。

周瑛仪：《应用研究驱动的高水平高职学校建设》，《高等工程教育研究》2020 年第 1 期。

周志成：《高校学术评价制度改革困境及学术效用动态均衡模型演绎》，《复旦教育论坛》2019 年第 3 期。

周作宇：《比较的迷雾：未来世界的历史回音》，《比较教育研究》2020 年第 11 期。

朱国卉、睢国荣：《大学教师学术创业的角色定位与角色扮演研究》，《河北师范大学学报》（教育科学版）2018 年第 3 期。

朱建新：《地方高校向应用型大学转型的制度性困境、成因与机制构建》，《高等工程教育研究》2018 年第 5 期。

朱书卉、睢国荣：《大学教师学术创业的角色定位与角色扮演研究》，《河北师范大学学报》（教育科学版）2018 年第 3 期。

学位论文

柴楠：《他者的澄明与主体的涅槃——教学交往范式的伦理转向》，博士学位论文，湖南师范大学，2013 年。

陈兵：《高科技园区创新平台构建中的政府职能研究》，硕士学位论文，华中科技大学，2005 年。

崔鸣哲：《韩国高等教育产学合作先导工程 LINC 研究》，硕士学位论文，吉林大学，2017 年。

董英南：《学术创业的空间知识溢出研究》，博士学位论文，大连理工大学，2016 年。

葛章志：《权利流动视角下职务科技成果转化化制研究》，博士学位论文，中国科学技术大学，2016 年。

宫宁：《基于民生改善的中国高等职业教育发展研究》，博士学位论文，吉林大学，2016 年。

韩清瑞：《福建新建地方性本科院校办学自主权落实现状研究》，硕士学位论文，厦门大学，2006 年。

何昊阳：《促进四川省科技成果转化的政府作用研究》，硕士学位论文，西南交通大学，2018 年。

贺敬雯：《教师愿景与教师发展的关系研究》，博士学位论文，东北师范大学，2014 年。

洪俊：《农业科技园区农业技术推广机制研究——以浙江农林大学（德清）农业科技园区为例》，硕士学位论文，浙江农林大学，2016 年。

黄彦辉：《影响地方本科院校向应用技术型高校转型的因素与对策研究——基于许昌学院的个案研究》，硕士学位论文，华东师范大学，2018 年。

姜超：《大学教师发展制度创新研究——基于新制度主义的视角》，博士学位论文，华东师范大学，2018 年。

刘军：《我国大学生创业政策体系研究》，博士学位论文，山东大学，2015 年。

刘文华：《农业科技成果转化政策法规体系研究》，硕士学位论文，华中农业大学，2015 年。

刘媛媛：《创业型大学发展模式的国际比较研究》，硕士学位论文，天津工业大学，2017 年。

龙飞：《德国应用技术大学（FH）对我国新建本科高校转型的启示》，硕士学位论文，西南大学，2015 年。

骆严：《我国地方科技立法视野中的"拜杜规则"》，硕士学位论文，华中科技大学，2012 年。

马江娜：《基于内容分析法的陕西省与国家科技成果转化政策比较研究》，硕士学位论文，西安电子科技大学，2017 年。

马勇：《欧盟科技一体化研究》，博士学位论文，华东师范大学，2011 年。

聂永成：《新建本科院校转型分流的价值取向研究》，博士学位论文，华中师范大学，2016 年。

宁德鹏：《创业教育对创业行为的影响机理研究》，博士学位论文，吉林大学，2017 年。

潘威：《基于转型发展的广西新建本科院校双师型教师队伍建设研究》，硕士学位论文，南宁师范大学，2018 年。

庞滂：《社会稳定与发展的哲学探析》，硕士学位论文，新疆大学，2005 年。

平霰：《基于内容分析法的科技成果转化激励政策研究》，硕士学位论文，华中科技大学，2019 年。

秦闯：《创客运动背景下地方政府科技管理体制改革研究——以 N 市为例》，硕士学位论文，安徽财经大学，2016 年。

任珂：《新建本科院校教学与科研关系的制度分析——基于 N 学院的案例研究》，博士学位论文，华中科技大学，2017 年。

邵波：《我国高等教育大众化进程中的应用型本科教育研究》，博士学位论文，南京师范大学，2009 年。

申屠丽群：《分类视角下应用型本科教育转型研究》，硕士学位论文，浙江工业大学，2017 年。

水鑫：《应用型大学办学定位及其契合性分析——基于 17 所本科教学审核评估报告》，硕士学位论文，长江大学，2019 年。

覃礼媛：《粤西地区高职院校师资队伍建设研究》，硕士学位论文，广东技术师范大学，2019 年。

汤敏骞：《省域高职教育举办体制变革研究——基于隶属关系对河南省高职院校办学影响的分析》，博士学位论文，华中科技大学，2019 年。

王保宇：《新建本科高校产教融合发展的问题与对策研究》，博士学位论文，华中师范大学，2019 年。

王凡：《新建本科院校社会服务能力提升研究》，博士学位论文，华中科技大学，2018年。

王举：《论教育政策的价值基础——基于政治哲学的视角》，博士学位论文，华东师范大学，2013年。

王苗苗：《基于内容分析法的大众创新创业政策文本研究》，硕士学位论文，西安电子科技大学，2018年。

王莹：《应用技术大学定位研究》，博士学位论文，华东师范大学，2016年。

王玉丰：《常规突破与转型跃迁——新建本科院校转型发展的自组织分析》，博士学位论文，华中科技大学，2008年。

夏兰：《民国时期现代大学制度演变研究》，博士学位论文，复旦大学，2012年。

许慧：《欧盟"地平线2020计划"及对我国"2011计划"的启示》，硕士学位论文，浙江大学，2014年。

杨亚丽：《安徽省科技成果转化政策实施效果研究》，硕士学位论文，安徽大学，2019年。

于雯亦：《美国创新型国家形成与发展的机制特点研究》，硕士学位论文，东北师范大学，2008年。

张磊：《基于 P-PE-PCK 发展的术科教学改革研究：从理论到实践》，博士学位论文，华东师范大学，2016年。

张露元：《重庆市科技成果转化政策文本评价与优化研究》，硕士学位论文，重庆大学，2018年。

张庆祝：《创业型大学发展模式暨农林本科院校转型发展研究》，博士学位论文，大连理工大学，2018年。

郑巧英：《产学研合作的重大科技任务组织模式研究》，博士学位论文，中国科学技术大学，2014年。

朱春楠：《大学生创业价值观教育研究》，博士学位论文，东北师范大学，2017年。

朱建新：《地方应用型大学变革研究——以 X 学院为例》，博士学位论文，浙江大学，2019年。

外文文献

Abreu，M.，Grinevich，V.，"The Nature of Academic Entrepreneurship in the UK: Widening the Focus on Entrepreneurial Activities", *Research Policy*, 2013, 42 (2).

Adelheid Voskuhl, Wolfgang König, "Der Gelehrte und der Manager: Franz Reuleaux (1829–1905) und Alois Riedler (1850–1936) in Technik, Wissenschaft und Gesellschaft", *History & Technology*, 2017, 33 (1).

Adriana, B., et al., "Profile of academic entrepreneurship in Brazil: Evidence from the evaluation of former holders of undergraduate research, master and PhD scholarships", *Innovation & Management Review*, 2018, 15 (4).

Balon, R., Coverdale, J., Roberts, L. W., "Academic Mission Revisited: Emerging Priority of Faculty Development", *Academic Psychiatry*, 2013, 37 (2).

Blumenthal, D., Campbell, E. G., Anderson, M. S., et al., "Withholding Research Results in Academic Life science —Evidence from a national survey of faculty", *The Journal of the American Medical Association*, 1997, 277 (15).

Bob Jessop, "On academic capitalism", *Critical Policy Studies*, 2018, 12 (1).

Bob Jessop, "Varieties of academic capitalism and entrepreneurial universities", *Higher Education*, 2017, 73 (6).

Brennan, M. C., Mcgowan, P., "Academic entrepreneurship: An exploratory case study", *International Journal of Entrepreneurial Behavior and Research*, 2006, 12 (3).

Budyldina, N., "Entrepreneurial universities and regional contribution", *International Entrepreneurship and Management Journal*, 2018, 14 (2).

Carlson, W. B., "Academic Entrepreneurship and Engineering Education: Dugald C. Jackson and the MIT-GE Cooperative Course: 1907-1932", *Technology and Culture*, 1988, 29 (3).

Catherine Searle Renault, "Academic Capitalism and University Incentives for Faculty Entrepreneurship", *The Journal of Technology Transfer*, 2006, 31 (2).

Christopher S. Hayter, Andrew J. Nelson, et al., "Conceptualizing Academic Entrepreneurship Ecosystems: A Review, Analysis and Extension of the

Literature", *The Journal of Technology Transfer*, 2018, 43 (4).

Clark, B., "Delineating the Character of the Entrepreneurial University", *Higher Education Policy*, 2004, 17 (4).

Cooper, A. C., "Spin – offs and Technical Entrepreneurship", *IEEE Transactions on Engineering Management*, 1971, EM-18 (1).

Crea Filippo, "The key role of scientific publications and presentations for building an academic career", *European Heart Journal*, 2019, 40 (8).

Cummings, W. K., "The service university in comparative perspective", *Higher Education*, 1998, 35 (1).

Dalmarco, G., Hulsink, W., Blois, G. V., "Creating entrepreneurial universities in an emerging economy", *Technological Forecasting & Social Change*, 2018, 135 (10).

Dan Andree, *Priority – setting in the European Research Framework Programms*, Sweden: VINNOVA, 2018.

Dierdonck, R. V., Debackere, K., "Academic Entrepreneurship at Belgian Universities", *R&D Management*, 1988, 18 (4).

Elies Seguí–Mas, Víctor Oltra, etc., "Rowing Against the Wind: How do Times of Austerity Shape Academic Entrepreneurship in Unfriendly Environments?" *International Entrepreneurship and Management Journal*, 2018, 14 (3).

Esther Wit–de Vries. et al., "Knowledge transfer in university – industry research partnerships: a review", *The Journal of Technology Transfer*, 2019, 44 (4).

Feldman, A. M., "The Bayh – Dole Act, A Lion without Claws", *Clinical and translational science*, 2015, 8 (1).

Gianiodis, P. T., Meek, W. R., Chen, W., "Political climate and academic entrepreneurship: The case of strange bedfellows?" *Journal of Business Venturing Insights*, 2019, 12 (e00135).

Gosensa, J., Hellsmarka, H., et al., "The limits of academic entrepreneurship: Conflicting expectations about commercialization and innovation in China's nascent sector for advanced bio–energy technologies", *Energy Research & Social Science*, 2018, 37 (3).

Hayter Christopher, S. , et al. , "Why do Knowledge – Intensive Entrepreneurial Firms Publish their Innovative Ideas?" *Academy of Management Perspectives*, 2018, 32 (1).

Henry Etzkowitz, "Entrepreneurial science in the academy: a case of the transformation of norms", *Social Problems*, 1989, 36 (1).

Henry Etzkowitz, "The Norms of Entrepreneurial Science: Cognitive Effects of the New University–industry Linkages", *Research Policy*, 1998, 27 (8).

Howlett, M. , Ramesh, M. , "Studying public policy: policy cycles and policy subsystems", *American Political Science Association*, 2009, 91 (2).

Ingemar Pettersson, "The Nomos of the University: Introducing the Professor's Privilege in 1940s Sweden", *Minerva*, 2018, 56 (3).

Isselhard, C. M. , "Academic capitalism in the age of globalization", *Higher Education Research & Development*, 2016, 35 (4).

Jones, D. R. , Patton, D. , "An academic challenge to the entrepreneurial university: the spatial power of the 'Slow Swimming Club' ", *Studies in Higher Education*, 2020, 45 (2).

Kevin, et al. , "The Entrepreneurial University: Examining the Underlying Academic Tensions", *Technovation*, 2011, 31 (4).

Kirby, D. A. , Hadidi, H. H. E. , et al. , "University technology transfer efficiency in a factor driven economy: the need for a coherent policy in Egypt", *The Journal of Technology Transfer*, 2019, 44 (5).

Lee, S. J. , Jung, J. , "Work experiences and knowledge transfer among Korean academics: focusing on generational differences", *Studies in Higher Education*, 2018, 43 (11).

Link, A. N. , Danziger, R. S. , Scott, J. T. , "Is the Bayh–Dole Act Stifling Biomedical Innovation?" *Science & Technology*, 2018, 34 (2).

Link, A. N. , Scott, J. T. , "The economic benefits of technology transfer from U. S. federal laboratories", *The Journal of Technology Transfer*, 2019, 44 (5).

Loise, V. , Stevens, A. J. , "The Bayh – Dole Act turns 30", *Science Translational Medicine*, 2010, 2 (52).

M. N. Naong, "Attitudes of academics towards mandatory inclusion of entrepreneurship within academic programmes, a South African case – study", *Journal of Contemporary Management*, 2019, 16 (1).

Magnus Klofsten, Dylan Jones – Evans., "Comparing academic entrepreneurship in Europe–The case of Sweden and Ireland", *Small Business Economics*, 2000, 14 (4).

Mansfield, E., Leej, Y., "The Modern University: Contributor to Industrial Innovation and Recipient of Industrial R&D Support", *Research Policy*, 1996, 25 (7).

María José Bezanilla, Ana García – Olalla, Paos – Castro, J., et al., "Developing the Entrepreneurial University: Factors of Influence", *Sustainability*, 2020, 12 (3).

Mercelis, J., Galvez–Behar, G., Guagnini, A., "Commercializing science: nineteenth – and twentieth – century academic scientists as consultants, patentees, and entrepreneurs", *History & Technology*, 2017, 33 (1).

Nakwa, et al., "The 'third mission' and 'triple helix mission' of universities as evolutionary processes in the development of the network of knowledge production: Reflections on SME experiences in Thailand", *Science and Public Policy*, 2016, 43 (5).

Nasrullah, S., "The Entrepreneurship Education and Academic Performance", *Journal of Education and Practice*, 2016, 7 (1).

Nemet, G. F., "Demand – pull, technology – push, and government – led incentives for non–incremental technical change", *Research Policy*, 2009, 38 (5).

Nicolaou, N., Souitaris, V., "Can Perceived Support for Entrepreneurship Keep Great Faculty in the Face of Spinouts", *Journal of Product Innovation Management*. 2016, 33 (3).

Pilar Mendoza, Joseph B Berger, "Academic capitalism and academic culture: a case study", *Education Policy Analysis Archive*, 2008, 16 (23).

Pitt, R. N., Satcher, L. A., Drew, A. M., "Optimism, Innovativeness, and Competitiveness: The Relationship between Entrepreneurial Orientations and the Development of Science Identity in Scientists", *Social Currents*, 2020, 7

(2).

Prejmerean, M. C., Vasilache, S., "A Three Way Analysis of the Academic Capital of a Romanian University", *Journal of Applied Quantitative Methods*, 2008, 3 (2).

Rothwell, R., Zegveld, W., *Industrial innovation and public policy: preparing for the 1980s and 1990s*, London: Frances Printer, 1981.

Rothwell, R., Zegveld, W., *Reindustrialization and technology*, New York: M. E. Sharp, Inc, 1985.

Rasmussen, E., "Understanding Academic Entrepreneurship: Exploring the Emergence of University Spin-off Ventures Using Process Theories", *International Small Business Journal*, 2011, 29 (5).

Shao, J. J., Ariss, A. A., "Knowledge transfer between self-initiated expatriates and their organizations: Research propositions for managing SIEs", *International Business Review*, 2020, 29 (1).

Siegel, D. S., Waldmand, D., Link, A., "Assessing the Impact of Organizational Practices on the Relative Productivity of University Technology Transfer Offices: An Exploratory Study", *Research Policy*, 2003, 32 (1).

Simon Marginson, "The impossibility of capitalist markets in higher education", *Journal of Education Policy*, 2013, 28 (3).

Stewart, E. Sutin, "Reforming higher education from within: Lessons learned from other mature sectors of the economy", *International Journal of Educational Development*, 2018, 58 (1).

Thomas Åstebro, et al., "Academic Entrepreneurship: The Bayh-Dole Act versus the Professor's Privilege", *Industrial and Labor Relations Review*, 2019, 72 (5).

Tobias Schulze-Cleven, Jennifer R. Olson, "Worlds of higher education transformed: toward varieties of academic capitalism", *Higher Education*, 2017, 73 (6).

Toby, E., S., Waverly, W. D., "When do scientists become entrepreneurs? The social Structural antecedents of commercial activity in the academic life sciences", *American Journal of Sociology*, 2006, 112 (1).

Tohru Yoshioka-Kobayashi, "Institutional Factors for Academic Entrepreneurship in Publicly Owned Universities in Japan: Transition from a Conservative Anti-industry University Collaboration Culture to a Leading Entrepreneurial University", Science, Technology and Society, 2019, 24 (3).

Véronique Schaeffer, Sıla Öcalan-Özel, Julien Pénin., "The complementarities between formal and informal channels of university - industry knowledge transfer: a longitudinal approach", *The Journal of Technology Transfer*, 2020, 45 (1).

Wesley, M. Cohen, etc., "Links and impacts: the influence of public research on industrial R&D", *Management Science*, 2002, 48 (1).

Wright, M., "Academic entrepreneurship: the permanent evolution", *Management & Organizational History*, 2018, 13 (2).

Roberts, E. B., *Entrepreneurs in High Technology: Lessons from MIT and Beyond*, New York: Oxford University Press, 1991.

Michael, L. , et al., *Made in America - Regaining the Productive Edge*, Cambridge: The MIT Press, 1989.

Sheila Slaughter, Gary Rhoades, *Academic Capitalism and the New Economy: Markets, State, and Higher Education*, Baltimore: The Johns Hopkins University Press, 2004.

Sheila Slaughter, Larry L. Leslie, *Academic Capitalism: Politics, Policies and the Entrepreneurial University*, Baltimore: The John Hopkins University Press, 1997.

后　记

　　不知从何时起，学界多位学友将我与创业型大学联系在一起。确实，自 2011 年至今，我主要研究创业型大学，而且关于这个主题的学术论文，发文量在国内学界排名第一，遥遥领先第二名。我从来没有想过，要在这个领域独占鳌头，只是觉得这个主题太重要了，如果能够唤起更多学者关注，引起更多高校领导重视，那么这一生的学术贡献，我个人就非常知足了。遗憾的是，一个人地处学术平台洼地，再努力也难以推动小众研究转变成大众研究，将边缘性问题发展为研究热点与学术前沿。我甚至记下这样一句话："在攻坚克难的前行路上，一个人越往高处走，就会感到越艰难。这一点，在学术道路上也不例外。"例如，针对创业型大学某个维度的创新性观点，常常被期刊审稿专家予以否决，认为论文缺乏对研究现状的梳理，似乎要从什么是创业型大学等基本问题开始。试想，如果每篇论文都这样，还能开展深入与细化的系列研究？又如，我给某期刊 NN 次投稿，没有一次被相中。有一次见到该刊主编，对方肯定了学者的个性化研究，但不无关切地说道："国内有这么多好的主题值得研究，你为什么老要研究创业型大学呢？"碰到这些挫折时，我换位思考一下，就豁然开朗了。无法改变自己所处方位，那么先来转换研究维度，这是本课题从大学教师角度研究学术创业的重要但非最重要原因之一。

　　事实上，大学教师学术创业研究，是我前期研究创业型大学的继续与升华。创业型大学，属于组织层面的学术创业；大学教师学术创业，属于教师个体层面的学术创业。组织层面的学术创业，必然要以教师个体的学术创业作为前提与基础；当一所高校中存在较大比例的教师开展学术创业时，那么该所高校在事实上就已经成为创业型大学了。尽管高举创业型大学旗帜的高校并不普遍，也不是每所大学都会走上学术创业道路，然而国内所有高校均不可避免地存在形式不同、程度不等的教师个体学术创业。例如，文科学者的社会讲座与政策咨询，理工学者的成果转化与技术顾问，一流学者的有声科普推广与无声大众读物，既是大学教师学术创业的活动形式，也是大学教师专业成长的重要途径，更是大学教师服务社会的有力证明。这表明：一方面，学术创业这个概念，要比创业型大学更具涵盖力与生命力；另一方面，无论遇到多大的阻力与困难，我研究创业型大学、学术创业的方向不会改变。所谓创业型大学，就是自力更生的大学，就是凭借人才培养质量与科学研究效应从社会获取办学资源的大学，就是凭借真本事与好声誉赢得社会各界支持的大学。我坚信，"创业型大学"这个名字或许会改变，但是，创业型大学发展方向不会改变。随着更多的国家相关政策的出台，例如 2017 年"大众创业、万众创新"作为中国理念被写入联合国决议、2018 年我国高等教育领域兴起破除"五唯"痼疾的治理行动、2020 年更是进一步提出要取消 SCI 论文奖励等具体政策，我相信，一批以教育事业为志趣的"智勇双全型"校长或者书记，会高举创业型大学旗帜的。

撰写"自由散漫型"后记容易"偏题"，再不收住思想缰绳会重回正文。其实，原本这个后记就是两项任务：一是说明我还在研究创业型大学，以后仍将矢志不渝，"大学教师学术创业"与"创业型大学"都在一个方向上，只不过，不知不觉，啰哩啰嗦地说了上面两大段话；二是后记的重点——诚挚的鸣谢。

首先，我要感谢的便是国家教育行政学院陈霞玲与从韩国获得国际创业学博士学位的王佳桐。我至今独立出版著作 15 部（含 2 部个人学术论文集，不含 2 部主编著作），这才是我生平第一次与人合作撰写书稿。陈霞玲博士长期从事创业型大学研究，深入研究过国外创业型大学，曾在清华大学挂职锻炼一年，第三章的撰写任务便交给她。王佳桐博士是个勤奋与踏实的小伙儿，主要从事创新创业教育研究，擅长多种软件分析工具，第五章的撰写任务便交给他。三人利用各自所长精心合作，就像"龟兔赛跑新传"所言，乌龟背兔子过河，兔子背乌龟奔跑，各自都能赛出好成绩。最后，陈霞玲完成本书第三章，王佳桐完成本书第五章以及第六章第一节的图解分析，其他均由我撰写。在合成稿的基础上，我继续打磨，统稿与定稿由我完成，所有责任由我承担。第一次与人合著新书，给我许多收获与启发。我相信，以后将有更多的合著，尤其在课题研究成果上，在需要取长补短的创作上，合著远比我单打独斗更有优势。

　　其次，我得感谢为本书作序的张斌贤教授与夏清华教授，以及撰写一句话书评的杨德广教授、马陆亭教授、王建华教授与李华晶教授。浙江省哲学社会科学工作领导小组推出的领军人才培育专项课题，让我拥有了人生中又一位特别重要的导师——北京师范大学教育学院张斌贤教授，他有着"万人计划"哲学社会科学领军人才、长江学者特聘教授、国家级教学名师等多项殊荣，但依然平和谦逊、夜以继日、笔耕不辍，作为后生晚学的我没有理由不虚心向学，踏实苦干。我于2013年在浙江农林大学操办全国创业型大学学术高峰论坛之际，结识了教育部创新创业教育指导委员会委员、武汉大学创业与企业成长研究中心主任、博士生导师夏清华教授，作为管理学科领域的知名学者，她有许多观点值得我们学习，特别是教育学科领域的学者在研究学术创业时可以从她的研究中得到启发，在本书中亦多处引用或者体现了她的观点。上海师范大学原校长杨德广教授、国家教育发展研究中心副主任马陆亭教授、南京师范大学教育科学学院王建华教授，他们已经第二次甚至第三次帮我写书评或者序言了。在我的书中多次留下他们的评价意见，既缘于我们在许多问题上能够达成共识，还在于他们都是我学习与跟随的榜样，这样的缘分弥足珍贵，值得永远铭记。北京林业大学经济管理学院博士生导师李华晶教授，在国内的学术创业研究领域做出了重要贡献，我在撰写本书稿的过程中，不时会碰到她发表的关于这个主题的新锐论文，我真诚地希望，管理学科与教育学科的学者联合起来，共同推动中国高校学术创业本土化进程。

　　最后，感谢在调研与访谈过程中给予支持的各位领导与老师，感谢一如既往支持与鼓励我的中国社会科学出版社任明主任，感谢为本课题顺利完成不吝赐教的多位学界同人，感谢校出版基金的协助资助以及3位匿名专家的肯定与建议，感谢能够让我静下心来在两年时间内完成此书稿的家人。

付八军

2020年11月20日初稿

2021年6月1日修改